カラー・ヴィジョン
色の知覚と反対色説

レオ M. ハーヴィッチ 著
鳥居修晃＋和氣典二 監訳

COLOR VISION
Leo M. Hurvich

誠信書房

Dorotheaに捧げる

COLOR VISION by Leo M. Hurvich
Copyright © 1981 by Sinauer Associates Inc.
Japanese translation rights arranged with
Sinauer Associates Inc., Massachusetts, U.S.A.
through Tuttle-Mori Agency Inc., Tokyo

色図版

E. S. Ross

1-1 保護色。ランの花の上にいるマラヤの花カマキリ（*Hymenopus coronatus*）。

1-2 色相環。色相にしたがって円形に並べられた一連の色。固有色赤（黄色みも青みも帯びていない）は時計の 12 時の位置にあり，固有色黄（赤みも緑みも帯びていない）は 3 時の位置に，固有色緑（黄色みも青みも帯びていない）は 6 時の位置に，固有色青（緑みも赤みも帯びていない）は 9 時の位置にある。

1-3 色相の類似性を単位色相の比率で表現するための図（次ページの上図）。(a) 青と赤の間のすべての中間色（二成分色相）は，固有色（単位色相）である青と赤をさまざまな比率で組み合わせたものとして表現される。(b) 赤と黄の間のすべての中間色（二成分色相）は，固有色（単位色相）である赤と黄をさまざまな比率で組み合わせたものとして表現される。

1-4 四つの三日月形から構成される色相環（次ページの下図）。この図は，われわれが見るすべての色相を含むように，色図版 1-3 を拡張したものである。赤と黄，赤と青，緑と黄，緑と青といった色相は，さまざまな割合で組み合わさり，多様な二成分色相を生じさせる。しかしながら，赤と緑，黄と青の組み合わせは，決して生じない。

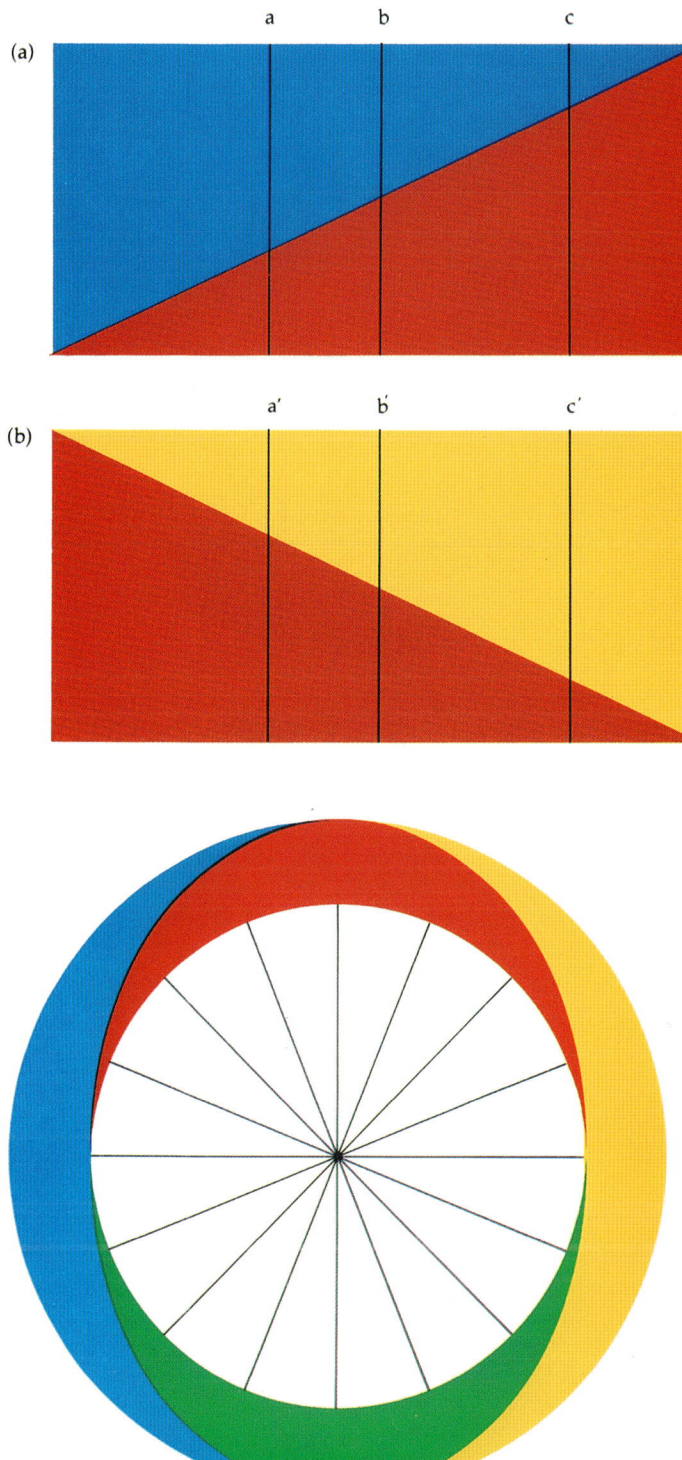

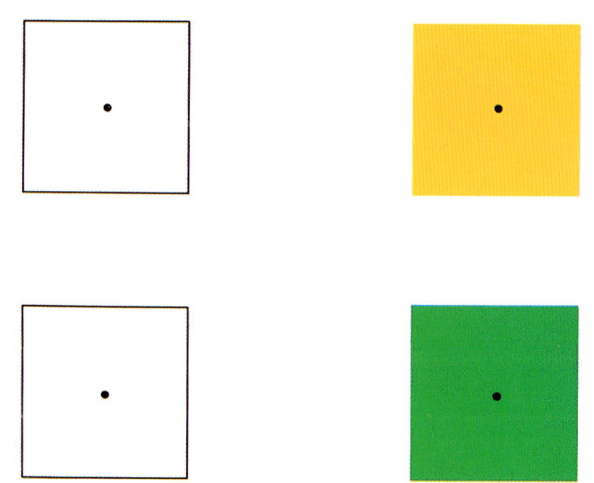

1-5 色立体。多数の色三角形を組み合わせることにより、すべての色をもらすことなく表現できる。白みと黒みがどのような割合であっても、そのレベルで色相環を描くことができる。

2-1 残像のデモンストレーション。まず、左上の白い正方形を見てみよう。そして、黄色い正方形の中央にある小さな黒い点を20秒から30秒のあいだ凝視し、その後で、再び、左上の白い正方形の中央部を見てみよう。そうすると、最初には白く見えた正方形が、今度は、視野の他の部分に比べて青みがかって見えるであろう。少し休んだ後で、下の二つの正方形を使って、同じことを繰り返してみよう。

2-2 同時的対比のデモンストレーション。図中の灰色の帯は二つとも物理的には同じであり,反射率(3章を参照)も等しい。しかし,左側の帯の中央部を少しのあいだ見続けていると,その帯はわずかに赤みがかって見えるようになるであろう。少し休んだ後で,今度は右側の灰色の帯を見ると,本来は灰色の帯が黄色みがかって見え始めるであろう。

2-3　Braque（1882-1963）の絵。『赤い鳥のいるポスター』（*Poster with Red Birds*）。

4-1 可視光のスペクトル。

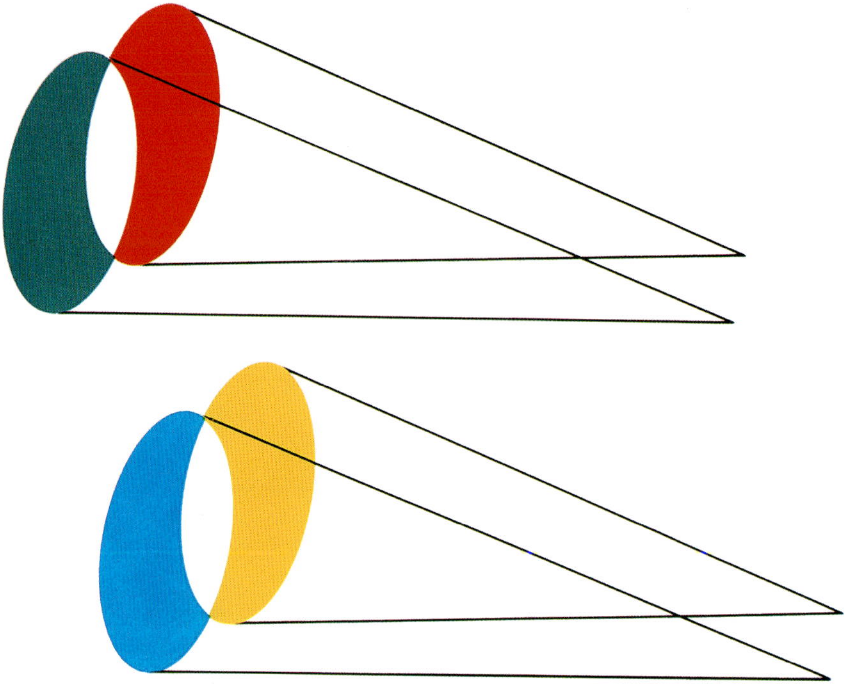

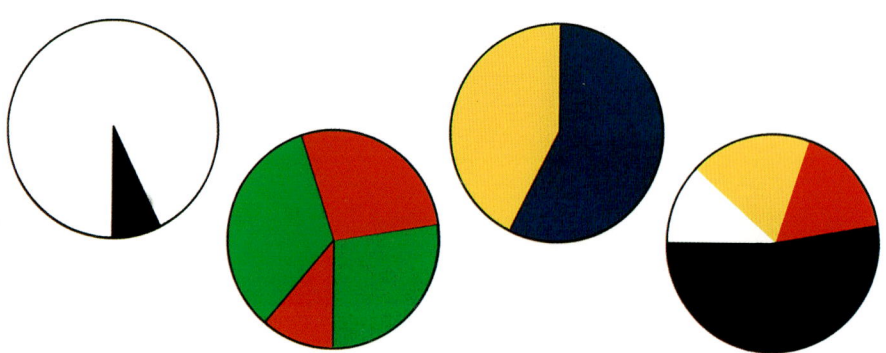

4-2 光の混色。二つの異なった波長光を適切な比率で**混色**することによって，白をつくりだすことができる。(上) 670 nm（黄色みがかった赤）と 490 nm（青みがかった緑）の混色。(下) 580 nm（黄）と 480 nm（青）の混色。

8-1 混色円板で用いる刺激の例。円板上には，異なる色をさまざまな割合で配置することができる。

8-2 点描法による混色の例（次ページ）。上図の小さな四角それぞれの色は，下の円の色とは異なる。10 フィートから 12 フィート〔3 m から 3.6 m〕離れて見ると，この四角は小さすぎるため，網膜内に粒子状に並んでいる光受容器によって解像されず，融合（混色）が生じる。その結果，上下の円の色は等しく見える。

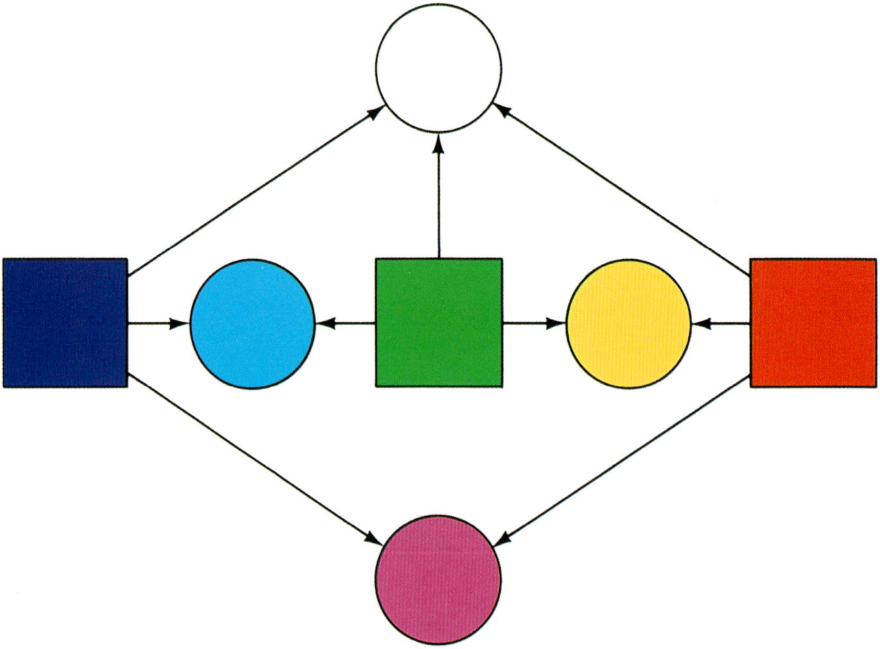

8-3 加法混色。二つ（または三つ）の色の加法混色によって生じる色が，矢印の先の位置に示されている。

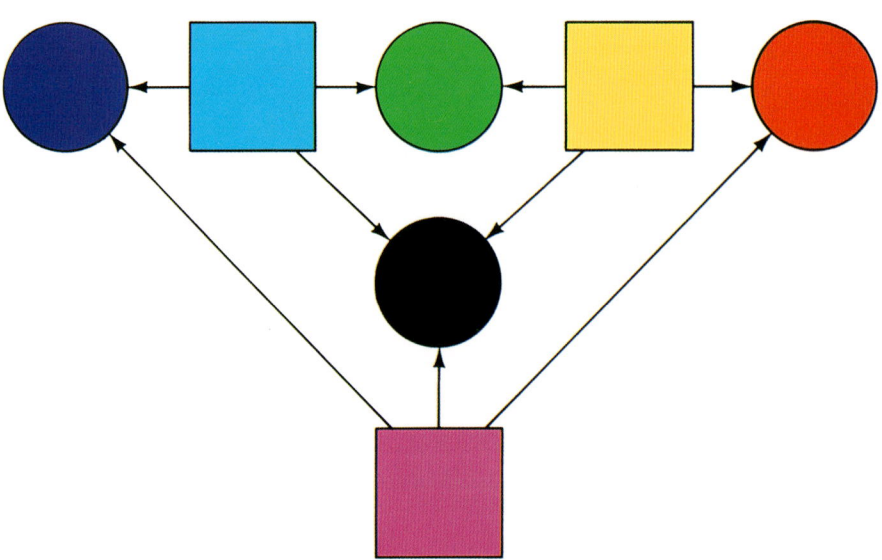

8-4 減法混色。二つ（または三つ）の色の減法混色によって生じる色が，矢印の先の位置に示されている。

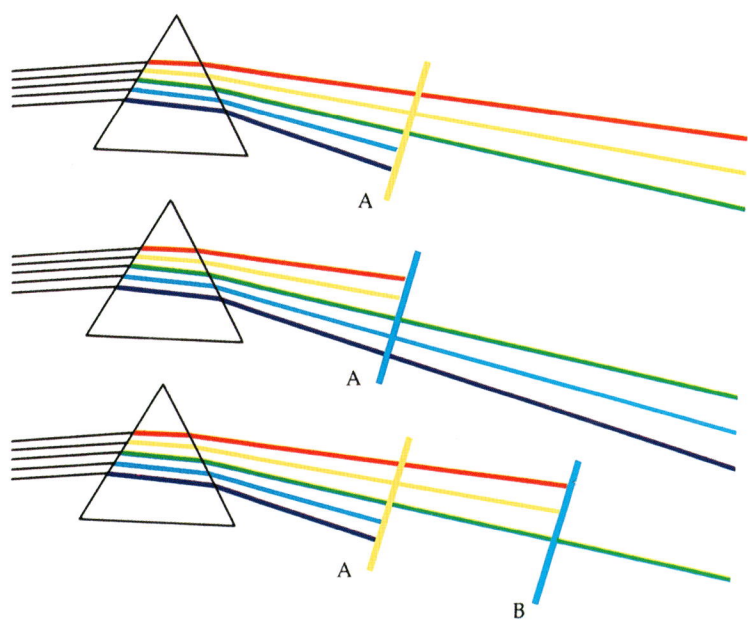

8-5 スペクトル光の選択的吸収。適切な黄フィルターと青フィルターを組み合わせると，緑色が得られることを示している。これは減法混色の例である。

13-1 同時的対比効果。四つの小円の色は図の右側と左側で同じである。左右で異なるのは周囲の色のみである。

13-2　「輝く」十字。ここに示す Vasarely の作品『牛飼い座の α 星』(*Arcturus*, 1970) に見られる「輝く」十字形は，視覚系の生理学的な対比機構によって生み出されている。Vasarely が四つの各象限に描いた四角い枠は，中心から外側に向かって強度レベルが順次減少しているが，それぞれの枠内では，強度レベルは一様で等しい。

13-3　同化効果。図の背景は，どの場所でも同じ分光分布をもっている。また，同じものが図の左側の大きな長方形にも示されている。青い縞に囲まれている中央の円形の領域は，青みがかった赤に見える。伝統的な対比の考え方をとると，この領域では黄色みが増加すると予測されるであろう。

14-1　持続的刺激にともなう飽和度の低下。黄色い長方形の右半分の上に白い紙を置き，凝視用の＋印を約30秒間見つめる。そして，凝視用の＋印を見つめたまま，白い紙をすばやく取り除く。そのとき，黄色い長方形の左側と右側で知覚される飽和度の違いに注目してみよう。

14-2　緑の残像（中央領域）。白い領域に囲まれた小さな，中央の赤い刺激を注視した後には，そこに緑の残像が観察される。白い周辺領域の残像はピンク色に見える。

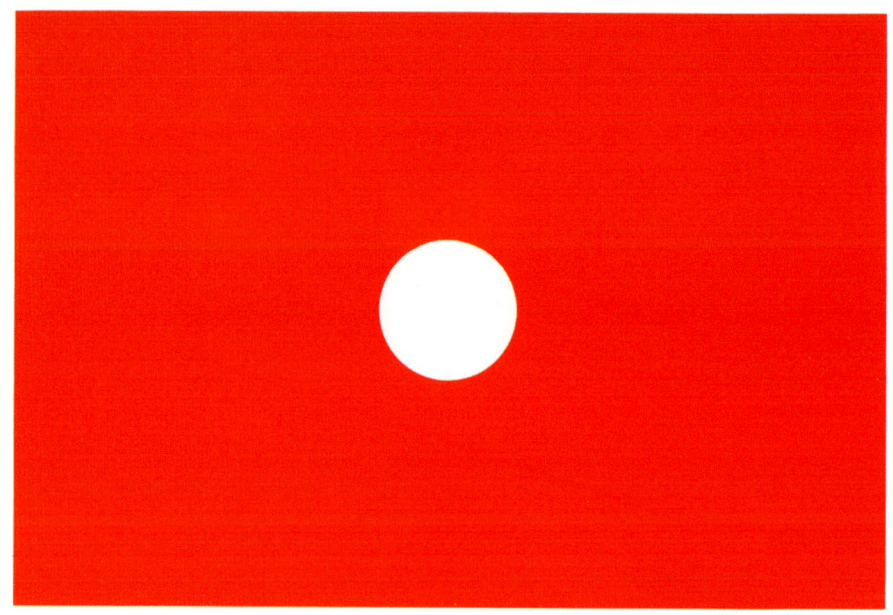

14-3 赤の残像（中央領域）。赤い領域に囲まれた小さな，中央の白い刺激を注視した後には，そこに赤の残像が観察される。赤い周辺領域の残像は緑みを帯びて見える。

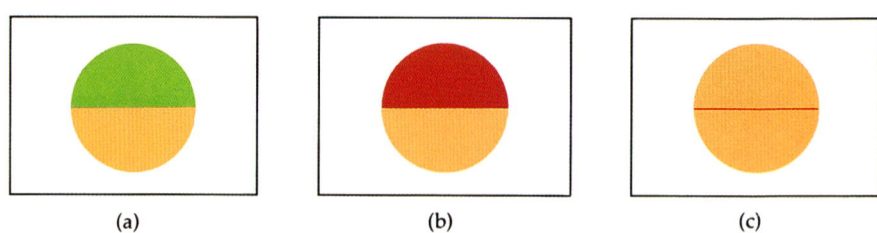

16-1 二分視野における検査刺激の見えの模式図。検査刺激は色覚異常の検出に使用される光学機器で提示される。(a) 上に 535 nm の刺激，下に 589 nm の刺激を提示した場合。(b) 上に 670 nm の刺激，下に 589 nm の刺激を提示した場合。(c) 535 nm と 670 nm の刺激の混合比を適切に調整し，下の 589 nm の刺激と見分けがつかなくなった場合。

16-2 色弱者による見えの模式図。色覚正常者によって 535 nm と 670 nm の混色光が 589 nm の刺激に等色されたとき，第二色弱者にはこのように見える。

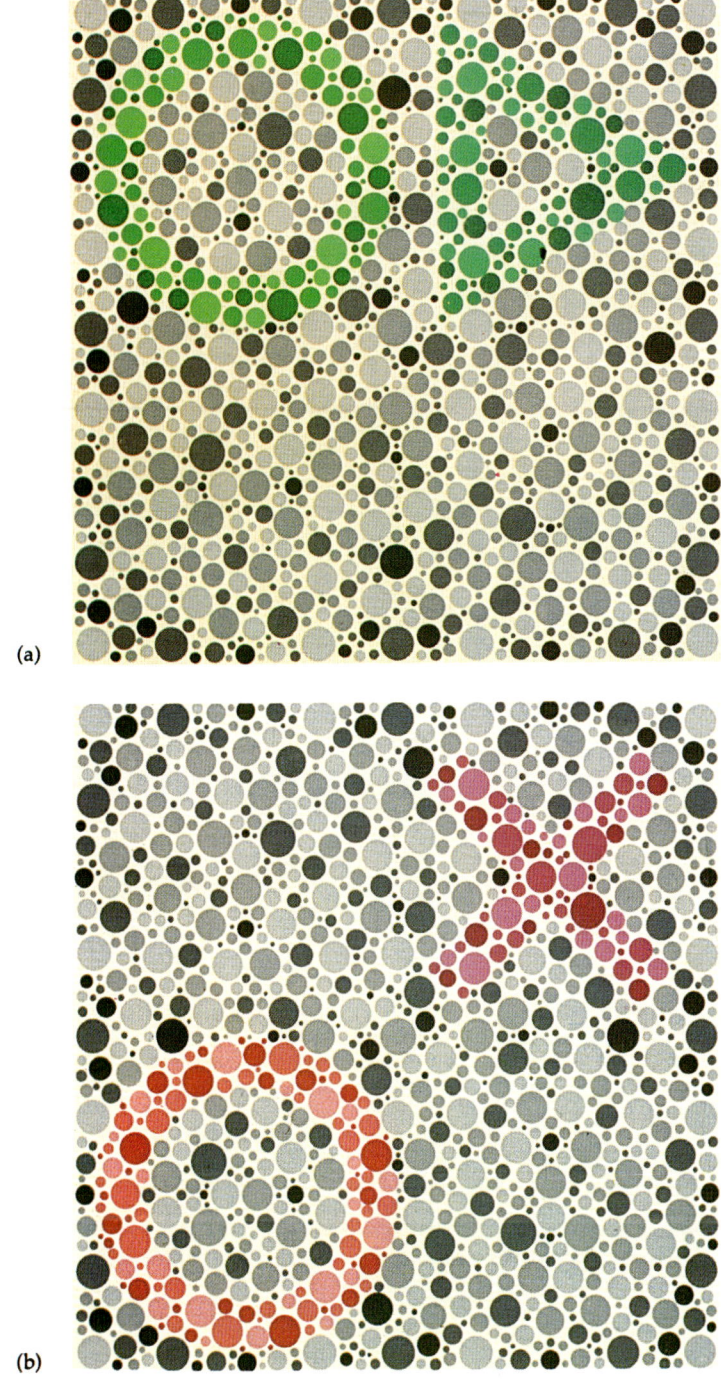

17-1 検査図版の例。Hardy–Rand–Rittler（HRR）色覚検査表のなかの二例。

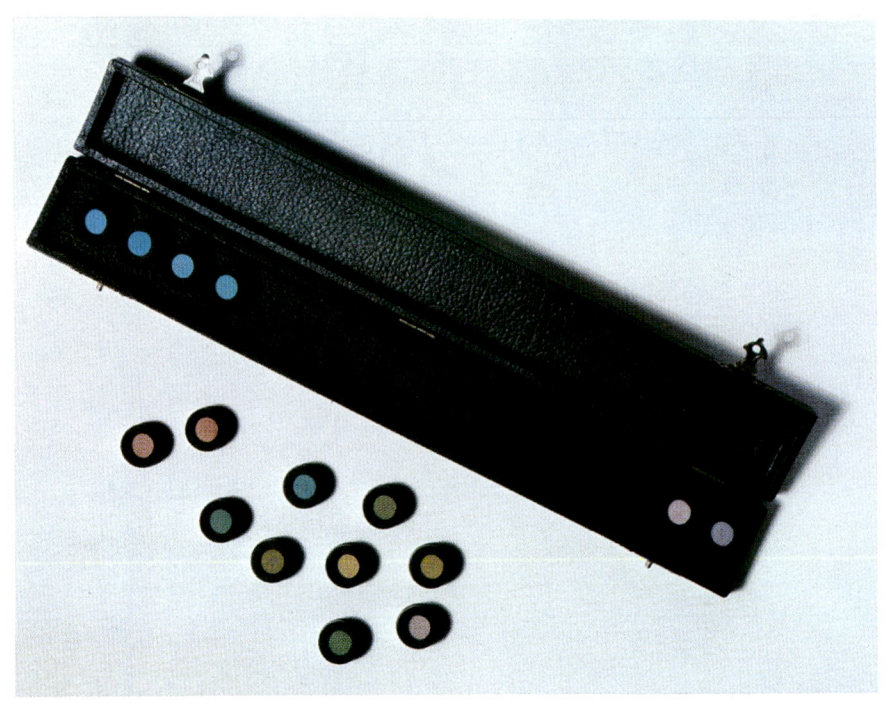

17-2 Farnsworthの色相配列検査。色覚異常の判定に用いられる二分検査（パネル D-15）。

序　文

　何年にもわたって，色覚とその働き方に関する明瞭で簡潔な全体像を提供してくれる一冊の本を推薦してほしいという要望を，私は数多く受けてきた。こうした依頼は，さまざまな方面から寄せられてきた。それは，学部学生や大学院生からであったり，専門上の興味が——理科系であったり文科系であったりしたのだが——感覚心理学や感覚生理学以外の同僚からであったり，また，Dorothea Jameson と私が実験室で行ってきた研究を知りたいという要望や，それに興味を示した個人的な友人からであったりした。こうした要望に応じるのは，これまで困難であった。長年の間，色覚の研究に携わり，自分にとって諸問題を明瞭にしてくれる理論的パラダイム内に資料をまとめてきたので，他の人の視点から書かれた本で，自分に合ったものを見つけることはできなかった。それは，驚くべきことではないであろう。色覚の生理学についての素晴らしい解説はいくつもあるし，精神物理学，あるいは心理物理学の数量的データの概説も数多くある。知覚現象についての興味深い議論もあるし，色覚理論に関する歴史的に見て妥当な解説もある。しかし，これらのいずれもが，この本で私が行おうとしたことを目指したものではない。ここでの目標は，統一され，首尾一貫したモデル——すなわち色覚の反対色過程理論の文脈のなかで，色覚に関するトピックを，組織的，包括的，そして科学的に厳密に展開し，提示するということである。その意味で，この本は色覚の教科書のなかではユニークなものであると私は信ずる。

　この本では，一貫した話の筋道を示すために，一つ一つの章をトピックごとの見出しで多数の節に分けることを避けた。この本が対象とする読者，すなわち，背景となる専門的・科学的基礎知識が最小限の読者にとっては，断片化された細かいトピックよりも連続性の方が重要であると私は信じるからである。また，個々のトピックの関連性を強調するために，各章を繰り返し相互に参照

させた。各章の終わりの基礎文献（Background Readings）には，その章に出てきたトピックに直接関連する本や論文を含めた。紹介する文献は当然精選する必要があった。そのため，その研究を私が軽んじたかのように感じる研究者がいたとしても，その事情は分かってくれるであろうと確信している。各章には，また，関心をもった読者がさらに進んだ専門的もしくは数学的議論へと進めるよう，上級文献（Further Readings）も紹介されている。これは数が少なく，その分野の古典か，もしくはその章で論議されたいくつかのトピックをより完全にカバーしたものである。図版の出典（謝辞）は，最後の章の後に一括して載せた。すべての文献情報は，それが紹介されている場所（ページ）を人名索引から見つけることができるようにしてある。

　Dorothea Jameson と私は，反対色過程の理論的公式化という文脈で色覚に関する研究を進めてきた。この本は色覚に関する私自身の理解を反映しているが，それはわれわれの共同研究から発展してきたものであり，学術雑誌やハンドブックに共同で発表した原著論文が数多く引用されているのはそのためである。長年にわたってわれわれの研究を援助してくれた NSF（National Science Foundation）と NIH（National Institutes of Health）には，大いに感謝している。

　この原稿の初期の草稿を読んで，大変有益なコメントと示唆を与えてくれた Gerald Jacobs と Robert Sekuler に感謝したい。F. Dent Varner と Patti Gasper は，完成された原稿を読んで，原文のいくつかの誤り，不統一，不適切な表現を指摘してくれた。この助力と，Patti Gasper がいろいろな計算を助けてくれたこととに感謝したい。

　Eleanor Faith Dixon は，私が彼女の丁寧にタイプした原稿のページに書き込みをしてよごしたり消したりするのを，二人とも思い出したくもないほど長きにわたって，不平も言わずに見守ってくれた。このことに対して，そして，この本の準備を助けるために彼女が引き受けてくれた他の数多くの仕事に対して，深く，そしてこれからもずっと感謝したい。

　私の編集者である Carlton Brose は，あらゆる細部にわたる驚くべき注意と献身をもって，この本に取り組んでくれたし，Joseph Vesely は，並み並みならぬ関心をもってこの本の出版を取り運んでくれたので，私が望んだ通りの出

版が可能になった。私は彼らに大いに感謝している。

　この本の責任の所在は，私にあるが，Dorothea Jameson との30年間以上にもわたる共同研究がなかったら，決して日の目を見ることはなかったであろう。もし私が彼女の説得に成功して，この本の著述を，われわれのもう一つの共同作業になし得たなら，もっと良い本となったであろうと私は確信している。私がこの本を書いていたときの彼女の興味の方向は異なっており，深く関心をもっていた芸術と知覚に関する諸問題に心を傾け取り組んでいた。今でも，彼女は，私とは独立にこうした問題を研究し続けている。それにもかかわらず，私が考えられるかぎりのありとあらゆる質問を浴びせかけた結果，それに応えるために，彼女は自分の仕事を何度となく中断せざるをえなかった。この場をかりてお詫びと深謝を申し述べる次第である。

　　　　　　　　　マサチューセッツ州のノース・トルーロにて

日本語版への序文

　『カラー・ヴィジョン』（色覚）が初めて出版されてからすでに10年ほど経っているが、日本語に訳され、新しい読者層に読まれるのは、私にとって大きな喜びである。1981年に初めて出版されて以来、この色覚の入門書によって、外見は混乱していた事態がはっきりと理解できるようになった、と多くの人たちが私に伝えてくれたのは、とりわけ嬉しかった。これらの人たちはその多くが、芸術や農業のようなさまざまな分野に携わっている人たちであったり、紋切り型の色覚の入門書に遭遇してきた学生たちであった。彼らのなかには、従来の紋切り型の入門書では、過度に数学を使うし、用語の使い方が専門的過ぎる、また扱っている問題は難解過ぎる、あるいは術語は適切に定義されていない、と考えていた人びとがいた。別の人たちは、刺激、視物質、神経活動、知覚を表すのに使われている色の術語の再三にわたる不統一な用法に混乱させられたという。たとえば、これらの人たちが読んでいたのは、「赤い刺激は赤の視物質によって吸収され、その視物質が赤の神経を興奮させ、さらに赤の知覚表象を引き出す」などという類いであった。実はこれこそが真先に取り上げられてしかるべき問題なのである。色彩環境の美、魅惑、興奮、神秘などに興味をもつ新しい年代の読者にとっても、この翻訳が色覚の諸現象をその生物学的メカニズムと関連させて理解する一助となってくれれば幸いである。

　翻訳される方々は、親切にも私に新しい序文を書くように誘ってくれた。さらに、もとの本文に何か追加があれば書き加えて欲しいといってくれた。この本は基本的には入門書としての性格をもっており、色覚の単純明快な概要と、色覚がどのように機能するかが、ここには書かれている。もし今、私がこの1981年の英語版の本が出て以来発表された多くの報告についてその詳細を書き加えるとすれば、それは事態を明確化するよりも、むしろ不明瞭にする結果となろう。代わりに、私がこの序文で試みようと思うのは、当時判明していた

ら1981年版の本文に載せたであろうと思われる新しい報告のいくつかに言及し，私自身の見落としについて書き，さらに色覚異常と色覚遺伝に関連するいくつかの論評を加えることである．

　この序文の最後に，私はいくつかの文献を付け加え，さらにいくつかの最近の展望論文と一冊の近刊書を取り上げることにした．興味をもっている読者がこれらを読めば，色覚の研究領域で起きた最近の進展をたどることができると思う．

　Dorothea Jamesonと私が，1957年の論文で反対色説の数量化について論じたとき，三つの基本的な応答変数（赤/緑，黄/青，白/黒）の分光感度を精神物理学的測定によって直接的に明らかにすることができるのではないかという問題を提起した．反対色的メカニズムは打ち消し法（5章参照）を使うことによって数量化された．また，われわれは白黒（無彩色）の白みに関する応答を分光視感度関数によって表すことを提案した．白黒応答の黒みは，対比によってのみ引き起こされ，光の刺激によって直接的に引き起こされることはないので，黒みに関する応答は白みに関する応答と同じ分光分布をもつが，その符号は逆になると仮定した．われわれのこの仮定は，ある研究者のグループによって実験的に検証された．彼らは（正の）白みの関数と（負の）黒みの関数が数量的にはどちらもまったく同一であることを示した．この点に関連する少し異なった実験では，「白-黒の反応感度関数」が測定されたが，その結果，異色明るさマッチングによって典型的に得られる関数に一層近似した分光分布が導き出されたのである．

　科学者が初めて色覚のメカニズムに関する推論に手を染めて以来，視覚の光受容器の分光感度の正確な知識が求められてきた．もっとも初期の報告は根本的には，憶測に過ぎなかった．その後，この受容器感度の分光分布とその型は混色実験で得られた人間の精神物理学的な数量的データから推論に基づいて導き出された．眼底反射光による網膜濃度法の開発によって新しい方向付けが行われたが，その技術によって得られた結果は，完全ではなく，精神物理学的な等色の結果に比べると精密さがかなり欠けていた．摘出された網膜から分離された個々の錐体の吸収の程度を測ることを目指して，微小分光光度計法により霊長類の錐体視物質について行われた多数の優れた研究のほうが，はるかに正確な結果を導いている．光受容器レベルでの事象が受容器より後の神経過程を

コントロールしていると推定されるので，錐体感度について知ることは，視覚系の受容器レベルのモデルを構築する際に重要になることは言うまでもない。1984年にストックホルムで行われたWenner-Grenシンポジウムにおいて，Baylorと彼の共同研究者は，錐体感度を直接的に明らかにする，一層正確なデータを提出した。Baylorらは，吸引電極のなかに取り込んだ個々の錐体外節から，光電流を生理学的に測定した。これらのサルの錐体に関するデータは，光受容器の活動スペクトルの測定結果であり，われわれが現在手にし得る最良のデータである。また同じグループは人間の眼からのわずかな錐体のサンプルに対して同様の結果を報告している。これらの結果は，10章に記述した微小分光光度計法に基づく研究結果に取って代わるものである。

　Wenner-Grenシンポジウムで提出された2番目に注目すべき報告がある。それは，13章で論議されていた空間の対比と同化の効果を説明するためにDorothea Jamesonが展開したモデルを，彼女がさらに数量的に拡張させたものである。初めてわれわれが同化効果に注目したのは，Ralph Evansが1948年に著した色に関する本によって，である（彼の言葉によると「拡散効果」）。その本のなかで，彼は「この効果が，手の込んだ仮定なしで説明されて初めて，視覚過程がどのように働いているかをわれわれは理解した，と言い切ることができる」と書いている。波長対立型受容野と空間対立型受容野の既知の事実をわれわれのモデルに取り込むことによって，パターンは明白に存在し続けるが，それと同時にパターンと背景が混合ないしは同化する現象の秘密が解き明かされた。Jamesonは，このWenner-Grenのシンポジウムで，コンピュータモデルを拡張し，受容野の大きさに対する像の大きさによって，異なる色相の縞パターンが，それを強調する色対比効果を示すものと見られるか，それとも，同化効果によりほぼ均一化されてしまうかが左右されることを示した（色図版13-3参照）。イーストマン・コダック社でのわれわれのもっとも初期の研究を支持したRalph Evansなら，Jamesonのこの説明を歓迎してくれるにちがいない。

　残像は反対色過程の作用を示す現象としてしばしば引用されるが，私も2章と14章で，そういう文脈で残像を引用した。私が失念してしまったのは，反対色性をもっともあざやかに示す現象学的な証拠となる「薄明化効果」に注意を向けることであった。私が使用した例は，観察続行中（色図版14-1）に見

られる知覚的な変化であり，さらに一次刺激（色図版14-2）をある一定時間観察した後，眼を閉じるか，眼を急に転じて別の特性をもつ二次的な背景を見るときに生じる効果である。同じ二つの図版によって薄明化効果も示される。40から60秒の観察時間のあいだも，そして部屋の照明を低く，つまり薄暗くしてしまった後でも，同じ点を凝視し続けなければならない。色図版14-2では，部屋の光を単に薄暗くするだけで，たとえ網膜上の円の光が依然として長波長側にあっても，赤い円は緑に反転してしまう。この驚くべき効果は，スペクトル光が使われると，より一層明瞭になる。この薄明化効果は，一見色相がないように見える光の本当の中性性をチェックするためにも使われる。ある光が実は白色ではなく，それにわれわれが順応しているために白く見える場合には，その光を薄暗くすれば，明確な残像の色が現れるのである。

　色覚異常は，長い間，視覚研究者の関心の対象であった（16〜19章）。遺伝学者は，種々の色覚異常に関する遺伝や発生率の問題に主に関心を寄せてきた（19章）。本書が1981年に出版されてから，生物学や分子遺伝学の分野に多くのめざましい科学的技術的進歩があった。遺伝子構造を眼の異常や病気と関係づける新しい研究も報告された。桿体や錐体の色素を符号化する遺伝子のヌクレオチドの配列を解析する新しい研究も報告され始めた。ただ，これらの研究は依然として初期段階にあり，いくつかの問題点は不明瞭なまま残されている。たとえば，遺伝子のマーカーの何個が，実際に，一つの視物質の表現型のなかに入るのかは分からない。また，分子生物学の技術は異常三色型色覚における異常な錐体視物質に関する遺伝子的な差異を確かに教えてはくれるが，今までのところ，異常三色型色覚における二つの表現特性（視物質の最大吸収点が移行したことによるもの，および16章で議論された赤/緑系の応答感度がさまざまな程度で変化したことによるもの）は，一定の遺伝決定因子としっかりと関連づけられていないのである。先天性色覚異常の特性の表現型の複雑さにもっと注目が集まり，この問題の解明が進展することを私は期待している。

　Dorothea Jamesonと私は，かつてフランス語とドイツ語から英語への翻訳を手がけたことがある。それは，時間のかかる，忍耐を強いる仕事であった。人は逐語訳つまり堅苦しくぶざまにさえ見える翻訳と，意訳つまりスッキリしているが著者の精密な表現や意図さえもこわしてしまう危険を招く翻訳のどちらに従うかで迷わされる。しかし，われわれが翻訳した本ないし研究論文が，

原著よりも多くの読者に行きわたるのを知って大変満足した。本書を翻訳する方々も同様の感想をもつと思う。言うまでもないが，私は翻訳される人たちに深く感謝している。この場をかりて感謝の意を表したい。

　私が上で言及した文献をその順序に従って示すと，以下のようになる。

Werner, J. S., Cicerone, C. M., Kliegl, R., and DellaRosa, D. 1984. Spectral efficiency of blackness induction. *J. Opt. Soc. Amer. A. 1* : 981-986 ; Fuld, K., Otto, T., and Slade, C. 1986. Spectral responsivity of the white-black channel. *J. Opt. Soc. Amer. A. 3* : 1182-1188 ; Nunn, B., Schnapf, J. L., and Baylor, D. A. 1984. Spectral sensitivity of single cones in the retina of Macaca fascicularis. *Nature (London), 309* : 264-266 ; Schnapf, J. L., Kraft, T. W., and Baylor, D. A. 1987. Spectral sensitivity of human cone photoreceptors. *Nature (London), 325* : 439-441 ; Jameson, D. 1985. Opponent-colours theory in the light of physiological findings. In D. Ottoson and S. Zeki (eds.), *Central and Peripheral Mechanisms of Colour Vision*, pp.83-102. Macmillan, London ; Evans, R. M., 1948. *An Introduction to Color*, Ch.11, p.181. Wiley, New York ; Hering, E. 1878. *Zur Lehre vom Lichtsinne*, pp.38-40, and 132-134. Gerolds Sohn, Vienna ; Troland, L. T. 1921. Colors produced by equilibrium photopic adaptation. *Amer. J. Psychol., 28* : 497-503.

最近の総説と著書は以下のようになる。

Boynton, R. M. 1988. Color vision. *Ann. Rev. Psychol., 39* : 69-100.
Jameson, D., and Hurvich, L. M. 1989. Essay concerning color constancy. *Ann. Rev. Psychol., 40* : 1-22.
Krauskopf, J. (ed.) Feature Section. 1986. Computational approaches to color vision. *J. Opt. Soc. Amer. A. 3* : 1647-1757.
Shapley, R. 1990. Visual sensitivity and parallel retinocortical channels. *Ann. Rev. Psychol., 40* : 635-658.
Spillman, L., and Werner, J. S. (eds.) 1990. *Visual Perception : The Neurological Foundations*. Academic Press, New York.

ペンシルベニア州フィラディルフィアにて
1991年5月8日

# 目 次

序 文　i
日本語版への序文　iv

1章　視覚経験の分類　1
2章　色経験と神経系　16
3章　刺激：分光放射　31
4章　分光放射と色の見え　46
5章　反対色応答関数と白黒応答関数　61
6章　反対色応答関数と白黒応答関数
　　　そしてスペクトル光の見え　78
7章　反対色応答関数と白黒応答関数
　　　そして広帯域スペクトル光の見え　90
8章　混色：色相のマッチング　103
9章　加法混色：完全な等色　115
10章　混色と錐体視物質　131
11章　色覚モデル：受容器と神経機構とのつながり　148
12章　反対色過程と電気生理学　157
13章　空間的対比効果と同化効果　172
14章　時間的対比効果：残像　206
15章　色順応　222
16章　色覚異常：異常三色型　252
17章　色覚異常：二色型　273
18章　色覚異常：一色型　294
19章　色覚異常：遺伝と発生率　299
20章　色の表示　307
21章　色の再現：写真，印刷，テレビ，絵画　338

図版出典一覧（謝辞）　356
監訳者解説　361
監訳者あとがき　366
人名索引　371
事項索引　375

1 章
視覚経験の分類

　海辺のコテージにある私の書斎の窓から外を眺めてみると，さまざまなものが見える。空には雲が見え，空は海と分断されている。海は砂浜と分かれており，砂浜には浜辺の草が生え，砂塵にまみれた水車小屋がある。水車小屋にはアトリたち(訳注1)がとまっており，そのアトリたちもオスとメスに分かれる。この他にも，オークの雑木林のなかにはリギダマツ(訳注2)が見え，ヤマモモや野生のプラムの茂みとは別に野バラも見える。

　こうしたたくさんの形や物体の区別を可能にしているのは何であろうか。主としてそれは，色の違いである。というのも，視覚世界は異なった形をした色のみによって構成されているからである。眼に映る物体は，種類と形の異なった色に他ならない。

　このことは，保護色によって補食動物の目を逃れている昆虫，魚，動物により，鮮やかに例証されている。蛾や蝶はその好例である。極東の枯れ葉蝶 (dead-leaf butterfly) は，カモフラージュの点で，世界で一番有名な昆虫であると言われている。この蝶は飛んでいるときには非常に目だつのだが，昔のある博物学者の古風な言い回しを借りれば，羽を休めている様子は，「小枝についている枯葉にとても似ており，じっと見つめているときでさえ，ほぼ完全に目を欺く」。同じように劇的な例が，色図版1-1に示してある。これは，赤いランの花の上にいる花カマキリを撮影したものである。

　まず最初に明らかにしなくてはならない問題は，われわれが経験する色の数と種類である。どれだけの数の色が存在するのであろうか。この質問に対する

訳注1：小鳥の一種。
訳注2：松の一種。

答えは，人によって百万倍以上も異なる。たとえば，百万以上もの色を見ることができると主張する人がいる一方で，より控え目な数字で数十万だという人もいる。しかし，別の答えはこれらと著しく異なる。それは，根本的に異なるわずか6種類の色のみを，われわれは見ているというものである。[*]

大きな紙か厚紙にあけた小さな穴を通して，空を眺める場合を考えてみよう。こうすることによって，ふだんはライト・ブルーといった一種類の色の広がりとして見える空を，小さなパッチに分けて調べてみることができる。小さな覗き穴を通して空のいろいろなところを見てみると，何ダースもの，おそらくは数百の異なる色を見分けることができる。「一様な」青空は多数の異なる青から構成されているようである。同じことが広大な海についても言える。そして，空と海は，自然界に存在する無数の「表面」のうちのわずか二つにすぎない。人工物についてはどうであろうか。市販されている製品の色は，おそらく50万にものぼり，それらのすべてに名前がついているわけではない。色の名前は多いが，見分けることができる色よりも，その数は少ない。同様に，特定できる色は多いが，見分けることができる色よりも，その数は少ない。色の特定が必要となる日常場面では，わずか1ダースかそこらの色相だけが使われる。それにもかかわらず，色の名前は小さな辞書が一杯になるほど数が多い。米国国立標準局 (National Bureau of Standards) の *Color : Universal Language and Dictionary of Names* は，7500あまりのさまざまな単独色名を挙げており，また，*Methuen Handbook of Colour* によれば，英国では約8000の色名が使用されている（20章を参照）。こうしたリストに挙げられている色名の多くは，コピーライターの想像の産物であり，たとえば，妖婦 (Vamp)，舞う羽 (Wafted Feather)，願望 (Heart's Desire)，星のしずく (Stardew)，シンデレラ (Cinderella)，自由奔放 (Fancy Free)，天使の翼 (Angel Wing)，風のささやき (Murmur) などが挙げられる。これらは主と

---

[*] 多くの入門的な教科書や色の一般的な説明では，赤，緑，青のいわゆる「三原色」が強調される。しかし，こうした色では，われわれの見るものを十分に記述することはできない。この3色は，むしろ，光の混色結果（9章および11章を参照）に基づいた色覚メカニズムの理論に関係している。美術の教師たちは，これとは異なった「三原色」，すなわち，赤，黄，青を強調しがちである。この三原色を用いても，われわれの見るものを適切に記述することはできない。これらの色は，絵の具の混色を説明する際に使用されるものであり，こうした三原色を適切に混ぜ合わせることにより，さまざまな色をつくりだすことができる（8章と21章を参照）。

して，製品の販売促進のために選ばれた名前である．こうした名前は主観的な感情を引き起こすかもしれないが，名前それ自体は特定の色を思い起こさせることはない．

　こうしたリストに載っている他の色名は，大部分の人にとってより親しみ深いものであり，それらは，*Webster's New International Dictionary*, 第2版 (1958) といった辞書に載っている．この辞書には，130 の色名が記載されている．こうした色名は，花，果実，植物，鉱物，金属，動物，あるいは他の自然物ないしは人工物の名前に基づいており，そのなかには次のようなものがある．ローズ，ラベンダー，すみれ，フジ，ライラック，ヘリオトロープ，モーヴ，オレンジ，レモン，シトロン，コーヒー，クリ，オリーブ，ハシバミ，ヘンナ，ルビー，エメラルド，アメジスト，サファイア，トルコ石，アラバスター（雪花石膏），カッパー・レッド，コバルト・ブルー，クローム・マラカイト，オーロラ，スカイ・ブルー，ファイアー・レッド，シー・グリーン，ウルトラマリン・ブルー，カナリー・イエロー，バフ（なめし皮），紫，サーモン，ピーチ，トープ，茶，ビーバー，マウス・グレイ，アイボリー，ヴァーミリオン，クラレット・レッド，チョコレート，ボトル・グリーン，クリムスン，ピーコック・ブルー，オーバーン，藍，マゼンタ，スカーレット，カーディナル．

　それでも 130 は大きな数であり，シアン，マゼンタ，トープ，モーヴといった色名が，どのような色を表しているかを知っている人はきわめて少ないが，それは驚くべきことではない．物体（ないしは染料）に関する知識にそれほど頼らずにすむ単純な方法で，しかも色に関するわれわれの経験のすべてをもらすことなく系統的にまとめることは可能であろうか．答は，イエスである．可能な限り言葉を節約していくと，わずか六つの色名とその多様な組合せによって，われわれが弁別できるすべての色を記述できることが分かるであろう．この六つとは，赤，黄，緑，青という四つの**単位色相**（unitary hue）と，無彩色の系列の両端にあたる黒と白である．* 他のあらゆる色名，すなわち，ピンク，すみれ，灰色，茶色といった日常生活でふつうに使用される色名も，シア

---

* 黒と白を「無色」(colorless) と——科学者は「無彩色」(achromatic) と——言うことが多いが，「無色」というよりはむしろ「無色相」(hueless) と呼ぶ方が正確である．なぜなら，「色相」という言葉は，赤，黄，緑，青，そしてそれらの組合せに対してのみ使われるからである．

ン，マゼンタといったさらに専門的な色名も，こうした六つの色名とその組合せによって記述することができる。

赤，黄，緑，青といった色相をもつ色の間には，どのような知覚的な相互関係があるのか見てみよう。われわれが見るすべての色相は，閉じた円の形で整理することができる。これは，しばしば**色相環**（hue circle）と呼ばれる。隣あったものどうしの違いが最小になるようにさまざまな色相を配置すると，切れずに続き元の色へと戻る色相の環が形成されるのである。

19世紀のドイツの有名な生理学者であるEwald Heringは，こうしたやり方で得られる完全な色相環を記述した（色図版 1-2）。色相環上のある色，たとえば赤（スペクトルの長波長端で感じられる色。4章を参照）を出発点として時計回りに見ていくと，色相環上の色は，だんだん黄色みを帯びていくと同時に赤みが減少し，オレンジ，ゴールド・イエローを通って，赤みがまったく感じられない黄に到達する。この後には他の黄色が続き，それがだんだん緑に近づいていき（サルファ・イエロー，カナリー・イエロー），さらに進むと，黄色みがますます減少する一方で，（サップ・グリーンに感じられるような）緑が徐々に目立ってくる。そして最後に黄色みがまったく感じられない緑にたどりつく。この後の緑は，だんだん青みを帯びていく（シー・グリーン）。さらに進むにつれて，青みが連続的に強くなっていき，緑みは弱まっていく（シー・ブルー）。最後に，もはやいかなる緑みも感じられない青にたどりつく。この青の後では，赤みが増加すると同時に青みが減少し（青すみれ，赤すみれ，紫赤），真の赤のところで青みが完全に消える。それから，赤に黄色みが加わりはじめ，出発点として選んだ赤に戻るまで，黄色みを含んだ赤が続く。

こうした記述から，色相環には四つの**固有の点**（unique points）が存在することが明らかである。まず，いかなる赤みもそして緑みさえも認められない黄にあたるところがある。それは一つの移行点であり，そこでは，固有色黄である色相が経験される。同じことは青についても言える。色相環に沿って見ていくと，わずかたりとも赤も緑も含んでいない青を見つけることができる。これは固有色青と呼ばれる。さらに，色相環には，この他に二つの移行点があり，その一つは赤，もう一つは緑である。青みも黄色みも感じられない赤を見つけることができ，同じことが緑についても言える。その緑は，黄色みを帯び

た緑でもないし，青みを帯びた緑でもない。こうした四つの固有色（unique hue），すなわち，赤，黄，緑，青が四つの単位色相である。

　色図版1-2は，限られた色のサンプルでつくられた色相環の一例であり，四つの固有色が，色相環を四分円に分割するように配置されている。時計の12時，3時，6時，9時の位置に，他の色相成分を含んでいない赤，黄，緑，青がそれぞれ配置されている。この色相環を中央から縦に二つに分割すると，固有色赤と固有色緑の右側の色はすべて，いくらか黄色みを帯びており，左半分の色はすべて青みを含んでいる。色相環を横に二つに分割すると，固有色黄と固有色青の上側の色はすべていくらかの赤みを帯びており，下半分の色はすべて緑みを共有している。

　各四分円について見てみると，二つの単位色相の間にある色は，その中間の色相となっていることが分かる。これらは，**二成分色相**（binary hue）と呼ばれる。最初の四分円（12時から3時）では，中間色のすべてが，程度は異なるものの赤と黄に類似している。中間のオレンジは赤っぽくもあり黄色っぽくもあるが，固有色赤に近づくにつれて中間色は黄色みを失い，反対に固有色黄に近づくにつれて赤みを失っていく。他の四分円には，黄と緑，緑と青，青と赤の中間の色相がそれぞれ含まれている。

　色図版1-3には，中間色を二つの単位色相ないしは固有色に関係づけるやり方を示す単純な幾何学図形が示されている。二つの単位色相が青と赤であるとすると，（対角線を境界として）上側の青い三角形と下側の赤い三角形から構成されている長方形によって，さまざまな中間色ないしは二成分色相と，二つの単位色相との間の類似性をより厳密に示すことができる（色図版1-3 a）。このためには，ベースライン上に表される中間色のそれぞれに関して，その位置から垂線を引き，青の色三角形内の線分の長さと赤の色三角形内の線分の長さを調べるだけでよい。この二つの線分の長さの比率が，取り上げた色相を特徴づける青みと赤みの比率を表す。したがって，位置aでは，青対赤の比率は3：1であり，位置bでは1：1，位置cでは1：5である。垂線を左から右へ動かすにつれて，青の割合は減少し，赤の割合は増加する。すみれはaの近くに位置し，クリムスンはcの近くに位置する。色図版1-3 bでは，二つの並置された色三角形によって，赤と黄の間のすべての色相とそれらに含まれる赤と黄の割合が要約されている。赤と黄の割合が等しいオレンジは，中点であ

る b′ に位置する。「信号の赤」が a′ に，「ニンジンの赤」が c′ に位置することには，誰しも同意するであろう。

　ここで二つの長方形を，色相成分が赤だけとなっているところで接するように移動させると，青から，青と赤の混合，赤，赤と黄の混合，そして最後に黄にいたるすべての色相を図式的に表現することができる。こうした一連の色には，製造会社や製品を特定するために選ばれた名前にかかわらず，すべての口紅の色相が含まれている（ただし，かなりエキゾチックなシルバーやグレーを除く）。伝統的な「赤」の口紅はどんなものであれ，順に並べることができる。どの口紅も，先に述べたように組み合わせた長方形のベースライン上のどこかに置くことがてき，そうすることで次のような色の系列が得られるであろう。まず，赤みを帯びた青の端を出発点として，青赤（ないしは赤青）を通って青みを帯びた赤へ，そして他の色相を含んでいない赤にいたる。その次には，わずかながら黄色みを帯びた赤が続き，その後がオレンジとなり，そして，徐々に赤みが薄れていき，黄色みの強い色の口紅で終わる。

　色相の類似性を色相成分の比率で図式的に表現するこの方法は，色相環の残りの部分にも拡張できる。色図版1-4には，その結果を円の形で要約した図が示されている。

　このように色相環を表現しなおすと，われわれが出会う自然界の物体や人工物のすべて——光，色紙，広告，カラー写真，編み物用の糸，ラベル，包装紙，衣料，織物，そして，商店や美術用品店，ペンキ販売店で見ることのできるさまざまな塗料，さらには，何らかの色相をもつ他のすべてのもの——の色を，色図版1-4の図式的な色相環に関係づけられることは明らかである。

　色相環は，光に関する物理学（これについては3章で論ずる）については何も語ってくれない。また，染料や塗料に関する化学についても，あるいは，画家が特定の絵の具をパレットの上で混ぜ合わせるときに，どのような色を得ることができるかについても何も語ってはくれない。色相環は色の見えと，さまざまな色が相互にどのように関係し，ある色がどのように別の色へと変化していくかということを表現しているにすぎない。ただし，色相環によって，たとえばアクアマリン，オレンジ，すみれといった色名が，緑青，黄赤，赤青に還元できること，そして，二つの単位色相（色相成分）の比率の評定値に応じて，色相環の円周上のどこにその色が位置するかが分かる。同じことはタン

ジャリン，シアン，マゼンタといった色名についても言え，これらはそれぞれ，赤黄，青緑，青赤に還元できる。ここで挙げた3組の色名のそれぞれにおいて，色相成分は同じであり，類似した色，たとえばオレンジとタンジャリンでは，色相成分の相対的な割合が異なるだけである。

　色相環を単位色相で要約した図は，色相についてしばしば見過ごされていることを語ってくれる。知覚される色相と色相間の関係を系統的に整理することにより，黄緑や青緑は経験できるものの，色相環内で赤と緑の三日月形の領域が重なるところはどこにもないという事実が明らかとなっている。赤と緑の両方を，同時に横切る放射線は存在せず，赤緑という色も緑赤という色も存在しないのである。同様にして，この系統的な要約により，われわれの色経験には，黄青ないしは青黄が存在しないことも明らかである。赤と緑と同様に，青と黄は色相環の反対側に位置しており，重なり合うことはないのである。一連の中間色を経て赤から青に移動することはできるし，また赤と黄の中間色を経て黄に移動することもできる。同じことは緑についても言え，緑と青の中間色あるいは緑と黄の中間色を通って，青ないしは黄へと移動することが可能である。しかしながら，赤と緑の間には，この種のゆるやかな移行は認められない。赤から緑へと移るためには，各々とはまったく異なる色である黄か青を通る必要がある。同様に，黄から青へと移るためには，青や黄と完全に異なる色である，緑か赤を通らなくてはならない。

　色相をもつすべての物が，色相環の図式的表現である色図版1-4の図に関係づけられることが分かったが，茶色に関してはどうであろうか。確かに，この色は，赤，黄，緑，青などとして単純に記述することはできない。また，赤黄，黄赤，緑青，青赤などのように，色名の単純な組合せによってうまく記述することもできない。茶色は，四つの単位色相や，これらの想像しうるいかなる組合せとも，明確に区別されるようである。それにもかかわらず，この後すぐに示すように，茶色を単位色相に関係づけることは可能である。しかしその前に，記述的分析を推し進めていかなくてはならない。

　すべての色経験は，4種類の有彩色属性である赤，黄，緑，青と，2種類の無彩色ないしは無色相属性である黒と白に関係づけることによって要約できると先に手短かに述べたにもかかわらず，これまでは，4種の単位色相と色相環にのみ話を限定してきた。しかし，想像しうるもっとも濃い黒から，灰色が

かった黒，黒っぽい灰色，灰色，白っぽい灰色，灰色がかった白，想像しうるもっとも純粋な白までにわたる，黒/白/灰色という色の系列をつけ加えるだけで，四つの単位色相とその組合せから構成される限定された色相環を拡張して，われわれが見ることのできるきわめて多様な色のすべて，すなわち，章の初めにふれたように数千のさらに数千倍の種類に及ぶ色を，表現することができる。

　黒から中間の灰色（midgray）を通って白にいたる白黒の系列を，図に示すことは容易である。このように整列させた白黒系列が図1に示されている。個々の色票間の相違は，見かけ上，等しくされている（色票3と4の間の知覚上の違いは，色票4と5の間で知覚される違いに等しい。他の色票についても同様である）。白と黒の間にはさまれたさまざまな灰色は，系列の両端である黒と白のどちらかと中間の灰色を，さまざまな割合で含んでいるものとして記述することができる。さまざまな灰色は，白と中間の灰色を，たとえば3：1あるいは1：1の割合で含んでいるとか，黒と中間の灰色を同じ割合で含んでいるとか言うことができる。ここでは，知覚のことだけを考えており，さしあたり，灰色を生み出す物理的刺激にはかかわらないことにする。ここで関心があるのは，こうした灰色の見えと，ある灰色のなかに，「灰色成分」に対してどれだけの「白成分」が感じられるか，そして「灰色成分」に対してどれだけの「黒成分」が感じられるかだけである。

　白から中間の灰色，そして黒にいたる一連の白黒系列をつくりだす，ごく簡単な方法がある。まず，白い紙か厚紙を，窓の近くのテーブルか机の上に置く（図2）。そして，1インチの四角形（もしくは円形）の切り抜きがある白い厚紙を，最初の厚紙の少し上，中央部分に保

図1　白黒系列。ここに並べられた系列は，黒から中間の灰色を通って白にまでおよぶ。系列の個々の色票の間の相違は，視覚的に等しくなっている。

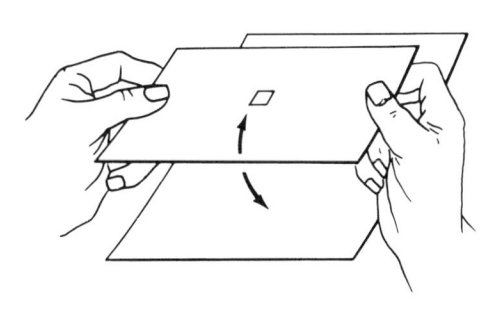

図 2　一連の無彩色系列をつくりだすための**簡単な設定**。手続きについては，本文を参照。

つ。2 番目の紙は，下の紙の 10 インチほど上で水平に保つ。このとき下の紙に上の紙の影が映らないように注意する必要がある。そうすると，上の紙の穴は，下の紙の表面とほとんど同じくらい白い，小さな領域のように見える。この状態から，水平軸を中心として上の厚紙を回転させ，紙の手前側の縁を下へ傾けて，紙の表面を窓からくる光の方に向けると，中央の小さな穴はだんだんと灰色みを帯びていき，黒っぽい灰色に見えることさえある。上の厚紙を反対方向に回転させると，穴はだんだん白みを増していく。下に置かれた紙の位置を動かさず，そのため穴を通過してくる物理的な光放射（3 章参照）の量が変わらなくとも，白から黒ずんだ灰色にまでおよぶ色の系列をつくりだすことができるのである。もちろん，同じような灰色の系列は，上の白い紙の位置を固定して，下の紙を光の方に向けたり，光から遠ざけたりすることによってもつくりだすことができる。

　明るい白の領域で取り囲むことによって，白い紙の一部を非常に暗い灰色に見えるようにすることができるのと同じように，オレンジ色の紙をテーブルの上に置いて，切り抜きのある白い紙をオレンジ色の紙の上で回転させると，オレンジ色を茶色に見えるようにすることができる。Ewald Hering は，単純な装置を用いて，この点を非常に劇的できわだったやり方で示した[*]。図 3 は，その仕組みを遠近画法で描いたものである。「その箱は，空からの光が箱のなかのガラス・プレートにあたるように窓に向かって開いている。ガラス・プレートは，色のついた，たとえばオレンジ色の紙でおおわれており，水平軸を中心として回転させることができる。箱の上面には白い紙でおおわれた堅い不透明

---

[*] Hering は，現在おもに両眼視，眼球運動，色覚に関する研究で知られているが，彼は，肝臓の細胞構造を初めて正確に分析し（1866 年），大脳の血管運動制御中枢と呼吸の間の相互関係について最初に記述した（1870 年）人でもある。

観察筒
（内部は暗い）

観察孔

白い紙でおおわれている

オレンジ色の紙
でおおわれたガ
ラス・プレート

窓に向かって開いている

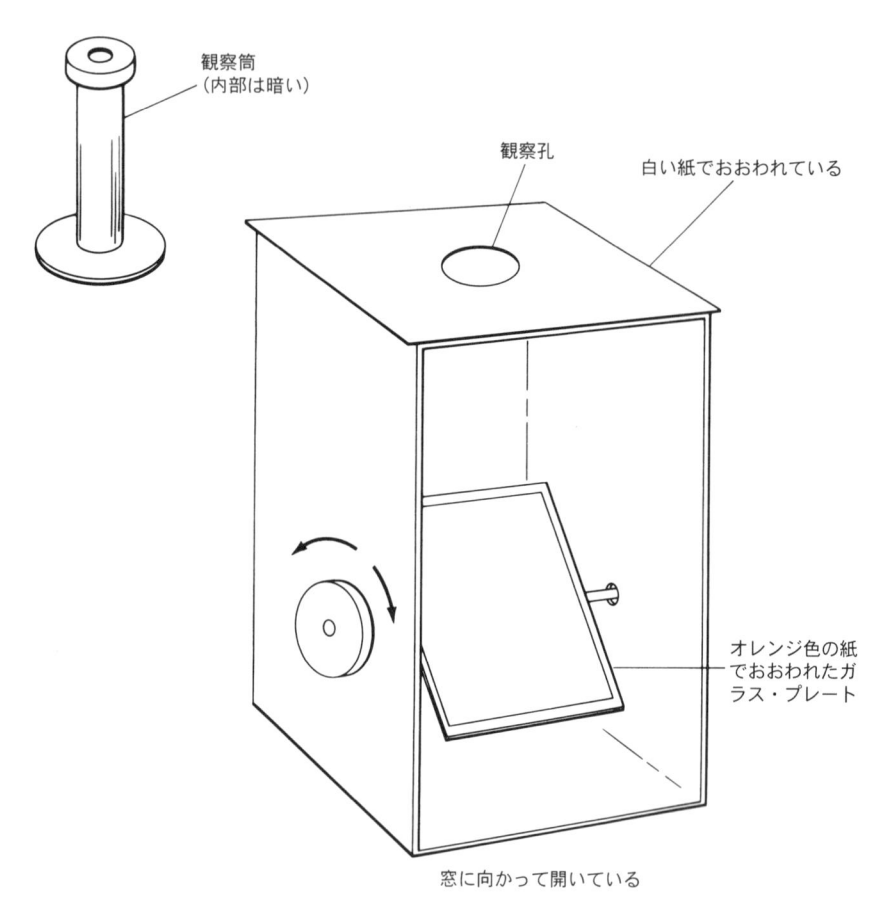

図3 黒みを誘導することによる**飽和度低下（desaturation）のデモンストレーション**。この Hering の光箱では，水平軸を中心としてガラス・プレートを回転させることにより，色紙にあたる光の量を変化させることができる。その色紙は，まわりに白い領域がある状態でも，ない状態でも観察することができる。内部が暗い観察筒を観察孔のところに置くと，回転プレートがどの位置にあっても，適切に選ばれた色紙であればオレンジ色に見える。オレンジ色の紙から眼の方向に反射される光の量が比較的少なく，かつ観察筒をすばやく取り去った場合には，白い周辺領域が導入され，色紙は茶色に見える。もちろん，他の色紙を使うことも可能であり，どの場合でも白い周辺領域を導入することにより，黒みが誘導される。

なシートが置かれており，そこには丸い穴が開けられていて，必要なときには内側が暗い観察筒を図に示されているように置くことができる。観察筒が外されており，しかもガラス・プレートが図に示されているような位置にある場合には，上から観察すると白い紙の平面にオレンジ色の円形の領域が見える。ここで，ガラス・プレートを後方に回転させると，オレンジ色はだんだん黒みを帯びていき，最初は薄い茶色に，それから濃い茶色に，そして最後には茶色っぽい黒へと変わっていく。こうした状態から何も変えずに観察筒を観察孔のところに置き，それを通して観察すると，すぐに元の明るいオレンジ色を見ることができる。そして観察筒を取り去ると，この明るいオレンジ色は，再び茶色っぽい黒へとすばやく変わってしまう」。Hering は「これはよく知っている人でさえ驚く眺めである」とつけ加えている。ここで，オレンジの色紙にあたる光の量を単純に減らすだけでは，茶色の見えをつくりだせないということは強調しておかなくてはならない。照明を弱めても，オレンジ色があせるか灰色になるだけで茶色には見えない。

　茶色は，その大部分が，暗い灰色を帯びたオレンジ色か黒っぽいオレンジ色，あるいは，暗い灰色を帯びた黄色か黒っぽい黄色のいずれかである。しかし，赤茶やオリーブ・ブラウンも存在する。われわれの身の回りにはさまざまな茶色が存在する。土，木，革，人の髪，人の皮膚などは，異なる割合の黒と白に加えて，異なる割合の黄と赤をも含んでいるように見える。赤，緑，青といった他の原色（primary hue）も黒みを帯びたり，黒によって飽和度が低下することがありうる。こうした色は，ダーク・レッド，ダーク・グリーン，ダーク・ブルーなどと呼ばれる。こうした暗色（dark color）に関しては，「茶色」のような特別な言葉はない。これは，単に茶色に比べてこうした色に出会うことがきわめて少ないためであろう。

　有彩色（chromatic color），すなわち，色相をもった色はまた，黒っぽくなるのと同様に，白っぽくなったり，白によって飽和度が低下することがありうる。これを生じさせる方法はさまざまである。たとえば，白い面からの反射光を色のついた面へ加えることによって可能となる。こうした方法により，ライト・ブルー，ライト・グリーン，ピンクなどといったパステル・カラーをつくることができる。

　図 4 は，単一の色相を含む色の全範囲を図式的に示している。この三角形で

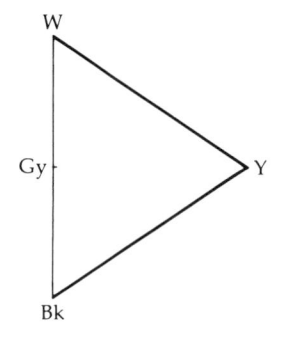

図 4 単一の色相（この場合には，黄）を帯びている色の全範囲を表す**色三角形**。

Y とかかれた点を，他のいかなる属性ももっていない想像上の黄，すなわち，赤み，緑み，黒み，灰色み，白みを含んでいない黄とする。そして，線分 W-Bk は，白（W）から中間の灰色を通って黒（Bk）にいたる白黒の系列を表すものとし，Gy を中間の灰色の点とする。そうすると，見ることのできるすべての黄色は，三角形の辺上およびその内部に表現される。三角形の辺 Y-W 上を W の方向に移動すると，白みが増し黄色みが減っていく黄色の系列が得られる。こうした黄色は，白によってだんだん飽和度が低下していったものとして考えることができよう。辺 Y-Bk に沿って黒の方向に移動すると徐々に黒みが増し飽和度が低下していく黄色の系列が得られる。そして，Y-Gy 軸を W-Bk 軸方向に移動すると，黄色はだんだん灰色がかってくる。茶色は，こうした三角形のどこに位置するのであろうか。

　もちろん，他の固有色のどれかと，白，灰色，黒といった白黒系列とのさまざまな組合せを表現する色三角形をつくることも可能である。青の色三角形を

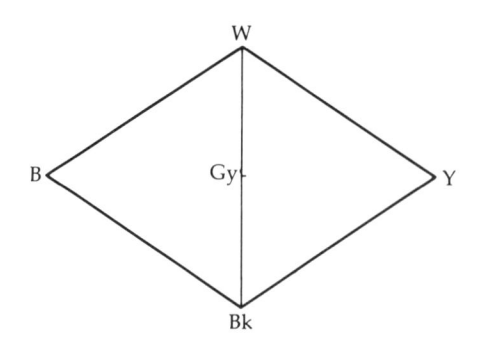

図 5 二つの色（この場合には，青と黄）の全範囲を表す**二組の色三角形**。

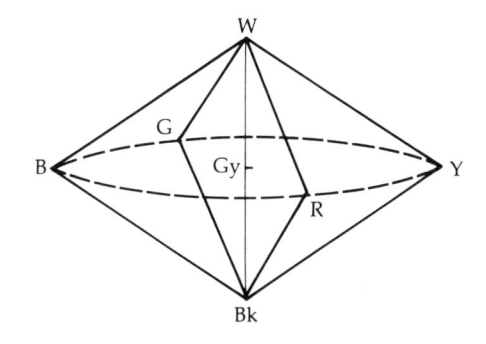

図 6 四つの色三角形から構成される立体。 赤/緑の色三角形のペアと黄/青の色三角形のペアとが，互いに直交するように配置されている。

つくり，黄の色三角形と向かい合うように配置すると，得られるひし形は図 5 に示したようになる。赤と緑の色三角形をつくって向かい合わせ，黄/青ペアの平面と直交するように組み合わせると，図 6 に示されているような図形が得られる。

　R，Y，G，B を含む水平面は，白と黒の中間に位置する。それは中間の灰色（Gy）平面であり，色図版 1-2 の色相環が位置する平面でもある。色相環内のいかなる中間色相（二成分色相）を選択しても，その色と，白，中間の灰色，黒とをつなぐことにより，色三角形をつくることができる。したがって色三角形は，単位色相であるかどうか，あるいは二成分色相（すなわち，赤黄，緑黄など）であるかどうかにかかわらず，すべての色相について存在する。こうした三角形を適切な位置に互いに隣接させて配置すると，色図版 1-5 に示したような形になる。白，灰色，黒といった白黒系列のどのレベルを選んでも，色相環が描けることに注目してほしい。図の上部には，灰色がかった白によって飽和度が低下している色相が含まれており，図の下部には，灰色がかった黒によって飽和度が低下している色相が含まれることになる。こうした図は，われわれの色経験全体を要約しており，これによっていかなる色も，面上のどこか，あるいは内部のどこかに，位置づけることができる（20 章参照）。

　もちろん，4 種類の色相と白黒の割合によってさまざまな色を分類するよう求められたときには，色覚正常者の間でもわずかな違いが見られるであろう。一つの色を見せられて，それをこうした色名で記述するように求められたとすると，報告される比率の値は別の人の評定値と著しく異なるかもしれない。先の分析で使用した色三角形の端点である「もっとも純粋な」白，黒，赤，黄な

どは，概念的かつ個人的なものである。しかしながら，相対関係については（すなわち，色の比較の際には），かなりの一致が認められるであろう。明らかに異なっている二つの赤における相対的な青みないしは黄色み，あるいは相対的な暗さないしは明るさ（すなわち，黒み，灰色み，白み）は，観察者間でほとんど常に一致するであろう。同じことは黄についても言える。比率によって色をスケーリングさせる場合だけでなく，数値での比較が可能となるような方法で色をネーミングさせた場合でも，異なる観察者から一貫したデータが得られている例が，視覚に関する文献のなかには数多くある。

　この章の初めに，明確にしなければならない最初の問題は，われわれが経験する色の数と種類であると述べた。これが最初でなければならないのはなぜかというと，視覚に関わる神経系が，光およびいくつかの物体の特性（たとえば反射率）とどのように相互作用して色経験を生じさせているのかを説明するためには，基本色（basic color）がいくつあるかを知ることが重要だからである。さらに，6種類の色とそれらの多様な組合せによって，知覚される色の世界を系統的に整理することは，眼と神経系がどのように働いて色を見ることが可能となっているのかという問題について考える際に重要な意味をもつ。先に見たように，知覚される色の世界を分類することにより，赤緑色や緑赤色を見ることはないということ，そして同様に，黄青色や青黄色が存在しないことが明らかとなった。赤と緑を同時に一つの色のなかに見ることはできないし，同じことが黄と青についても言える。こうした知覚に関する諸事実は，視覚系がどのように構成されているかについて，きわめて重要なことを語っている。残りの章では，視覚系の構成について，そして視覚系が色覚正常者と色覚異常者のそれぞれにおいてどのように働いているかについてみていく。

　2章では，神経系の構成と視覚経験に関するいくつかの一般的な原理について論じる。

基礎文献

Bartleson, C. J. 1976. Brown. *Color Research and Application 1*: 181–191.

Halsey, R. M., and Chapanis, A. 1951. Number of absolutely identifiable spectral hues. *J. Opt. Soc. Amer.* 41: 1057–1058.

Hering, E. 1920. *Grundzüge der Lehre vom Lichtsinn*. Springer-Verlag, Berlin. (*Outlines of a Theory of the Light Sense*). Translated by L. M. Hurvich

and D. Jameson. Harvard University Press, Cambridge, Mass., (1964).
Hurvich, L. M. 1969. Hering and the scientific establishment. *Amer. Psychol. 24*: 497–514.
Indow, T., and Stevens, S. S. 1966. Scaling of saturation and hue. *Percept. Psychophys. 1*: 253–271.
Ishak, I. G. H., Bouma, H., and van Bussell, H. J. J. 1970. Subjective estimates of colour attributes for surface colours. *Vision Res. 10*: 489–500.
Jameson, D., and Hurvich, L. M. 1959. Perceived color and its dependence on focal, surrounding, and preceding stimulus variables. *J. Opt. Soc. Amer. 49*: 890–898.
Judd, D. B., and Kelly, K. L. 1939. Method of designating colors. *J. Res. Natl. Bur. Stand. 23*: 355–385.
Kelly, K. L., and Judd, D. B. 1964. *Color. Universal Language and Dictionary of Names*. Natl. Bur. Stand. (U.S.) Spec. Publ. 440. Washington, D.C.
Kornerup, A., and Wanscher, J. H. 1967. *Methuen Handbook of Colour*, 2nd ed. Methuen, London.
Marks, L. E. 1974. *Sensory Processes*. Academic Press, New York.
Nickerson, D., and Newhall, S. M. 1943. A psychological color solid. *J. Opt. Soc. Amer. 33*: 419–422.
Teller, D. Y., Peeples, D. R., and Sekel, M. 1978. Discrimination of chromatic from white light by two-month old human infants. *Vision Res. 18*: 41–48.
Webster's New International Dictionary of the English Language. 1958. 2nd ed. unabridged. Merriam, Springfield, Mass.

上級文献

Berlin, B., and Kay, P. 1969. *Basic Color Terms: Their Universality and Evolution*. University of California Press, Berkeley, Calif.
Boynton, R. M. 1975. Color, Hue and Wavelength. In E. C. Carterette and M. P. Friedman (eds.), *Handbook of Perception*, Vol. 5, *Seeing*, Chap. 9, pp. 301–347. Academic Press, New York.
Evans, R. M. 1974. *The Perception of Color*. Wiley, New York.
Troland, L. T. 1929. *The Principles of Psychophysiology*, Vol. 1, *The Problems of Psychology; and Perception*. D. Van Nostrand, New York.

2章
色経験と神経系

　すでに見たように，色は，記述を単純化するようなやり方で系統的に配列することができる。しかし，色とは何であろうか。色は物体それ自体に本来備わっている何かなのであろうか。緑の葉は，その物理的・化学的組成によって緑に見えるのであろうか。夏には緑であった葉が，秋の到来とともに化学的組成が変化するにつれて鮮やかな赤や黄になり，そして多様な茶色に変わるという事実は，色が物体自体に本来備わっていることを強く支持しているかに見える。しかしながら，戸外の日光のもとで青みがかった緑に見える葉は，室内の白熱灯照明のもとで注意深く観察すると，幾分黄色みがかった緑に見える。それでは，葉にあたる光が物体の色を構成しているのであろうか。さらに他の可能性もある。後でふれるように，光は眼の後部にある受容器内の光化学物質によって吸収され，しかも光の種類が異なれば吸収される割合も異なる。それでは，色は眼の受容器層で生じる光化学的事象なのであろうか。あるいは，脳の神経学的な興奮過程なのであろうか。それとも，物理的事象なのであろうか。

　色はこうしたものすべてであり，これらの大部分については後に詳細に検討する。しかししばらくの間は，色の知覚は，通常，物理的な光と生体の視覚系との間の相互作用から生じるということに重点をおく。光と視覚系の両方ともが，物体を見て色を知覚することに関与する。

　色を見るためには，通常は外界の光刺激が必要となる。この本に載せた図版の色を見るためには，そして，そもそもこの本自体あるいは部屋のなかにある他のどのような物体を見るためにも，人工の光であれ自然の光であれ部屋に照明が必要である。光を消してしまうと（部屋には窓がなく，照明は人工のものだけであると仮定する），部屋は真っ暗になり，図版の色が弁別できなくなる

だけでなく，この本自体や他のさまざまな物体をも弁別できなくなる。街灯がないところにいて（たとえば海岸にいる場合や，月のない夜に郊外にいる場合），太陽がだんだん沈んでいくときにも，本質的に同じことが起こる。昼の光のもとでは見えるさまざまな色が徐々に消えていき，最後には灰色がかった暗闇につつまれる。

　もちろん，光エネルギーがあっても，単に眼を閉じるだけで，同じ結果，すなわち灰色がかった暗闇をつくりだすことができる。子どもであろうと大人であろうと，「盲人」のふりをして，眼を閉じてその上を手もしくはハンカチで覆うと，通常の色の世界がすっかり隠されてしまう。時折，触れたりさわったりすることによって色を弁別できる人が報告されることがあるが，われわれの大部分は，指先や，手の甲，閉じたまぶたなどが，光線に対して色経験を生じさせるようなやり方で反応することはない。（明るい太陽光のもとでまぶたを閉じたときに見える赤っぽい光は，単に太陽光がまぶたの薄い皮膚を透過し，網膜上に散乱したものにすぎない）。

　色を見るためには光エネルギーが必要であるが，健全な視覚系（10章参照）もまた必要であり，ある意味ではこちらの方がさらに重要である。健全な視覚系がなければ，どんなに光エネルギーがあっても役に立たないであろう。しかしたいへん奇妙なことに，視覚系に障害がなくとも，光以外の刺激によって「見る」ことができる。そうした刺激は「不十分」刺激（inadequate stimulus）と呼ばれているが，「不適」刺激（inappropriate stimulus）という言葉の方がよりよいであろう。

　圧は，視覚経験を引き起こす不適刺激の一つである。眼を閉じてまぶたの横を軽く押したり，眼をこすったりすると，しばしばもやもやした白いパターンや，ときにはきらめく小さな光から成るパターンが見える。これらは，圧による**閃光現象**（pressure-evoked phosphenes）と呼ばれる。眼にテニス・ボールがぶつかったり，身体が接触するスポーツで頭をぶつけたり，ころんで頭をぶつけたり，頭をぶたれたりすると，カラフルな「星」の集まりが見えるであ

＊　眼の解剖学的構造については10章で論ずる。
訳注：このような光以外の刺激は，日本語では「不適刺激」と呼ばれており，対応する英語は inadequate stimulus である。したがって，本来は inadequate を「不適」と訳すべきであるが，文脈に従って「不十分」と訳した。

ろう。数年前にデトロイトの地下新聞の記者は，Majaraji Ji 導師の狂信者たちのうちの2人によって襲撃されたことについて報告する際に，「赤い大きな星が見え続けていた」と述べた。

磁場による刺激や適切な電圧の電流を頭部に流すこともまた，色のついた閃光を生じさせる。電気的な刺激の場合には，頭皮上に置かれた電極の間で電流が流れる方向を変えると，見える色が，たとえば黄から青へと変化する。最近の実験では，盲人の脳に電極が埋め込まれた。この実験では，視覚効果を引き起こすために電気パルス刺激が使用された。この刺激は通常はもやもやした「ちらつき光」を生じさせる。明らかに，最終的な目標は，電極にテレビカメラを接続し，テレビカメラにより捉えられた外界の光のパターンを直接的に電気刺激のパターンに変換することによって，盲人でも自分の回りの世界を「見える」ようにすることである。しかし，この目標は非常に遠い将来の話であり，多くの科学者は，これがいつか実現されるということを疑わしく思っており，また脳を電気的に刺激するのは賢明なことではないのではないかと思っている。

X線が視覚効果を生じさせることはすでに知られているが，最近では，宇宙飛行士が，宇宙では光がなくてもフラッシュが見えることを報告した。このことは，宇宙線もまた視覚経験を生じさせるという可能性を示すものである（3章の図2参照）。これよりもはるかによく知られているのは薬物の効果である。メスカリンを服用すると，色経験が生じることはずいぶん前から知られていたし，現在では，LSDとそれに関連する幻覚剤も，「トリップ」している間にきわだった視覚効果を生じさせうることがかなりよく知られている。「奇妙な造形と強烈な色彩に満ちた幻想的な絵が，私に向かって押し寄せてくるようだった」と，LSDの発見者であるAlbert Hofmannは書いている。

われわれが視覚系と呼んでいるものが，こうした多様な力やエネルギーにより活動しうるということは，一見奇妙に感じられるかもしれない。しかし，次のようなアナロジーによって，その奇妙な感じは薄らぐであろう。

爆薬を発火させるための起爆薬が入っている雷管を考えてみよう。爆薬を爆発させることが雷管の基本的な特性である。しかしながら，雷管を作動させる方法は無数にある。雷管は，摩擦によって，あるいは，電荷をかけることによって点火するし，衝撃によっても点火する（たとえば，拳銃では，撃鉄の打

撃によって弾丸の雷管が起爆する）。最後のものがもっともよく知られた方法である。しかし，雷管が爆薬を爆発させるという特性をもっているとすると，それを作動させるためにどのような方法を選ぶかは重要ではない。爆発という最終結果を達成させるためには，多数の異なった力ないしは刺激のうちのどれか一つを与えればよい。

　視覚経験を生じさせることだけを問題にして，その経験の特定の性質やその経験と環境内の照明された物体との関係を問題にしなければ，視覚メカニズムに関しても同じことが言える。生体を「興奮」させる物理的刺激が，光線であるか，眼球への機械的な刺激や，磁場，頭部に流した電流，宇宙線，あるいは薬物であるかは重要ではない。視覚過程に関係する神経組織が興奮するかぎり，われわれは見るであろう。視覚経験を司っている神経組織を興奮させる刺激がもつ固有の性質は，それほど重要ではない。

　このことは視覚だけでなく，味覚，嗅覚，聴覚，触覚といった他の感覚についても当てはまる。したがって，味覚系を興奮させる特定の物理的刺激や刺激事象はさまざまであるが，刺激が何であれ，それにより味覚が生じる。たとえ味覚系の適刺激が塩や酸などの化学溶液であったとしても，舌をさまざまな周波数の電気パルスで刺激すると，甘味や苦味が感じられるであろう。同様のことは聴覚についても言える。ある振幅をもつ音波が聴覚の適刺激であるが，電気刺激や頭部への打撃により，ブーンという音やベルのような音が聞こえるであろう。重要なのは，聴覚神経系が不適切な刺激によって活性化されるということである。

　異なる感覚に結びついた定性的に異なる経験（光，音，味，匂い，触感といった経験）は，大脳皮質の異なる部位で終わる別個の神経が活性化されることによって生じる。いかなる刺激によって活性化されたとしても，視神経は視覚経験を生じさせ，聴覚神経は音の経験を，そして他の感覚神経はそれぞれ他の感覚を生じさせる。味と匂いの相違，痛みと音の相違，そしてこれらのそれぞれと視覚経験の相違は，活性化される神経経路と大脳部位が異なることによる。

---
　*　神経組織には，網膜の細胞，視神経，外側膝状体，線条皮質，そしてさらに高次の皮質が含まれる（10章参照）。
　**　感覚生理学者と感覚心理学者は，この考えを長い間「特殊神経エネルギー説」と呼んできた。

各感覚モダリティーが異なった神経系に関係しているならば，ある感覚内，たとえば視覚において，色経験の各々がすべて異なった神経要素（neural element）の活性化と結びついていると予測することは理にかなっている。しかし，われわれの色経験が数千の数十倍，あるいは数百万にさえ達しうるならば，視神経と視覚系の残りの部分にほとんど不可能な課題を課すことになる。このことは少なくとも18世紀の頃から知られており，大部分の色覚理論家たちは，少数（通常は三つ）の基本的な受容器-神経システム，すなわち，それぞれの活性化が組み合わさって多様な視覚効果を生み出すシステムを捜しもとめてきた。電気生理学の発展にともない，神経および脳の組織における神経-電気事象を直接記録することが可能になり，感覚の特性に関する**神経コード**（neural code）が「解明」ないしは「解読」されることが期待されている。ここでいう神経コードとは，**神経事象**（neural event）が感覚の特性および大きさを記録し，表象するシステムであり，かつ，神経事象を感覚の特性および大きさへと変換するシステムである（12章参照）。知覚される事象と神経事象との間の正確な相関関係を明らかにすることにより，神経コードを特定することができるであろう。たとえば，ある神経事象が生じるときにはいつも「赤み」を経験するということ，そして同様のことは他の感覚特性にも当てはまるということがわかるであろう。知覚ないしは心理学的特性は，何らかの意味で，特定の生理学的ないしは神経的事象と直接的に関係していると考えられるので，各色相特性は，特定可能な神経的興奮ないしは神経系の構成に「付随する」であろう。もし個々の感覚事象が一つの神経事象に基づいているのなら，感覚事象と神経事象の間には直接的な対応が存在することになる。感覚事象において等質性，類似性が認められれば，生理学的事象においても等質性，類似性が見いだされ，逆も同様である。さらに，感覚事象において差異が認められれば，生理学的事象の性質においても差異が存在し，逆も同様である。

　もしこの種の仮定が妥当であるなら，電気生理学的研究からの独立したデータがまったくなくても，われわれは，色の神経コードの一般的性質に関して，いくつかの信頼できる手がかりを持っていることになる。

　われわれの視覚経験が1章で概説したように秩序づけられ，体系化されており，その結果，赤，黄，緑，青，黒，白のみによってすべての視覚経験を特徴づけることができるとすると，視覚系も同じように構成されているはずであ

る。われわれが知覚する色の世界には，さまざまな白，黒，黄，青，赤，緑が含まれているが，これに関係した多数の異なった過程ないしはメカニズム——あるいは実体（substance）——が，神経系のどこかに存在するはずである。こうした過程のいくつかが活動状態にあり，神経活動ないし神経活動のパターンが「黄と白」に特有のものであれば，経験される色は黄色っぽい白であろう。もし，生理学的に興奮している過程が「緑と黒」の性質をもつものであれば，経験される色は黒みがかった緑であろう。神経活動が「黄と緑と黒」であれば，オリーブ色が経験されるであろう。神経活動が「赤と黄と黒」であれば，それに直接関係した色経験は茶色であろう。以上のような具合である。こうした神経事象が，どのようにして多様な意識内容（conscious awareness）に変換されるのか，あるいは意識内容は，どのように神経事象に影響を及ぼすのかといった問題は，感覚事象と神経事象の間に対応関係があるということとはまったく異なった問題であり，いまだに多くの謎を秘めている。

　感覚事象と神経事象との間には直接的な対応関係があり，中枢神経系における変化が色経験の変化と対応しているという考えをひとたび受け入れると，われわれの色知覚を，神経系で生じている出来事を直接読みとったものとみなすことができる。これにより，6種類の単位色相と対応する6種類の化学的・電気的な神経事象が存在し，それらはそれぞれ異なるコード化がなされているはずであるという単純な記述を越えてさらに考察を進めることができる。

　いくつかの色の相互排他性，継時的対比効果（残像），同時的対比現象，中心窩*は色覚正常であるのに網膜周辺では色盲となること，先天性色覚異常といった知覚に関する諸事実から，6種類の単位色相は3対の拮抗するシステム（赤/緑，黄/青，白/黒）としてまとまっているという結論が導かれる。このことが神経活動の構成様式に関してもつ意味は明白である。先に挙げた現象を順に検討していこう。

　色相環について論じたとき，そして1章の終わりに再度，赤緑という色がないことにふれた。われわれは赤黄や，赤青，緑黄，緑青といった色を見ることはできるが，赤緑は見ることができない。同様に，黄青と言えるような色も見ることができない。われわれは黄赤や，黄緑，青赤，青緑といった色を見るこ

＊　注視に使用される眼の中心部（10章参照）。

とはできるが，黄青は見ることができないのである。赤と緑を，同じ場所に同時に見ることはできないし，同じことは黄と青についても言え，この両方を同じ場所に同時に見ることはできない。赤と緑は互いに排他的であり，黄と青についてもそうである。基本的に，各ペアのメンバーは互いに相いれず拮抗的である。

　こうした赤/緑，黄/青，黒/白という色のペアの**反対色過程**（opponent-process）としての諸側面は，**残像**（afterimage）と通常は呼ばれる継時的対比効果を取り上げるとさらに明白になる。色図版 2-1 で，左上の白い正方形の中央にある凝視点を最初に見てその色を確認し，次に右側の黄色い領域に眼を移し，小さな黒い凝視点を 15 秒から 20 秒間注視してみよう。そしてその後で，白い領域の中央を再度見てみよう。どんな色が見えるであろうか。先に黄色い領域によって活性化された視野内の領域は，他の領域と比べて青みがかって見えるであろう。今度は，図の緑色の正方形を 20 秒くらい注視してみよう。そして，視線を左側の「白い」領域に移したときに見える色に注目してみよう。この手続きを少し変更すると，ときとしてさらに際だった効果が生じる。2 インチ四方の色紙を用意し，タイプ用紙など白い紙の上に置く。その色紙の中央を 20 秒ほど注視し，その後で，眼をその位置から動かさずに色紙を取り除く（色紙の角を少し折って持ちあげておくと，取り除きやすい）。そうすると，その色紙があった場所に色紙の色の反対色が見えるであろう。（一方の眼だけで色刺激をしばらくのあいだ観察し，その後で「白い」背景を眺めているときに，左右の眼を交互に閉じたり開いたりして，こうしたデモンストレーションを繰り返してみよう）。赤い色紙であったなら緑の残像が生じ，緑なら赤，黄なら青，青なら黄，白なら黒，黒なら白の残像が生じるであろう。また，たとえば赤みがかった黄色のような二成分色相の色紙であれば，緑がかった青の残像が生じるであろうし，他の二成分色相についても同様である。一般に，色相残効は色相環を参照することにより要約することができる。観察される残像の色は，通常最初に観察された刺激の色相に対して色相環の向かい側にある色であり，約 180 度離れたところに位置する。しかしながら，実際の状況はこれよりも幾分複雑である。なぜなら，刺激として使用される光の種類，光が投影される面の性質，観察者の眼の順応状態などがすべて残像の見えに影響を及ぼすからである（14 章および 15 章を参照）。

こうした継時的対比効果は，3種類の色のペアである赤/緑，黄/青，白/黒の拮抗性をもっとも直接的に表現している。こうした色のうちのどれを注視した場合にも，注視を終えるとすぐに，ペアのもう一方の色（すなわち反対色）が喚起される。はじめに二成分色相を注視した場合には，注視を終えるとすぐに，その二成分色相それぞれの反対色が観察される。

色のペアの反対色性（すなわち，こうした3種類の色のペアの各メンバー間に認められる相互拮抗性）は，それらが互いに並置された場合や，メンバーの一方が灰色の刺激の隣に，あるいはそれを取りまくように配置された場合にも認められる。これが同時的色対比現象であり，色図版2-2に例示されている。この図で2本の灰色の帯は物理的に同一であり，同じ反射率を有している（反射率に関する議論は3章を参照）。左側の灰色の帯の中央を注視すると，それが赤みを帯びて見えることに気づくはずである。眼を少しのあいだ閉じた後で，今度は右側の灰色の帯を注視すると，その帯がかすかに黄色みを帯びて見えることに気づくはずである。この図版全体を覆うように薄いティッシュ・ペーパーかトレーシング・ペーパーをかぶせると，この効果をさらに強めることができる。

同時的対比効果を生じさせる方法はいくつもあり（13章参照），色図版2-2で用いた構成をわずかに変えることにより，さまざまな色の領域が及ぼす効果を調べることができる。灰色の紙を，幅約1/4インチ，長さ3から4インチに切り，その中央に小さな黒い凝視点をつけておく。この灰色の細い紙を白い紙の上に重ねてとめておく（灰色の紙をとめるにはペーパークリップを使うとよいだろう）。そうして凝視点をしっかりと注視したまま，灰色の紙の後ろに色紙を入れる。こうすると，灰色の細い紙は，使った色紙の色がどのようなものであれ，その反対色に色づいて見えるであろう。背景の色紙が赤であれば緑みを帯びて，背景の紙が緑であれば赤みを帯びて，青い背景であれば黄色みがかって，黄色の背景であれば青みがかって見えるであろう。

以上述べたような諸事実，すなわち，知覚的排他性，継時的・同時的対比によって，赤/緑，黄/青，白/黒の各ペアのメンバーが拮抗的な相互排他性を示すことが，説得力のある形で支持されている。色視野や色覚異常といった事実もまた，赤/緑，黄/青，白/黒がペアとして結びついていることに関係している。

色視野の簡単なデモンストレーションとして，次のようなものがある。まず，小さなオレンジ色の視標を灰色の紙の上に張りつける。そうして左眼を閉じ，右眼でこの視標を見つめる。頭を固定したままゆっくりと視点を右の方向に動かしていくと，あるところで視標が幾分かすんだように見え，また色も，もはやオレンジ色には見えず，むしろ黄色っぽく見えるようになるであろう。頭を静止させたまま，視点をさらに右の方向に移動させていくと，視標は灰色に見えてくるであろう。視標がはじめに何色に見えたかを知っていると判断が歪むおそれがあるため，こうした実験を行うためには，ナイーブな人（実験の目的を知らない人）を選んで何が見えるかを報告してもらうことが望ましい。たとえば，観察者に，左眼を閉じて，右眼で，正面にある小さな凝視点を注視してもらう。次に，灰色の背景の上，眼の高さのところに，先の例と同じ黄色みを帯びた赤の小さな視標（この視標が何色かは観察者に知らせないようにする）を置く。ただし，このとき，視標は観察者の右側に，凝視点から大きく離して配置する。そうして観察者に視標がどのように見えるかを報告してもらう。視標が凝視点から十分離れた視野周辺部に提示されていたとすると，最初の報告は，視標が灰色に見えるというものであろう（あるいは，何らかの色をでたらめに報告するかもしれない）。視標をゆっくりと凝視点の方に移動させていくと，観察者の報告は黄色となり，最終的には，オレンジ色へと変わっていくであろう（少しの間，視標は観察者の「盲点」を通過するであろう。10章参照）。たとえ，正確に同じ分光分布（4章参照）を有する完全に同一の視標が眼を刺激しているとしても，報告される見えにこのような変化が生じることを覚えておくことは重要である。

　オレンジ色の視標の代わりに青緑の視標を使った場合には，最初に報告される色はおそらく暗い灰色であり，その後に青となり，視標が移動して最終的に眼の中心部が刺激されると，青緑となるであろう。この場合も刺激から反射される光はまったく変わっておらず，網膜上での刺激の位置が変わっただけである。

　厳密にコントロールされたこの種の実験は，視標の色，大きさ，強度，移動速度，そして視標の移動軸の数などを詳細に決めて行われる。この種の研究のために特別に設計された装置は**視野計**（visual perimeter）と呼ばれ，臨床的な眼の検査に使用される。これは，さまざまな眼の疾患を診断する際に，「視

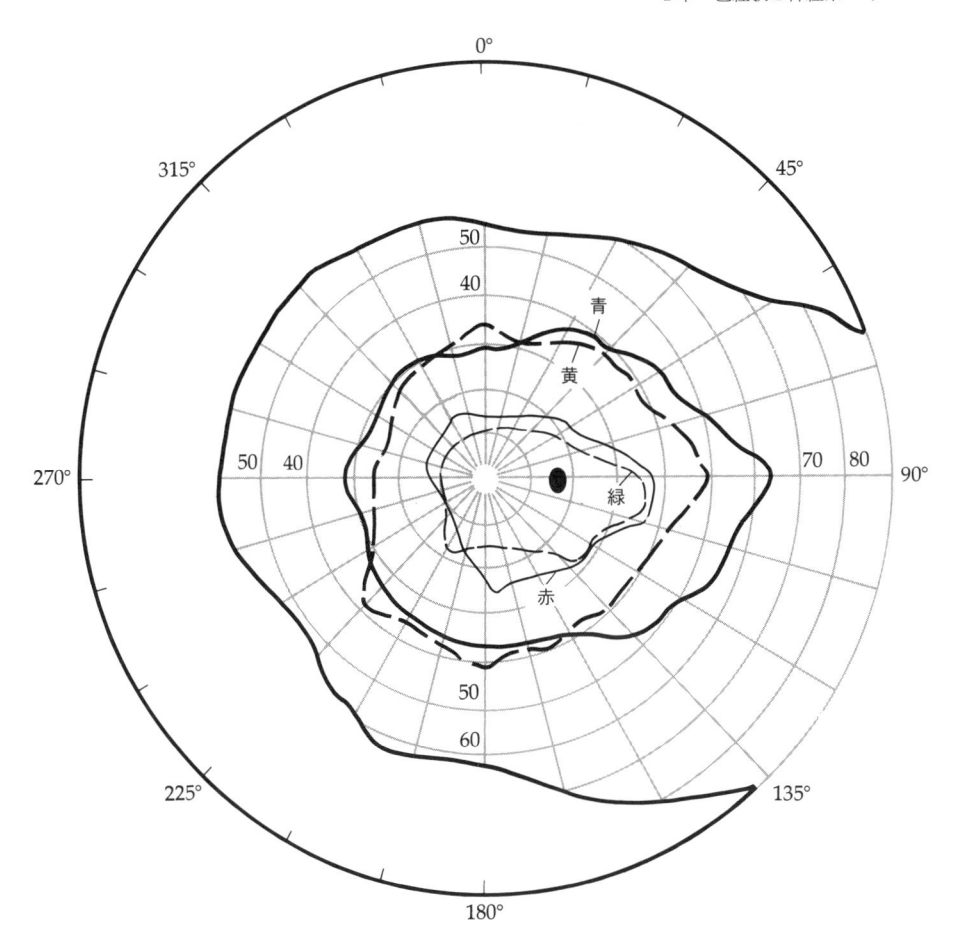

図 1　色視野の模式図。色視野は,小さく均一で中強度の色光を用いて,右眼について測定された。色光の色が,青,黄,赤,緑であったときの結果が,それぞれ示されている。青と黄の「視野」がほぼ同じ大きさと形をしており,もう一方の,やはりほぼ同じ大きさと形をしている赤と緑の「視野」よりも広いことに注目すべきである。

野」(visual field) の決定が重要な役割を果たすためである。

正常な視覚を有する人について行われた研究の結果により,視野がいくつかの領域に分けられることが明らかとなっている。図1に示されているように,眼の中心領域では,赤,緑,黄,青,白,黒といったすべての色が見える。刺激の提示位置を左右どちらかの方向に移動させると,眼は赤と緑に対する感度

を失う。平均的な照明のもとで，眼の中心部で観察したときに赤みを帯びた黄色や，赤みを帯びた青と報告される視標は，ここで，それぞれ黄色，あるいは青に見えると報告されるようになる。同じことは，眼の中心部では，緑みを帯びた黄色，ないしは緑みを帯びた青と報告される対象についても当てはまる。こうした対象は，周辺に移動するにつれて緑みを失いはじめる。提示位置をさらに周辺へと移動させると，眼の中心部では色づいて見えた刺激が，白，灰色，無色，暗い灰色などと報告されるようになり，色相はもはや感じられなくなる（光のエネルギーないしは刺激の大きさが増すと，当然のことながらこうした色視野の範囲は変化する）。

　この実験により，ある特定の物理刺激が，常に同じ色経験を生じさせるとはかぎらないということが明らかとなる。また，この実験により，すでに述べた色相間のペアとしての結びつきも非常にはっきりする。ある強度（飽和度）ないしは鮮やかさを有する赤の色相が感じられなくなる中間の網膜領域では，同じ強度の緑もまた感じられなくなる。さらに，黄色がもはや感じられなくなる極端な周辺領域では，青の知覚もまた認められない。したがって，極端な網膜周辺領域は，網膜の中心領域と比較して完全な色覚異常，もしくは完全な色盲であると言うことができる。相対的には，網膜の中間領域は，赤/緑異常もしくは赤/緑色盲であると言える。というのは，この中間領域においては，黄と青はまだ見えているからである。

　この種の知覚に関するデータにより，網膜は場所によって異なっており，網膜位置によって神経系の構成も異なっているはずだということが明らかとなる。そうでなければ，網膜の異なる領域に像を結んだ同一の刺激によって，異なる視覚経験が生じることが説明できないであろう。さらに，赤/緑および黄/青という，ペアとなる色の両方が一緒に失われるという事実もある。*

　赤と緑および黄と青が，対になったシステムを構成していることをさらに支持する証拠が，色覚異常者の色覚について明らかになっている事実から得られる。色覚異常には先天的なものもあるし，疾病や毒物により後天的に生じたものもある。

＊　もちろん，用いる色の飽和度を等しくしておかなければ，反対色ペアのメンバーの両方が感じられなくなるという事実は明らかにはならないであろう。一般に，こうした実験では飽和度の等しい色を使う必要がある。

刺激を凝視して中心窩で見ているときでさえ，赤と緑の色相を知覚できない人がいる。このような人たちは，黄，青，黒，白しか見ることができず，色覚正常者が容易に弁別できる黄色みを帯びた赤と黄緑，あるいは，赤みを帯びた青と緑みを帯びた青を混同するため，赤/緑異常者，赤/緑色盲，赤/緑混同者 (red/green confuser) などと呼ばれる（17章参照）。

色図版2-3は，Georges Braqueの絵の複製である。赤/緑色盲の人にとって，この絵の灰色と黒はそのまま灰色と黒として見えるが，赤は，色図版1-2で3時の位置にある黄の色相をもっているであろうと推定することができる。Braqueが鳥の色である黄色みを帯びた赤の代わりに，色図版1-2でほぼ5時の位置にあたるような緑を使用したとすると，こうした赤/緑色盲の人には，その緑が3時の位置にある黄色のように見えるであろう。絵の具と照明は，すべての観察者で同じであるにもかかわらず，知覚される色が人によって異なることから，眼についての何か（その構造および働き）がこうした見えの違いの原因になっていると仮定せざるを得ない。ここでもやはり，赤と緑が対になっていることに注目すべきである。こうした色弁別ができない観察者は，赤のみ，あるいは緑のみが見えないのではない。赤と緑の両方が見えないのである。こうした人たちが見るものは，黄と青，そして白と黒である。

ここで，さらに別のタイプの色覚異常，すなわち黄と青を混同する色覚異常が存在すると分かっても，それほど驚きを感じないであろう。この色覚異常が生じる頻度は赤/緑異常よりも低く，このタイプの色覚異常者は，赤，緑，黒，白だけしか区別することができない。色覚正常者でも網膜の周辺領域では赤と緑の混同が生じるということはすでに述べた。黄と青の混同というさらにまれで異常な条件も，刺激がきわめて小さければ色覚正常者でも生じる。しかも，これは，網膜の周辺領域だけでなく，ごく中心の狭い領域でも生じる。

正常な眼の極端な周辺領域に対応するのが，どのような色相も見ることができない人である。こうした人たちが見ることのできる色は，黒，灰色，白だけである。よく言われることであるが，彼らの世界は白黒テレビのようである。カラーテレビの画面上の絵でさえ，こうした人たちにとっては黒と白のみで構成されているように見える（18章参照）。

---

* さらに別のタイプの色覚異常がある。これは，「異常三色型色覚」(anomalous trichromatic vision) と呼ばれており，16章で詳細に論じる。

色の名前の使い方が奇妙であり，しばしば当てにならないことが分かっているのに，色覚異常者が見ているものについて，このように確信をもてるのはどうしてであろうか。それは，色の混同と等色の際の行動から色盲の人たちの色知覚について推論することに加えて，彼らの色知覚を理解する上で，他に二つの良い情報源があるからである。その一つは，色覚異常が一方の眼に限られているきわめて希な人たちである。彼らは一方の眼が色覚正常であり，すべての色とそれらの適切な名前を「知っている」ので，異常のある方の眼で見る色を正確に報告することができる。もう一つの信頼できる情報源は，後天的に色覚異常になった人たちである。彼らは長年にわたって色覚正常であった後で色覚に異常をきたしたので，自分の現在の知覚について記述するためのすぐれた記憶基準をもっている。

色覚メカニズムの構成様式に関する，いくつかの重要であるがかなり一般的な考えを示すために，さまざまな知覚現象について述べてきた。赤が存在するところで，同時に緑を知覚することができないとすると，それは，色の知覚にとって重要な事象が生じる神経系内の領域において，一つの神経過程が別の神経過程によってある種の排斥を受けているということを意味している。黄/青および白/黒に関しても同様の反対色過程が存在する。それぞれの場合において，拮抗する性質をもち，対となる神経過程が存在する。

しかしながら，色覚がどのように生じるかを「説明」しようとするなら，色覚メカニズムを正確に記述する前に，こうした一般的な考えに関する堅固な土台を提供することが必要になる。このためには，最初に視覚および色覚に関する適刺激である光エネルギーの分析を行い，そしてそれをさまざまな色経験に関係づけなくてはならない。まずは，物理刺激である光エネルギーについて考える。

基礎文献

Asher, H. 1961. *Experiments in Seeing*, Chap. 9. Basic Books, New York.

Baird, J. W. 1905. *The Color Sensitivity of the Peripheral Retina*. Carnegie Institution, Washington, D.C.

Barlow, H. B., Kohn, H. I., and Walsh, E. S. 1947. Visual sensations aroused by magnetic fields. *Amer. J. Physiol.* 148: 372–375.

Boring, E. G. 1950. *A History of Experimental Psychology*, 2nd ed., Chap. 5,

pp. 80–95. Appleton-Century-Crofts, New York.
Burnham, R. W., Hanes, R. M., and Bartleson, C. J. 1963. *Color: A Guide to Basic Facts and Concepts.* Wiley, New York.
Dimmick, F. L. 1948. Color. In E. G. Boring, H. S. Langfeld, and H. P. Weld (eds.), *Foundations of Psychology,* Chap. 12, pp. 269–296. Wiley, New York.
Dobelle, W. H., Mladejovsky, M. G., and Girvin, J. P. 1974. Artificial vision for the blind: Electrical stimulation of visual cortex offers hope for a functional prosthesis. *Science 183*: 440–443.
Duke-Elder, S. (ed.). 1968. *System of Ophthalmology,* Vol. 4, *The Physiology of the Eye and Vision,* Chap. 10, pp. 465–468. Mosby, St. Louis, Mo.
Fernberger, S. W. 1931. Further observations on peyote intoxication. *J. Abn. Soc. Psychol. 26*: 367–378.
Hering, E. 1878. *Zur Lehre vom Lichtsinne,* Part 6. Gerolds Sohn, Vienna.
Hering, E. 1920. *Grundzüge der Lehre vom Lichtsinn.* Springer-Verlag, Berlin. (*Outlines of a Theory of the Light Sense.* Translated by L. M. Hurvich and D. Jameson, Harvard University Press, Cambridge, Mass., 1964.)
Hofmann, A. 1959. Psychotomimetic drugs: Chemical and pharmacological aspects. *Acta Physiol. Pharmacol. Neerl. 8*: 240–258.
Hurvich, L. M., and Jameson, D. 1970. In D. A. Hamburger and K. H. Pribram (eds.), *Perception and Its Disorders,* Vol. 48, Chap. 2, pp. 12–25. Williams & Wilkins, Baltimore, Md.
Hurvich, L. M. and Jameson, D. 1974. Opponent processes as a model of neural organization. *Amer. Psychol. 29*: 88–102.
Kravkov, S. V., and Galochkina, L. P. 1947. Effect of a constant current on vision. *J. Opt. Soc. Amer. 37*: 181–186.
McNulty, P. J., Pease, V. P., and Bond, V. P. 1978. Visual phenomena induced by relativistic carbon ions with and without Cerenkov radiation. *Science 201*: 341–343.
Moreland, J. D. 1974. Peripheral Colour Vision. In D. Jameson and L. M. Hurvich (eds.), *Handbook of Sensory Physiology,* Vol. 7/4, *Visual Psychophysics,* Chap. 20, pp. 517–536. Springer-Verlag, Berlin.
Pinsky, L. S., Osborne, W. Z., Hoffman, R. A., and Bailey, J. V. 1975. Light flashes observed by astronauts on Skylab 4, *Science 188*: 928–930.
Schober, H. 1964. Die Direktwahrnehmung von Röntgenstrahlen durch den menschlichen Gesichtssinn (The direct perception of X-rays in human vision). *Vision Res. 4*: 251–269.
Uttal, W. R. 1973. *The Psychobiology of Sensory Coding.* Harper & Row, New York.

上級文献

Békésy, G. v. 1968. Problems relating psychological and electrophysiological observations in sensory perception. *Perspect. Biol. Med. 11,* 179–194.

Bullock, T. H. 1967. Introduction: Signals and Neuronal Coding. In G. C. Quarton, T. Melneschuk, and F. O. Schmitt (eds.), *The Neurosciences: A Study Program,* pp. 347–352. The Rockefeller University Press, New York.

Hubbard, J. I. 1975. *The Biological Basis of Mental Activity.* Addison-Wesley, Reading, Mass.

Hurvich, L. M. 1966. The Indispensibility of a Bimodal Black-White Color Vision Process. In *Internationale Farbtagung Luzern 1966,* Vol. 1, pp. 167–172. Musterschmidt-Verlag, Göttingen.

Mountcastle, V. B. 1967. The Problem of Sensing and the Neural Coding of Sensory Events. In G. C. Quarton, T. Melneschuk, and F. O. Schmitt (eds.), *The Neurosciences: A Study Program,* pp. 393–408. The Rockefeller University Press, New York.

Troland, L. T. 1921. The enigma of color vision. *Amer. J. Physiol. Opt. 2:* 23–48.

Uttal, W. R. 1967. Evoked brain potentials: Signs or codes. *Perspect. Biol. Med. 10:* 627–639.

3章
刺激：分光放射

　2章で述べたように，眼球を押したり，頭部に電流を流したり，薬物を服用したり，頭部に打撃を与えたりすることによっても，色を経験することができる。もちろん，こうした刺激は，視覚にとって不適切である。この現象は，光覚および色覚における神経系の役割を強調するものではあるが，主として視覚を研究する科学者にとって興味をひくものでしかない。通常は，眼を開いていて，光が眼に入ってくるときにのみ，物体と色が見える。光は，太陽やさまざまな人工の光源（ロウソク，石油ランプ，ルミネセンス・ランプ，白熱灯など）から生ずる。この章では，物理的な光放射について詳細に検討する。

　ここで，一つの点が明らかである。見るためには光放射に関して何も知る必要はない。なぜなら実際に大部分の人たちは，光放射の物理的な特性に関してまったく知らないからである。大部分の人たちは，視覚環境およびそれとのやりとりについて語る上で，色名や記述的な言葉以上のものを必要とはしない。また，大部分の人たちは，1章で述べたような首尾一貫した意味のあるやり方で，色経験の世界が体系化され得るということに関心すら払っていない。

　同じような状況は他の感覚に関しても当てはまる。日常生活においては，刺激状況に関する「物理学」を知る必要はない。われわれは自分自身や人が話すのを聞き，また，さまざまな種類の音や騒音を聞き，音楽に耳を傾ける。隣人が，夜中まで長々ときわめて大きな音でステレオをかけているとしたら，音の生成に関する物理学や音エネルギーの専門的な計測について何も知らなくても，隣人（ないしは，家主）にボリュームを下げるよう頼むことができる。気体分子や，それらの空気中での伝播，浸透圧の問題などについて何も知らなくても，劇場のロビーにいる若い女性が，よい香りで快い「刺激的な」香水をつ

けていることに気づいたり，また，閉ざされた小さなエレベーターのなかでは，同じ香水が耐えがたくそして「きつく」感じられることに気づいたりする。酸がpHという化学量で測定されることを知らなくても，サラダ・ドレッシングが酸っぱすぎることは分かる。歯科医のドリルにもうこれ以上はたえられないと自覚するのに，力や圧力の測定に関する物理学の訓練を受ける必要はない。刺激の物理的・化学的諸側面に関するこうした知識が，日常生活では重要でないということは，ごくわずかの人びと，主として科学者，そのなかでも特に感覚を研究する心理学者や生理学者のみが，こうした知識を有しているという事実から明らかである。

　聴覚，味覚，嗅覚，視覚といったどのような感覚モダリティーであっても，そして物理学についてわれわれがいかに無知であっても，エネルギーおよびエネルギーの変化という形での物理的な刺激に対して，われわれは常に反応している。このような問題に興味をもつ科学者は，こうしたエネルギーの変化の重要な特性，そして，それらと経験される事象（音，味，匂い，色など）の性質と特性との関係を明らかにしようとしている。科学者が知りたいと望んでいるのは，さまざまな感覚器官によって物理的なエネルギーがどのように変換されて神経系を興奮させるのか，そして，神経系のどのような変化がどの知覚事象と相関しているのかといった問題である。

　視覚過程を起動する物理刺激は**光**（light）である。光は電磁エネルギー全体のごく一部であり，光源（たとえば太陽）から電磁振動として放射される，ある形のエネルギー（光量子と呼ばれる微粒子）である（図1）。**電磁スペクトル**（electromagnetic spectrum）は宇宙線から電気の交流波にまでわたる。このスペクトル全体を図式的に示したのが図2である。この図から，宇宙線，ガンマ線，X線，電波など，さまざまな電磁線の違いは，振動周波数に対応していることが分かる。さまざまな振動周波数をもつ電磁波が自然界に存在するが，科学者やエンジニアは，特定の電磁エネルギーを発生させ，厳密に制御する方法を発見した。彼らはまた，こうした特定の振動周波数に対して感度をもつ装置や検出器も考案した。この点を明らかにするためには，レーダーの存在とそれがマイクロ波を利用していること，テレビの存在とそれが電磁スペクトル中のUHF波（デシメートル波）とVHF波（メートル波）を利用していることについてふれるだけで十分であろう。

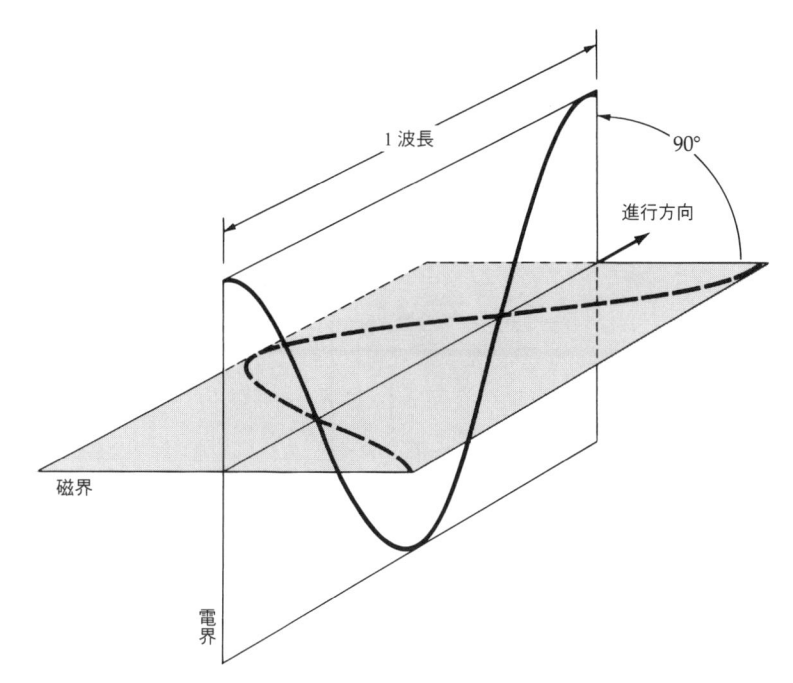

図 1 光波の電磁気的構造。正弦電磁波の電界と磁界は互いに直交しており，また光波の進行方向に対しても直交している。

　人間は，周波数スペクトル中のさまざまな電磁エネルギーによって影響を受ける。そして用心しないと，こうした影響はときには有害な場合もある。われわれは電流を，しばしばピリピリするショックとして，ときには痛みをともなうショックとして感じ，そしてごくまれにはそれによって死にいたる場合もある。電子レンジから発せられるマイクロ波は，今や潜在的に危険なものとして捉えられている。X 線は細胞組織を破壊するため，これを過度に受けると，最終的には死にいたる。紫外線は日焼けをもたらすが，日焼けによる炎症をももたらす。赤外線は熱だけでなく痛みももたらし，これらが大量に網膜にあたると，網膜は「調理」されてしまう。紫外線もまた眼の角膜と水晶体に障害を与え，白内障を生じさせることもある（10 章参照）。こうした潜在的に害をもたらす振動周波数の間にある，約 4.3×10^{14} から 7.5×10^{14} サイクル/秒（もしくは，ヘルツ。Hz と略す）*の電磁振動が**光線**（light ray）であり，これに対

---
*　430,000,000,000,000 から 750,000,000,000,000 Hz である!!

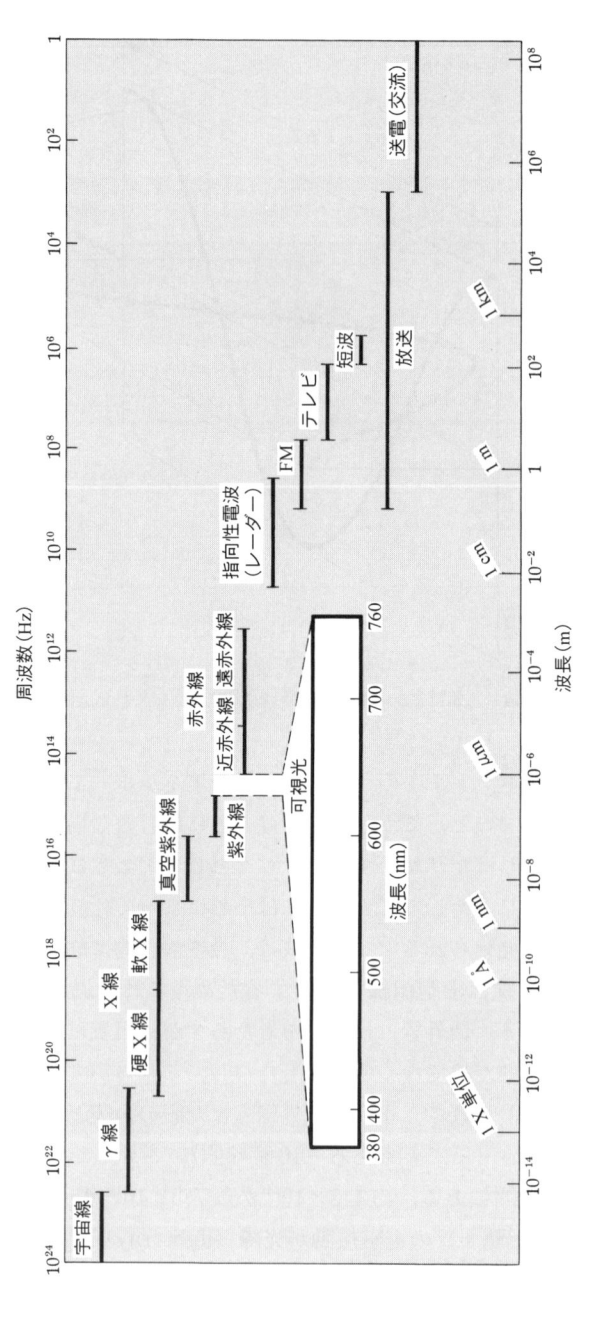

図 2 放射エネルギースペクトル（電磁スペクトル）。

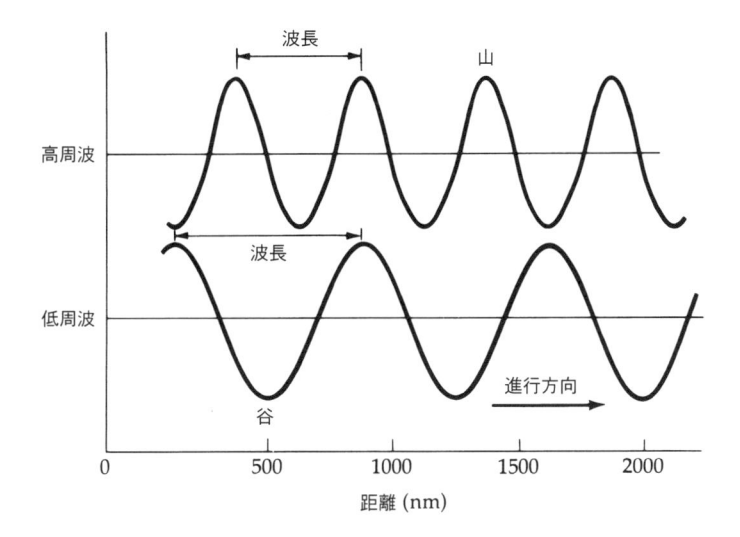

図3 2種類の異なる波長（異なる周波数）の**振動光波**。この二つの例では，波の振幅（ピークからベースラインまで）は同じである。

して眼は色反応で応答する（4章参照）。光線を遮ったり，止めたり，あるいは，眼を閉じたりすると，外界の物体を見ることはできなくなる。

あらゆる振動周波数の光放射は，大気，気体，水といったすべての媒体中を波の形で伝わる。図3は振動する2種類の波を示しており，一方が低周波数，他方が高周波数の波である。それぞれの波において，ピークからピークまでの（もしくは，谷から谷までの）距離が**波長**（wavelength）である。高周波数の波は，低周波数の波よりも相対的に波長が短い。実際に周波数は波長の逆数に関係している（$\lambda = c/\nu$）*。図2の下側の横軸には波長が示されているが，これを見れば，図2の上側の横軸に示した周波数の場合と同じように，放射の種類の違いを波長の違いで表せることが分かる。周波数を測定するよりも波長を測定する方が容易なので，光放射は波長で表すのが普通である。4.3×10^{14} から 7.5×10^{14} Hz という周波数の範囲と対応づけると，可視スペクトルは波長で400から700ナノメーターの範囲である。ナノメーターはnmと略され，1ミリミクロン（1メートルの10億分の1）に等しい。

---

* λ は波長，ν は周波数，c は光速（約 3×10^8 m/秒）を表す。

電磁放射は**エネルギー**（energy）（仕事をする能力）をもち，すべての周波数ないしは波長の光は，**光量子**（photon または light quanta）と呼ばれる多数の微粒子の形でエネルギーを放射する。光量子のエネルギーが振動周波数に直接的に関係していることが，物理学から分かっている。したがって，短波長光（たとえば 400 nm）の光量子は，振動周波数が大きいため，長波長光（たとえば 700 nm）の光量子よりもより大きなエネルギーを有している。しかし，ここでわれわれにとって重要なのは，単一の光量子のエネルギーではなく，太陽，ロウソク，白熱灯，水銀アーク灯，蛍光灯，レーザー・ビームなどといったすべての光源が，通常はさまざまな周波数もしくは波長をもつ莫大な数の光量子を同時に放射しているという事実である。

さまざまな光源のエネルギー負荷は，原子構造内での電子の跳躍によって放出される。光源が異なれば発光の様式も異なり，温度の上昇により発光している光源（白熱灯）もあれば，気体放電により発光しているもの（ネオン放電管やクリプトン放電管）もある。*前者の場合には，すべての波長で光量子が放射され，ある波長領域で発せられる光量子の数は，熱せられた物体の温度に依存する。電灯の場合，熱せられる物体はふつうタングステン線である。

スペクトルのさまざまな波長において放出されるエネルギーの量は，**分光放射輝度計**（spectroradiometer）と呼ばれる装置を用いて波長ごとに測定することができる（図 4 a）。こうした装置（市販されている）は，Newton の発見（4 章参照）を基礎としている。太陽光ないしは他の白熱光源からの光がプリズムを通過すると，波長の異なる光は分散され，広がる（図 4 a）。このうち狭い範囲の波長のみが装置内の狭い出射孔を通り，エネルギーを測定する検出器にあたる。この種の測定のためには，光線の見えは関係がない。この種の装置は今や高度に自動化されており，数分で光源の相対分光エネルギーの測定値を得ることができる。ここで問題としているのは可視光を構成している放射であるが，電磁スペクトルの他の領域におけるエネルギーを測定する多くの類似したタイプの装置が，今や科学，産業，医学の諸分野において，特に化学溶液

---

* 熱によらない光の放射は，ルミネセンスと呼ばれ，いくつかの種類がある。ホタルは生理学的過程のはたらきにより光を発しており，これは生物ルミネセンスと呼ばれる。また，化学反応による光の発生は，化学ルミネセンスと呼ばれる。他の形のルミネセンスには，蛍光，燐光，エレクトロルミネセンスなどがある。

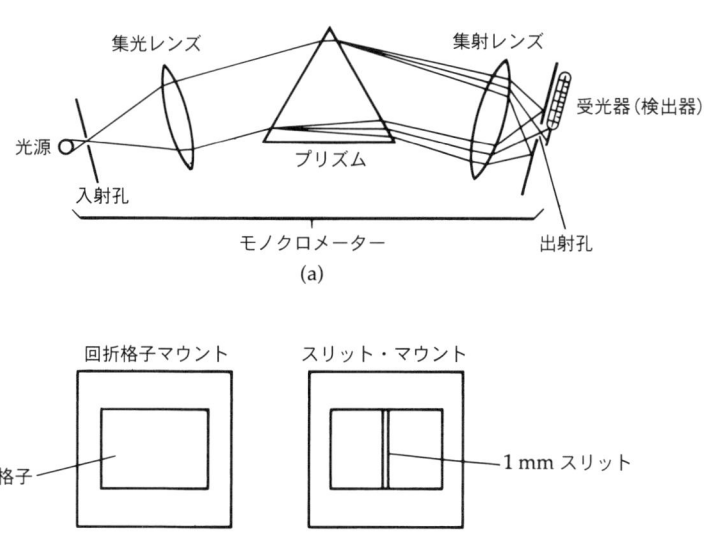

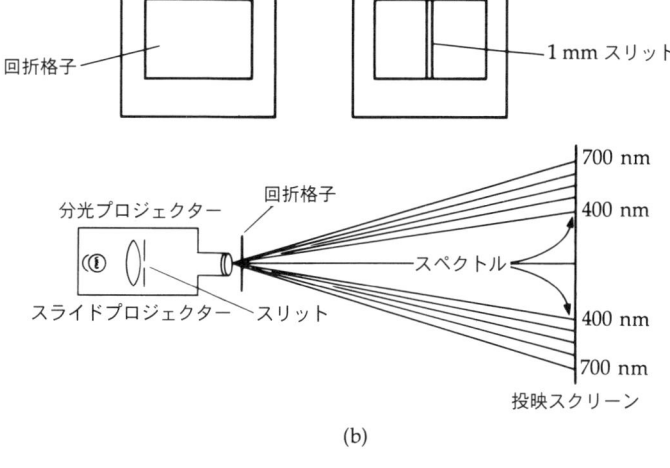

図 4　二つの装置。(a) 光エネルギーを測定するための分光放射輝度計。光源からの光は，狭い入射孔から装置内に入る。入射孔からの光は，レンズによってプリズムへと送られ，そこで光が分散される。出射孔の面に像を結んでいる異なる波長の光が，さまざまな検出器を用いて測定される。その検出器のあるものは，図に示されているように放射の温度を記録する。(b) スペクトルの形成を例示するための分光プロジェクター。安価な回折格子（ニュージャージー州 Barrington の Edmund Scientific 社から購入できる）を，2 インチ四方のコダック・スライド・マウントにはめ込んである。黒いテープないしは厚紙に開けた 1 mm くらいの狭いスリットも，別のスライド・マウントにはめ込んである。スリットのあるスライドは，プロジェクター内に垂直に取り付け，回折格子はレンズの前に配置する。図に示されているように，スリットの白い像に加えて，二つのスペクトルが投映される。

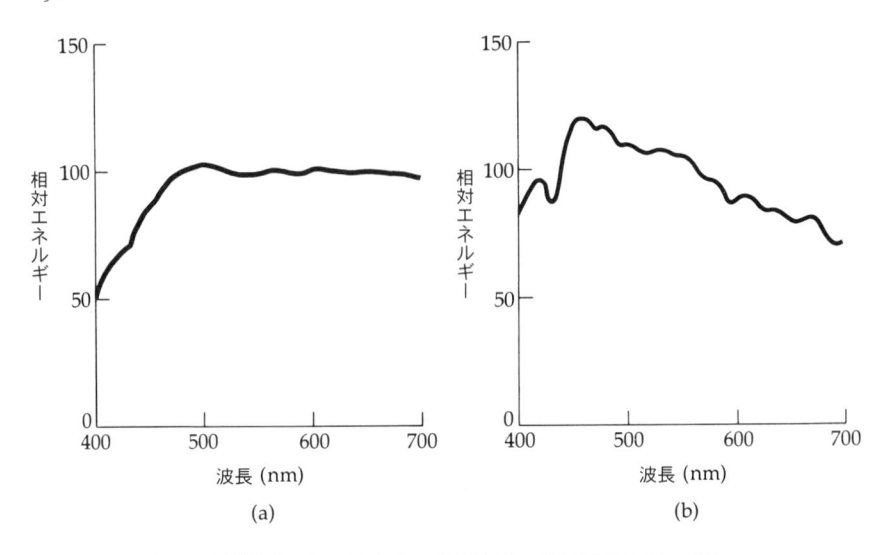

図 5 相対分光エネルギー分布。(a) 太陽光，(b) 典型的な昼光照明。

を特定するために広く使用されていることは注目すべきである。

最近の装置では，プリズムではなく刻線型回折格子を使用して，広帯域（ブロードバンド）の分光分布を有する光源からの光をスペクトルに分散している。この回折格子は，金属の反射面上に，1 インチ当たり 30,000 本ほどの細い溝が刻まれたものか，あるいは，透明な面に細線を複写したレプリカ・タイプ（溝の代わりに畝がある）であり，最近ではほとんどレプリカ格子が使用されている。スライド・プロジェクターさえあれば，すぐに格子タイプの安価な「分光プロジェクター」(spectroprojector) をつくることができる（図 4 b）。

各光源はそれぞれ特徴的な分光エネルギー分布を有している。図 5 は，太陽光と典型的な昼光照明の相対エネルギー分布を示している。x 軸（横軸）が波長を表しており，y 軸（縦軸）には分光放射輝度計で各波長について測定された光の分光エネルギーがプロットされている。ここに示したエネルギー分布は相対的なものであり，560 nm でのエネルギー値を 100% とし，他のすべてのエネルギー値をこれに対する相対値で示してある。図 6 には，家庭での照明に広く使われている標準的なタングステン白熱灯の可視スペクトル領域における分光エネルギー分布曲線が，いくつか示されている。

物理学者が使用する標準的な放射源は，熱せられた**黒体**（black body）で

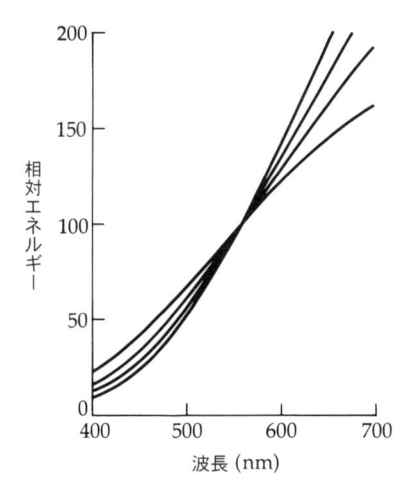

図 6 いくつかの標準的なタングステン白熱灯の**相対分光エネルギー分布**。

ある。黒体が発する放射の分光分布は，黒体の温度のみによって決まる。黒体の温度は，ケルビン（K），すなわち絶対温度（0 K＝－273.16℃）で表される。図7は，さまざまな温度に熱せられた黒体の相対分光エネルギー分布を示している。

光源の分光エネルギー分布を特定する便利な方法は，同様の分布曲線を示す

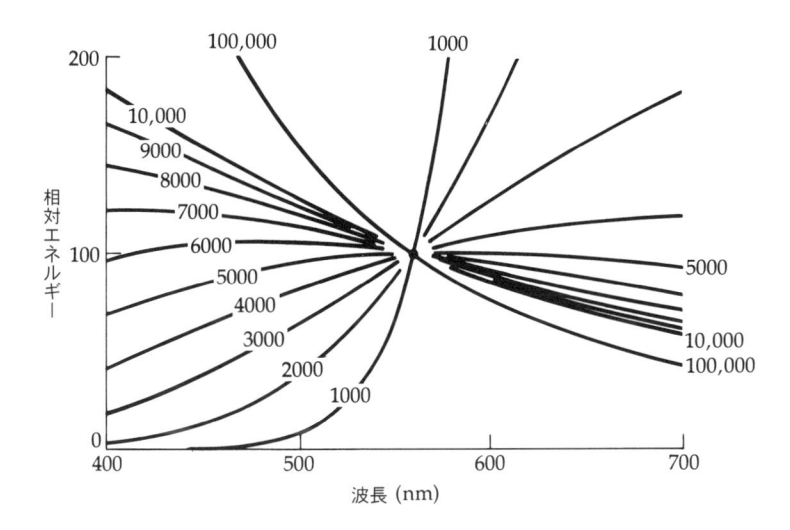

図 7 さまざまな温度に熱せられた黒体の**相対分光エネルギー分布**。

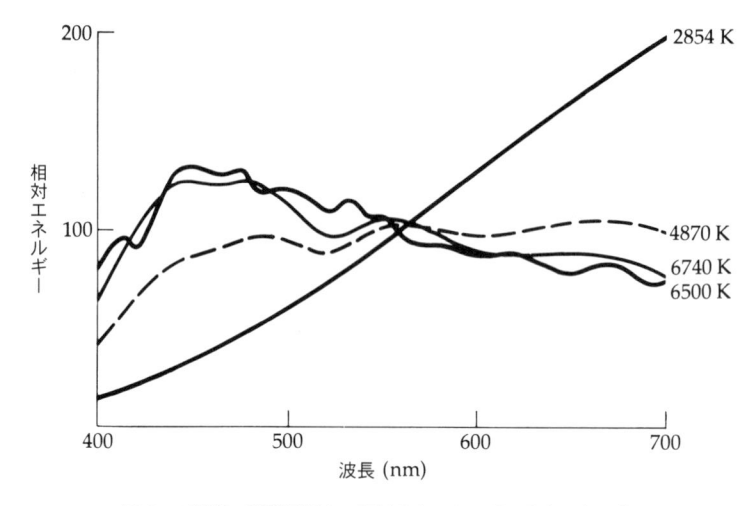

図8　4種類の標準照明光の**相対分光エネルギー分布**と色温度。

黒体の温度を割り当てることである。こうして割り当てられた温度値は，**相関色温度**（correlated color temperature）と呼ばれるが，光源の実際の温度とは関係がないことが多い。図6に示されている白熱灯の分光分布曲線は，ほぼ2700 Kから3000 Kまでにわたる色温度に相当する。図8には，4種類の標準照明光の分光分布と色温度が示してある。^(訳注)

ルミネセンス光源の場合には，気体分子が電荷によって励起されており，すべての波長でエネルギーが放射される太陽や熱せられたタングステン・フィラメントの場合とは異なり，スペクトルが連続的ではない。エネルギーは，使用されている気体の原子に依存したある特定の波長でのみ放射される。このことは，水銀アーク灯の放射スペクトルや，視覚実験において現在広く使用されているキセノン・アーク・ランプの放射スペクトルに関しても当てはまる。気体

訳注：物体の色は照明する光によって影響をうけるため，CIE（国際照明委員会）では標準照明光（standard illuminant）を規定し，色の表示や評価の際に使用するよう勧告している。図8に示されている標準照明光は，それぞれ，相関色温度 2854 K のものが標準照明光 A，4870 K が標準照明光 B，6740 K が標準照明光 C，6500 K が標準照明光 D_{65} である。標準照明光 A は白熱電灯を代表するものであり，標準照明光 B は正午の太陽光を，標準照明光 C はさまざまな昼光の平均を代表している。標準照明光 A，B，C は，1931 年に定められたが，標準照明光 B，C が昼光を適切に表していないことが明らかとなり，代表的な昼光として 1964 年に標準照明光 D_{65} が規定された。また，現在ではそれぞれの光の相関色温度は，標準照明光 A が 2856 K，標準照明光 B が 4874 K，標準照明光 C が 6774 K，標準照明光 D_{65} が 6504 K とされている。

3章 刺激：分光放射 41

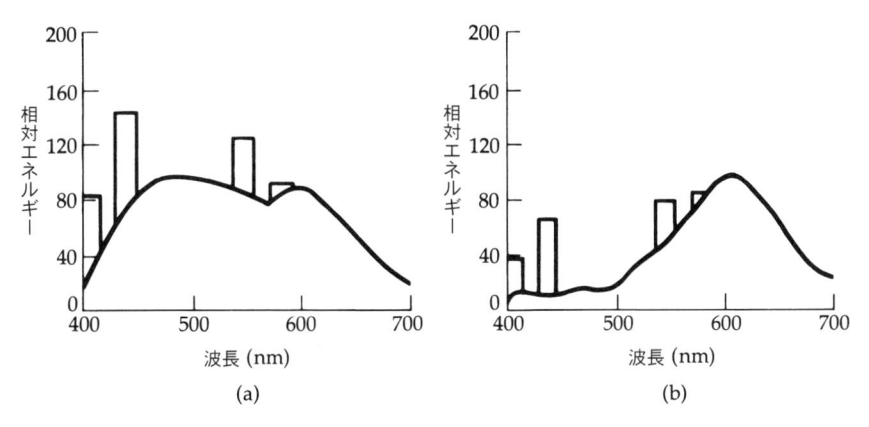

図 9 相対分光エネルギー分布。(a) 昼光蛍光灯，(b) 白色蛍光灯。

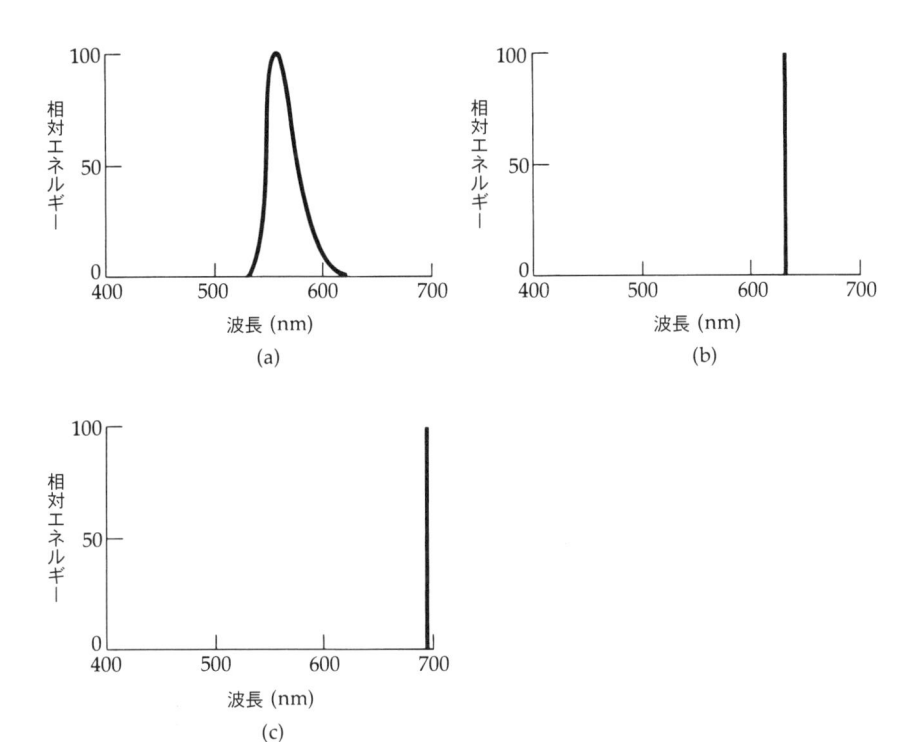

図 10 相対分光エネルギー分布。(a) 燐化ガリウム（エレクトロルミネセンス結晶），(b) ヘリウム・ネオン・レーザー，(c) ルビー・レーザー。

が異なれば，**線スペクトル**（line spectrum）が異なる。蛍光灯の分光エネルギー分布は，蛍光管の内側に塗られた蛍光物質の種類によって異なる。蛍光灯の分光エネルギー分布は，連続したエネルギー分布に線スペクトルが重なった形になっている。いくつかの例が図9に示されている。

近年，新しい光源が開発されており，その一つであるエレクトロルミネセンス結晶（燐化ガリウム）は，図10aのような相対エネルギー分布を示す。ヘリウム・ネオン・レーザーとルビー・レーザーの出力が，図10bと図10cに示されている。

光量子ないしは光エネルギーの塊は，さまざまな光源から放射されると，大気中で186,282マイル/秒（約3×10^8メートル/秒）という非常に速い速度で直進する。光量子がその通り道にある物体の表面にぶつかるときには，さまざまな結果が生じうる。物体表面の性質に依存して，光量子が表面で反射され，はね返ることもあるし，物体に吸収されたり，物体を透過することもある（図11）。光量子が，水，ガラス，あるいは眼のさまざまな媒体を通過するときには，幾分速度が低下する。

分光放射輝度計を用いれば，透明なガラス，色ガラス，ゼラチン・フィルター*といった物体が，どのようにスペクトル光を透過（および吸収）するかを決定することはかなり容易である。図4では，分光放射輝度計は光源からの光を直接測定するように配置されている。一度光源の出力を測定しておけば，色ガラスもしくは，通常の呼び方で言えば**光学フィルター**（light filter）を，検出器へといたる光路中に入れることができる。分光放射輝度計で測定を行うと，測定結果はフィルターを入れずに行ったものとは異なり，しかも，フィルターの素材の特性によって変わるであろう。フィルターは，その組成に応じて，さまざまな波長の光を異なった割合で吸収することが分かるであろう。

フィルターを入れていない条件で得られたエネルギーの測定値と，検出器の前にフィルターを入れた場合の測定値を比較することによって，そのフィルターの相対透過率を知ることができる。図12は，2種類のフィルター

---

* ゼラチン・フィルターはゼラチンのベースにさまざまな有機染料を混ぜ，それを2枚の透明なガラスもしくはプラスチックではさむことによってつくられる。色フィルターは，交通信号，テール・ランプ，方向指示器，線路の信号，危険警告灯，広告用の看板，プラスチック製品の材料，劇場の照明などで広く使用されている。

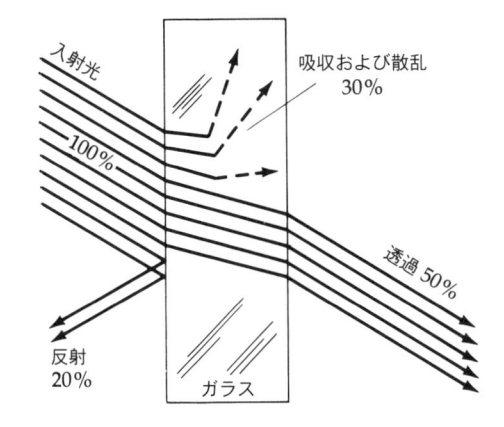

図 11 光が透明なガラスに当たった際に，反射され，吸収され，透過される光量子の割合。

(Wratten フィルター 58 番と 29 番) の分光透過率曲線を示している。＊ 狭帯域パス・フィルター，特に，薄膜において波長の異なる光の間で生じる光学的干渉現象を利用したフィルターが，現在では広く使用されている。こうした干渉フィルターを用いれば，それほど費用をかけずに，波長幅が非常に狭い光を得ることができる。

物体表面から反射される光の分光エネルギー分布を測定する場合にも，本質的には同じやり方で分光放射輝度計を利用できる。透過光の場合と同様に，反

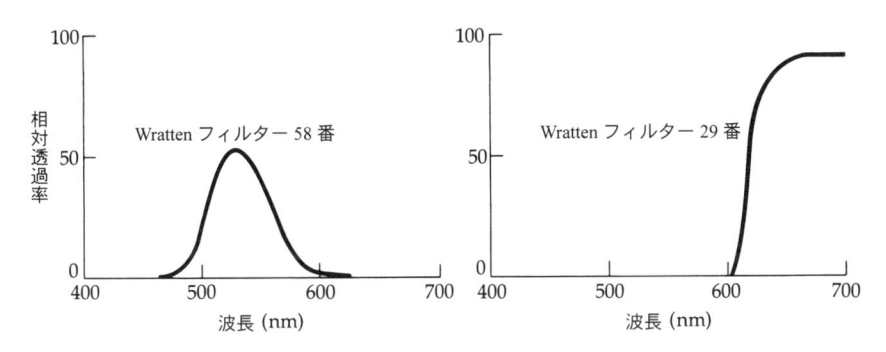

図 12 2 種類の広帯域 Wratten フィルターの分光透過率曲線。

＊ 市販されている数百種類のフィルターの透過率曲線が，*Color Science* (Wyszecki and Stiles, 1967) のなかで，図の形で示されている(訳注)。

訳注：1982 年に第 2 版が出版されている。

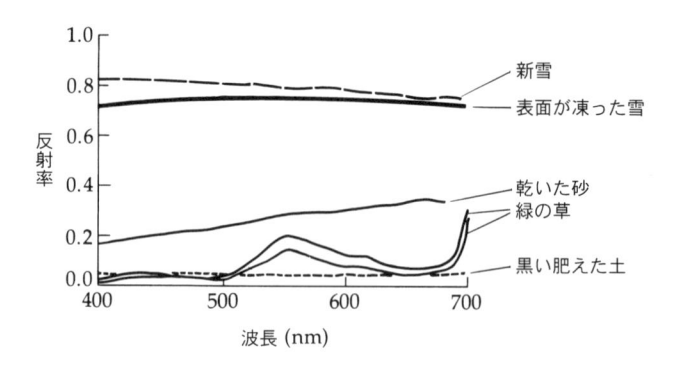

図 13　典型的な自然物の**分光反射率曲線**。

射エネルギーの測定値を，直接測定された光源のエネルギー分布と比較することにより，物体表面の反射特性が分かる。図13は，いくつかの典型的な自然物の分光反射率曲線を示している。ここに示されている新雪のように反射率曲線が平らな場合には，その表面は**波長に関して非選択的**（nonselective）であると言われる。実験的研究では，酸化マグネシウムの白煙を平面上に補集してつくった白色板が標準となっており，その反射率はすべての波長で等しく1.0と定められている。この標準に対して測定された分光反射率曲線（標準の白色板は波長に関して非選択的であるので，光源の分光分布は変化しない）が，自然界の物体に関してだけでなく，多くの種類の建築材料，塗料，金属などに関して利用できる。

　分光透過率，分光吸収率，分光反射率は，それぞれ物体の物理的な特性であり，通常の条件下では変わることはない。しかし物体の物理的特性だけでは，われわれが見るものについてはほとんど分からない。

　波長の異なる光は，観察者にとってどのように見えるのであろうか。広帯域の分光エネルギー分布をもつ光源からの光は，分光分布が異なるとどのように見えるのだろうか。そして，可視スペクトルにおける相対透過率が異なるフィルターは，そうした光の見えにどのように影響を及ぼすのであろうか。相対反射率が異なる物体についてはどうであろうか。次の章では，こうした問題をとりあげる。

基礎文献

Evans, R. M. 1948. *An Introduction to Color*, Chaps. 2–4, pp. 7–57. Wiley, New York.
Judd, D. B. 1952. *Color in Business, Science, and Industry*. Wiley, New York.
Kaufman, J. E. (ed.). 1972. *IES Lighting Handbook*, 5th ed. Illuminating Engineering Society, New York.
Kodak Filters for Scientific and Technical Uses, Publ. B-3. Eastman Kodak Company, Rochester, N.Y.
Rainwater, C. 1971. *Light and Color*. Golden Press, New York.
Riggs, L. A. 1965. Light as a Stimulus for Vision. In C. H. Graham (ed.), *Vision and Visual Perception*, Chap. 1, pp. 1–28. Wiley, New York.
Wyszecki, G., and Stiles, W. S. 1967. *Color Science*. Wiley, New York.
Yule, J. A. C. 1967. *Principles of Color Reproduction*. Wiley, New York.

上級文献

Bragg, W. H. 1959. *The Universe of Light*. Dover, New York.
Henderson, S. T. 1970. *Daylight and Its Spectrum*. American Elsevier, New York.
Minnaert, M. 1954. *The Nature of Light and Color in the Open Air*. Dover, New York.

4 章
分光放射と色の見え

　雨戸の穴から暗室内に入射する太陽光がプリズムを通過すると，太陽光はそれを構成する光線に「分解」され，色のスペクトルが，すべての光線を一様に反射する面上に形成される。このことを最初に明確に示したのは Isaac Newton である（図1）。くさび型のガラスであるプリズムは，通過する光量子の速度を低下させ，白く見えている太陽光線中に含まれている波長の異なったすべての光を，波長の違いに応じて異なる割合で屈折させる。観察される一連の色相の違いは，光の波長の違いに関係している。Newton はこのことを次のように述べている。「……スペクトルは……こうした一連の色，すなわち，すみれ，藍，青，緑，黄，オレンジ，赤，そして，絶え間なく連続的に変化するこれらの中間の段階の色を帯びて見える。そのため，屈折度（refrangibility）が異なる光線の数に応じた多種類の色が存在するようである」。こうしたスペクトルが，色図版 4-1 に示してある。

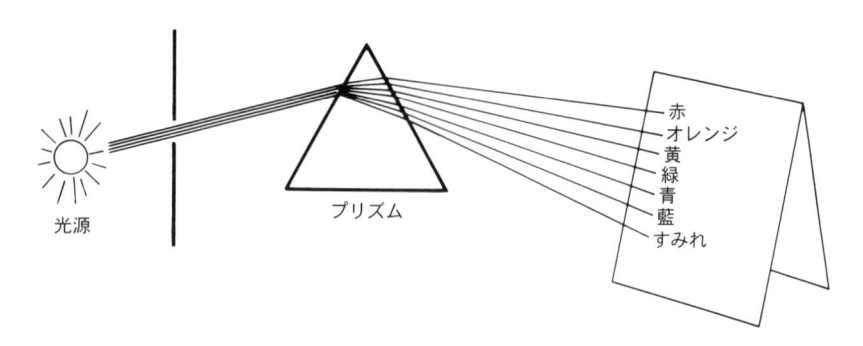

図1　Newton の実験。光の分散によりスペクトルが形成されることを示した。

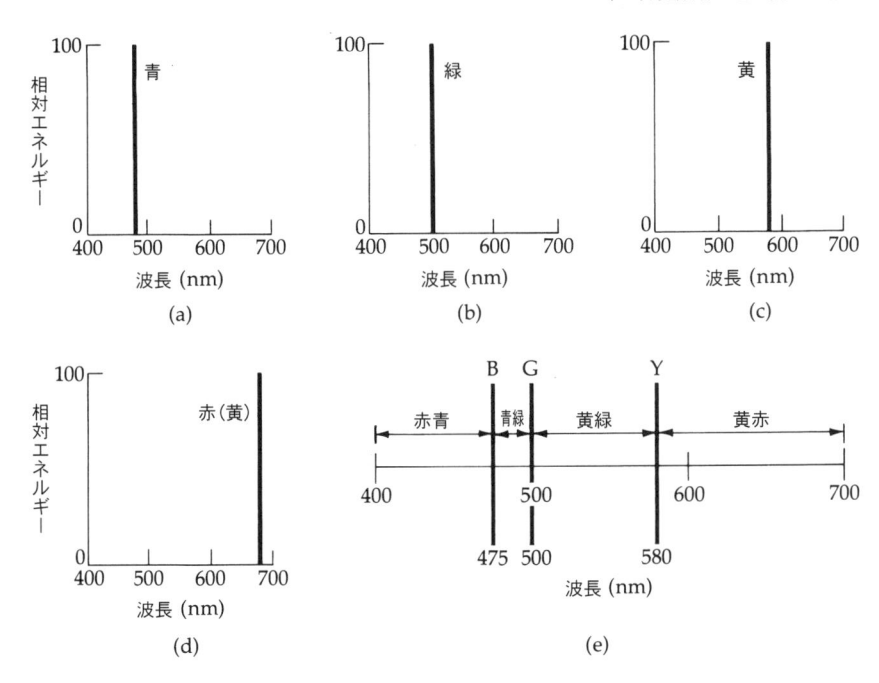

図2 スペクトル線とそれを平均的な強度で観察した場合の色相(一人の観察者の結果)。
(a) 475 nm:青,(b) 500 nm:緑,(c) 580 nm:黄,(d) 700 nm:赤(黄),(e) スペクトルにおける固有色の平均的な位置。

同様のスペクトルは,3章の図4aに示した単プリズム型モノクロメーターを使ってつくりだすことができる。波長とスペクトルの色との正確な関係を調べるためには,この図に示されている設定を利用できる。ただし,装置の出射孔のところには,物理的な検出器のかわりに観察者の眼がくるようにする必要がある。このようにすると,色光で均一に照明された円形の領域が見えるであろう。プリズムを回転させると,スペクトルは既知の量だけ移動し,それに応じて出射孔のところでさえぎられるスペクトル領域が変わって,異なる波長領域が分離される。こうした設定のもとで観察すると,光が平均的な強度であれば,400 nmから470 nmの間の波長の場合,円形の領域はすみれ色に見え,475 nm付近であれば,ほぼ青に見える(図2a)。480 nmから490 nmの間の波長では青緑に見え,500 nmから510 nmは,ほぼ緑に見える(図2b)。そこから580 nm付近までは,ずっと緑みの強い黄緑と黄色みの強い黄緑が観察

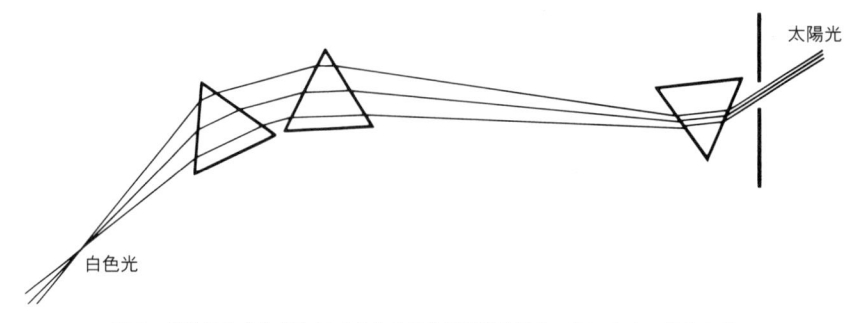

図 3 分散により生じた**スペクトル色を再び集める**と，均一な白い光となる。

され，580 nm は黄に見える（図2 c）。580 nm から 640 nm くらいまで，色相は徐々に赤みを増し（オレンジ色），そこからスペクトルの端の 700 nm までは，色相はなおいっそう赤みを増す（図2 d）*。

こうした波長と色相の関係を要約したのが図2 e である。3章の図10に示されている3種類の光源は，それぞれが，540 nm から 610 nm, 633 nm, 694 nm という狭い波長範囲でのみエネルギーを放射しており，これらは通常，緑みを帯びた黄，赤みを帯びた黄，黄色みを帯びた赤に見える。

2組目のプリズムとレンズを使用して分散の過程を逆行させ，広がった放射を再び重ねて，すべての光線が網膜の同じ位置に像を結ぶようにすると（光を直接観察しても，すべての波長を一様に反射する面から反射された後であっても構わない），Newton が示したように，すぐに最初の状態に戻すことができる。すなわち，いったん分散されたスペクトルのすべての光線が，網膜の同じ領域に同時におちるように再び集められ混色されると，一様な「白い」光のパッチが観察されるのである（図3）。いかなる観察条件下であっても，波長と知覚される色との関係は正確に記述することができ，個々の波長は先にあげたような色相を生じさせる。しかしながら，広帯域の分光分布をもつ太陽光の場合のように（3章の図5 a 参照），すべての波長を網膜上で重ね合わせると，その光は黄色みを帯びた白に見えるのである。Newton が指摘したように，可視光線自体には色はついていない。電磁スペクトル中の他のどの電磁線にも色

---

* 色相は，波長だけでなく刺激のエネルギーによっても変化する。ここで述べたのは平均的な強度での波長と色相の関係である。光のエネルギーが変化することにより，見えがどのように変化するかについては，6章で詳しく述べる。

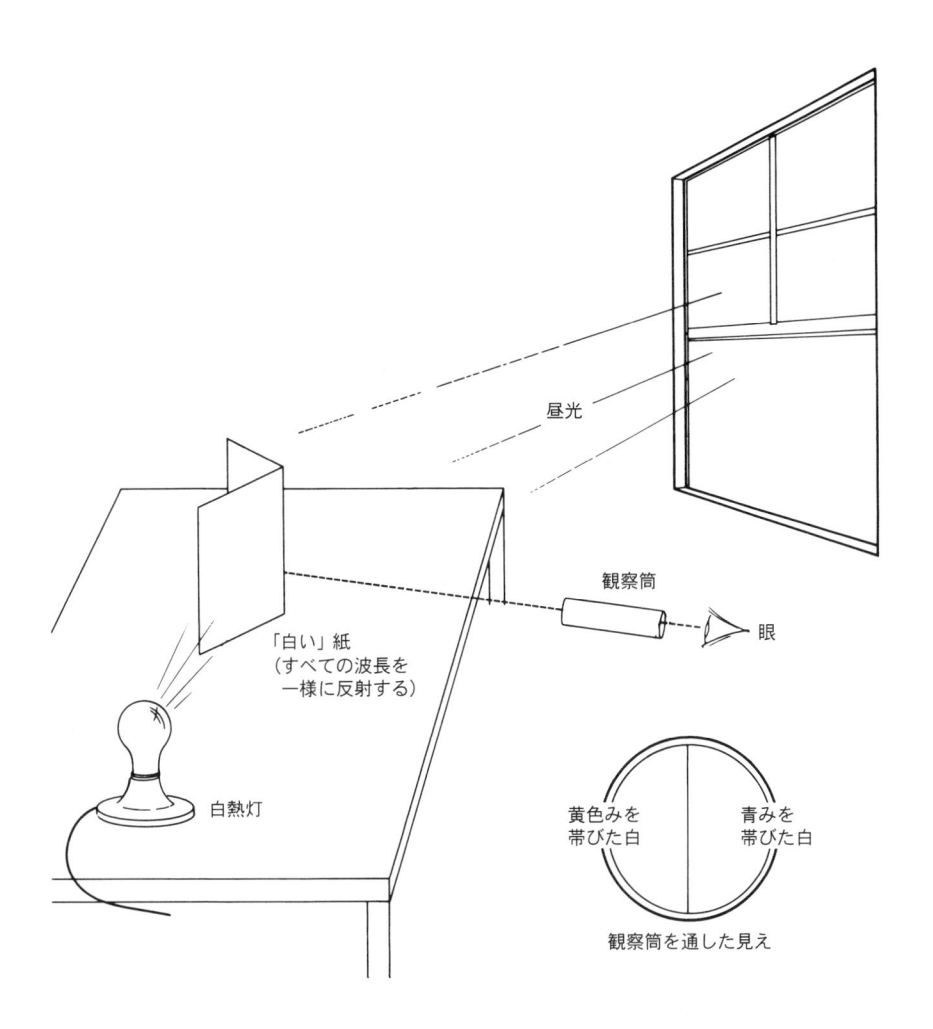

図 4 このような簡単な設定により，異なる光源の**色の見え**を比較することができる．1 枚の「白い」紙を図に示すように折り，テーブルの上に置いて，比較すべき光源の光でそれぞれの面を照明する．そして，（紙を丸めてつくった）小さな筒を通して，くさび形に折った紙のエッジ部分を観察する．右下の挿入図は，筒を通して観察したときの見えを示している．昼光が反射面の一方を照らしており，白熱灯が他方を照明している場合，きわだった違いが観察される．一方の「白い」光は青みを帯びて見え，他方の「白い」光は黄色みを帯びて見える．

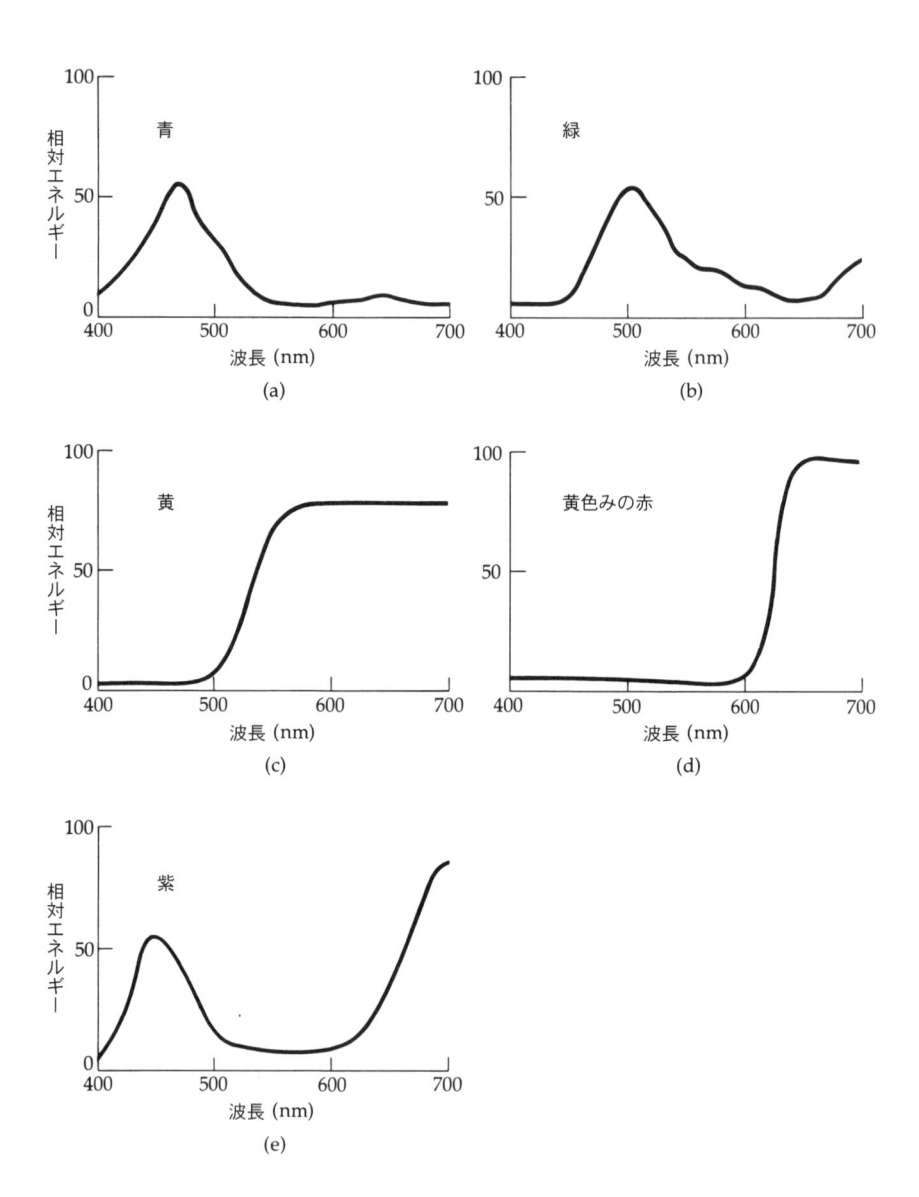

図 5 異なる見えをもつ広帯域の分光分布。ここに示したさまざまな光源は，次のような色に見える。(a) 青，(b) 緑，(c) 黄，(d) 赤（黄色みを帯びている），(e) 紫。

がついていないのと同様に，可視光線にも色はついていないのである。さまざまな光線が網膜上に到達し，それがある種の神経信号に変換されるときにのみ，われわれは色を知覚する。

　広帯域の分光エネルギー分布をもつ他の光が網膜にうつるときに，その光がどのような色に見えるかは，分布曲線の形によって決まる。白熱灯タイプの分光分布をもつ光（3章の図6参照）はすべて，かすかに赤みを帯びた黄色に見える。(光の強度や刺激の大きさと同様に，眼の順応状態も色の見えに影響を及ぼす。ここでは，眼が「中性」と呼ばれる順応状態にあると仮定する。なおこの問題に関しては15章で詳細に論ずる。それによって，眼が白熱灯の光に順応している場合——これはかなりありふれた状況である——には，どうして白熱灯の光が，赤みを帯びた黄色ではなく白に見えるのかが分かるであろう)。水銀アーク灯の光は，連続的なエネルギー分布と，一連の波長（404.7 nm，435.8 nm，491.6 nm，546.1 nm，578.0 nm，693.8 nm）に散在する高強度のエネルギー放射とが組み合わさっているが，この光は黄色みを帯びた緑に見える。図4に示したような単純な設定を使えば，異なる照明光の色を直接的に比較することができる。

　図5aの曲線で記述される分光分布が眼に像を結んでいるとすると，われわれはそれを青く見えると言うであろう。また分布が図5bに示されているようなものであれば，おそらく緑に見えることに同意するであろう。図5cのような場合には黄色と，図5dのような分布であれば（黄色みを帯びた）赤と報告するであろう。そして最後に，分布が図5eのようであったら，すなわち，短波長と長波長の光のみが眼を刺激しているならば，報告される色は「紫」となるであろう。

　分光分布が比較的に広く長波長領域のエネルギーが強い光は，赤や黄色に見えるし，中波長領域のエネルギーが強い光は緑に，短波長領域のエネルギーが強いものは青に見える。このように，広帯域刺激の色相は，狭帯域のスペクトル光によって生じる色相に近いものになる傾向がある。

　しかし，狭帯域のスペクトル刺激と広帯域刺激によって引き起こされる色は異なる。広帯域刺激はすべて，スペクトル線刺激と比べて飽和度が低い（なぜ

＊　この前の脚注を参照。

そうなのかは7章で明らかになるであろう）。それにもかかわらず，図2aと図5aに示されている刺激により生じる色相は非常に似ており，両方とも青である。同じことは図2bと図5bに示されている刺激についても言え，両方とも緑に見える。図2cのスペクトル刺激により生じる色相は，図5cの広帯域刺激により生じる色相と同様に黄色である。図2dと図5dに示されている刺激は，両方とも赤に見える。

　図6に示した波長幅の異なる刺激もまた，物理的に異なる分光エネルギー分布によって同じ色相が生じうることを例示している。厳密には同じ色ではないけれども，光の強度が同じであれば，3種類の刺激はすべて固有色黄に近い色に見える。図7は，比較的波長幅の広い一組の分光分布を示しており，これらは，分布は異なるが，両者ともほぼ535 nmというスペクトル上の同じ位置でエネルギーが最大になっている。刺激の分布が広がる（ピークが丸まる）につれて，知覚される色の飽和度は低く（色が薄く）なる。しかし，強度が等しければ，両方とも色相は同じ黄緑に見える。

　9章では，物理的に異なった分光分布によって，厳密に同じ色（同じ色相，同じ飽和度，同じ明るさ）をつくりだせることが示される。しかしここでは，

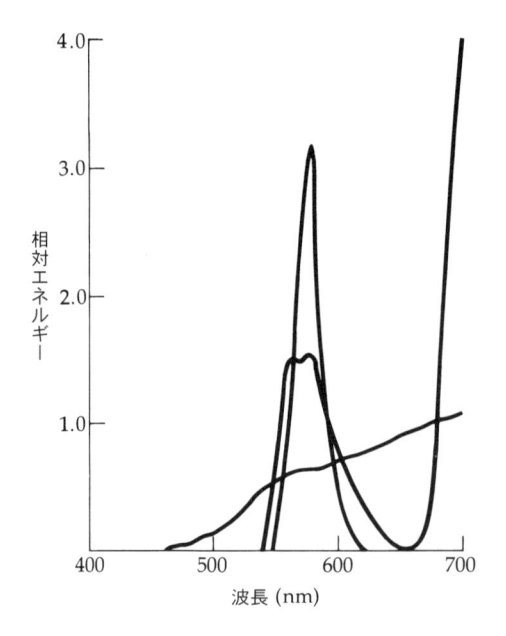

図6　物理的に異なった3種類の分光エネルギー分布。これらは同じ強度レベルで観察すると，すべて黄色く見える。

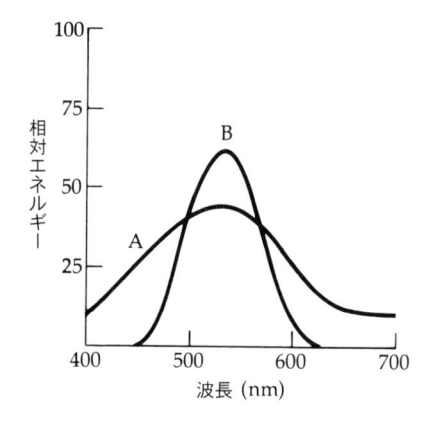

図 7 物理的に異なった 2 種類の分光エネルギー分布。これらは同じ強度レベルで観察すると，両方とも黄緑に見える。

議論を色相の次元に限定する。

　これまでは，観察者が光源を直接観察しており（あるいは，観察者の眼の方向へすべての波長光が完全かつ一様に反射されており），分布曲線が異なれば光源も異なることを前提として，光の分布曲線について述べてきた。しかしながら，図 5，図 6，図 7 に示したような分光分布をもつ光源を見つけることは実質的に不可能であろう。そこに示した分布は，異なる反射特性をもつ物体表面から反射された後か，波長選択的なフィルターを透過した後，あるいはその両方の後（図 8，図 9）に，眼に到達する光のエネルギー分布を表したものであると考えた方がよい。

　物体の反射率ないしフィルターの透過率を知っていても，それだけでは，物体やフィルターの見えを推測することはできない。フィルターの相対透過率と物体の相対反射率は物理的特性であり，それらによって透過ないしは反射される光の波長は，使用される光源によって変わる。したがって，物体およびフィルターの特性とともに，使用される光源のエネルギー分布が明らかになり，そして，最終的に眼に届く光のエネルギー分布がわかるまでは，当該のフィルターないし物体がどのように見えるかについて一概に言うことはできない。

　この点をより明確にするために，非常に極端な例を考えてみよう。まず，図 10 a に示されているような透過率をもつフィルターがあるとしよう。光源は，3 章で述べた燐化ガリウムのエレクトロルミネセンス結晶で，図 10 b に示されているような相対エネルギー分布を有しており，フィルターは暗室内に

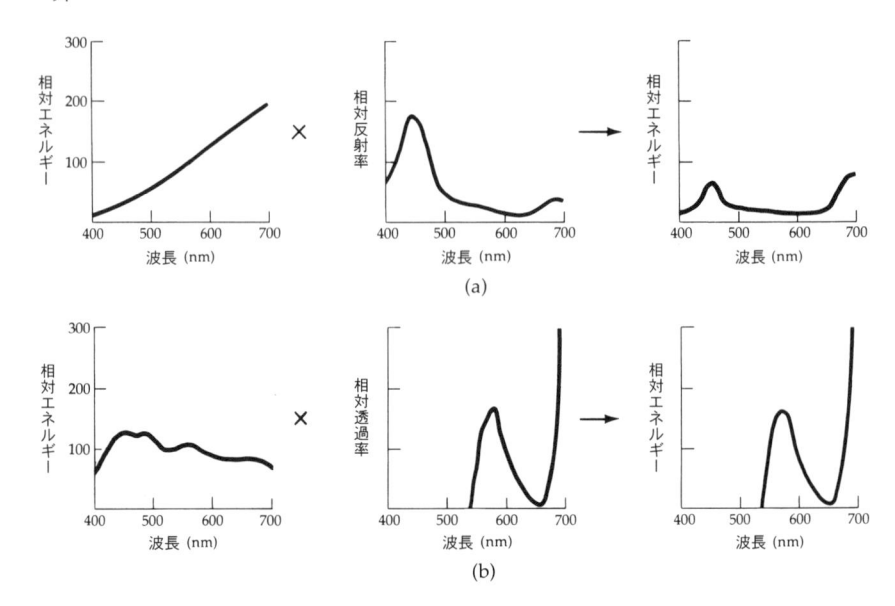

図 8 眼に到達する**相対分光エネルギー分布**が，図の一番右に示されている。これは，各波長について，光源の分光エネルギーと物体の分光反射率をかけたものである。(a) 光源が白熱灯の場合，(b) 光源が標準照明光 C（昼光）の場合。

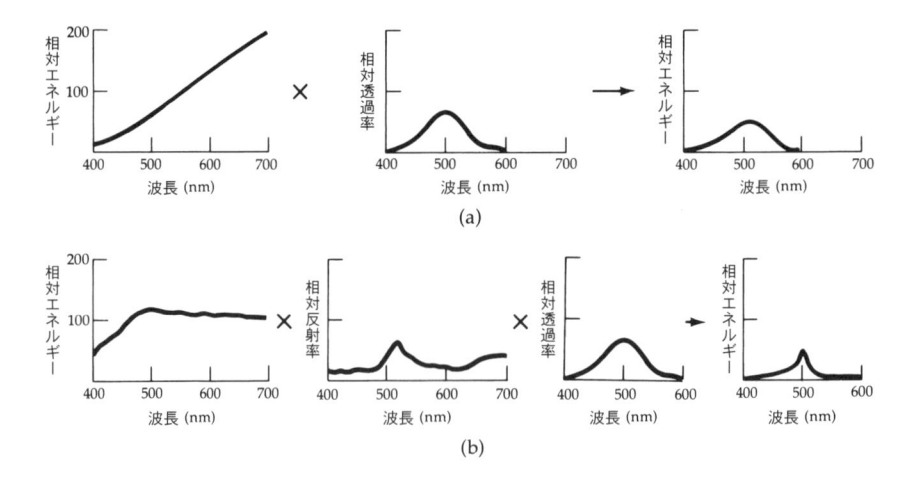

図 9 眼に到達する**相対分光エネルギー分布**が，図の一番右に示されている。(a) 光源が白熱灯で，透過率のピークが 510 nm 付近のフィルターを透過した場合。(b) 光源が太陽光で，光源からの光が，左から 2 番目の図に示されている分光反射率をもつ面にあたり，次にその反射光が (a) と同じフィルターを透過した場合。

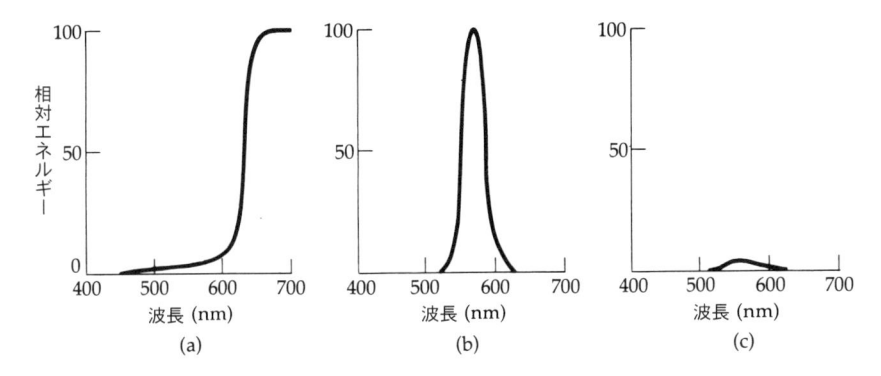

図10 相対分光エネルギー分布。(a) に示した相対分光透過率をもつフィルターが，(b) に示した相対分光エネルギー分布をもつ燐化ガリウム結晶の光源とともに用いられた場合には，(c) に示した相対分光エネルギー分布が眼に到達する。

ある光源と観察者の眼の間に置かれているとしよう。どのような光線が観察者の眼に届くであろうか。感知できるだけのエネルギーをもつ波長は，きわめて少ない。光源がそのエネルギーの大半を放射しているスペクトルの中波長領域では，フィルターは光をほとんど透過せず，フィルターが光を通しはじめる長波長領域では，光源のエネルギーがほとんど存在しない（図10 c）。放射エネルギーが眼の網膜にあたらなければ，通常は物体の色を見ることができないことはすでに述べたが，こうした状況下では，すべての波長を一様かつ完全に反射する面であっても，ごくわずかな量の光しか反射しないであろう。

雪のように広帯域の反射率曲線を有する物体は（3章の図13参照），白熱灯の下や昼光のもとでは「白く」見えるであろう。スペクトル全域にわたって一定の反射率をもつこうした物体を，青や緑，オレンジ色に見せることはできるだろうか。できるとすれば，どのようにすればよいのだろうか。

いずれにしても，光のエネルギー分布が光源から直接眼に届いた場合でも，あるいは，物体の表面で反射された後や色フィルターを通った後で眼に入った場合でも，物理的に異なる分光分布をもつ光が同じ色相を生み出すことは可能である。これは何を意味するのであろうか。

先に色覚のメカニズムに関して論じたときに（2章），3種の対になった拮抗的な処理系，すなわち赤/緑過程，黄/青過程，白/黒過程が存在することを強調した。緑色を経験するということは，緑という知覚を生じさせる神経生理学

的過程が，光刺激により活性化されたということに他ならない。図7に示されている2種類の光は，分光分布は異なるが，黄緑という同じ色相をもっているように感じられる。このことから，異なる刺激分布により，同じ神経生理学的な基礎過程（「緑み」および「黄色み」に関連した過程）が同じように興奮すると仮定せざるをえない。同じ緑および黄の経験を引き起こす他のいかなる分布の光もまた，「緑」過程と「黄」過程の両方を同じように興奮させると仮定しなくてはならない。

　しかし，われわれは深刻なパラドックスにおちいってはいないだろうか。知覚される色相が，さまざまなタイプの神経過程の興奮と結びついているという考えが正しいとすると，われわれがスペクトルを観察するときに感じる多様な色相は，それぞれ異なった神経過程が活性化された結果生じると解釈せざるをえない。そして，さまざまな波長の光によって活性化される神経過程を列挙すると，以下のようになるであろう。440 nm：青と赤過程，475 nm：青過程，495 nm：青と緑過程，500 nm：緑過程，540 nm：黄と緑過程，580 nm：黄過程，670 nm：赤と黄過程，などである。もし580 nmの刺激が黄過程を活性化し，その結果黄に見えるのだとすると，図6の分光エネルギー分布，すなわち，黄過程の他に緑過程と赤過程をも興奮させる波長を含んでいる分布は，どのようにして黄色の感覚のみを生じさせるのであろう。どうして他の色相が感じられないのだろうか。

　同じ問題は，図11から図13に示したより単純な例でも生じる。もし黄の経

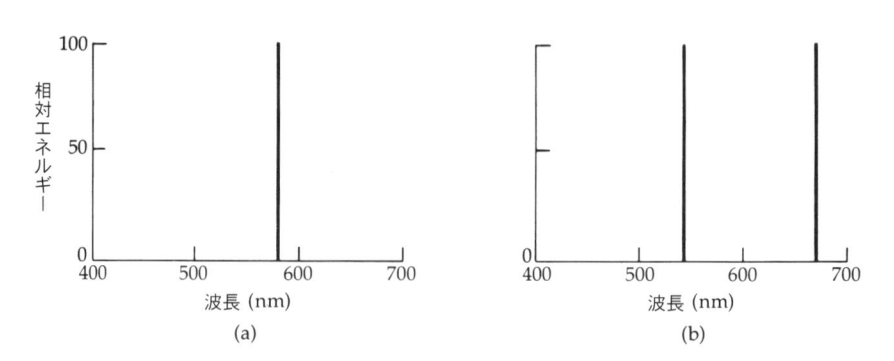

図 11　黄色に見える刺激。(a) 580 nm のスペクトル刺激。(b) 540 nm の刺激と 670 nm の刺激の組合せ。

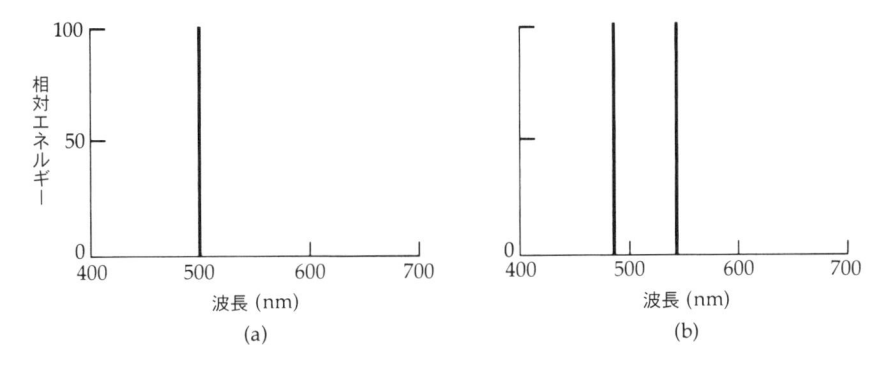

図 12 緑色に見える刺激。(a) 500 nm のスペクトル刺激。(b) 490 nm の刺激と 540 nm の刺激の組合せ。

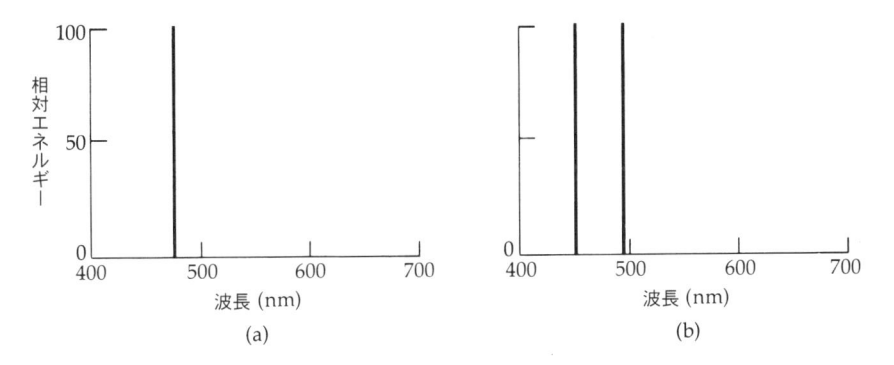

図 13 青く見える刺激。(a) 475 nm のスペクトル刺激。(b) 440 nm の刺激と 490 nm の刺激の組合せ。

験が図 11 に示した 580 nm のスペクトル刺激により生じるのなら,波長が 540 nm と 670 nm である二つの刺激を網膜上で混色することにより,まったく同じ黄色の色相が生じるのはどうしてだろうか。先に述べた波長と感覚の関係から,540 nm 自体は緑みを帯びた黄色に見え,670 nm 自体は黄色みを帯びた赤に見えることがすでに分かっているので,これはきわめて難問である。

もし緑の経験が 500 nm のスペクトル刺激により生じるのであれば(図 12),490 nm(青緑に見える)と 540 nm(黄緑に見える)の波長の光を網膜上で混色することによって,その緑と完全に等しい色相をつくりだすことができるのはどうしてだろうか。もし青の経験が 475 nm の刺激により生じるのなら

（図13），まったく同じ青の色相を 440 nm と 490 nm（単独で観察すると，それぞれ赤みを帯びた青と緑みを帯びた青に見える）の混色によってつくりだすことができるのはどうしてだろうか．

これとまったく同じ種類のパラドックスが，先に紹介した Newton の実験で明らかとなった事実に内在しているようである．異なるスペクトル領域から取りだした個々の波長は，非常に異なった色相経験を生じさせる．しかしながらすでに見たように，こうした波長すべてが同じ網膜位置に同時にあたると，生じる視覚経験には色相がなく，「白」が見える．

Newton はまた，適切に混色すると，すべての波長を重ね合わせたのとまったく同じ白に見える波長のペアが数多く存在することも例証している．490 nm の放射を反射していて青みを帯びた緑に見えるスクリーンの上に，黄色みを帯びた赤に見える 670 nm の長波長光を重ねると，その重なりあっている領域は，それが網膜の同じ部分に像を結ぶ場合には白に見える（色図版 4-2 上）．色図版 4-2 下 に示されているように，黄に見える 580 nm の光を青に見える 475 nm の領域と（適当な量だけ）混ぜ合わせる場合にも，2 色が重なる領域は白く見える．

このように振舞う波長のペア，すなわち，混色すると白の経験を生じさせる波長のペアは，**補色波長**（complementary wavelength）として知られて

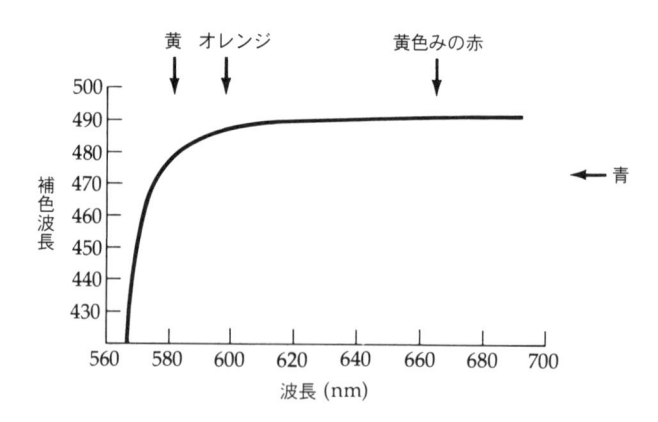

図 14 補色色相の波長．ペアとなる波長光を適切な割合で混色すると，その混色光は白く見える．

---

* 6 章で詳しく議論する．

いる。670 nm と 490 nm のペア，580 nm と 475 nm のペアは，このように振舞う無数の波長のペアのうちのほんの2例にすぎない。図14は，補色刺激を決定した実験の結果を要約して図で示したものである。この図から，補色の関係にある刺激のペアを読みとることができる。左側の縦軸上で，ある一つの波長，たとえば465 nm を取りあげて，そこから曲線と交差するまで右側に水平線をのばし，その交点から横軸に向かって垂線をおろすと，465 nm と補色の関係にある波長の値，この場合には573 nm をもとめることができる。この図に示されている刺激ペアには，他に440 nm と568 nm，490 nm と640 nm などがある。

図14は，実験により明らかになった事実を図式的に記述しなおしたものである。この図は，どの波長のペアが補色の関係にあるかを単に要約しているにすぎない。しかしながら，曲線（直角双曲線）で表される特定の波長のペアが，なぜ白（もしくは灰色）の経験を引き起こすかについては，ほとんど何の洞察も与えてはくれない。

こうした洞察を得るために，そしてさらに，物理的に異なる光刺激に対して同じ色を知覚することができ，かつ実際にもしばしばそのようなことが生じているのはなぜかについて明確に理解するためには，3組の神経過程について，特にそれらが異なる波長の光によってどのように影響を受けるのかをより詳細に検討してみる必要がある。

基礎文献

Boynton, R. M. 1975. Color, Hue, and Wavelength. In E. C. Carterette and M. P. Friedman (eds.), *Handbook of Perception*, Vol. 5, *Seeing*, Chap. 9, pp. 301–347. Academic Press, New York.

Hering, E. 1920. *Grundzüge der Lehre vom Lichtsinn*. Springer-Verlag, Berlin. (Outlines of a Theory of the Light Sense, Chap. 10. Translated by L. M. Hurvich and D. Jameson. Harvard University Press, Cambridge, Mass., 1964.)

Hurvich, L. M., and Jameson, D. 1951. The binocular fusion of yellow in relation to color theories. *Science 114*: 199–202.

---

* 別の手続きでは，「標準白色」光が使用されることもある。この場合には，選ばれた刺激ペアの相対エネルギーを，その標準光と等色するまで変化させる（8章と9章を参照）。

Newton, I. 1730. *Opticks*, 4th ed. London. (Reprinted 1952, Dover, New York.)

Purdy, D. McL. 1931. Spectral hue as a function of intensity. *Amer. J. Psychol.* 43: 541–559.

Troland, L. T. 1930. *The Principles of Psychophysiology*, Vol. 2, *Sensation*, pp. 140–156. D. Van Nostrand, New York.

5 章
反対色応答関数と白黒応答関数

　これまで述べたことから，物体の色は，物理的な光放射それ自体ではなく，物体の化学的組成のみに関係して物体に内在しているものでもなく，観察者の眼および脳で生じる神経的な興奮だけでもないことは明らかであろう。物体の色の知覚においては，こうした要素のすべてが関与する。すなわち，ある光放射が存在すると，それが，物理的・化学的に異なるさまざまな物体によって，異なった様式で選択的に吸収・反射される。そして，物体からくる光が網膜上に像を結ぶと，その光により，色の視覚経験に結びついた一連の複雑な神経事象が引き起こされる。

　2章で述べたように，色知覚は神経系における特定の活動の正味の効果を直接的に解読することを可能にすると仮定されている。したがって，さまざまな波長領域におけるスペクトルの見えは，異なった神経過程の活性化と関係していると考えられる。たとえば，440 nm のスペクトル領域が青みを帯びた赤に見えるとすると，二つの異なる神経過程，すなわち，青みに関係した過程と赤みに関係した過程が，活性化されたと仮定される。550 nm でスペクトルが黄色みを帯びた緑に見えるとすると，さらに異なる二つの神経過程，すなわち，黄色みに関係した過程と緑みに関係した過程が，活性化されたと仮定される，といった具合である。さらに，異なるスペクトル領域では，明るさあるいは白さが等しく感じられないため，異なるスペクトル光によって色相に結びついた多様な神経過程が活性化されることに加えて，白みに関連した神経過程も異なる強さで活性化されるはずである。たとえば，550 nm のスペクトル領域がきわめて白っぽい黄緑に見えるのと比較して，440 nm の領域では，青みをおびた赤以外に白みはほとんどまったく知覚されない。したがって，前述の仮定に

従うと,「白黒」神経過程は,550 nm のスペクトル光により活性化されるほどには,440 nm のスペクトル光によっては活性化されない。

しかし,440 nm のスペクトル刺激と同様に 410 nm の刺激は青みを帯びた赤に見え,550 nm 刺激と同様に 530 nm の刺激は黄色みを帯びた緑に見える。したがって,410 nm と 530 nm の刺激も,それぞれ 440 nm と 550 nm の刺激と同じ神経過程を活性化しているはずである。実際に,非常に多くのスペクトル刺激が同じ神経過程を活性化する。たとえば,400 nm から 470 nm 付近までのすべての波長は,青みと赤みの両方を含んでいるように見える。しかしながら,詳細に検討すると,知覚される青と赤の割合は異なっている。400 nm の刺激では 470 nm の刺激よりも赤みが強く感じられる。

それぞれの「色相反応」(hue response)が,各スペクトル位置でどれだけの量存在するかを測定する方法はあるだろうか。眼の前面,すなわち角膜の表面で測定された（10 章参照）,1 単位の刺激エネルギーにより,400 nm,420 nm,そして 470 nm といった波長で,正確にどれだけの量の青みと赤みが生じるのであろうか。また,どれだけの量の緑みと黄色みが,520 nm,540 nm,そして 560 nm といった波長で生じるであろうか。同じ疑問は,白み（そして黒み）についても提起することができる。可視スペクトル中のさまざまな波長が,どれだけの白みを生じさせるかを測定することはできるであろうか。より一般的に言うと,スペクトル全域にわたって,反対色過程 (chromatic process) と白黒過程（achromatic process）の反応の相対的な大きさを測定することは可能なのであろうか。その答はイエスである。反対色過程の反応の大きさを測定するために使用される実験手続きは,2 章で注目したある事実,すなわち,赤/緑,黄/青という色相のペアは反対色的ないしは拮抗的であるという事実に基づいている。どちらのペアについても,ペアになっている色相の両方を同時に同じ場所で見ることはない。

短波長刺激,たとえば 420 nm を考えると,その刺激はある量の青みをもっている。この刺激のエネルギー量を増やすと,青みの量は増加する。同じことは,440 nm といった別の短波長刺激についても言える。その刺激も青みを帯びて見え,エネルギーの増加にともなって青みの量が増す。しかし,こうした

---

* 黒がカッコのなかに入っているのは,黒の応答関数を直接測定することができないためである。

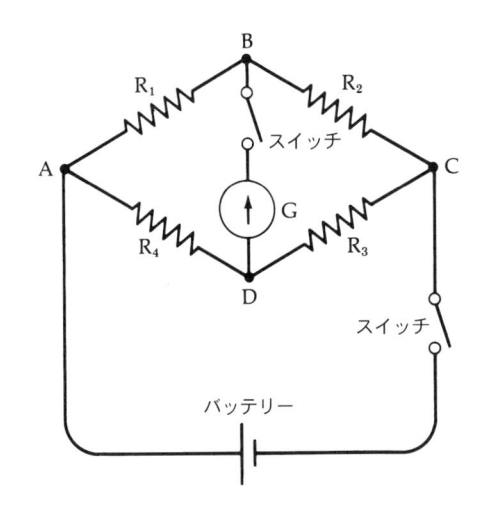

図 1 Wheatstone ブリッジ。これにより未知の電気抵抗が測定できる。ブリッジ線 BD に電流が流れておらず，検流計（G）がゼロを指しているとき，ブリッジの二つの分路は均衡している。このとき，$R_1/R_4 = R_2/R_3$ という関係が成り立つ。R_1 が未知の抵抗値であるとすると，電流がゼロになるように既知の抵抗値である R_2，R_3，R_4 を調整することにより，上の等式を使って R_1 の値を決定することができる。

二つの短波長刺激の強度を，それぞれ1単位エネルギーにして観察した場合，青みの量は異なる。それでは，各刺激における青みの量はどのようにして測定できるであろうか。580 nm といった長波長刺激は，ある任意のエネルギー値で，ある量の黄色みをもっていて，（ちょうどエネルギーの増加にともなって青みが増加するのと同じように）エネルギーを増やすとその黄色みが増加することが分かっている。しかも，黄は青の反対色であることも分かっているので，ある決まった量の短波長刺激と黄に相当する 580 nm 刺激を混ぜ合わせ，580 nm 刺激のエネルギーを変えることによって，短波長刺激において感じられる青みを打ち消すことができる。

　この手続きが**零位法**（null method）である。この方法はまた，**打ち消し法**（cancellation or "bucking" technique）とも呼ばれる。システムを「無効」にして均衡点に至らせるために，どれだけの量の拮抗する反応が必要であるかを決定することによって，色反応の測定値が得られる。

　零位法は，物理学においてはよく使われる方法である。もっとも単純な例は天秤はかりである。天秤の皿の一方に置かれた未知の物体の重さを決めるためには，均衡点ないしは零点にいたるまで，重さの分かっている重りを，他方の天秤の皿にのせていく。ひとたび均衡点に到達すると，未知の重さを既知の重さによって正確に記述することができる。この原理は，電気の測定においても広く適用されている。たとえば電圧を測定するためには，電位差計が使用され

る。これは電流を均衡させてゼロにするために必要とされる電圧の大きさによって，測定すべき未知の電圧を評価するものである。同様に，Wheatstoneブリッジを用いれば，回路内の抵抗を調整して，一つの未知の抵抗値を評価することができる（図1）。

こうしたアナロジーでは物理量が物理量を均衡させているので，これらは零原理（null principle）を例示しているにすぎない。知覚実験においては，物理量（波長や光エネルギー）が使用され，測定されるが，均衡化は視覚系内で行われ，知覚反応は計量器として用いられる。

もっと具体的に見てみよう。これまでに何度かスペクトルの見えについて述べてきた。そして，スペクトルにおける色相は，通常，一方の端ですみれ（赤みを帯びた青）に見え，そこから波長が大きくなるにつれて，青，青緑，緑，黄緑，黄，赤みを帯びた黄色と変化し，スペクトルのもう一方の端ではわずかに黄色みを帯びた赤となると述べてきた（色図版4-1を参照）。ここではまず，赤黄，黄，緑黄が観察される長波長領域に話を限定し，この領域における黄の色反応を測定することを考える。狭い波長幅の光を分離することができるモノクロメーターによって，510 nmを中心とする波長領域を分離し，それを焦点距離の短い「望遠鏡」用の接眼レンズを通して観察する。このようにすると，水平線上の満月のような形をした，色が均一な小さなフィールドが見える。そのフィールドはわずかながら黄を含んだ緑に見える。1番目のモノクロメーター（I）からの光に対して45度の角度で配置されているハーフ・ミラーにより，この光を被験者の右側にある2番目のモノクロメーター（II）からの光と混ぜ合わせる（図2を参照。モノクロメーターIIIは，この実験では使用されない）。この2番目の装置の波長ドラムは，ある位置に固定されている。これがたとえば475 nmであるとすると，この光は，観察者にとっては赤みも緑みも感じられない青に見える（すなわち，いわゆる「固有色青」である）。モノクロメーターIからの510 nm刺激により生じる黄過程の応答量を測定するために，観察者は，波長の固定された青い光（475 nm）のエネルギーのみを変化させる光吸収ウェッジ（W1）を調整して，黄緑のフィールドに最初に感じられた黄色みを打ち消すように求められる。475 nm刺激のエネルギーが大きすぎる場合には，観察者には青みを帯びた緑のフィールドが見えるであろうし，逆に475 nm刺激の量が少なすぎる場合には，黄色みを帯びた緑のフィー

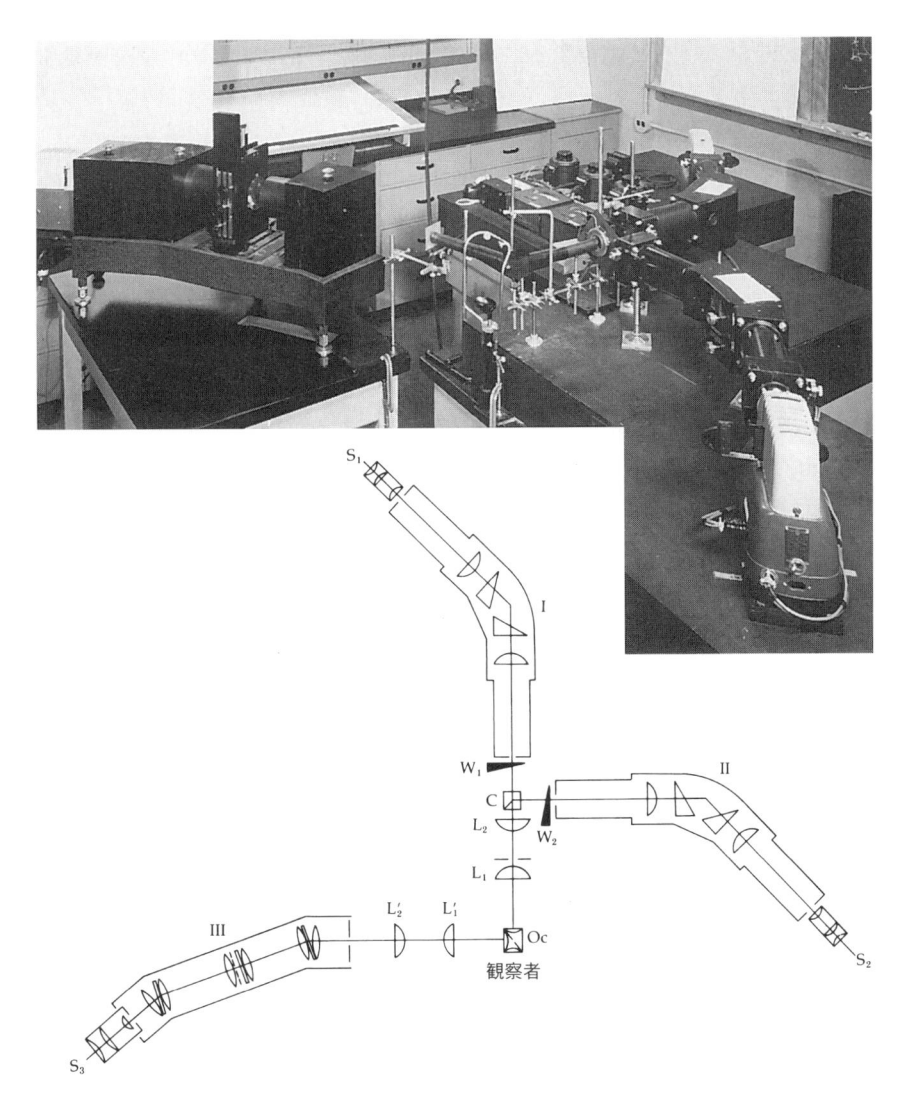

図 2　光学系。写真と図に，三つのモノクロメーターが示されている。モノクロメーター I と II は，色相打ち消し実験において光を混色するために使用する。モノクロメーター III は，この実験では使用しない。S：光源，W：ウェッジ（光エネルギーを変化させるために使用する），L：レンズ，C：混色キューブ，O_C：接眼レンズ

ルドが観察されるであろう。このようにして，510 nm 刺激に感じられる少量の黄色みを，ちょうど相殺するために使用される 475 nm の光の量を記録する。青によって黄がちょうど打ち消されたとき，検査フィールドはどのように見えるであろうか。

　次に，モノクロメーター I からの 510 nm 刺激を，等しい明るさの 520 nm 刺激と交換する。この刺激は 510 nm 刺激と比較すると，黄色みがわずかに強い緑に見える。再びモノクロメーター II から得られる 475 nm の青刺激を 520 nm 刺激と混ぜ合わせ，520 nm 刺激中の黄を「打ち消す」ために，475 nm 刺激がどれだけの量必要とされるかを（エネルギーを調整することによって）決定する。そうすると，510 nm 刺激の場合よりも，475 nm 刺激を少し多く必要とすることが分かるであろう。このようにして，530 nm，540 nm，550 nm，560 nm，570 nm などと測定を続けて，スペクトルの端の 700 nm まで，黄色みを打ち消すために必要とされる 475 nm 光の量を求めることができる。（もちろん，このスペクトル領域のいかなる波長——510 nm，511 nm，514 nm，541 nm など——についても測定を行うことができる。しかしながら，ここで問題としているのは黄応答曲線の形状であるから，10 nm ステップで波長を選んだ方が測定に都合がよく，また曲線の形状を明らかにするのに間隔が広すぎるということもない）。赤みも緑みも感じられず白っぽい黄色に見える 580 nm 刺激を用いた場合には，475 nm（青）と混ぜ合わせると，白く，あるいは灰色がかって見えるフィールドが生じることは注目すべきである。580 nm より波長が大きくなり，スペクトルの端である 700 nm に近づくと，モノクロメーター I によりつくられる刺激フィールドの見えは，赤みを帯びた黄，赤黄，黄色みを帯びた赤となる。黄色みを打ち消すのに必要とされるだけの量の 475 nm 刺激がこうした波長の刺激に加えられると，観察者には，検査フィールドがかすかに赤みを帯びて見えるであろう。青で打ち消すことによって黄反応の大きさの測定を行うすべての波長に関して，最終的に得られる検査フィールドの見えは，黄色くもないし青くもない。

　図 3 には，510 nm から 700 nm までの波長について求められた黄反応の量が示されている。この曲線は，黄色みも感じられないし，青みも感じられないという均衡状態を生じさせるために必要とされた 475 nm 刺激の量をプロットしたものである。ここでは，各波長で打ち消された黄反応の量は，黄色みを打

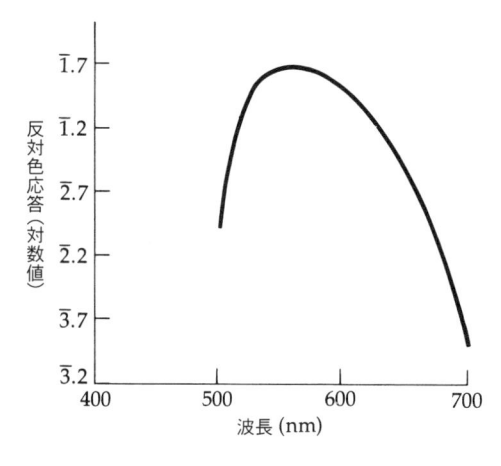

図 3 510 nm から 700 nm までのスペクトルにおける黄反応の大きさ（対数単位）。

ち消すために必要とされる反対色刺激（475 nm の青い刺激）の量に比例すると単純に仮定している。

さらに同様の観察を行うが，今度は，検査フィールドには 490 nm から短波長側へ 400 nm までの波長を提示する。こうした一連の刺激は，モノクロメーター I によりつくられる。各刺激は，観察者にとって等しい明るさに見えるように調整される。刺激の色は，青みがかった緑から青みがかった赤にまで及ぶ。

たとえば，490 nm 光を検査フィールドに提示したとする。そうして，この刺激に，モノクロメーター II からの 580 nm 刺激を加える。580 nm 刺激それ自体は固有色黄（すなわち，赤みも緑みも感じられない）であり，この光を，青みがかった緑に見える 490 nm の光と混ぜ合わせる。そして，検査フィールドが青でもなく黄でもないと判断されるまで，580 nm 刺激の量を調整する。検査フィールドはどのように見えるであろうか。

次に 480 nm 刺激を検査フィールドに提示して，青みを打ち消す手続きを繰り返し，打ち消しのために使用した 580 nm 刺激の量を記録する。そして，470 nm，460 nm，450 nm などと波長を変えて，順番に同様の測定を行う。各波長について，二つの光が混ざりあったフィールドが黄にも青にも見えないとき，青と黄を相殺するために使用した 580 nm の黄刺激の量が，青の色反応の測定値となる。この曲線は，図 4 に示されているような形状となる。

475 nm 刺激と 580 nm 刺激は，図 3 と図 4 に示された反対色応答関数

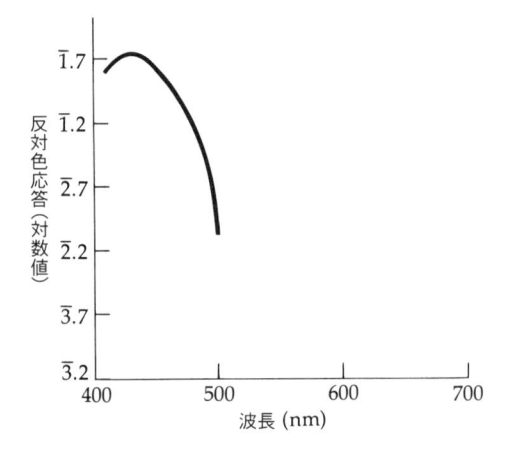

図 4 400 nm から 490 nm までのスペクトルにおける青反応の大きさ（対数単位）。

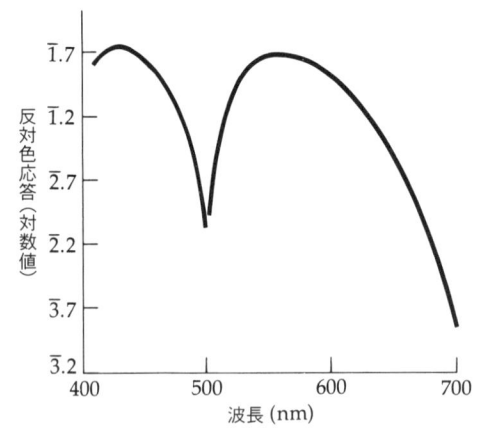

図 5 可視スペクトル全域にわたる，黄/青反応の大きさ（対数単位）。

(chromatic response function) のそれぞれにおいて共通に使用されているため，「黄」曲線と「青」曲線は，それぞれの相対的な高さを適切に調整することによって，図5に示されているように一つのグラフに表示することができる。

　図3，図4，図5では，相対的な応答値が対数単位でプロットされている。対数単位の1ステップは，1, 2, 4, 8, 16……あるいは，1, 10, 100, 1000……という数列で示されるように等比級数的に増大していく。この対数単位を，1ステップが，1, 2, 3, 4, 5, 6……というように増大していく単純な算術単位に変換することもできる。図6では，このような変換が行われている。ここで，

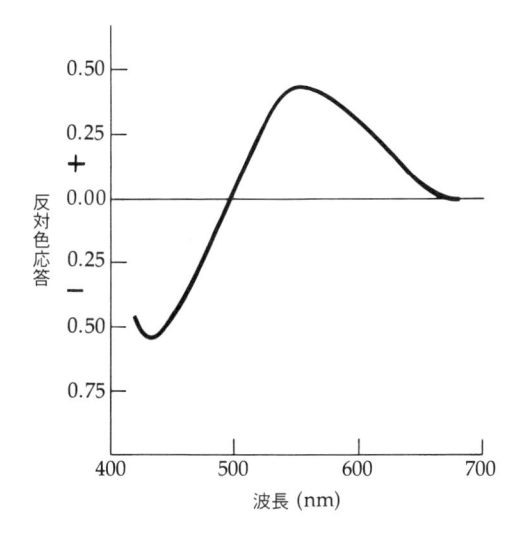

図 6 可視スペクトル全域にわたる**黄/青反応の大きさ**（算術単位）。黄と青が反対色であることを示すために、恣意的に、黄を正の値、青を負の値としてある。

　二つの反対色応答関数は、一方を負の値、もう一方を正の値で表すことができる。正と負の値は、対になる反応系の対立性を表現しており、また、両方の過程をそれぞれ独立に興奮させる光が混色されたときに、それらの光が及ぼす作用は減算の形をとるという事実を表している。このようにプロットすると、黄と青の色反応は、可視スペクトル内において、図6に示したような分布を示す。

　ここで「青」を負の値で示したのは、完全に恣意的であり、いかなる特別な意味ももっていない。二つの曲線の符号を逆にして、黄の部分を負とし、青の部分を正として扱っても構わない。重要な点は、青と黄が互いに拮抗するということであり、組み合わされた曲線の一方に正の値を、他方に負の値を割り当てることで、このことが表現されているのである。各反応に対応する神経過程は実際に活性化され、それは神経系のある種の電気的・化学的活動であるが、その活動の生理学的特性は拮抗しているのである（12章参照）。

　500 nm から 700 nm までの波長は黄色く見えるだけではない。500 nm 付近から 570 nm までは緑がかった黄色に見え、590 nm 付近から 700 nm までは赤みを帯びた黄色に見える。400 nm からおよそ 470 nm までの短波長領域は、青みを帯びているのと同時に、赤みも含んでいる。こうしたさまざまな波長に認められる赤みの量を測定するために、すでに述べた打ち消し原理を使用す

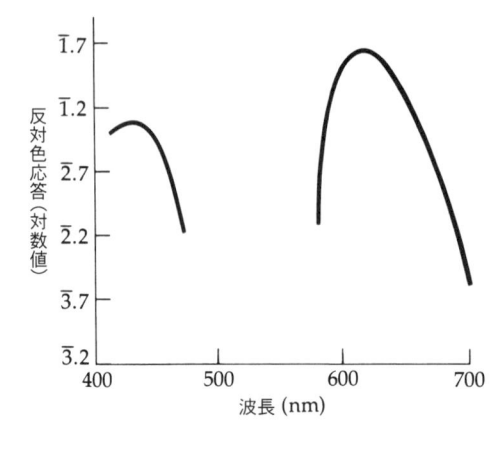

図7 590 nm から 700 nm の間と 400 nm から 470 nm の間のスペクトルにおける**赤反応の大きさ**（対数単位）。

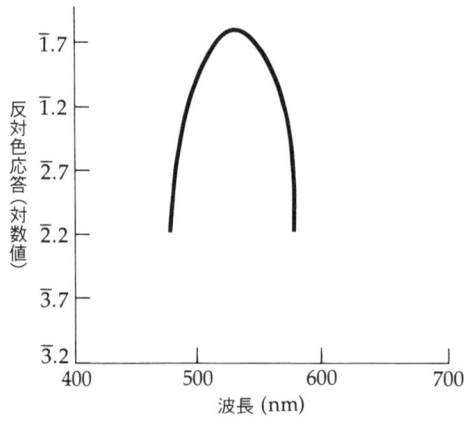

図8 480 nm から 580 nm までのスペクトルにおける**緑反応の大きさ**（対数単位）。

る。赤みがかった青ないしは赤みがかった黄色に見える波長を，それぞれ一度に一波長ずつ提示することを繰り返し，たとえば 500 nm といった緑に見える刺激と混色して，打ち消しが達せられるまで緑刺激のエネルギーを変化させる。図7は，赤反応ないしは赤過程が，スペクトル内においてどのような分布をもっているかを示している。

同様にして，緑反応の測定を行う。打ち消し刺激としては，長波長刺激（たとえば，700 nm）を使用する。この応答関数が図8に示されており，赤と緑について求められた関数を組み合わせたのが図9である。図10には，算術単位に変換された赤/緑関数が示されている。ここでは，恣意的に赤を正の値，

5章　反対色応答関数と白黒応答関数　71

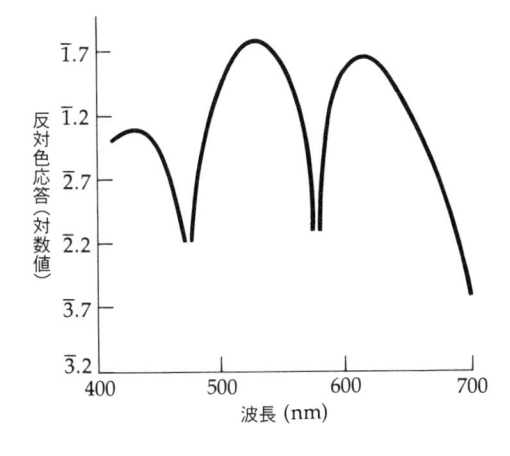

図 9　可視スペクトル全域にわたる赤/緑反応の大きさ（対数単位）。

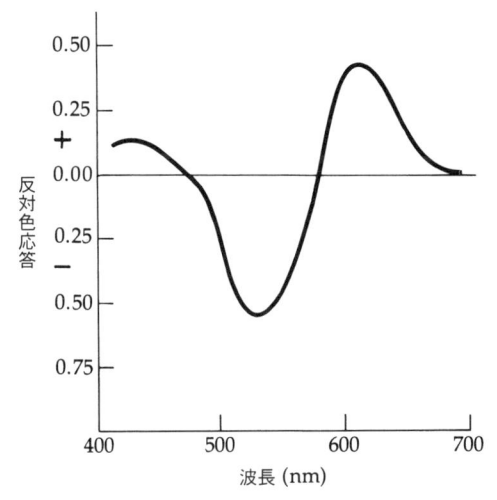

図 10　可視スペクトル全域にわたる赤/緑反応の大きさ（算術単位）。赤と緑が反対色であることを示すために，恣意的に，赤を正の値，緑を負の値としてある。

緑を負の値として示してある。

次に，図6と図10に示されている関数を関係づけて，一つの図に示そう。図11には，二つの関数，すなわち，黄/青反対色応答関数と赤/緑反対色応答

＊　700 nm 刺激にも少量の黄色みが感じられるが，これは打ち消しの手続きには影響しない。観察者の課題は，赤にも緑にも感じられないようなフィールドをつくりだすことである。700 nm 刺激に認められる黄色は，単に，赤と緑が均衡したときに知覚される「残り」の一部となるにすぎない。実際のところ，反対色応答関数をもとめるためには，固有色を使用する必要はない。

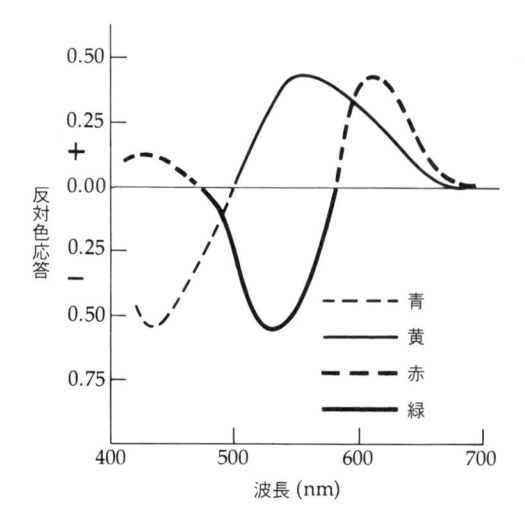

図11 スペクトル全域にわたる黄/青応答関数と赤/緑応答関数(算術単位)。

関数が示されている。二つの曲線の相対的な高さは,赤みと黄色みの割合が等しいと判断された波長のところで調整されている。

　スペクトル刺激の無彩色属性についてはどうだろうか。それはスペクトルにおいてどのように変化するのであろうか。1章において,大部分の物体は,有彩色属性と無彩色属性の両方をもっているものとして記述できることを学んだ。すべての物体は,色相属性に加えて,ある程度の白み,灰色み,黒みを含んでいる。スペクトル刺激について述べたときにも,それが,さまざまな程度の白みを含んでいることに注目した。たとえば,580 nm の刺激について記述した際に,白っぽい黄色に見えると述べた。また黄色みを帯びた緑や緑がかった黄色に見える中波長刺激は,スペクトルの両極端のすみれ(赤みがかった青)や黄赤に比べて,相対的に白っぽく感じられる。この点で,スペクトル色相はいくつかの物体色に大変よく似ている。

　スペクトル刺激の黒成分についてはどうだろうか。スペクトル刺激であっても,あるいは広帯域の分光エネルギー分布であっても,単独で観察すると,それらは光輝き,黒みをまったく含んでいないように見える。

　黒反応は,ある網膜位置への直接的な光刺激によって生じることはありえず,いわば,間接的に生じる。スペクトル光が非常に強烈な照明光に囲まれている場合,そのスペクトル光が黒く見えることがある。視野のある部分に黒反

応を生じさせる一つの方法は，隣接する領域を白色光で刺激することである．もう一つの方法は，白色光で眼を刺激し，その後でその光を取り除くか，その光を遮ってしまうことである．1章において，「茶色」の問題を論じた際に（1章の図2），上側の刺激フィールドを入射光に向けて回転させて，小さなフィールドを取り囲む領域にあたる光の量を相対的に増加させることによって，中央の小さなフィールドに黒みを生じさせることが可能であることを述べた．同様に，残像に関しても，黒い残像が生じるのは「白色」光による刺激を突然中止した場合である（2章と14章を参照）．スペクトルのいかなる領域の光を用いても，光の直接的な作用として黒みを生じさせることはできない．黒みは，網膜上の異なる場所に並べて提示された刺激（この刺激の一方は「白」とする）の間の対比の結果として間接的に生じる．また，黒みは，「白」刺激の提示を終了したときに，網膜上の刺激されていた場所で生じる．

　スペクトル刺激の白みは，明るさとほぼ同じである*．すでに述べたように，白みがスペクトル中でどのような分布を示すかを，赤/緑，黄/青という反対色成分とは別に測定することが可能であり，これを行う方法は数多くある．しかしながら，前述したように，刺激を直接操作して黒みを生じさせることはできないため，零位法を使用することはできない．白反応を測定するためには，他の方法を使用しなくてはならない．

　明順応状態にある眼について，白反応の分布を測定するための一つの方法として，スペクトル全域にわたるさまざまな波長について，たとえば10 nmおきに，光覚閾（light threshold）を測定することがあげられる**．光覚閾値は，ある波長について，観察者が最初に刺激を検出するのに必要とされるエネルギー量を測定したものである．実際の実験においてよく使われるのは，検出できないレベルのエネルギーをもつ刺激を短時間提示し，観察者がその光を検出できるまで，エネルギーを徐々に増加させていくという方法である．刺激が最初に見えたときには，その刺激は，色相をもっていない，あるいは無彩色であ

＊　明るさは白みと同じではないという考えを，近年再び提唱しだした研究者もいる．彼らは，白みと色反応成分とが組み合わさった反応に対して，「明るさ」という言葉を使っている．これは完全には解決されていない複雑な問題である．単純化のために，この本では白みを明るさと等価なものとして考える．

＊＊　ここでは，暗順応状態（桿体の方が錐体よりも相対的に感度がよい）で測定される光覚閾については考えない（10章参照）．

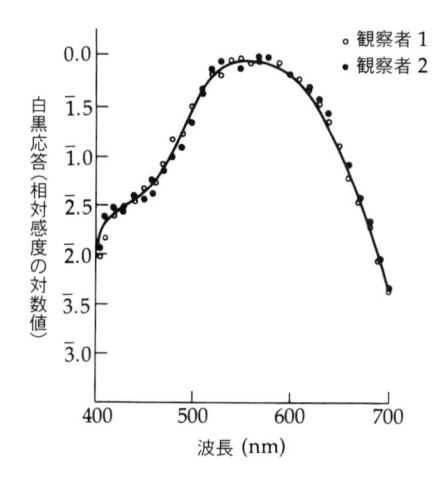

図 12 二人の観察者について測定された，可視スペクトルにおける白反応。光を知覚するのに必要なエネルギーの逆数が，白黒応答ないしは白反応を表す。これは，ときおり分光視感度の測度とされ，この曲線は視感度曲線とも呼ばれる。

る（すなわち，灰色ないしは白）と報告されるであろう。したがって，刺激が閾に達したときには，反対色過程を除いた白（黒）過程だけがとらえられていると仮定されている。このようにして測定された「白」曲線はどのような形状をしているのであろう。その答は，図 12 に示されている。ここでは，閾値の逆数が波長の関数としてプロットされている。閾値の逆数は感度の測度であり，したがって，この図は，スペクトルの両端よりも中波長領域において，相対的により強い「白」反応が認められることを示している。その上さらに，この曲線の形状は，スペクトル中に「白み」がどのように分布しているかを正確に示している。白みは，スペクトルの両端で弱く，中波長領域で相対的に強い。

白応答曲線を測定しうるもう一つの方法は，**異色明るさマッチング**（heterochromatic brightness matching）と呼ばれる。この方法は，色相の異なるフィールド間で明るさのマッチングを行うため，容易ではない。円形の検査フィールドの半分には，標準刺激として，たとえば黄色みを帯びた緑が提示され，他方には一連のすみれ，青緑，オレンジなどが提示される。すでに見たように色相の量は波長ごとに異なるため，黄色みを帯びた緑の標準刺激と他の刺激との間で明るさのマッチングを行うためには，複数の色属性のなかから白みを抽出しなくてはならない。これは可能であり，おそらくこのような抽出を行うための最善の方法は，二つのフィールド間の境界線の明確度を最小にするこ

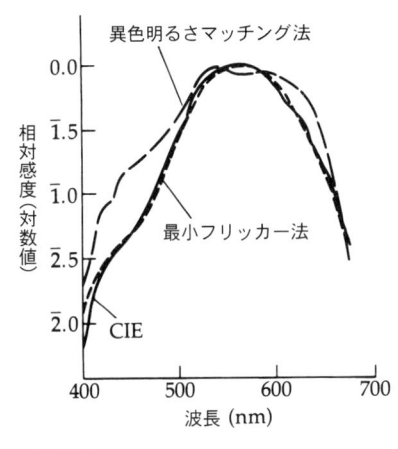

図 13 別の方法を用いて測定された可視スペクトルにおける**白反応**。(a) 異色明るさマッチング法，(b) フリッカー法。CIE（国際照明委員会）と記された標準曲線は，逐次比較法と呼ばれるさらに異なった方法で得られたものである(訳注2)。

とであろう。(訳注1)

閾値測定と異色明るさマッチング法に加えて，他の指標も**視感度関数（曲線）**（luminosity function，白反応曲線は，今やほとんど常にこう呼ばれている）を測定するために使用されてきた。たとえば，瞳孔の大きさ，視力，ちらつき感などもこの曲線を得るために使用されている。曲線の一般的な形状は，こうしたすべての基準について，ほぼ同じである（図13）。*

図13では分光視感度曲線がエネルギーの対数値で示されているが，これを算術単位でプロットすることもできる。その曲線が図14に示されている。

白みがスペクトル中にこのように分布しているのであれば，この曲線を図11に示した反対色応答関数に重ねることができる。反対色応答関数と

---

* 光のエネルギーを眼の感度と関連づけて表すことに興味があるなら，光のエネルギー分布を視感度曲線で重みづけなくてはならないであろう。こうした手続きにより，輝度単位（luminance unit）と呼ばれる測光量で刺激強度を表すことができる。残念なことに，定義の異なる数多くの輝度単位が使用されている。しかしながら好運なことには，この本のなかで展開される色および色知覚の原理を理解するためには，それらは必要ではない。

訳注1：隣接する二つのフィールドのうち，一方の強度を調整してフィールド間の境界線の明確度を最小にする方法は，最小明確度境界法（Minimally Distinct Border method，MDB法）と呼ばれ，実際には，異色明るさマッチング法と区別されている。

訳注2：フリッカー法とは，二つのフィールドを同位置に提示して交替させ，一方の強度を調整して，交替によるちらつきを最小にする方法である。逐次比較法とは，ある波長光を標準刺激とし，それと少しだけ波長の異なる光との間で明るさのマッチングを行うことを，両刺激の波長を変えながら繰り返す方法である。この方法では，マッチングを行う刺激間で波長の違いが小さく，したがって色相の違いも小さいため，マッチングが容易となる。

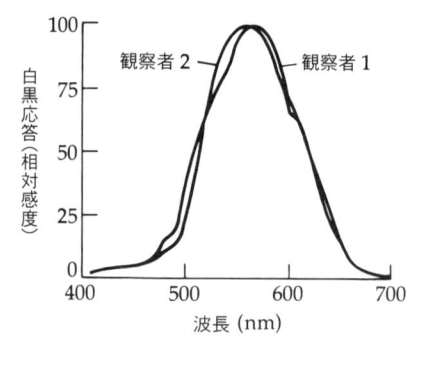

図 14　2人の観察者について測定された，可視スペクトルにおける白反応（算術単位）。

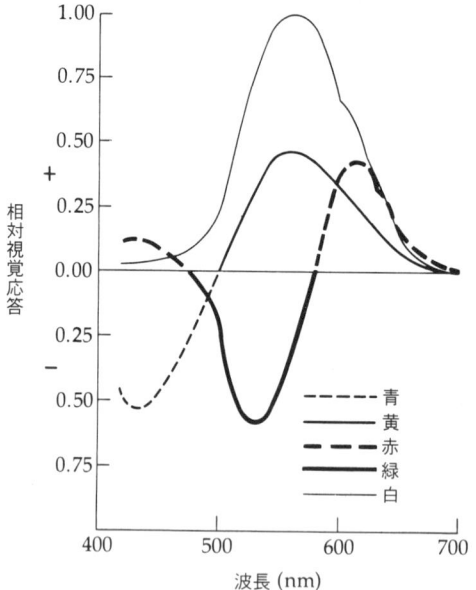

図 15　可視スペクトル全域にわたる反対色応答関数（黄/青，赤/緑）と白黒（白）応答関数（算術単位）。一人の観察者の結果。

白黒（白）応答関数を一つの図にプロットすると，図15のようになる。

　最後に述べておかなくてはならないことがある。この章で述べたすべての測定は，「中性的な順応状態」にある観察者について行われたものである。観察者は通常，少しの間（たとえば10分間）暗黒中ですごした後で，検査フィールドを観察する。後に15章での順応に関する議論によって，色光が提示された背景フィールドにあらかじめ「順応」している場合には，スペクトル光の見えが変化することを知ることになるであろう。こうした条件下では，反対色応

答関数についての妥当な測定値を得ることは不可能になる。

基礎文献

Donnell, M. L. 1977. Individual Red/Green and Yellow/Blue Opponent-Isocancellation Functions: Their Measurement and Prediction. Michigan Mathematical Psychology Program, Technical Report MMPP 77-9. Ann Arbor, Mich.

Hurvich, L. M., and Jameson, D. 1953. Spectral sensitivity of the fovea. I. Neutral adaptation. *J. Opt. Soc. Amer. 43*: 485-494.

Hurvich, L. M., and Jameson, D. 1954. Spectral sensitivity of the fovea. III. Heterochromatic brightness and chromatic adaptation. *J. Opt. Soc. Amer. 44*: 213-222.

Ives, H. E. 1912. Heterochromatic photometry. *Phil. Mag. 24*: 845-883.

Jameson, D. and Hurvich, L. M. 1955. Some quantitative aspects of an opponent-colors theory. I. Chromatic responses and spectral saturation. *J. Opt. Soc. Amer. 45*: 546-552.

Romeskie, M. 1978. Chromatic opponent-response functions of anomalous trichromats. *Vision Res. 18*: 1521-1532.

Sloan, L. L. 1928. The effect of intensity of light, state of adaptation of the eye, and size of photometric field on the visibility curve. *Psychol. Monogr. 38* (173).

Wagner, G., and Boynton, R. M. 1972. Comparison of four methods of heterochromatic photometry. *J. Opt. Soc. Amer. 62*: 1508-1515.

Werner, J. S., and Wooten, B. R. 1979. Opponent chromatic mechanisms: Relation to photopigments and hue naming. *J. Opt. Soc. Amer. 69*: 422-434.

上級文献

Boynton, R. M. 1973. Implications of the minimally distinct border. *J. Opt. Soc. Amer. 63*: 1037-1043.

Werner, J. S., and Wooten, B. R. 1979. Opponent chromatic response functions for an average observer. *Percept. Psychophys. 25*: 371-374.

6 章
反対色応答関数と白黒応答関数 そしてスペクトル光の見え

　赤/緑，黄/青，そして白/(黒)[*] 応答関数の正確な形状とスペクトル中での分布を知ることにより，4章で論じた，狭帯域や広帯域などさまざまな分光分布をもつ刺激の見えを理解することができる。そのためには，次の三つのことを仮定するだけでよい。まず，こうした応答関数は，生理学的な神経メカニズムが，スペクトル刺激に対してどのように応答するかを表現している。次に，こうしたメカニズムは知覚と直接関係している。最後に，刺激が複数の波長により構成されている場合には，個々の波長により生じる効果が代数的に加算される。

　こうした応答関数を検討すれば，どの色がいかなる波長と結びついているかが明らかとなる。たとえば，図1で450 nm について見ると，赤の値が＋0.08，青が－0.44，白が＋0.04 である。このことから，450 nm での反応は赤みを帯びた青であり，赤よりも青成分を多く含んでいて，わずかながら白っぽいということが分かる。別の例として 520 nm を見てみると，引き起こされる反応は，黄が＋0.23，緑が－0.58，白が＋0.65 である。この刺激は，白っぽい黄緑に見え，黄よりも緑のほうが強く，450 nm 刺激よりも白が強い。640 nm では，赤の値が＋0.23，黄が＋0.12，白が＋0.26 である。これはわずかに黄色みを帯びた赤であり，520 nm 刺激よりも白が弱い。もちろん，どの波長をとりあげても，反対色応答と白黒応答の値をこれらの曲線から読みとることができる。

　これまでに固有色については何回か論じてきたし，これを反対色応答関数の

　＊　黒がカッコのなかに入っているのは，黒の応答関数を直接測定することができないためである。

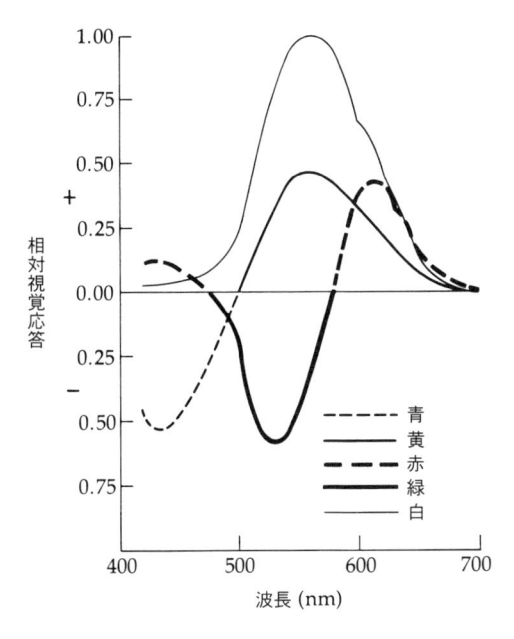

図1 可視スペクトル全域にわたる反対色応答関数（黄/青，赤/緑）と白黒（白）応答関数（算術単位）。一人の観察者の結果。

測定の際に使用することも述べた。この固有色を生じさせる波長が，図1に直接的に示されている。475 nmの波長を見てみよう。ここで，赤/緑応答関数は，縦軸の値がゼロの線と交差している。この赤/緑均衡点では，青反応が−0.30となっている。したがって，475 nm刺激は，赤でも緑でもない青反応を生じさせる。ただし，この刺激は，いくらかの白み（約+0.08）も含んでいる。波長が500 nmの場合には，黄/青応答関数が均衡してゼロとなっており，緑は−0.24，白は+0.22となっている。580 nmでは，赤/緑応答関数が再びゼロの線と交差しており，黄は+0.40，白は+0.95となっている。このように反対色応答関数を図示してみると，青反応も黄反応もまったく存在せず赤反応のみを生じさせる波長は存在しないことがわかる。したがって，固有の赤反応を引き起こすスペクトル刺激は存在しない。この事実はNewtonにも，そして，Goetheにも知られていた（Goetheは，ドイツの詩人であり，劇作家であり，博物学者である。科学的興味がGoetheを色と色覚の問題へと導いた）。700 nmといった最も極端な長波長を使用したとしても，赤過程に加えて黄過程（そして白過程）もわずかながら刺激されるのである。

　二つのスペクトル刺激を混色することによっても，青，緑，黄といった固有

色をつくりだすことができる。先に見たように（4章の図13），（平均的な観察者では）475 nm により喚起される固有色青と同じ色相を，二つの波長，たとえば 440 nm と 490 nm を網膜上で混色することによってつくることができる。500 nm により喚起される固有色緑と同じ色相は，たとえば，490 nm と 540 nm という二つの波長（4章の図12）を混色することによってつくりだせるし，580 nm により生じる固有色黄と同じ色相は，540 nm と 670 nm といった二つの波長（4章の図11）を混色することによってつくりだせる。

　異なる刺激を混色することは，簡単である（たとえば，色図版 4-2 を参照）。異なるスペクトル刺激の加法混色は，5章の図2に示されているような装置を用いると，効率的に行うことができる。混色に使用される個々の波長は，二つのモノクロメーターIとIIによりつくり，反対色応答関数の測定実験のときと同様に，網膜の同じ位置に像を結ぶようにする。3番目のモノクロメーター（5章の図2）を導入し，混色された刺激ペアを取り囲むフィールドを提示するのに使用すれば，二つのスペクトル光の混色光とモノクロメーターIIIからの光とを比較することができる。二つの波長を混色することによって固有色をつくりだす際に基礎となる原理は，前の章で詳細に説明した打ち消し実験の原理とまったく同じである。

　図1の応答曲線をながめると，440 nm の波長は青，赤，白過程を興奮させることが分かる。また 490 nm は，青，緑，白過程を興奮させる。440 nm 光と 490 nm 光の相対的なエネルギーを操作することにより，拮抗する赤過程と緑過程を均衡状態にすることができる。これが成立したときには，青（そして白）の興奮のみが残っていることになる。一方が 500 nm よりも短い波長である 490 nm で，もう一方が 500 nm よりも長い波長である 540 nm という二つの波長を考えると，図1から後者は，緑，黄，白過程を興奮させることが分かる。この場合にも，490 nm 光と 540 nm 光の相対的なエネルギーを適切に操作して，青の興奮と黄の興奮を正確に均衡させると，残るのは固有色緑である。ただし，この刺激の色は，500 nm のスペクトル光により生じる色と比較すると幾分白っぽい。（1単位エネルギーの 500 nm 光が引き起こす白反応は 0.22 であり，1単位エネルギーの 490 nm 光と 540 nm 光による白反応は，足し合わせると 1.04 となる。この 1.04 という値は，490 nm によるものが +0.13，540 nm によるものが +0.91 である）。最後に，540 nm と 670 nm

という二つの波長は，前者が 580 nm の短波長側，後者が長波長側に位置し，それぞれ，黄，緑，白反応と，黄，赤，白反応を生じさせる。540 nm 光と 670 nm 光の相対強度を調整することによって緑過程と赤過程を均衡させると，結果は固有色黄となる。

　二つの波長の一方が，固有色を喚起する波長の短波長側にあり，他方が長波長側にあるという条件が満たされれば，いかなる 2 波長の組合せによっても固有色がつくりだせるであろう。ただし，当然のことながら，混色光中に含まれる各成分の割合は，波長のペアごとに異なる。

　たとえば，固有色黄をつくるために 670 nm と 540 nm を混色したとすると，赤反応と緑反応を均衡させる必要がある。ここで，

　　　　　1 単位エネルギーの 670 nm　→　0.06 の赤反応
　　　　　1 単位エネルギーの 540 nm　→　0.55 の緑反応

であるので，赤と緑を均衡させるためには，670 nm 刺激の強度を約 10 倍にしなくてはならない。540 nm の代わりに 560 nm を用いて，これを 670 nm 光と混色する場合には，

　　　　　1 単位エネルギーの 670 nm　→　0.06 の赤反応
　　　　　1 単位エネルギーの 560 nm　→　0.30 の緑反応

であるので，670 nm 刺激のエネルギーを，10 倍ではなく，5 倍にする必要がある。

　他のいかなる刺激ペア（たとえば，620 nm と 540 nm，あるいは，610 nm と 560 nm）の割合も同様にして決定することができる。混色する刺激ペアが違うと，結果として生じる黄と白の量が異なるという事実は重要ではない。どの例においても，赤みも緑みも感じられないので，得られるのは固有色黄と言えよう。

　79 ページで述べたように，固有色赤を生じさせるスペクトル光は存在しない。スペクトルの長波長端では黄色みを帯びた赤が感じられ，短波長端では青みがかった赤が感じられる。それでは，どのようにして固有色赤をつくりだせばよいのであろうか。

　4 章の終わりで，補色の関係にあるスペクトル刺激のペアは多数存在すると

述べた(すなわち,適切なエネルギー比で混色したとき,その見えが白黒ないしは白となる波長のペアが数多く存在する)。これがどのようにして生じるかを見るために,反対色応答関数と白黒応答関数を検討しよう。

最初に取り上げる波長として最も適切なのは,475 nm と 580 nm である。すでに見たように,475 nm は青みと白みだけを生じさせ,580 nm は固有色黄(見えとしては幾分白っぽい黄色)の感覚を生じさせる波長である。この二つの波長を網膜上で混色し,相対エネルギーを調整すると,青の興奮を等しい量の黄の興奮で均衡させることができる。そしてその残り(**正味の興奮** net excitaion)は,こうした波長のそれぞれにより生じる白の興奮の和である。したがって 475 nm と 580 nm は,補色の関係にあると言える。470 nm(赤,青,白)と 580 nm を混色するとしたら,470 nm により生じる赤を均衡させるために必要な緑みが 580 nm には存在しないし,同様に,480 nm(緑,青,白)を使う場合にも,480 nm の緑みを均衡させるために必要な赤みが 580 nm には存在しない。ただし,単独では固有色に見えない他の数多くのスペクトル刺激のペアも,補色の関係にある。

1単位エネルギーの 460 nm 刺激が,+0.05 の赤反応,−0.35 の青反応,+0.05 の白反応を生じさせるとすると,これと補色の関係にある波長は,−0.05 の緑反応と +0.35 の黄反応を生じさせなくてはならない。赤反応と緑反応は拮抗するので,これらはそれぞれ正の値と負の値で表現されており,同じことは黄と青についても言える。こうした状況を代数的に表現すると,次のようになる。

460 nm :	赤反応+0.05	青反応−0.35	白反応+0.05
補色波長:	緑反応−0.05	黄反応+0.35	白反応+x*
和 :	0.0	0.0	+0.05+x

要約すると,460 nm により生じる赤反応は,適切に選ばれた刺激により生じる緑反応によって正確に打ち消され,同じく 460 nm により生じる青反応も,その選択された刺激により生じる黄反応によって正確に打ち消される。両

---

* x は,二つの反対色過程を均衡させる際に,補色波長のエネルギーを調整することによって変化する白の量を表している。固有色の場合と同様に,その量は重要ではない。

方の刺激が白反応を生じさせ，これは拮抗する反応によって打ち消されることがないため，白反応は加算され，依然として白の知覚を生じさせる。

まったく同じ論法が他の補色波長のペアすべてに当てはまる。こうした計算は，補色の関係にあるすべての波長が単に，拮抗し量の等しい反対色応答を生じさせる波長にすぎないことを示している。どの場合にも，結果として残るのは，各波長に共通した白反応である。反対色応答が厳密には均衡していない場合には，相対的によりエネルギーの大きな刺激の色相が見えることは，5章の打ち消し実験に関する議論から明らかであろう。

白みというのが，単に，補色ペアのそれぞれから生じる打ち消されない興奮であるということがわかると，補色の関係にある刺激を見つけるためには，色応答が拮抗し，かつ等量である二つの刺激をスペクトル中で探すだけでよいことになる。したがって，（今や，白反応が個々の刺激によって常に生じ，打ち消されないとわかっているので）補色の関係にある光を見つけ出す単純な方法は，さまざまな波長の色相反応に話を限定することである。

知覚される色相と反対色応答関数の関係が，「絶対値」の形で図1に示されている。この図では，単位エネルギーの光に対する色反応の量が，各波長について表されている。これとは別に，知覚される色相と波長との間の関係を，比

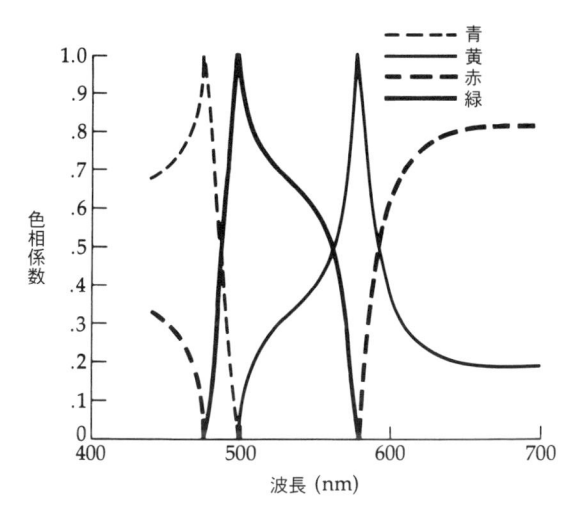

図2 色相係数関数。ペアとなる色相の相対的な大きさを，各波長について示してある。この値は，一人の平均的な観察者について，中程度の強度レベルで求められたものである。

率ないしはパーセンテージで直接的に表現することも可能である。いかなる波長についても，色反応の総和に対する個々の色反応の比を求めることができる。この比率あるいはパーセンテージの値は，**色相係数**（hue coefficient）と呼ばれている。平均的な観察者について求められた分光色相係数を図示したのが図2である。青の曲線は，青についての色相係数〔B/(B+R) および B/(B+G)〕を波長の関数として表したものであり，黄の曲線は黄の比率〔Y/(Y+G) および Y/(Y+R)〕，赤の曲線は赤の比率〔(R/(R+B) および R/(R+Y)〕，緑の曲線は緑の比率〔(G/(G+B) および G/(G+Y)〕をそれぞれ表している。こうした係数は，白みないしは明るさの等しいスペクトル刺激について計算された。光のレベルは中程度である。

どの波長における比率の値も，スペクトルにおける色相の知覚と直接的に相関をもつとみなされている。したがって，この平均的な観察者については，「青」は475 nm 付近で100％ あるいは1.0の値をとり，そこでは赤および緑の値はゼロである。緑は500 nm 付近で1.0となり，黄は580 nm 付近で1.0となる。500 nm では，青と黄の値がゼロであり，580 nm では緑と赤がゼロである。青と緑，緑と黄，黄と赤は，色相係数が0.50のところで等しい強さとなり，この位置はそれぞれ，485 nm，560 nm，595 nm である。他の波長における色相係数の値は，その波長で感じられる二つの色相の相対的な量を表すとみなされている。観察者が色相を直接的にパーセンテージで評定するか，あるいは何らかの関連した方法で色相を評定する，少なくとも半ダースの実験により，ここで導出された色相係数が本質的に正しいことが確認されている。

色相係数関数を使用すると，補色のペアを直接かつ単純に決定することができる。色相係数の図から，ある波長，たとえば640 nm では，赤が80％ で黄が20％ であることを読みとることができる。これと補色になる波長を探すためには，反対色の緑の値が80％ で，青の値が20％ となる波長を見つけるだけでよい。水平線を引いて交差するところを求めると，この波長が492 nm に当たることが分かる。これと同じことを，すべての波長について繰り返すことができる。こうして求められた補色の関係にある波長のペアをプロットすると，結果は直角双曲線となる（4章の図14を参照）。中波長領域の黄緑に見える光は，スペクトル中に補色をもたない。たとえば，560 nm は，50％ の緑と50％ の黄を含んでいる。色相係数関数を見れば，560 nm に補色波長が存在しない

のはなぜかということが，即座に明らかとなる。このようなことが起こるのは，なぜであろうか。

　ある波長と色相の結びつきを記述する際に，中程度の照明レベルに議論を限定した。この理由は単純である。それは物体に対して知覚される色相が，光エネルギーないしは光強度の変化に応じて変わるというよく知られた事実のためである。したがって，初めに議論を中程度のある決まった照明レベルに限定しなければ，波長と色相の関係を論ずることが不可能となるのである。

　平均的な中程度の強度レベルに関しては，すでに波長と色相の関係が明らかになっているので，照明強度の変化にともなって，知覚される色相がどのように変わるかを検討しなくてはならない。照明光の分光分布が同じであっても，相対的に低い強度レベルでは，黄や青よりも赤と緑の方が優勢であり，相対的に高い強度レベルでは，この関係は逆になる。青と黄は，高強度レベルにおいて相対的に「強く」なる傾向がある。たとえば，黄緑に見える物体は，低い照明レベルで見たときの方が，同じ照明光で照明レベルが相対的に高い場合よりも，緑みがより強く感じられる。そして，照明光が強い場合には，黄色みがより強く感じられる。

　この現象は，19世紀の二人の視覚研究者の名前をとって**ベツォルト・ブリュッケ現象**（Bezold–Brücke phenomenon）と呼ばれており，かなりの数の実験的研究の対象となってきた。こうした実験の詳細はそれぞれで異なっているが，単純な実験では，光強度が異なる刺激を二分視野の各半視野に提示し，両者の色相が等しくなるように観察者に調整してもらう。二分視野の一方には，初めにある決まった波長光を低強度で提示し，もう一方には同じ波長で高強度の光を提示する。仮に波長が 610 nm であるとすると，この光は低強度では黄赤に見え，高強度では，かなり黄色みが強く感じられる。両方の光の色相を等しくするために，観察者は，明るい方の光の波長を，赤みがより強くなるように変化させなくてはならない。赤みを強くするためには，波長を調整して，630 nm といったより長い波長を変える必要がある。このようにして，610 nm における高強度での黄色みの増加は，波長の変化により相殺されるのである。

　関連する変化は，スペクトルの短波長端でも生じる。この波長領域の光を高強度で提示すると，波長が一定でも，低強度の場合と比較して相対的に「より

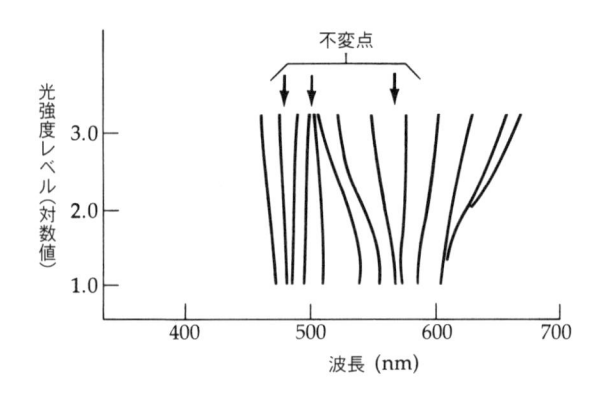

図 3　等色相線。不変点と記された三つの波長を除くと，スペクトル上の他のすべての位置において，強度レベルの変化にともなって色相と波長の関係が変化する。三つの不変点は（中性的な順応状態にあれば），光エネルギーの変化にかかわらず常に，固有色青，固有色緑，固有色黄として見える波長にあたる。図中の曲線は，各光強度において同じ色相を示す波長をつないだものである。

青みが強く」感じられる。先の例と同様に，高強度の刺激の波長を調整しなくてはならないが，この場合には，エネルギーの増加により生じた青みの増加を相殺する必要がある。このためには，高強度の短波長刺激の波長を，短波長方向に移動させなくてはならない。それによって刺激の赤みを増加させて，色相を再び等しくするのである。

　図3は，こうした実験の一つで得られた結果を要約したものである。測定の行われたさまざまな強度レベルで求められた波長値を結んだ曲線は，**等色相線**（constant hue contour）と呼ばれている。中性順応状態にあれば（すなわち，最初にバランスのとれた均衡状態にあったとすると——15章を参照），光の強度レベルが変化しても見えが変化しない光が，スペクトル中に三つ存在する。これらは，**不変色相**（invariant hue）と呼ばれ，3種の固有色（青，緑，黄）に対応する。

　波長と色相の関係が光の強度にともなって変化するとすると，異なるスペクトル位置でどのような色相が観察されるかを表現している色相係数関数はどうなるであろうか。当然のことながら，これらも変化する。原則として，刺激の強度レベルを上げることは，赤/緑応答関数に対して黄/青応答関数の値を相対的に増加させることを意味している。刺激強度の増加にともない，二つの応答関数がどのように振舞うかを要約したのが，図4である。ここで，原則を平均

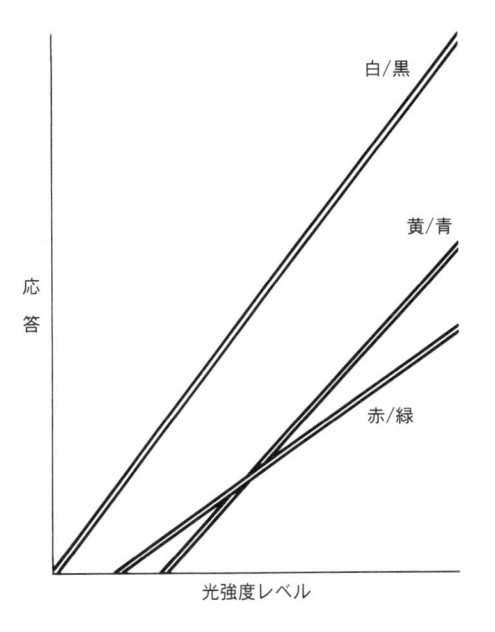

6章　反対色応答関数と白黒応答関数そしてスペクトル光の見え　87

図4 光強度の上昇にともなう反対色応答と無彩色応答の**相対的な上昇率**。白/黒過程は，閾値がもっとも低く（他の過程よりも低い強度レベルで活性化される），しかも，赤/緑過程と黄/青過程のどちらよりも応答量の上昇が急激である。赤/緑過程の閾値は黄/青過程の閾値よりも低いが，応答量の上昇率は，赤/緑過程の方が緩やかである。

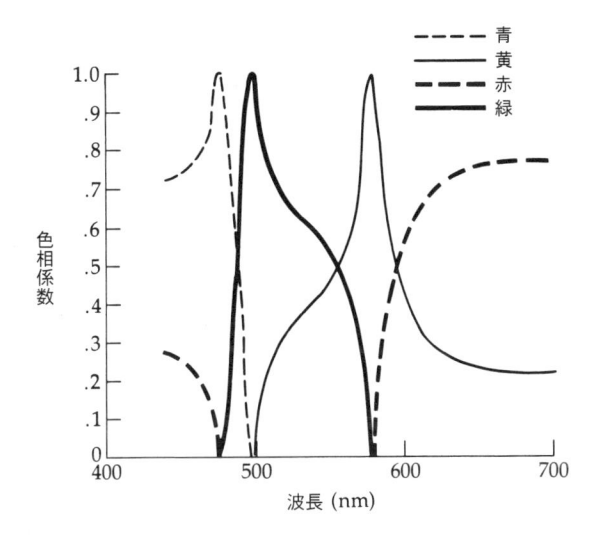

図5 高強度レベルにおける**色相係数関数**。中強度レベルで求められた関数を示した図2と比較すると，この強度レベルでは，いくつかの波長において，黄（ないしは青）の割合が大きい。

的な観察者の反対色応答関数に当てはめると，高強度レベルでの色相係数関数は，図5に示したようになる。青と黄の色相係数が相対的に増加しており，赤と緑の色相係数が相対的に減少しているが，固有色青，緑，黄のスペクトル上の位置が変化しないことは重要である。しかしながら，中間色となる二成分色相（各色相成分を50%ずつ有している色相）の位置はシフトする。標準的な中程度の光強度レベルでは，485 nmで青と緑の割合が等しくなったが，高強度では緑よりも青の方が強く，青と緑が等しくなるのは490 nm付近である。標準的な光強度レベルでは，560 nmで黄と緑が等しくなったが，高強度では黄色みが強く，黄と緑の割合が等しくなるのは553 nm付近である。標準的な強度レベルで赤と黄の割合が等しい色相を生じさせる波長は595 nmであったが，今やこの波長は，より強い黄色の感覚を生じさせ，黄と赤の色相係数が等しくなる波長は，600 nm付近に移動している。

　補色となる波長を示す関数は，中程度の照明レベルでの色相係数関数から導出されたため，その形状が強度レベルに応じて変わるように思うかもしれない。しかし，それは誤解であり，高強度レベルでの色相係数関数（あるいは，標準的な照明レベルよりも低い強度について計算された色相係数関数）を使用したとしても，補色となる波長を示す関数の形状は変わらない。強度レベルが変わっても，反対色ペアの色相係数の値は同じように増加（ないしは減少）するため，補色となる二つの波長での色相係数の値が中程度の強度レベルで同じであったなら，それらは，高強度レベルでも変わらず等しいままである。

　この章では，個々のスペクトル光の見えに関して議論し，そのなかで，スペクトル光は二成分色相（すなわち，黄赤，緑青など）だけでなく，固有色（青，緑，黄）も生じさせること，また，どのようにすれば，スペクトル光により生じる固有色を，二つのスペクトル刺激の混色により再現できるかという問題，そして，どのようにすれば二つのスペクトル刺激の混色により，白を生じさせることができるかといった問題について議論してきた。こうした議論は，4章の終わりで述べた問題のいくつかを解明する手助けとなるはずである。反対色原理がどのようにはたらくかを理解すれば，こうした問題は解決する。今や，こうした議論は，広帯域の分光エネルギー分布をもつ刺激の見えをも含むように拡張できる。

基礎文献

Cohen, J. D. 1975. Temporal independence of the Bezold-Brücke hue shift. *Vision Res. 15*: 341–351.
Dimmick, F. L., and Hubbard, M. R. 1939. The spectral location of psychological unique yellow, green, and blue. *Amer. J. Psychol. 52*: 242–254.
Helmholtz, H. v. 1896. *Handbuch der physiologischen Optik*, 2nd ed., p. 456. Voss, Hamburg.
Hurvich, L. M., and Jameson, D. 1955. Some quantitative aspects of an opponent-colors theory. II. Brightness, saturation, and hue in normal and dichromatic vision. *J. Opt. Soc. Amer. 45*: 602–616.
Hurvich, L. M., and Jameson, D. 1958. Further developments of a quantified opponent-colours theory. In *Visual Problems of Colour II*, Chap. 22, pp. 691–723. Her Majesty's Stationery Office, London.
Hurvich, L. M., Jameson, D., and Cohen, J. D. 1968. The experimental determination of unique green in the spectrum. *Percept. Psychophys. 4*: 65–68.
Indow, T., and Takagi, C. 1968. Hue-discrimination thresholds and hue-coefficients. *J. Psychol. Res. 10*: 179–190.
Purdy, D. McL. 1931. Spectral hue as a function of intensity. *Amer. J. Psychol. 43*: 541–559.
Purdy, D. McL. 1937. The Bezold-Brücke phenomenon and contours for constant hue. *Amer. J. Psychol. 49*: 313–315.
Sternheim, C., and Boynton, R. M. 1966. Uniqueness of perceived hues investigated with a continuous judgmental technique. *J. Exp. Psychol. 72*: 770–776.

上級文献

Larimer, J., Krantz, D. H., and Cicerone, C. M. 1974. Opponent-process additivity. I. Red/green equilibria. *Vision Res. 14*: 1127–1140.
Larimer, J., Krantz, D. H., and Cicerone, C. M. 1975. Opponent process additivity. II. Yellow/blue equilibria and nonlinear models. *Vision Res. 15*: 723–731.

7 章
反対色応答関数と白黒応答関数
そして広帯域スペクトル光の見え

　6章では，反対色応答関数と白黒応答関数に関連づけて，比較的簡単な刺激がどのように見えるかを分析し説明することができることを見てきた。しかし，実験室に入って，スペクトル光を単独で見たり，あるいは，さまざまなスペクトル光のペアの混合を見たりしたことがある人はほとんどいない。日常生活で，限定された波長帯域により生じる孤立した色（isolated color）を見ることができるのは，ネオン灯，街路のナトリウム灯，虹，油滴により生じる色環，シャボン玉を見るときや，ガラスや花瓶の縁で光が散乱されたとき，あるいは，ダイヤモンドの小面で光が散乱されたときだけである。これらすべての例で扱われているのは，比較的波長帯域の狭いスペクトル刺激である。しかし，日常出会う色がついている物体は，ほとんどすべてが，狭い波長領域の光ではなく，広いスペクトル領域にわたる多くの異なった波長を反射している。それでは，4章の図5から図9までに図示されたさまざまな広帯域刺激の見えは，比較的単一なスペクトル刺激の場合と同じやり方で説明できるであろうか。

　まず，図1に示されている種々の光分布を検討しよう。ここでは，すべての光分布が，スペクトルの500 nmの位置でエネルギーが最大となるよう重みづけられている。500 nmの幅の狭いスペクトル刺激は，固有色緑に見える（つまり，黄色っぽい緑でも，青っぽい緑でもない）ことはすでに見てきた。6章では，固有色を引き起こすスペクトル刺激の両側から一つずつスペクトル刺激を選び，それらを適当な割合で混合すると，数多くの異なったペアを用いて固有色を生じさせることができることを論じた。たとえば，一つの刺激が，緑，黄，そして白の反応を生じさせ，二番目の刺激が，緑，青，そして白の反応を

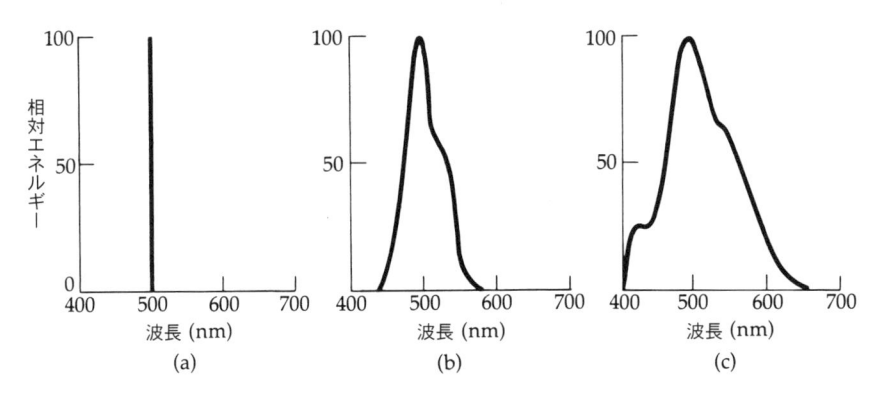

図1 これらの3種の分光エネルギー分布のそれぞれにより**固有色緑**は引き起こされる。

生じさせるとしたら，固有色緑を生じさせるためには，青と黄を厳密に均衡させるように二つの刺激のエネルギー比を変えるだけでよいことを見てきた。実際にこの均衡を達成すると，得られるのは（白っぽい）固有色緑である。このようにして，図1aに示された幅が狭い刺激は固有色緑を生みだすし，そして，図1bに示された，より広帯域の刺激も固有色緑を生みだす。固有色緑は，また，広帯域刺激が図1cに示される分布をもつ場合にも観察される。簡単に言えば，図1の (b) と (c) に示された光分布には，500 nm の両側に，さらに多数のスペクトル光のペアが含まれているのである。

しかし，図1の (a), (b), (c) に示されている刺激によって引き起こされる色には，ある違いがある。つまり，刺激の分光分布が広く（そして平らに）なり，中心となる500 nmの両側でスペクトル刺激のエネルギーが加算されるにつれて，これらの隣接波長によって生みだされる白みの興奮が増加するのである。このように，色相（つまり緑）は打ち消しの原理のために不変であるけれども，広帯域刺激の分光分布の幅が増加し，より多くの「白み」が加わるにつれて，知覚される色はますます低飽和度に，もしくは，うすくなる。

4章の図7に示された二つの異なる広帯域分光分布は，同じ色相，すなわち黄緑に見えると言ったが，それは同じ色ではない。これはつまり，二つの光が異なる飽和度をもつということであり，実験室で観察すればそれを確認できる。しかし，反対色応答関数と白黒応答関数を用いれば，こうした刺激の色相

と飽和度の両方が，どのように平均的観察者に見えるかを計算することが可能である。6章で個々のスペクトル光に対して行ったのとちょうど同じように，広帯域刺激に対しても色相係数を計算することができる。少し後で示すように，広帯域刺激に対しても個々のスペクトル光に対しても，飽和度係数を計算することができる。色相と飽和度の両方が，係数もしくはパーセンテージとして特定されれば，狭帯域でも広帯域でも，さまざまな刺激がどのように見えるかを，かなりよく理解することができる。

　すでに見てきたように，あるスペクトル光の色相係数値は，その波長における一つの反対色応答（たとえば黄）の値を求め，その値を，その波長における反対色応答値の総和（たとえば黄＋緑）に対する比として表すことにより決定される〔つまり，Y/(Y+G)〕。（なお，反対色応答の総和を計算するときは絶対値が使われる）。広帯域刺激の色相係数値の計算でも同様の計算が行われるが，単一の波長に対してではなく，その広帯域刺激が含む波長範囲全体にわたって，この計算が行われる。

　まず，広帯域刺激の各波長における相対エネルギーを眼の位置で求め，それを同じ波長でのそれぞれの反対色応答の単位エネルギーあたりの値（6章の図1を参照）と掛け合わせる。そして，この掛け算の結果をスペクトル全域にわたって合計する。4章の図7に示したAとBという二つの光刺激について，この計算過程を示したのが表1である。便宜のため，そして近似的な結果を得るために，相対エネルギーと反対色応答との乗算を10 nm間隔で行うことができる。このような計算の結果，反対色応答の積分値もしくは合計値が得られる。広帯域刺激の色相係数値は，一本のスペクトル線について計算するのとまったく同じやり方で，すなわち，一つの反対色応答値の全反対色応答値に対する比を求めることによって，導き出される。4章の図7に示した約535 nmにピークをもつ二つの刺激については，色相係数は，それぞれ，緑62％と黄38％，緑68％と黄32％である。このように計算された値は，観察者がこうした刺激の色相を直接パーセンテージで特定するように求められたときに得られるであろう反応とよく一致する。

　それでは，知覚される飽和度，たとえば濃い赤から白みがかったピンク，または，くすんだバラ色までにわたる色の変化は，どのように表されるのであろうか。

適度な明るさレベルの狭帯域スペクトル光の飽和度係数を計算するためには，その波長での反対色応答と白黒応答の両方を使わねばならない。6章の図1に示した波長570 nmを考えてみると，（ある観察者について）単位エネルギーあたりの黄応答は＋0.45，緑応答は－0.18，そして白応答は＋1.00となる。符号に関係なく全体の反対色応答を計算すると＋0.63となる（全体の応答を計算するときは絶対値を使用する）。反対色応答と白黒応答の和に対する反対色応答の比を計算すると，$0.63/(0.63+1.00) = +0.38$となる。また，別の波長，たとえば440 nmでは，青応答が－0.52，赤応答が＋0.12，白応答が＋0.04となる。総反対色応答は＋0.64で，白黒応答＋反対色応答に対する反対色応答の比は$0.64/(0.64+0.04) = +0.94$となる。これらの計算が示すように，飽和度係数は，570 nmでは＋0.38と比較的小さく，440 nmでは＋0.94と比較的大きい。このように二つの波長について計算された飽和度係数は，一般的にいって，これら二つのスペクトル光の見えに一致している。すなわち，570 nmの黄色は薄く，440 nmの「深い」すみれ色はとてもカラフルである。

　もちろん，適度な光エネルギーレベルについて，スペクトル全域にわたって飽和度係数を波長ごとに計算することができ，そうした関数が図2aに示されている。この図から，平均的観察者のスペクトル飽和度は，ほぼ580 nmで最低となること，そして，スペクトルの両端では，相対的に飽和度が高いことが分かる。それでは，すでに測定された反対色応答関数と白黒応答関数に基づいたこれらの計算は，スペクトルの見えのより直接的な推定値と，どれだけうまく合うのであろうか。図2bに示されている実験結果が，その答えを与えてくれる。この実験では，実験者たちは，あるスペクトル色と白色刺激との間の，丁度可知差異（just noticeable difference）の数を決定した。彼らの仮定は，あるスペクトル刺激の飽和度が高いほど，スペクトル刺激と白色刺激の間により多くの丁度可知差異が存在するというものである。

　実験者は，まずスペクトル光だけから始め，スペクトル光だけのときと比べて色味が薄くなったのがちょうど分かるまで，少量の白色広帯域光を加えていった。この手続きは，混色光の色相が分からなくなるまで反復された。図2bから，スペクトルの両端におけるスペクトル刺激と白の間のステップ数と比較すると，580 nmの黄と白の間にはごく少数のステップしか存在しない

表 1 広帯域刺激につ

(a) 光刺激 A

(1) 波 長	(2) 相対エネルギー	(3) 反対色応答 (R/G)	(4) 積 (2)×(3)	(5) 反対色応答 (Y/B)	(6) 積 (2)×(5)
400	8.90	+0.01*	+0.09*	−0.03*	−0.27*
410	11.76	+0.04*	+0.47*	−0.08*	−0.94*
420	15.23	+0.13*	+1.98*	−0.26*	−3.96*
430	18.58	+0.27*	+5.02*	−0.55*	−10.22*
440	21.87	+0.33	+7.22	−0.69	−15.09
450	25.73	+0.30	+7.72	−0.69	−17.75
460	27.92	+0.23	+6.42	−0.64	−17.87
470	31.47	+0.10	+3.15	−0.48	−15.11
480	34.55	−0.04	−1.38	−0.27	− 9.33
490	37.47	−0.18	−6.74	−0.10	− 3.75
500	39.93	−0.32	−12.78	+0.02	+ 0.80
510	42.21	−0.49	−20.68	+0.14	+ 5.91
520	44.08	−0.65	−28.65	+0.25	+11.02
530	45.10	−0.70	−31.57	+0.33	+14.88
540	45.21	−0.66	−29.84	+0.37	+16.73
550	44.60	−0.56	−24.98	+0.39	+17.39
560	42.80	−0.40	−17.12	+0.40	+17.12
570	39.66	−0.19	− 7.54	+0.38	+15.07
580	35.02	+0.05	+ 1.75	+0.35	+12.26
590	31.04	+0.27	+ 8.38	+0.30	+ 9.31
600	26.97	+0.43	+11.60	+0.25	+ 6.74
610	22.89	+0.50	+11.45	+0.20	+ 4.58
620	18.58	+0.47	+ 8.71	+0.15	+ 2.78
630	15.08	+0.38	+ 5.73	+0.11	+ 1.66
640	12.31	+0.27	+ 3.32	+0.07	+ 0.86
650	11.02	+0.18	+ 1.98	+0.04	+ 0.44
660	10.66	+0.10	+ 1.07	+0.02	+ 0.16
670	10.57	+0.06	+ 0.63	+0.01	+ 0.06
680	10.03	+0.03	+ 0.30	+0.01	+ 0.05
690	9.43	+0.02	+ 0.19	+0.003	+ 0.01
700	9.91	+0.01	+ 0.10	+0.002	+ 0.01

$$\Sigma+ = 87.28 \qquad \Sigma+ = 137.85$$
$$\Sigma- = 181.28 \qquad \Sigma- = 94.29$$
$$\Delta = -94.00 = 緑 \qquad \Delta = +43.56 = 黄$$

色相係数 $= \dfrac{G}{Y+G}$ および $\dfrac{Y}{Y+G}$: $\dfrac{|-94.00|}{|43.56|+|-94.00|} = \dfrac{94.00}{137.56} = 68\%$ 緑

$\dfrac{|43.56|}{|43.56|+|-94.00|} = \dfrac{43.56}{137.56} = 32\%$ 黄

* スペクトルの短波長域ではかなりの変動が認められ,アステリスクがついた数値は近似にすぎない。

7章　反対色応答関数と白黒応答関数そして広帯域スペクトル光の見え　95

いての色相係数の計算

(b)　光刺激 B

(1) 波長	(2) 相対エネルギー	(3) 反対色応答 (R/G)	(4) 積 (2)×(3)	(5) 反対色応答 (Y/B)	(6) 積 (2)×(5)
400	—				
410	—				
420	—				
430	—				
440	—				
450	—				
460	1.66	+0.23	− 0.04	−0.64	− 0.10
470	1.33	+0.10	− 0.13	−0.48	− 0.64
480	6.31	−0.04	− 0.25	−0.27	− 1.70
490	17.20	−0.18	− 3.09	−0.10	− 1.72
500	30.30	−0.32	− 9.66	+0.02	+ 0.60
510	40.10	−0.49	−19.60	+0.14	+ 5.60
520	46.10	−0.65	−29.97	+0.25	+11.53
530	48.30	−0.70	−33.74	+0.33	+15.94
540	47.30	−0.66	−31.22	+0.37	+17.50
550	43.80	−0.56	−24.47	+0.39	+17.08
560	37.30	−0.40	−14.92	+0.40	+14.92
570	28.40	−0.19	− 5.40	+0.38	+10.79
580	18.90	+0.05	+ 0.95	+0.35	+ 6.62
590	10.60	+0.27	+ 2.86	+0.30	+ 3.18
600	4.80	+0.43	+ 2.05	+0.25	+ 1.19
610	2.20	+0.50	+ 1.09	+0.20	+ 0.44
620	0.70	+0.47	+ 0.33	+0.15	+ 0.11
630	—				
640	—				
650	—				
660	—				
670	—				
680	—				
690	—				
700	—				

$\Sigma+ = 7.28$　　　　　$\Sigma+ = 105.50$
$\Sigma- = 172.49$　　　　$\Sigma- = 4.16$
$\Delta = -165.21$ 緑　　　$\Delta = +101.34$ 黄

色相係数 $= \dfrac{G}{Y+G}$ および $\dfrac{Y}{Y+G}$; $\dfrac{|-165.21|}{|101.34|+|-165.21|} = \dfrac{165.21}{266.55} = 62\%$ 緑

$\dfrac{|101.34|}{|101.34|+|-165.21|} = 38\%$ 黄

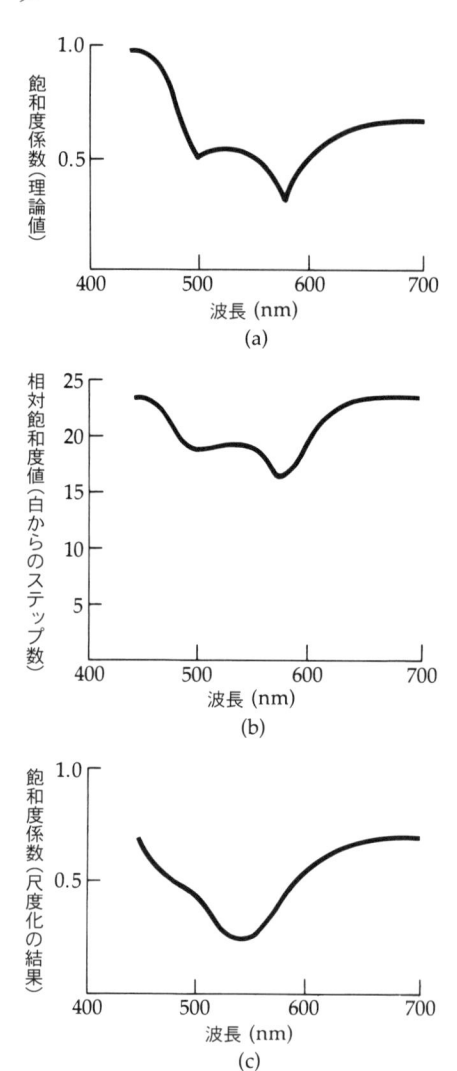

図2 スペクトル光の飽和度の測度。
(a) 中程度の光レベルにおいて，平均的観察者について計算された飽和度係数。(b) 飽和度の尺度化の結果。縦軸に示された相対飽和度値は，スペクトル光と白との間の色の丁度可知ステップの数を，各波長について示している。(c) 飽和度の尺度化の結果。この実験で，被験者は，各波長について色相と白みの総和に対する色相の割合をパーセンテージで直接評定した。周辺刺激は飽和度の低い青みがかった緑であった。

ことが見てとれる。580 nm は初めからきわめて白っぽいので，この結果は少しも驚くには当たらない。440 nm と 670 nm は初めは飽和度がかなり高いので，白く見えるようになるためには，飽和度低下がちょうど分かるステップが多く必要となる。さらに別の実験結果が図2cに示されている。この実験では，色相と白みの総和に対して，どのくらいの色相が感じられるかをパーセン

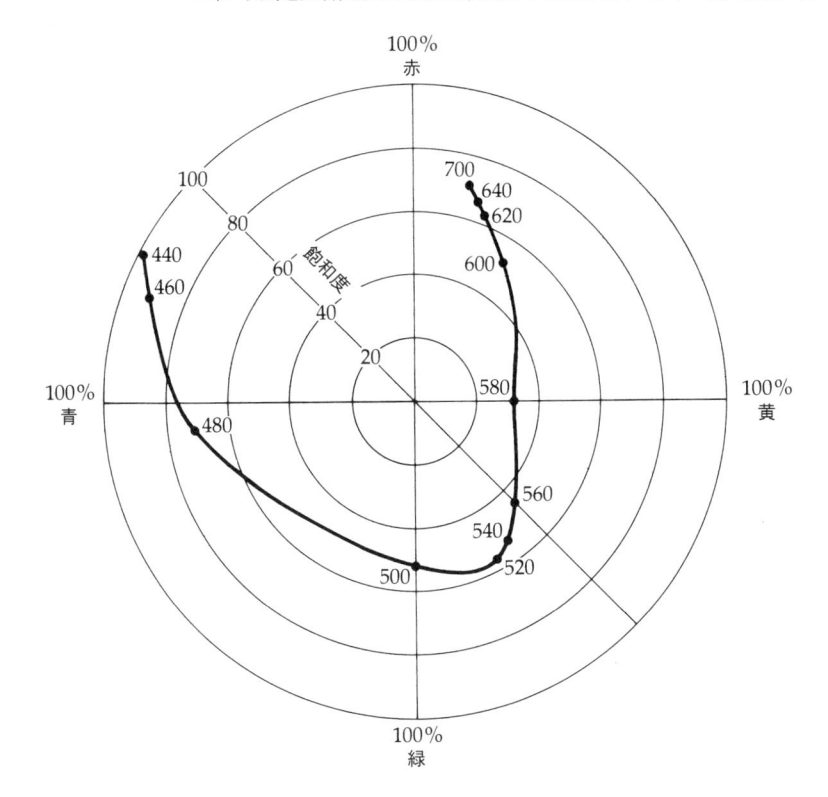

図 3 極座標系に表現されたスペクトル刺激の**色相係数と飽和度係数**。色相は円周に沿ってプロットされ，飽和度は半径に沿ってプロットされている。これは知覚空間である。

テージで直接的に評定することが観察者に求められた。こうしたより直接的な実測値と理論的に計算された係数値の一致は驚くほどよい。

異なる照明の下での物体色について色相係数を計算できるのとちょうど同じように，物体色について飽和度係数を計算することができる。このためには，ある広帯域の光刺激分布に関して，刺激分布により重みづけられた反対色応答と白黒応答をスペクトル全域にわたって加算し，これらの合計値を反対色応答/(反対色応答＋白黒応答) という比の形で表し，飽和度係数を計算しさえすればよい。*

---

* 平均的な白黒関数(「白み」関数)については，明所視感度曲線の平均値を使用する。5章の図 13 を参照のこと。

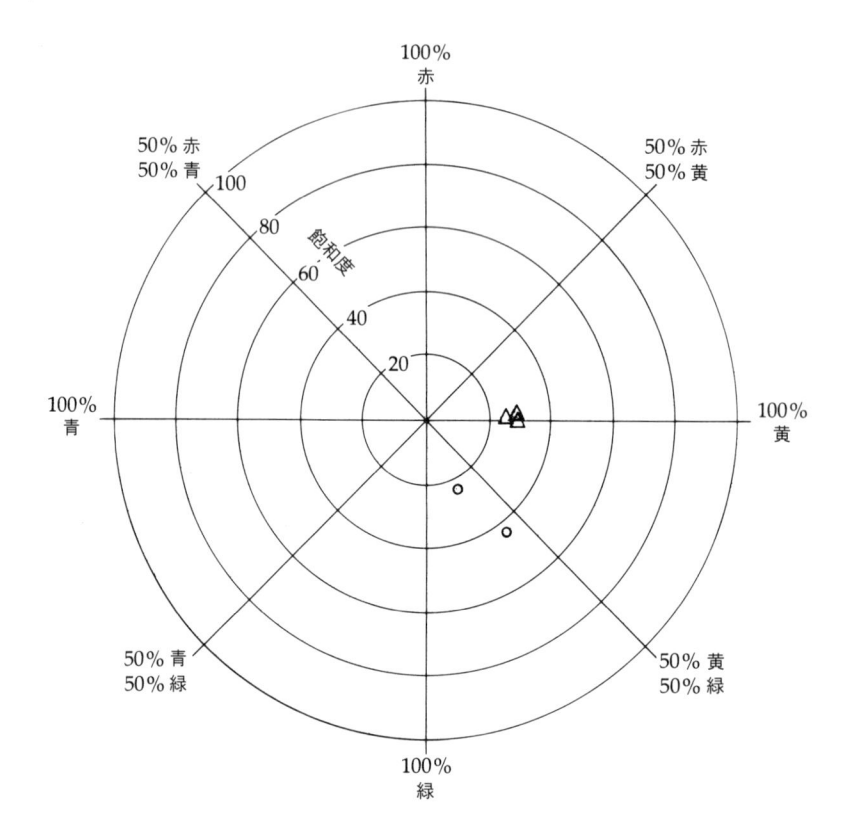

図 4 4章の図6に示されている3種類の刺激光分布（△）と4章の図7に示されている2種類の刺激（○）について計算された**色相係数と飽和度係数**。

　スペクトル色について色相係数と飽和度係数を求めた結果は，極座標図（color diagram）にまとめることができる。これを行ったのが図3である。色相係数は色相環の円周に沿ってパーセンテージで表され，飽和度係数は半径に沿って表される。円の中心で飽和度はゼロとなり，円周上で飽和度は最大つまり100%となる。

　同様な表現方法は広帯域刺激についても使用することが可能であり，図4には，4章の図6に示した3種類の光刺激分布と，4章の図7に示した2種類の光刺激分布が，色相係数と飽和度係数についてどのように比較されうるかが図示されている。

4章の図5に示した5種類の刺激分布について計算された色相係数と飽和度係数が図5にプロットされている。「青い」物体の色相係数と飽和度係数は，緑が5％，青が95％で，飽和度は37％である。「緑」の物体については，黄が32％，緑が68％，飽和度が37％である。「黄色」の物体では，赤が28％，黄が72％，飽和度が30％である。「赤い」物体では，赤が99％，青が1％，飽和度が43％である。「紫」の物体では，青が75％，赤が25％，飽和度が47％である。475 nm，500 nm，580 nm のスペクトル刺激の係数も図5に示されている。注目していただきたいのは，スペクトル刺激は同じ色相の広帯域刺激より飽和度が高いことで，これは，単一のスペクトル刺激は，比較的広帯域の刺激より白黒システムを刺激することがはるかに少ないという事実を反映している。*

3章の図5aと図6に示した刺激分布について色相係数と飽和度係数を計算したとすると，図5aの刺激はほぼ白であり，図6の刺激はわずかに赤みがかった黄色であると結論するであろう。同じように水銀アーク灯を分析したとすると，緑がかった青であることが分かるであろう。3章の図5aに示した刺激についての結果が「白」となったのは，重みづけられた赤と緑の反対色応答の合計がほぼ等しく，符号が反対であるため，両者を足し合わせると反対色応答がほぼゼロとなるためである。同じことは，重みづけられた黄と青の反対色応答の合計についてもいえる。前に見たように，これは補色となるスペクトル刺激のペアについての状況とまったく同じである。すなわち，反対色の正味の興奮は，皆ゼロに等しくなるのである。

3章の図5aに示した広帯域刺激が引き起こす正味の反対色応答はほぼゼロに等しいが，このことは驚くにあたらない。なぜなら，この種の広帯域刺激は，大部分が数多くの補色刺激のペアから構成されていると考えられるからである。すでに見たように，図6aの580 nm と 475 nm という二つの波長は白の体験を引き起こす。図6bに示すように，さらに 575 nm と 470 nm という二つの波長を加えても，これらの二波長は補色であるため，刺激は依然として白に見える。図6cに示すように，これらにさらに 570 nm と 452 nm という二つの波長を加えてみよう。それでも（明るさが増すことをのぞけば）白とい

---

* 光のエネルギーレベルはほぼ等しいと仮定されている。もしエネルギーレベルが十分に高いと，ほとんどいかなるスペクトル刺激も，白く見えるか，完全に色があせる（6章の図4を参照）。

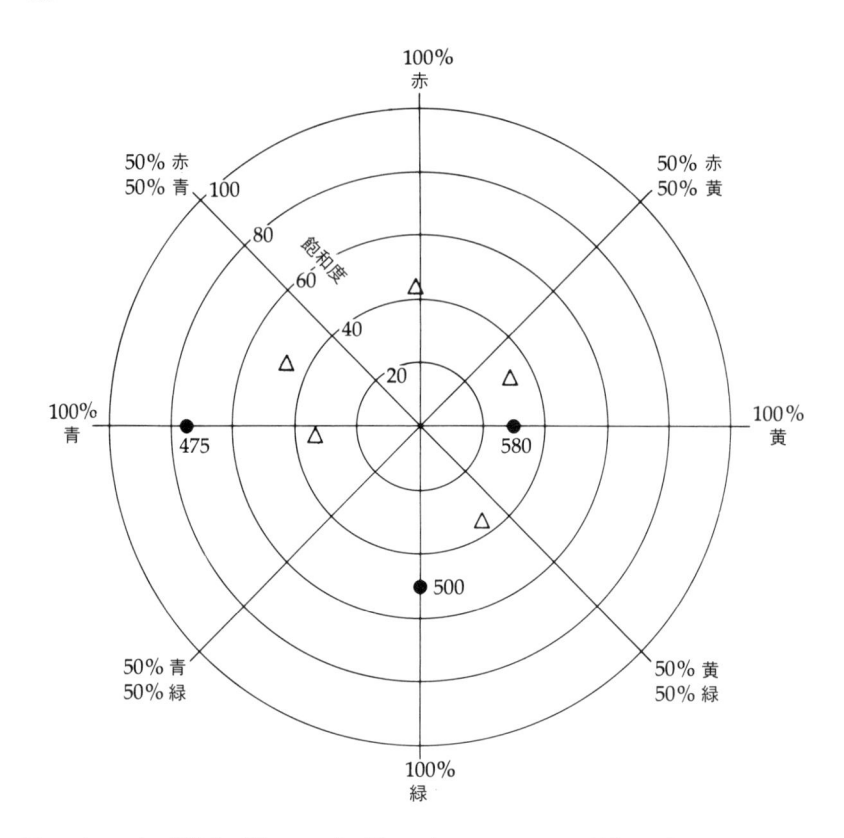

図 5 ある一人の観察者に関して，4章の図5に示されている五つの刺激光分布（△）と三つのスペクトル刺激（475 nm，500 nm，580 nm）の**色相係数**と**飽和度係数**を計算した結果

う結果は変わらない。これをさらに続け，4章の図14に示されている補色となるすべての波長ペアを加えることができる。それでも刺激は白く見える。スペクトル中に単一の補色波長をもたない560 nmから520 nmまでのスペクトル中央部の波長を加えていくと，広帯域刺激はわずかに緑みと黄色みを帯び始めるであろう。それでは，広帯域刺激の白さを維持するために，こうした色相を打ち消すにはどのようにすればよいのであろうか。

　異なった刺激分布が，同じようにあるいは一致して見えたりするという事実の例は数多くある。たとえば，多くの異なったスペクトル光のペアは，白さの点で互いに一致するように調整することができる。この例は，補色となる，数

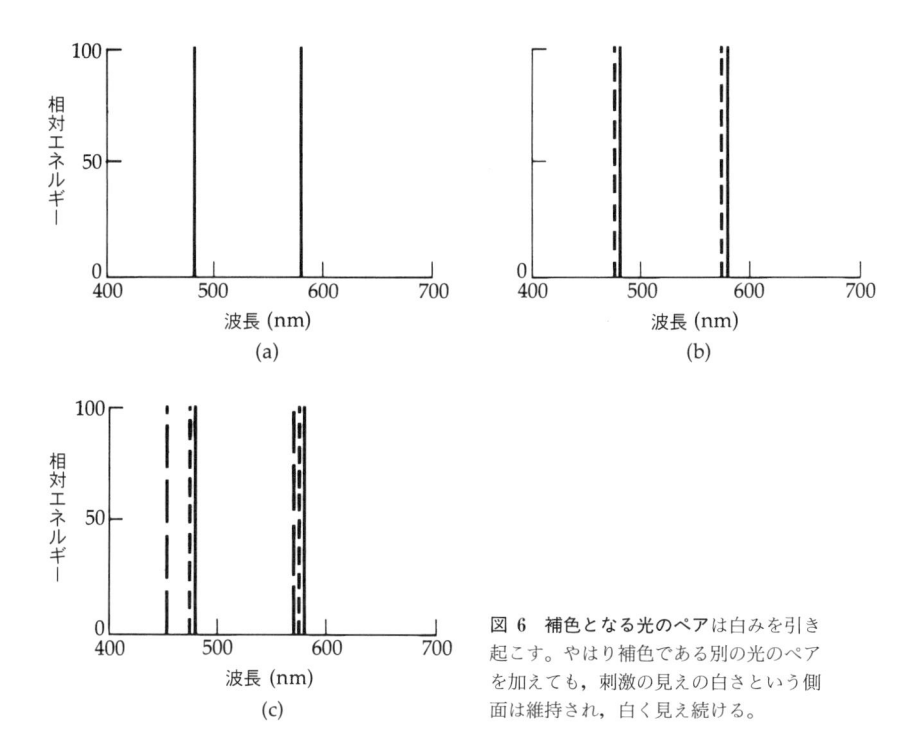

7章 反対色応答関数と白黒応答関数そして広帯域スペクトル光の見え 101

図 6 補色となる光のペアは白みを引き起こす。やはり補色である別の光のペアを加えても，刺激の見えの白さという側面は維持され，白く見え続ける。

多くの異なった刺激ペアのうちのどちらについても，白く見える広帯域刺激と等しくすることができるという点を力説している。

　異なった物理的刺激の見えをこのように等しくできるのは，もちろん，「白さ」という知覚的事象の経験的同一性の基礎として，生理的興奮状態の同一性があるからである。異なった物理的刺激は同じ生理的興奮を引き起こす。これが可能なのは，個々の波長成分がともに白のメカニズムを興奮させ，かつ反対色メカニズムを興奮・抑制するのに必要なように処理され得るからである。

　ここまで三つの章を通じて混色について論じてきた。しかしながら，混色に関する諸事実をより組織的に扱う段階に到達したようである。このために，まず，神経系の白黒応答と反対色応答に先行する網膜での光吸収の初期段階を考察し，視覚系についての理解を広げる。さらに（20 章），混色に関する諸事実が，色刺激の正確な記述の基礎となることを見ていく。

基礎文献

Evans, R. M. 1948. *An Introduction to Color*, Chap. 5, pp. 58–76. Wiley, New York.

Hurvich, L. M., and Jameson, D. 1955. Some quantitative aspects of an opponent-colors theory. II. Brightness, saturation, and hue in normal and dichromatic vision. *J. Opt. Soc. Amer.* 45: 602–616.

Hurvich, L. M., and Jameson, D. 1956. Some quantitative aspects of an opponent-colors theory. IV. A psychological color specification system. *J. Opt. Soc. Amer.* 46: 416–421.

Jacobs, G. H. 1967. Saturation estimates and chromatic adaptation. *Percept. Psychophys.* 2: 271–274.

Jameson, D., and Hurvich, L. M. 1959. Perceived color and its dependence on focal, surrounding, and preceding stimulus variables. *J. Opt. Soc. Amer.* 49: 890–898.

Jones, L. A., and Lowry, E. M. 1926. Retinal sensibility to saturation differences. *J. Opt. Soc. Amer.* 13: 25–34.

Martin, L. C., Warburton, F. N., and Morgan, W. J. 1933. *Determination of the Sensitiveness of the Eye to Differences and the Saturation of Colours.* Med. Res. Council Spec. Rep. Ser. 188.

8 章
混色：色相のマッチング

　加法混色とは，基本的には網膜面の同じ点の上に異なった波長の光を物理的に重ねることであり，その結果，異なる波長をもつ個々の光の効果が寄せ集められる。この現象については，この本の前の方で何度も論じてきた。4章では，屈折により分光された太陽光が，再び外界や網膜の上で集結させられると「白み」を生み出すこと，スペクトル刺激の一対を混合すると，一つのスペクトル刺激が生み出すのと同じ色相を生み出しうること，そして，ある特定の一対のスペクトル刺激（補色同士）は混合すると白の感覚を生み出すことを見てきた。5章では特定の混色実験と，それが反対色応答関数の導出にどのように使われるかに限定して論じた。6章と7章では，スペクトル刺激や広帯域刺激の色の見えを説明するために，混色の実験結果を反対色応答関数と白黒応答関数の観点から分析した。

　色の問題についての実験室研究で一般的に光を混合する方法も，すでに何度か取り扱った（5章と6章）。これらの場合には，別々のモノクロメーター（単色光分光器）からの光線は，レンズ系，ビーム・スプリッター，鏡，多種のプリズムなどによって混合される。次に，これらの光線は焦点距離の短い望遠鏡あるいは接眼レンズを通して観察される。こうした装置を用いると，多種の刺激を設定することができる。そのいくつかの例を図1に示す。5章の図2に示されている装置は，二つの重なった円形フィールドをつくりだしており，もう一つのモノクロメーター（III）が，混色フィールドを取りまく周辺フィールドをつくりだしている。もっとも一般的な設定は，互いに隣接する二つの二分視野を呈示するものである。混合刺激が一方の半円に提示され，他方の半円には等色されるべき色が提示される。

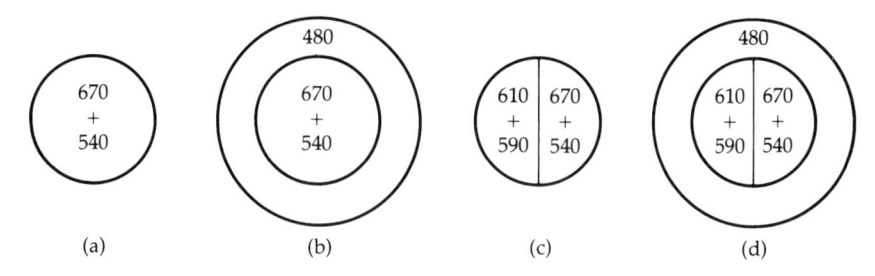

図 1 混色実験で使われるさまざまな刺激フィールド。(a) 二つの刺激フィールドが重なっている。(b) 二つの重なった刺激フィールドが周辺フィールドに囲まれている。(c) 二分視野で，それぞれの半視野で二つの刺激フィールドが重なっている。(d) 二分視野で，それぞれの半視野で二つの刺激フィールドが重なっており，それらは周辺フィールドの中央にある。

　しかし，高価な光学装置を必要としないさまざまな方法で，色刺激を混合することができる。おそらく，もっとも簡単な方法は，二つの色の異なる紙を互いに直角におき，その間にそれぞれの紙に対して45°となるように一枚のガラスを配置する方法である（13章の図3を参照）。上から，ガラスを通して下を見ると，色紙の一つはガラスごしに見え，もう一つはガラスの表面からの反射によって見える。したがって，それぞれの色刺激が網膜の同じ部分に結像し，ガラスの角度を変えると，二つの色刺激が，異なった割合で観察者の眼に向かって反射される。この結果は**加法混色**（additive color mixture）であり，その理由は，異なった色刺激が網膜の同じ部分に結像されることによる。

　色刺激を混合する，もう一つの簡単な方法としては，子どもが使うこまを精巧にしたものが使われる。子どもたちが使うこまの上面を色とりどりにぬって急速に回転させると，一つの融合した色となるが，それは，個々の刺激が高頻度で網膜の同じ部位にあたるからである。この際に知覚される一様な色は，個々の色の成分とそれらの相対的な呈示時間に関連している。この種の混色は，**時間的に加重された平均化**（time-weighted averaging）と呼ばれる。

　実験室で広く使われている，この回転こまを精巧化したものは，電磁波理論で有名なJames Clerk Maxwellまでさかのぼる。彼は色の実験のいくつかでこの回転盤を用いた。色つきの円盤は半径にそって切られ，図2のようにはさみこまれた。もっと新しい混色盤では，はさみこまれた色の盤はモーターの軸に取り付けられ，急速に回転される。いろいろな種類の色つき盤を組み合わせ

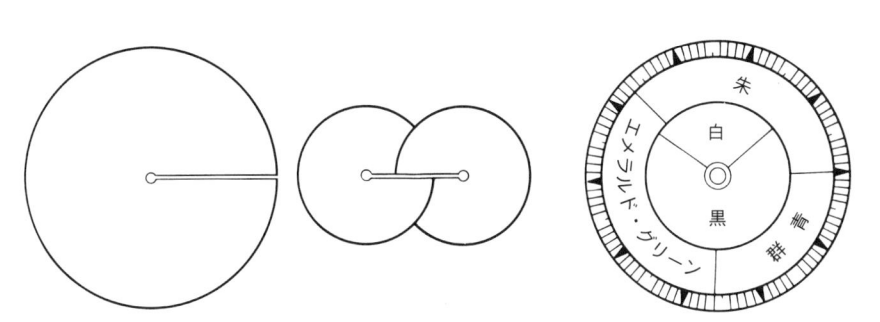

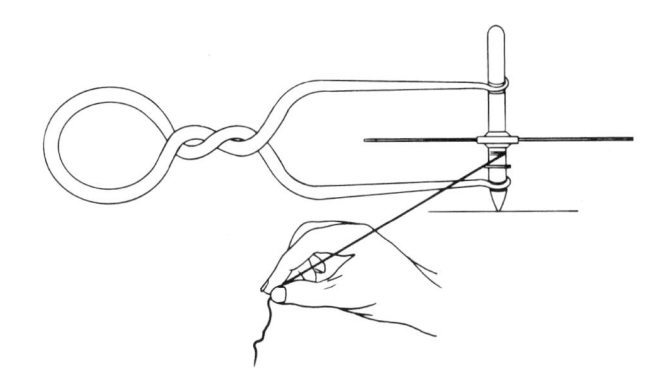

図2 Maxwellが使用した，**はさみ込み型色円盤**とそれを回転させるための装置．内側の白と黒の円盤の割合と外側の朱，群青，エメラルド・グリーンの円盤の割合を適当に調整して回転させると，一様な灰色の面を生じさせ外側と内側との間で等色することが可能となる．角度で表される刺激量は，円周に付けられた固定分度器で読み取られる．

るのは簡単なことであるが（色図版8-1参照），さらに重要なことは，モーターが一時的に止められたとき，異なった扇形のそれぞれの割合を簡単に変えられることである．さらに，盤が回転している間に，扇形の割合を変えられるという差動式混色器もある．

　色フィルター（広帯域，狭帯域のどちらでも）を備え付けた何台かのプロジェクターを使って拡散面上に光を重ねて投射し，その反射光を裸眼で観察することによっても混色が得られる（図3）．この種の混色は4章で補色光について考察した際に（58ページ）例示しておいた．

　混色が重要なのは，それが実験室のなかだけで観察されるわけではなく

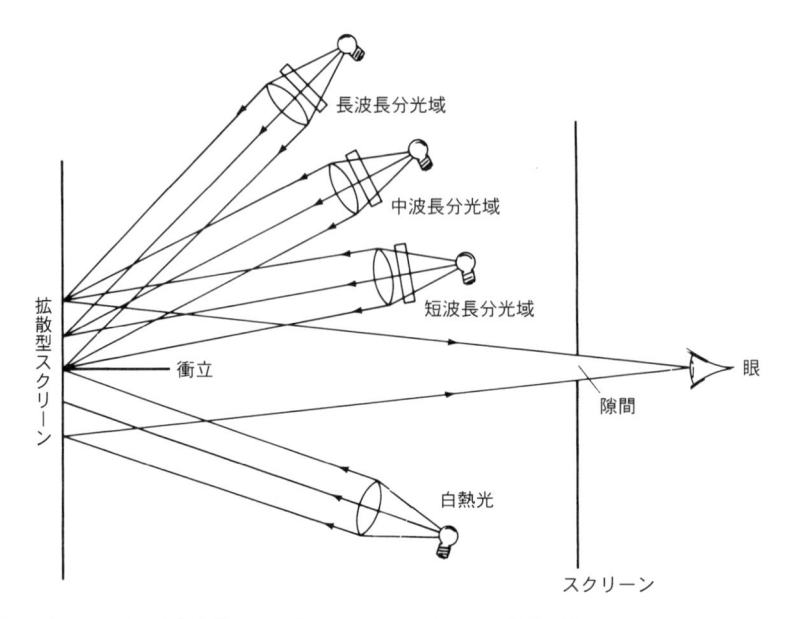

図 3 色フィルターを備え付けしたプロジェクターを用いて，拡散反射スクリーン上に光を重ねて投映することができる。

(もっとも，それは実験室で一番よく分析されるが)，混色の法則が色覚のメカニズムを考えるときに重要な意味をもつからである。非常に多様な波長を含んでいる色光や色付きの面（広帯域刺激）を見るときは，いつでも，加法混色が生ずる。

たとえば，今一枚の白い紙を考えてみよう。光源から一様に放射されるすべての波長光は，この対象の表面から拡散的に反射され，網膜上の紙の像の境界内のあらゆる点に重なりながら到達する。それぞれの波長光の量は，反対色応答を均衡させる，もしくはゼロにするような量であり，白黒の神経系の活動により，その一枚の紙は「白く」見えるのである（7章参照）。この例では，波長の異なる光は同じ表面から来ており，網膜の同じ点に到達する。このことは，物体の反射特性が何であれ，すべての物体表面から光がはね返る場合に起こる。

その上，日常場面では，ある物体が主光源の光だけでなく，隣接する色刺激からその物体にあたっている光を反射するときにも加法混色は生じている。し

たがって，机の上の物体，紙，そして本が白熱電灯で照らされているような場合にも，机の上の個々の物から反射された光が色付きの壁の表面から反射された光と混ざっているときにも，加法混色が網膜の上で生じる。

　以上で述べたような加法混色のゆえにこそ，昼間の太陽光のもとで野原でつみとられた黄色の花は，建物の赤いレンガの壁のそばではオレンジ色を帯びるのである。この例では，中波長や長波長の光線が花から眼に反射されるだけでなく，さらに，レンガからの長波長光が花により「拾われ」，その光がまた花から反射されて眼に届く。つまり加法混合によって，赤みがかった黄色が見えるのである。

　日常生活で加法混色が生じる状況は他にもある。店のショーウィンドーの窓ガラスから反射された自分の姿を見るのは，まれなことではない。バスや電車に乗っているとき，眼の前の窓ガラスを通して見るものは，内側にある物体または人物の反射と一緒になっている。舞台の上の人びとを見るときにも，スポットライトやフットライトが使われているので，混色を見る。

　さらに別の種類の混色は，「空間依存」とも呼べるが，これはモザイク，点描画家の絵，異なる色をもつ非常に小さな点や線を並置して構成されている色印刷物を見るときに生じる加法混色である。小さな色付きの要素はきわめて小さいので，遠距離では，網膜の視細胞によって解像されず，しかも小さな眼球運動によって，網膜上の同じ部位が何度もくりかえし，異なった光によって刺激される（色図版 8-2）。

　映画やテレビを見ているときにも混色が生ずる。テレビでは，ブラウン管上のさまざまな蛍光点が瞬間的に，そして連続的に走査用の電子ビームで励起される。これらの混色事態は空間依存そして時間依存の両方である。

　さて，ここで明確にしたい要点は，三つの適切に選ばれた刺激を混ぜ合わせることによってすべての色を等色化できる（つまり，つくりだせる）ということである。この議論のために，スペクトル光を用いて混色実験を行うという実験室事態に話を戻し，まず色相合わせを吟味する。完全な等色は 9 章で論議する。

　二つの波長の混合光の色相は，明らかに個々の刺激によって引き起こされる

＊　スペクトル光ばかりでなく，広帯域分布のものも，これらの混色実験では使われる（9 章参照）。

色相と混合されるときの二つの刺激の相対的なエネルギーの両方に依存する。6章では，スペクトル刺激の対を用いて固有色をつくりだすことについて論じた。

われわれは，あらゆるスペクトル領域から，任意に運んだペアの刺激を混合させることができる。たとえば，590 nm 光と 570 nm 光の混合について考えよう。単独で見ると，590 nm の刺激は赤っぽい黄色の色相をもち，570 nm の刺激は緑っぽい黄色の色相をもつ。これらの二つの波長光を混合し，それぞれの相対的エネルギーの量を変えると，さまざまな混色結果が得られる。それは，赤っぽい黄色，黄色，緑っぽい黄色である。事実，580 nm の光を二分視野の一方に投映し，590 nm と 570 nm の混色光を他方に投映すると，590 nm と 570 nm の相対的な量を変化させて，この混色光の色相を 580 nm の色相に完全にマッチングさせることができる。こうなるのは，すでに知り得たように 590 nm と 570 nm とが，それぞれが引き起こす反対色的な赤過程と緑過程の応答が互いにつりあっているからである。しかし，590 nm と 570 nm の刺激はともに，580 nm 自体が励起するのとまったく同じ黄の過程を励起する。ここで再びわれわれは，振り落としまたは打ち消しの原理を扱っていることになる。

以上の実験は異なった刺激の対で繰り返すことができ，6章で述べたように，それぞれの刺激を短波長方向そして長波長方向にずらすことができる。したがって，550 nm と 610 nm の刺激を用いても，580 nm の刺激の色相にマッチする黄色を生み出すことができる。また，540 nm と 630 nm でも，540 nm と 670 nm でも同じことが生ずる。つまり，670 nm で引き起こされる赤は 540 nm で引き起こされる緑により打ち消すことができ，残った黄色は，580 nm の黄と等しい色相なのである。*

さらに注目してほしいことは，540 nm と 670 nm の間の他のどの波長の色相も，やはり二つの混色刺激の相対エネルギーを適切に調整することにより，等しくする（マッチングする）ことができる。マッチングされるべき刺激が，580 nm ではなく 650 nm であり，黄色でなく黄赤に見えるときは，540 nm との混色において，670 nm の刺激をもっと多く使わなくてはならないであろう。

＊　ナーゲル・アノマロスコープについては，16章を参照のこと。この装置では，いろいろな色覚異常を診断する目的で，本文中のような対に近い波長を使用している。

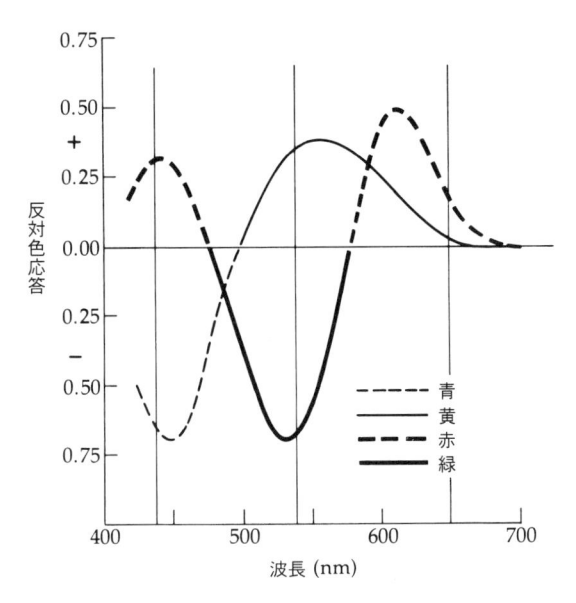

図4 図に示されている三つの刺激 (440 nm, 540 nm, 650 nm) を適切に組み合わせると，すべてのスペクトル色相とマッチングすることができる。本文で述べた条件を満たす他の刺激の組合せも使用できる。

　もしマッチングされるべき刺激が，580 nm でなく 560 nm のときは，540 nm の刺激をもっと多く必要とするであろう。他の場合も同様である。
　さて，540 nm 以下の波長の場合を考えてみると，それは原理的には上で見てきたことと似ている。540 nm の波長光は黄色っぽい緑の色相を生む。そして，670 nm ではなく 440 nm の刺激（それ自体は，赤っぽい青の色相を生む）を使うと，440 nm と 540 nm の適切な混色によって，440 nm から 540 nm までの間に介在する，すべての波長の色相を生み出すことができる。短波長光のさまざまの青赤は 440 nm の量を適切に増やすことによって得られ，さまざまの黄緑は 540 nm の量を適切に増やすことによって得られる。475 nm の青の場合には，赤過程と緑過程がつりあい，540 nm が引き起こす少量の黄が 440 nm の刺激からの少量の青によってつり合いがとれているときに，色相が同じになる。
　650 nm より長波長のどのスペクトル光も 650 nm によって色相を等しくで

きること，そして440 nmより短波長のどのスペクトル光も440 nmによって色相を等しくできることは事実なので，以上の分析によって，なぜ，どのスペクトル光の色相も，三つの（そして，たった三つだけの）混色刺激，たとえば，440 nm，540 nm，650 nmを適切に混ぜ合わせることによって等色が得られるかが分かる。反対色応答曲線に対するスペクトルの位置を示すために，これらの三つの波長に対応する3本の垂直線が図4の応答関数の上に重ねられている。色図版8-3では，このような混色によりどのような知覚が生じるかが概略的に示されている。個々の結果は，混色刺激の割合によって決まる。この概略図では，もちろん，起こりうるすべての結果を表すことはできない。

どの例においても，混色刺激に対して知覚される色相を，特定のスペクトル刺激の色相と一致させるために，混色刺激の一つないしは二つの量だけが「操作され」ている。スペクトル光が440 nmかそれより短波長のときは，赤みがかった青の440 nmの「原刺激」を調整し，この系列のあらゆる波長の色相と等しくすることができる。スペクトル光が440 nmと540 nmの間にあり，色相が赤青から，青緑，緑，黄緑にまでわたるときは，選ばれた波長に応じて，440 nmと540 nmの原刺激を適切に混ぜ合わせることによって，色相を等しくすることができる。スペクトル光が540 nmと650 nmの間にあり，黄緑，黄，赤黄に見えるときは，二つの原刺激540 nmと650 nmを調節することにより，色相を等しくすることができる。650 nmから700 nmの刺激は黄赤であり，650 nmの原刺激の量を変えて色相を等しくすることができる。

以上，スペクトルの色が短波長のすみれ色から長波長の赤（わずかながらの黄が混ざっている）までにわたることを見てきた。すでに述べたように，固有色として見える三つのスペクトル刺激があり，その固有色とは青（赤と緑が入らない），緑（青と黄が入らない），黄（緑と赤が入らない）である。しかし，固有色赤となるスペクトル刺激はない。これは，赤に見える短波長刺激は青みも含んでおり，赤い長波長刺激は黄色みも含んでいるからである。もし青赤に見える440 nmの短波長刺激を黄赤に見える650 nmの長波長刺激と混色すると，混合比に応じて青赤から黄赤にわたるさまざまの色相が得られる。しかし，二つの刺激の比を注意深く調整することにより，一連の「スペクトル外の紫」のなかに，すでにみてきたように，黄も青も含まない，赤を生み出すことができる。この赤は，広告のネオンサインのうす赤のなかにときどき見られる

ような性質をもっている。赤青，黄緑，黄赤に見える刺激を，適切な量だけ混ぜると，無彩色の白く見えるフィールドをつくりだすこともできる。

　スペクトル刺激の色相マッチングについてのこれらの例において，私は今まで，440 nm, 540 nm, 650 nm を三つの混色刺激として使ってきた。こうした特定の刺激の選定はまったく恣意的なものである。三刺激の組合せは無数にあり，450 nm, 550 nm, 640 nm という組合せ，445 nm, 550 nm, 630 nm という組合せ，または 460 nm, 530 nm, 655 nm という組合せを使うこともできる。すべてのスペクトル光で引き起こされる色相をマッチングするために，三つの任意に選ばれたスペクトル光を使用するという場合に限定すると，一つの基本的な条件が満たされなくてはならない。つまり，選ばれた三つの刺激を別々に，または組み合わせて使うことによって，すべての色相が得られることを確かめねばならないのである。

　それぞれが青，緑，黄の固有色をひきだす，三つの固有刺激，すなわち 480 nm, 500 nm, 580 nm を選ぶとすると，青，青緑，緑，黄緑，黄といったスペクトル刺激に対して色相のマッチングをすることができる。しかし，スペクトルの両端の刺激の色相をどのようにマッチングすることができるのであろうか。この三刺激で，青赤や黄赤を得ることは不可能であろう。スペクトル刺激の色相だけでなく，さまざまな広帯域分布の色相（そのなかに紫がある）をマッチングすることがわれわれの関心の一つであるとすると，二つの補色刺激，つまり 580 nm（黄）と 480 nm（青）を原刺激としてマッチングをすると，スペクトル外の紫（赤青）をマッチングする可能性を排除してしまうということにも注意してほしい。他方，もし，475 nm（固有色青），580 nm（固有色黄），650 nm（黄赤）を三つの原刺激として選んだとすると，緑を生み出すことはできない。任意の三刺激を選ぶことができるという一般的記述のもう一つの制限は，三つのうちの一つのスペクトル光として，他の二つの混色によって得られる光を選んではならないということである。このような刺激は余計であり，等色し得る色の範囲に何ら寄与しない。実際には，必要な混色刺激を一つ失うことになる。たとえば，混色刺激として，500 nm（緑），550 nm（黄緑），600 nm（黄赤）を選ぶとすると，550 nm で引き起こされる色相は 500 と 600 nm の刺激を混色することによって得られる。したがって，何ら得るところはなく，青の興奮をひきだす刺激を選ぶ可能性を失っているのである。

このように，適切に選ばれた三つの刺激によって，あらゆるスペクトル刺激の色相とのマッチングが可能である。そして，これはスペクトルの色相のマッチングのみに限られることではない。同じ色相は無数の異なった物理的分布によってつくりだすことができるので，物理的光分布に関係なく，あらゆる色の付いている物の色相をマッチングできる。マッチングされているのは，その色相経験の基礎にある，ある共通した生理学的状態なのである。

9章では，加法混色について引き続き論じるが，完全な等色，つまり，色相だけでなく，色相，飽和度，明るさのマッチングに話題をしぼる。しかし，まず減法混色と加法混色の違いを厳密に議論してみよう。なぜなら，この違いは不必要な困難を引き起こす傾向があるからである。

われわれの多くは，しばしば子ども時代に始まるある時期に，絵の具もしくは色素を使ったことがあり，その経験から，絵の具の原色，青緑（シアン），青赤（マゼンタ），黄色を混ぜると，その結果は色図版8-3に示されているようなものにはならないということを学んでいる。その理由は，黄色とシアン（または水色）の絵の具を混ぜると緑色が生じ，黄色と青赤（マゼンタ）を混ぜると赤が，青赤と緑青を混ぜると青が生ずるからである。これら三つ，つまり黄色，マゼンタとシアンの色素を混合すると，黒く見えるようになる。「白」を得るためには，一般に背景の表面が絵の具で塗られずに残される（色図版8-4）。

これらの三つの色素の原色は，もちろん，絵，印刷による色再現，カラー写真で使われる基本的な混色の成分である（21章参照）。これは何を意味するのであろうか。色がついている素材に対する**減法混色**（subtractive color mixture）というこれらの法則は，加法混色について述べてきたことに何らかの影響を及ぼすのであろうか。幸いなことに，色素の減法混色と光の加法混色の結果の間には，矛盾を生じるものはない。

われわれが覚える必要がある基本的な事実は，色経験は，網膜に投射される光の周波数（もしくは波長）に密接に関連しているということである。したがって，黄色を引き起こす波長光を反射する色素が，青く見える短波長光を反射する色素と混合され，その結果が緑のときは，スペクトルの中波長光のみが最終的に網膜に到達した状況について考えをめぐらすべきである。このような状況では，中波長光のみが網膜に到達するということが本当なら，その結果

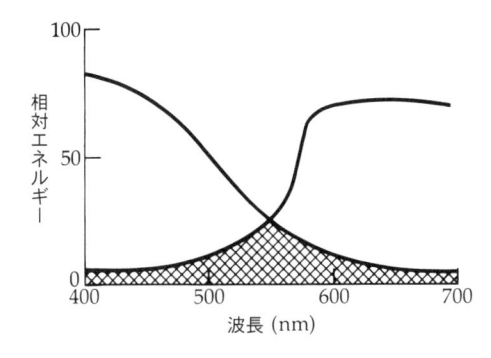

図5 適切に選ばれた黄色に見えるフィルターと青に見えるフィルターの**相対分光透過率**により，スペクトル中央領域の光（斜線がついた部分）のみが，重ね合わされた二つのフィルターによって選択的に吸収されないことが分かる。

は，期待された通りになる。つまり，視覚経験は緑となるはずである。事実，調べた結果，その通りであった。

　色図版8-5に示されたように色フィルターを配置した状況を考えよう。太陽光はプリズムによって分光され，図のAにおいて全スペクトルが観察される。この点に短波長を通さない一枚のフィルターを置くと，490 nmから700 nmまでのスペクトル光，つまり緑，黄緑，黄色，オレンジ，赤などが見える。さて，この最初のフィルターを取り除き，二番目のフィルターをAに置く。これは，長波長を通さないので，400 nmから550 nmまでのスペクトル光，つまり青赤，青，青緑，緑，黄緑が見える。次に，二つのフィルターを使い，Aのところに一番目のフィルター，Bのところに二番目のフィルターを前後するように置く。長波長透過フィルターと短波長透過フィルターをこのように組み合わせると，490 nmから550 nmまでの波長のみが通過し，眼に届く。最大エネルギーの波長は，たとえば，525 nmである。図5の斜線領域は，眼に到達する最終的な波長分布を示している。当然のことながら，緑が見える。ここで，指摘しなければならないことは，絵の具，染料，その他の色がついている素材を構成している色素粒子は，本質的にフィルターと同じように機能するということである。黄色の色素は，その構成粒子のなかに，すべての短波長光を取り込み，スペクトルの真ん中の長波長光を反射する。このため，その色素は黄色く見えるのである。青に見える色素は，すべての長波長光を吸収する。黄色の色素は短波長光を吸収し，青い色素は長波長光を吸収するので，これらの二つの色素が混合されると，スペクトルの中波長光のみが観察者の眼に入射し，これらのスペクトルの真ん中の光線は，周知のように，緑なのである。

まとめると，何ら基本的矛盾はない。観察される色は眼の網膜にたどりついた光線によって規定される。光線を直接扱うことができる場合には，最小限三つの適切に選ばれた刺激を混合することにより，ありとあらゆる色を生み出すことができる。色素，絵の具，染料を扱う場合には，その吸収特性，さらにそれらが光線を反射する様式に応じて，通常の三つの原色，つまりマゼンタ，シアン，黄色からすべての色をつくりだすことができる。

基礎文献

Jameson, D., and Hurvich, L. M. 1955. Some quantitative aspects of an opponent-colors theory. I. Chromatic responses and spectral saturation. *J. Opt. Soc. Amer.* 45: 546–552.

Rood, O. N. 1879. *Modern Chromatics,* Chaps. 10 and 11, pp. 124–180. D. Appleton, New York. [Reprinted 1973 with supplements, F. Birren (ed.). Van Nostrand Reinhold, New York.]

Southall, J. P. C. 1937. *Introduction to Physiological Optics,* Chap. 8. Oxford University Press, London.

Trendelenburg, W. 1961. *Der Gesichtssinn,* 2nd ed. Chap. 2, Sec. B and C, pp. 76–96. M. Monjé, I. Schmidt, and E. Schütz, (eds.). Springer-Verlag, Berlin.

9 章
加法混色：完全な等色

　三つの適切に選ばれたスペクトル刺激を用いて，知覚されるあらゆる色の色相との等色が可能である。そのためには，その三つの刺激はスペクトル光である必要はない。太陽光や白熱電灯の光といった光源を用いて赤みを帯びた黄色，緑みの黄色，赤みの青のフィルターからつくりだされる三つの，適切に選ばれた広帯域刺激を混合すれば（ときには二つの刺激だけを混合しても），われわれの見るあらゆる色相とマッチングすることができる。

　今までは，色相のマッチングを考えてきたが，同じ三つの等色刺激を用いて，どのような検査光の明るさとも等しくすることができる。もし混色された等色刺激が，テスト刺激に比べてあまりにも明るすぎるときは，エネルギーレベルを，検査刺激に対して単に減少させればよい。逆に，検査刺激が明るく見えるときは，等色刺激のエネルギーレベルを上げればよい。この問題に関しては，検査刺激のエネルギーを変えて明るさを等しくすることもできる。

　あるスペクトル光に対して色相と明るさが等しくなるように，個々の原刺激を混合して調整したとき，このスペクトルの検査光に対して全面的で完全な等色を達成できたことになるのだろうか。いやそういうことは，ほとんどありえないだろう。それでは，検査フィールドと混合フィールドでは何が見かけ上異なるのだろうか。狭帯域刺激の検査フィールドは，おおかたの場合，原刺激で作り出された混色フィールドよりも飽和度が高く見えるだろう。個々の狭帯域の刺激が反対色の機構だけでなく，白黒の機構をもどのように同時に興奮させているのか，そして，なぜ広帯域刺激の方が狭帯域の刺激より飽和度が低いのかに関する5章，6章，7章での論議は，このことを予期していた。ここでは，したがって，どのようにして，二分視野の左右のフィールド間で完全な等色が

得られるかを考えなくてはならない。

まず，特殊な場合を考えてみる。二分視野の一方の 510 nm の検査フィールドを，他方に提示されたスペクトル原刺激，460 nm, 530 nm, 650 nm の混色光で等色するとする。5 章の図 15 に提示した反対色応答関数と白黒応答関数を調べると，510 nm の波長光は，単位エネルギーあたり赤/緑システムを赤 −0.41 の量（実際には緑），黄/青システムを黄 +0.10 の量（すなわち黄），白を +0.50 の量だけ興奮させることが分かる。次に，二分視野の混色側に 530 nm の原刺激を単位量だけ置くと，この刺激の反対色応答と白黒応答の値は，赤が −0.66, 黄が +0.25, 白が +0.99 である。これらの値によると，530 nm の原刺激は，等色しようとしている検査刺激の 510 nm より，緑がやや多く，黄と白がかなり多い。この比較フィールドの緑と黄を減らすために，最初の原刺激である 530 nm に，ある量の 460 nm の原刺激を混ぜることができる。この 460 nm 光は，単位エネルギー当り −Y（つまり青）の活動と +R（つまり赤）の興奮と少量の白を生み出す。青みと赤みを加えたことにより，530 nm の原刺激によって引き起こされた過分な黄と緑の興奮が打ち消される。これはわれわれが望むところであるが，残念ながら，これらの二つの原刺激の混合によって白みも増加してしまう。実際には，530 nm 光だけでも，510 nm の検査刺激よりも白が多く生み出されている。この 510 nm というスペクトル波長に等色させるために，すでに混合された二つの原刺激に 650 nm の原刺激をさらに加えるべきだろうか。そうすると，さらに多くの望ましくない赤みと白みを加えることになり，明らかに，完全な等色という目標から，一層遠ざかってしまうことになる。すなわち，応答関数の図を見れば分かるように，原刺激の混色光を，より赤く，より黄色く，より白くするだけである。

別の方法がある。もし 650 nm の原刺激を，他の二つの原刺激を含む混合フィールド側ではなく，510 nm の検査刺激側に加えるとするとどうであろうか。これにより，460 nm と 530 nm の原刺激の混合によって生み出された白の興奮とつりあいをとるために検査刺激が必要とする白の興奮が得られることになり，かつまた，(460 nm と 530 nm の原刺激の混合と比較して) 510 nm がもつ余分な緑を打ち消すための，少量の赤も得られたことになる。確かに，この手続きによって，検査フィールド側に，さらに多くの黄を与えることになるが，これは，中波長の 530 nm の原刺激の相対量を増加するか，短波長の

460 nm の原刺激の相対量を減らすかによって均衡させることができる。

　等色についての以上のような大ざっぱな説明をしたのは，反対色のみならず白黒の興奮をつりあわせたときにのみ完全な等色が成し遂げられることを示すためであった。こうした刺激操作は複雑に見えるかもしれないが，完全な等色で成し遂げられているのは，検査フィールドの色相，明るさ，飽和度と比較フィールドの色相，明るさ，飽和度との一致である，ということをこの分析は強調している。スペクトルのあらゆる場所で完全な等色を行うためには，三つの原刺激が必要（かつ十分）であり，三つの原刺激の割合を必要に応じて調整することによって，二分視野の双方の色相，明るさ，飽和度が等しくされる。多くの場合，完全な等色を成立させるためには，原刺激の一つを検査刺激側に移す必要がある。一つの検査光と三つの原刺激という四つの光が与えられると，検査光によっては，たった一つの原刺激によって等色されるし，三つのうちのどれか二つの組合せによって等色される場合もあれば，またときには，一つの原刺激を検査光に加えることによって，残りの二つの原刺激の混色と等色される場合もある。

　完全な等色を反対色と白黒の興奮と関係づけて分析すると，上で述べられた概略の記述的説明以上のことができる。スペクトル検査刺激に対する等色において，三つのスペクトル原刺激のそれぞれが，どのくらいの量を必要とするかを知るために，完全等色においては反対色応答と白黒応答とがそれぞれ等しいことを，刺激レベルでの正確な，かつ定量的な方法で，記述しなおすことができる。そのような分析の結果が図1に示されている。

　曲線 H と J は，二組の別々の混色曲線であり，それらは，実験で測定された二人の観察者の反対色と白黒応答関数に基づいて算出された。一人の観察者(J)のデータは5章の図15に示されている。これらの混色曲線を応答関数から得るために，三つの任意の原刺激を選び，スペクトル中のすべての波長が単位エネルギーあたり引き起こす視覚応答の赤（または緑），黄（または青），白の各々の値と等しくするために混ぜるべき原刺激の割合を計算した。

　この例で使われている 460 nm，530 nm，650 nm という原刺激に関して，これらの原刺激のそれぞれが，単位エネルギーあたり，どのくらいの量の赤か緑，黄か青，白を供給するかが5章の図15から分かる。もしある原刺激に対する反対色応答が緑であれば，この緑は$-R$に等しいことを，われわれは知っ

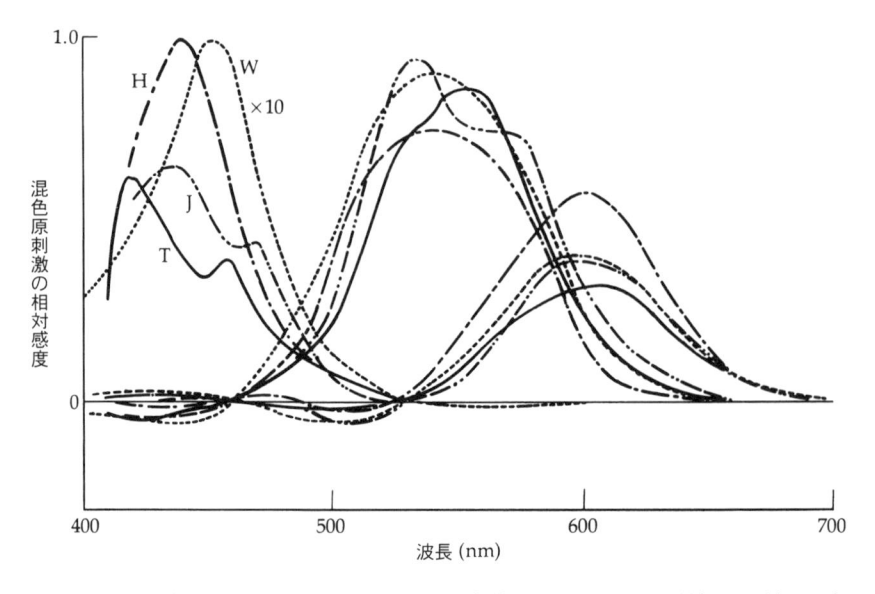

図 1 二人の観察者 H と J の**混色関数**。これらの混色関数は，この二人の反対色および白黒の応答曲線の算術的な変換に基づいて計算されたものであり，混色の原刺激は 460 nm, 530 nm, 650 nm であると仮定されている。T と W という記号で示されている他の二組の曲線は，これらの三つの原刺激を使って直接測定された混色関数である。

ている。もし青であれば，それは $-Y$ となる。さらに，関心のある検査刺激の R, Y, Wh (または $-R$, $-Y$, Wh)の値を同じ図から読みとることができる。われわれの目的は，検査刺激に等色するために，460 nm, 530 nm, 650 nm の原刺激から，どのくらいのエネルギーを必要とするかを決めることである。そこで以下のような三つの方程式を書くことができる。ここで，a, b, c は 460 nm, 530 nm, 650 nm の未知のエネルギー量をあらわす。

$$a(R_{460}) + b(R_{530}) + c(R_{650}) = R_\lambda$$
$$a(Y_{460}) + b(Y_{530}) + c(Y_{650}) = Y_\lambda$$
$$a(Wh_{460}) + b(Wh_{530}) + c(Wh_{650}) = Wh_\lambda$$

これら三つの式において，三つの原刺激，460 nm, 530 nm, 650 nm の a, b, c というエネルギー量を除いて，すべてが既知である。これらの三つの連立方程式を三つの未知数 a, b, c について解くと，以下の形の混色方程式が

9章 加法混色：完全な等色 119

得られる。

$$a_{460} + b_{530} + c_{650} = 1_\lambda$$

　これらの混色曲線はエネルギー単位で表されている。図1に示された形式では，曲線は相対的な光の単位（測光単位）で示され，この単位では，スペクトルの異なった波長における眼の感度を考慮に入れている（白さ関数または分光視感度関数についての考察は5章を参照のこと）。

　さらに二組の混色関数が図1には示されている。これらは，間接的に導出された混色関数ではなく，反対色と白黒応答関数を使った計算に基づいたものではない。事実，これらは，二人の別の観察者（TとW）に対して行われた実際の実験室測定に基づいている。これらの関数を得るために，三つのスペクトル光の原刺激，460 nm，530 nm，650 nm が使われ，一連のスペクトル光刺激

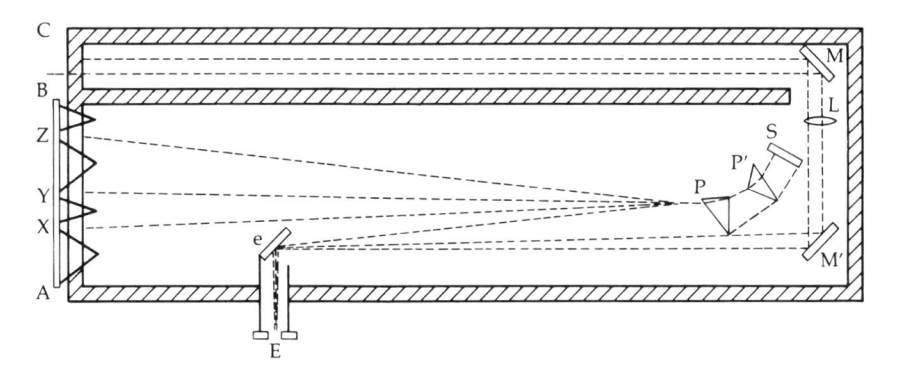

図2　Maxwellの混色装置。1856年に作られたこの装置は長さが約3.5フィートで，幅が1フィートであった。Maxwellの手続きでは，すべての混色が，いろいろなスペクトル光の混色で白色光を等色することにより行われた。X，Y，Zの入口スリットは相対的な位置と幅が調整可能であった。これらのスリットは蝶番で留められたシャッターで連結され，これらのシャッターが不必要な光を遮った。波長に対して選択性のない紙で覆われた大きな板が，この筒状の箱の左端に据え付けられ，日光がそれによって反射されて入射スリットへと導かれた。二つの45°プリズムPとP′を用いて分散された光は，銀メッキの凹面鏡Sから反射されて，プリズムを通ってわずかにずれた位置に戻った。もう一度e点で反射されて，光は眼が置かれているスリットEに達する。CBの間を入って来る比較のための白色光源は，鏡MとM′そしてeで反射され，混色された色のとなりに現れる。Maxwellは630 nm，528 nm，457 nmを原刺激として使った。白に対する等色は，これらの三つの波長を用いたり，三つの原刺激のうちの二つと一緒に，もう一つのさまざまな波長を用いて行われた。この基準となる白色光はすべての等色で共通なので，単純な算術計算によって分光混色関数を導き出すことができる。

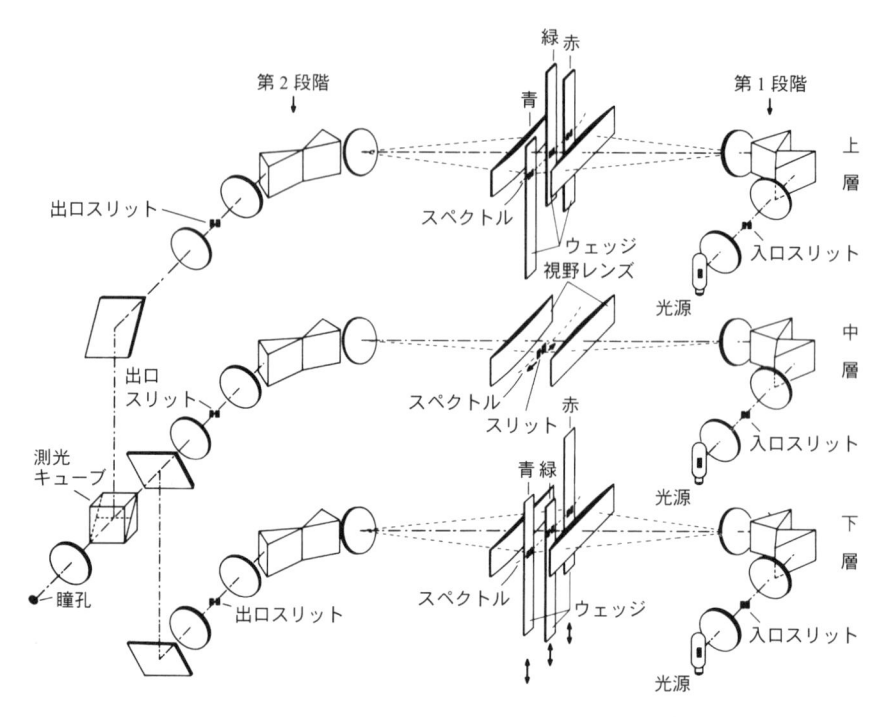

図3 Stilesの混色装置。これは混色実験で使われた，もっとも最近の装置である．光学系は三つの層に分かれて配置されており，装置全体は小さな部屋を占めている．三つのダブルモノクロメーターが三つの層それぞれで縦に備えつけられている．それぞれの場合にスペクトルは中央に現れる．それぞれのスペクトルから選ばれた刺激は，二番目の分散段階で再び一緒にされ，それぞれの出口スリットで，必要に応じて特定の刺激を混合できる（これはゼロ分散系である）．この図3の中層によって，単色光のテスト光が与えられ，上層によって，三つの単色光の等色刺激が与えられ，下層によって，テスト刺激と混合して飽和度を下げる刺激が与えられる．縦に動くウェッジは，光強度をコントロールする．上層と下層からの光線は測光キューブへと導かれ，三つの出口スリットの像が空間の一点に結ばれる．観察者は二分視野を見ることになり，一方には検査フィールド（必要に応じて飽和度低下用の光と一緒に）が，他方には可変の混色刺激が提示される．

に対して等色が行われた．これらの実際の刺激は，計算を用いた分析で示されたようなやり方で，反対色と白黒の応答に影響を与えるので，これらの二人の観察者の実験データが，他の二人の観察者について計算されたものと同じ一般的な形状をもつのは，驚くべきことではない．

　この種の混色実験は色の科学と同じくらい古い．それらの実験は約300年前のNewtonの混色実験にまでさかのぼり，以後，等色は，多くの有名な研究

9章　加法混色：完全な等色　121

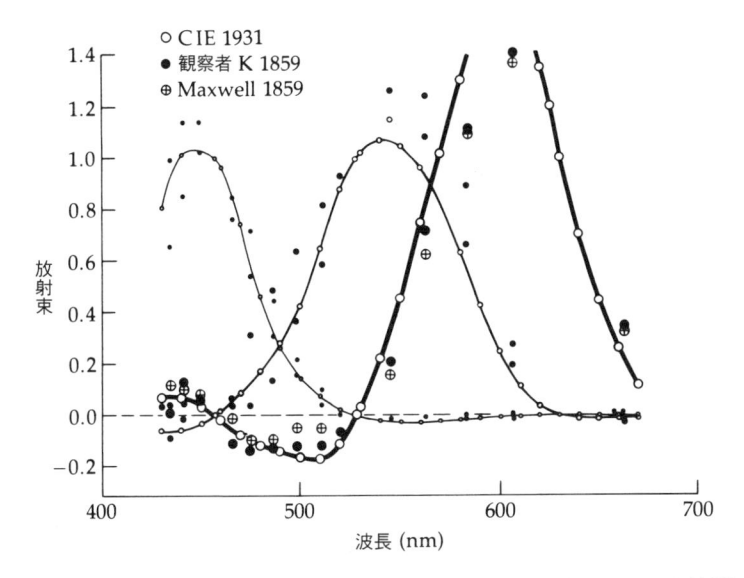

図4　別々の実験で得られた**混色関数**。エネルギー単位で示されている。三つの原刺激は，456.9 nm, 528.1 nm, 630.2 nm であり，単位エネルギーのさまざまの波長光に等色するのに必要なそれぞれの原刺激の量が示されている。観察者 K と Maxwell は，Maxwell の装置で測定された。白ヌキの丸でプロットされたデータは1931年 CIE 標準（平均）観察者のものである。

者の手で，精緻化された装置により，ますます高度化された測定精度をもって，繰り返し測定されてきた。Maxwell の初期の装置の略図が図2に示されている。大幅に改良された混色装置が，後に標準となった混色データを提供するために，W. D. Wright と彼の弟子によって，設計され，使用された。この標準的データを拡張するために使われた，さらに進んだ三色色彩計が，W. S. Stiles によって設計されたが，それは図3に示されている。

図4には，多くの異なった研究で得られたデータが，エネルギー単位で示されており，図5には，いくつかの付加的な関数が相対的な光の単位で示されている。後者は，図1に示された W (Wright) と T (Thomson) のデータと直接に比較できる。混色データは，また，パーセントの単位でも図示することができ，このような一組の関数が図6に示されている。

混色曲線を直接測定した実験で使われた三つの原刺激は 460 nm, 530 nm, 650 nm であった。ある波長に等色するために，これらの原刺激の各々がどの

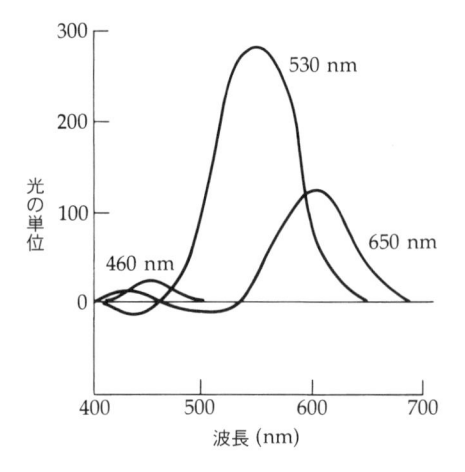

図5 図1と同様の**混色関数**。エネルギー単位ではなく，相対的な光の単位（測光単位）でプロットされている。ここに示されている短波長関数は，図1のように任意の係数を掛けて拡大されたものではない。

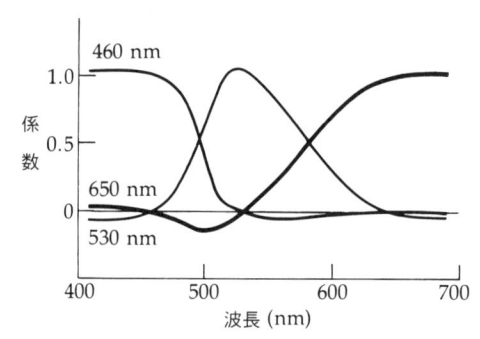

図6 相対値（パーセンテージ）で表した**混色関数**。

くらいの分量必要かを，パーセント単位で知りたいのなら，横軸の上でその波長をさがしあて，そこに垂直線を立て，混色に使われる各刺激のパーセンテージを縦軸の上で読み取りさえすればよい。したがって，460 nm に等色するためには，460 nm の原刺激を 100％，他の二つの原刺激を 0 にする必要がある。同じことは，他の二つのスペクトル刺激，530 nm と 650 nm についてもあてはまる。これらの二刺激も，それぞれ，一つの原刺激が 100％，他の二つの原刺激が 0％ といった条件で等色される。次に，たとえば，波長 630 nm を考えると，それと等色するには 650 nm の長波長原刺激を約 80％，530 nm の中波長原刺激を 20％ 必要とし，460 nm はほとんど必要ない。しかし，ここで，500 nm と 530 nm の間のスペクトル領域，特に 510 nm を考えてみよう。この 510 nm の刺激に等色するためには，プラスの量の 460 nm と 530 nm の原刺激

をマイナスの量の 650 nm の原刺激と見なせるものと混合すると考えられる。ここで注意してほしいのは，530 nm の原刺激の量が，スペクトルの短波長端と長波長端で明らかにマイナスになること，そして，460 nm の刺激の量が，約 530 nm を越えると明らかにマイナスになる，ということである。

　この実験を，もしも知覚の観点から分析していなかったとしたら，マイナスの原刺激の値が現れることは不合理に思えるだろう（図5と図6の関数において，マイナス値が現れている）。510 nm の検査刺激が，97% の 530 nm 刺激と 15% の 460 nm 刺激の混合に，マイナスに 12% という負の量の長波長刺激，つまり 650 nm 刺激を合わせたものによって等色されるということは一体どういうことなのだろうか。刺激のパーセンテージがマイナスであるということは一体どんなことを意味するというのであろうか。これは一見不合理のように思えるが，むろん，見かけほど不合理ではなく，また，最初に思ったほど複雑でもない。混色実験でのマイナスの値の意味は，知覚的側面から，または，単純な算術方程式と原理的に等しい色方程式を分析することにより理解できる。[*]

　この章の初めにおこなった，510 nm の刺激フィールドと 460 nm，530 nm，650 nm の三つの原刺激との等色に関する知覚的側面での分析において，反対色応答と白黒応答の両方の等価が成し遂げられなければならないと述べた。これは実現可能であるが，そのためには，650 nm の原刺激を移して 510 nm の検査フィールドと混合し，検査フィールドの色をうすめ，「より白く」見えるようにしなければならない。反対色と白黒応答関数から計算された図1の混色関数は，以上の事実を定量的な刺激量で示している。つまり，650 nm の刺激はスペクトルの 510 nm の位置でマイナスの値をもつように計算されている。

　実験により直接的に測定した結果も，同じことを示している。つまり，あるスペクトル領域で，完全な等色を成し遂げるためには，原刺激の一つを検査光と混ぜ合わせなければならない。明らかに，このような相互の加法混色は，等色されるべき検査光の見えを変えてしまう。

　しかし，等色においては，それが検査刺激であれ，原刺激であれ，スペクトル刺激の見えには直接的な関心は払われない。求められているのは，検査刺激

---

[*] 混色と等色は，またベクトルを用いて数学的に分析することもできる。ベクトルは大きさと方向の両方をもつ量である。その大きさは，線分の長さによって表され，その方向は線分のむきによって表される。ベクトルは，ある加法法則に従って組み合わされる。

と正確に等色するための原刺激の混合比である。

等色は，以上の観点から次のような「速記の」代数式の表現で記述される。

$$q(\mathrm{D}) \equiv u(\mathrm{A}) + v(\mathrm{B}) + w(\mathrm{C})$$

(A)，(B)，(C)，(D) という記号は単に光を表し，(D) はどんなスペクトル波長でもよい。(A) (B) (C) は任意に選ばれた原刺激であり，q, u, v, w, は放射量である。慣例上，≡ という記号は「等色する」または「等色される」ということを意味すると考えられる。この記号は，正確な等量記号ではないが，あらゆる単純な代数式の場合と同様に等号として扱うことができる。

われわれは，単純な代数式では何ができるかを知っている。たとえば，u, v, w, q という四つの値の間に，$u+v=w+q$ という等式を考えるとき，この等式の両辺に，さらに z というある値を加えて，

$$u+v+z=w+q+z$$

としても，その等式は正しいことを知っている。$u+v=w+q$ であるから，これらを上の式の両辺から取り除く，もしくは，引き算をしても等式は成り立ち，以下のようになる。

$$z=z$$

こうした単純な等式の両辺に共通の係数をかけることもでき，そうしても等式は成り立って，以下のようになる。

$$2(u+v)=2(w+q)$$

たとえ，両辺に同じ数を加えたり両辺から同じ数を引いたり，または両辺に同じ数をかけたりしても，もともとの等量性は変わらない。

同じことが，色方程式や等色においても成立する。最初に等色がなされたときの刺激成分が何であれ，実験室で，その両側に等量の同じ光を加えても，等色がこわれてしまうことはない。さらに，二組の異なった刺激の間で等色がなされていれば，これらを，さきほどの等色している刺激両側に加えても，等色関係がこわれてしまうことはない。また，等色している光の量を式の両辺において両方とも2倍，3倍にしたとしても，その等色はこわれない（これは乗算

演算と等しい)。

　したがって，単純な加算の例をとりあげると，まず以下の等式が成立するとする。

$$q_1(D)_1 \equiv u_1(A) + v_1(B) + w_1(C)$$
$$q_2(D)_2 \equiv u_2(A) + v_2(B) + w_2(C)$$

　ここで，q_1，q_2 は三つの原刺激が等色されている D_1，D_2 刺激のそれぞれの量である。この加算の結果は，以下のようになる。

$$q_1(D)_1 + q_2(D)_2 \equiv u_3(A) + v_3(B) + w_3(C)$$

ここで，

$$u_3 = u_1 + u_2$$
$$v_3 = v_1 + v_2$$
$$w_3 = w_1 + w_2$$

である。

　したがって，D_1 が 640 nm の黄赤で，460 nm，530 nm，650 nm の三つの原刺激の適量を用いて等色されており，D_2 が 490 nm の緑青で，同じ三つの原刺激だが別の適量で等色されているとすると，分割フィールドの片側で 640 nm に 490 nm を加え，他側で三つの原刺激の第 1 の組合せに第 2 の組合せを加えても，分割フィールドは等色されたままである。この等色は，等色であることには変わりはないが，もちろんそれらの刺激フィールドの見えは変わるだろう。

　光がこのように振舞うという事実は，ときどき**色の算術法則** (rules of color arithmetic) といわれ，これらの法則は，この法則を組織的に論述した，著名なドイツの数学者の名前をとって，しばしば **Grassmann の混色法則** (Grassmann's Laws of Color Mixture) とよばれる。

　初等代数から分かることであるが，もし次の関係が成立するなら

$$q = u + v - w$$

そのときは，簡単な移項により，次の関係も成立する。

$$q + w = u + v$$

色方程式は初等代数の等式のように扱えるので，次の関係が成立すると

$$q(\mathrm{D}) \equiv u(\mathrm{A}) + v(\mathrm{B}) - w(\mathrm{C})$$

次の関係もまた成立する。

$$q(\mathrm{D}) + w(\mathrm{C}) \equiv u(\mathrm{A}) + v(\mathrm{B})$$

したがって，原刺激が検査刺激に加えられて，等色が行われねばならないとき，その原刺激はマイナスの値をもったものとして，加算的混色方程式において扱われる。これが，原刺激のマイナスの値の意味である。

すでに見たように，スペクトルの全領域での色のマッチングは，三つの任意に選ばれた原刺激の適切な組合せによって成し遂げることができる。完全な等色にも，三つの原刺激が必要であり，それらもまた前に述べた限界（つまり，三つのうち，どの二つも補色であってはいけない，など）の範囲内で任意に選ぶことができる。一つ一つのスペクトル刺激は，原刺激となっている他の三つのスペクトル刺激の量の線形の組合せによって記述することができるので，あらゆるスペクトル刺激が，はじめに選ばれた三つの原刺激のどれかのかわりに，原刺激として代用されうるということを，単純な代数計算で示すことができる。

もし一連のスペクトル光が 460 nm，530 nm，650 nm の三つの原刺激で等色されるとき，たとえば以下のような等色方程式が得られる。

$$q_1 670 \equiv u_1 460 + v_1 530 + w_1 650$$
$$q_2 610 \equiv u_2 460 + v_2 530 + w_2 650$$
$$q_3 590 \equiv u_3 460 + v_3 530 + w_3 650$$
$$q_4 550 \equiv u_4 460 + v_4 530 + w_4 650$$
$$q_5 480 \equiv u_5 460 + v_5 530 + w_5 650$$
$$q_6 410 \equiv u_6 460 + v_6 530 + w_6 650$$

これらの一連の方程式を 460 nm と 530 nm を原刺激とし，かつ第3番目の原刺激として，650 nm のかわりに 610 nm を用いて，書き替えるとすると，

以下の関係があるので，

$$q_2 610 \equiv u_2 460 + v_2 530 + w_2 650$$

簡単な算術によって，以下の式が得られる．

$$w_2 650 \equiv q_2 610 - u_2 460 - v_2 530$$

そこで，単純な代入によって，たとえば，上に挙げた1番目の式を以下のように書き替えることができる．

$$q_1 670 \equiv u_1 460 + v_1 530 + (q_2 610 - u_2 460 - v_2 530)$$

あるいは，

$$q_1 670 \equiv (u_1 - u_2) 460 + (v_1 - v_2) 530 + q_2 610$$

それぞれのスペクトル光に対する等色は，460 nm，530 nm，610 nm を原刺激としたものに書き替えることができる．この方法を押し進めると，460 nm と 530 nm を，われわれが選ぶ他のどんな原刺激にもかえることができる．つまり，異なった原刺激を用いて得られる混色方程式は，相互に**線形変換**（linear transformations）が可能であるといえる．

変換された関数のうちのある一組は特に重要である．混色関数からマイナス値を取り除くために，三つの「虚の」原刺激が，計算のために仮定されている．これらの CIE（Commission International de l'Éclairage，国際照明委員会）関数は，国際的な合意によって，「標準観察者」の混色曲線として使われている（20章の図7を参照）．これらは，刺激の測色表示で広く使われており，20章で論述される．

物理的には異なる刺激が同じように見えるという事実は，それらの刺激が引き起こす反対色応答と白黒応答が等しいこと，つまり共通の生理学的状態を引き起こすことを意味するということを，これまでの議論は示してきたので，混色のさまざまな法則（同等のものから同等のものを減じても，同等のものに同等のものを加えても，同等のものに共通の係数を乗じても，同等性は保たれ

---

* 前にも言及したように，このことは，等色フィールドのエネルギーを，同じ量だけ上げたり下げたりすることに等しい．

る）は，動かし難い明白さをもっている。もし共通の生理学的状態が，ある一定の視覚経験と相関関係をもつなら，その状態が異なった刺激や刺激の組合せによって，まったく同じように変化させられても，それは等色の見えの同一性にはまったく影響を及ぼさない。比較フィールドと検査フィールドのそれぞれに対する応答関係が一度等しくされると，応答メカニズムを正確に同じやり方で変化させても，その等しい関係は維持される。Gertrude Stein のバラについての言葉〔『バラはバラであり，どうあろうともバラである』〕をまねると，等色は等色であり，どうあろうとも等色である。

条件等色あるいは**メタメリックな等色**（metameric color matches），分光分布の異なる光の間の等色は，通常の昼間光レベルで色順応が変化しても，安定しており，不変である。中性順応状態（15章参照）で，分割半円フィールドのそれぞれに呈示された異なる刺激の間で等色がなされたとき，眼の順応状態をどのように変えようとも，その変化が，刺激されるすべての網膜領域に対して同じでさえあれば，この等色は維持される。たとえば，検査フィールドの 580 nm の刺激波長と，比較フィールドの 540 nm と 670 nm の二つの刺激波長の適切な混色との間に，完全な等色が成立しているとすると，たとえ，観察者の順応状態が非中性となっても，この等色がこわれることはない。*

したがって，ある観察者が中性の順応条件で等色を行い，次に，赤く見える順応フィールドに眼をさらし，等色性が保たれているかどうかを再び調べると，それは依然として等色していると判断される。たとえ，緑に見える順応フィールドを用いる場合でも，最初の等色は依然として保たれる。しかし，何かが確かに変わる。それは，等色フィールドの見えである。長波長の「赤」の光に順応した後でも等色されたフィールドは依然として等しいと感じられるが，それらの色は，両方とも黄色ではなく，黄緑に見える。「緑」の順応の後でも，等色は維持されるが，両フィールドの色は，黄色ではなく，黄赤となる。

色方程式は刺激量の等量性を表すものと考えられ，さらにまた，神経応答系の間の同等性も表す。視物質による吸収によって，刺激の量と神経応答がつな

---

* これらの例で，スペクトル光は直接に網膜の上に結像される。条件等色は，同じ光源で照らされた，異なった反射率の物体でも得られる（15章，17章，20章を参照）。

げられるので，色方程式が視物質による吸収の間の同等性としても表されるのは，驚くに当たらない。順応の変化にともなう等色の持続性（15章）を説明するために，視物質による吸収の同等性の問題として等色の問題を見ることがまず必要になる。これを，次の章で扱う。

基礎文献

Hurvich, L. M., and Jameson, D. 1957. An opponent-process theory of color vision. *Psychol. Rev. 64*: 384–404.

Ishak, I. G. H. 1952. Determination of the tristimulus values of the spectrum for eight Egyptian observers and one British observer. *J. Opt. Soc. Amer. 42*: 844–849.

Judd, D. B. 1966. Fundamental studies of color vision from 1860 to 1960. *Proc. Natl. Acad. Sci. USA 55*: 1313–1330.

Maxwell, J. C. 1860. On the theory of compound colours of the spectrum. *Phil. Trans. R. Soc. Lond. 150*: 57–84. *Scientific Papers*, 1890, Vol. 1, pp. 410–444. Cambridge University Press, Cambridge, England.

Stiles, W. S. 1955. 18th Thomas Young Oration: The basic data of colour-matching. *Phys. Soc. Year Book*, pp. 44–65.

Stiles, W. S., and Burch, J. M. 1959. N.P.L. colour-matching investigation: Final report (1958). *Opt. Acta 6*: 1–26.

Wright, W. D. 1927–1928. A trichromatic colorimeter with spectral primaries. *Trans. Opt. Soc. Lond. 29*: 225–241.

Wright, W. D. 1972. Colour Mixture. In D. Jameson and L. M. Hurvich (eds.), *Handbook of Sensory Physiology*, Vol. 7/4, *Visual Psychophysics*, Chap. 16, pp. 434–454. Springer-Verlag, Berlin.

Wright, W. D., and Pitt, F. H. G. 1935. The colour-vision characteristics of two trichromats. *Proc. Phys. Soc. Lond. 47*: 205–217.

上級文献

Grassmann, H. 1853. Zur Theorie der Farbenmischung. *Poggendorff Ann. Phys. Chem. 89*: 69–84. (Translation: On the theory of compound colors. *Phil. Mag. 4*, ser. 7: 254–264.)

Hering, E. 1887. Ueber Newton's Gesetz der Farbenmischung (On Newton's law of color mixture). *Lotus, Jahrb. Naturwiss.* new ser. 7: 177–208.

Judd, D. B., and Wyszecki, G. 1975. *Color in Business, Science and Industry*, 3rd ed., Chap. 1, pp. 47–54. Wiley, New York.

Krantz, D. H. 1975. Color measurement and color theory. I. Representation theorem for Grassmann structures. *J. Math. Psychol. 12*: 283–303.

Krantz, D. H. 1975. Color measurement and color theory: Opponent-colors theory. *J. Math. Psychol.* 12: 304–327.

Pokorny, J., Smith, V. C., and Starr, S. J. 1976. Variability of color mixture data. II. The effect of viewing field size on the unit coordinates. *Vision Res.* 16: 1095–1098.

Smith, V. C., Pokorny, J., and Starr, S. J. 1976. Variability of color mixture data. I. Interobserver variability in the unit coordinates. *Vision Res.* 16: 1087–1094.

Stiles, W. S., and Wyszecki, G. 1974. Colour-matching data and the spectral absorption curves of visual pigments. *Vision Res.* 14: 195–207.

Wyszecki, G., and Stiles, W. S. 1967. *Color Science.* Wiley, New York.

10 章
混色と錐体視物質

　この本の基本的テーマは，色を経験することと神経活動のパターンとの間には相関があるということであり，神経活動の変化は，知覚される色の違いに関係しているということである。この神経活動のパターンはさまざまな内的・生理学的変化が生じることによって変化しうる。そうした生理学的変化は，原因が明らかでない場合もあれば，不適刺激（2章参照）に対する反応として生じる場合もある。しかし，たいていの場合は，光線が眼に入り，神経活動の変化を引き起こすことによる。

　しかし，光は，直接には神経組織に作用しないので，われわれは光が最初に眼に及ぼす作用を見なければならない。

　ほぼ球形をした，二つの眼は，頭蓋骨のソケット状の構造のなかにおさまっている。6種の筋肉が，各々の眼の動きをコントロールし，たとえ頭が固定されていても，直径が約100度の円形の領域上を自由に注視することができる。レンズ系によって，眼の後ろの面上に像が結ばれるが，それは大きさの変化しうる虹彩という絞り，つまり瞳孔を通って入ってくる光線の焦点を合わせることによって成し遂げられる。これらの理由のため，眼はカメラによくたとえられている。しかし，情景を走査するために頭と一緒に眼を動かすことができるので，眼を，上下左右に動くテレビカメラにたとえる方が良いと考えている人もいる。人間の眼の断面図が図1に示されている。

　図1には，前面にある角膜という面および水晶体が示されている。これら二つはともに，**屈折装置**（dioptric apparatus）とよばれるものの主要部をなす。*

＊　この装置は，外界からやって来る光線を屈折させ，焦点を合わせている。

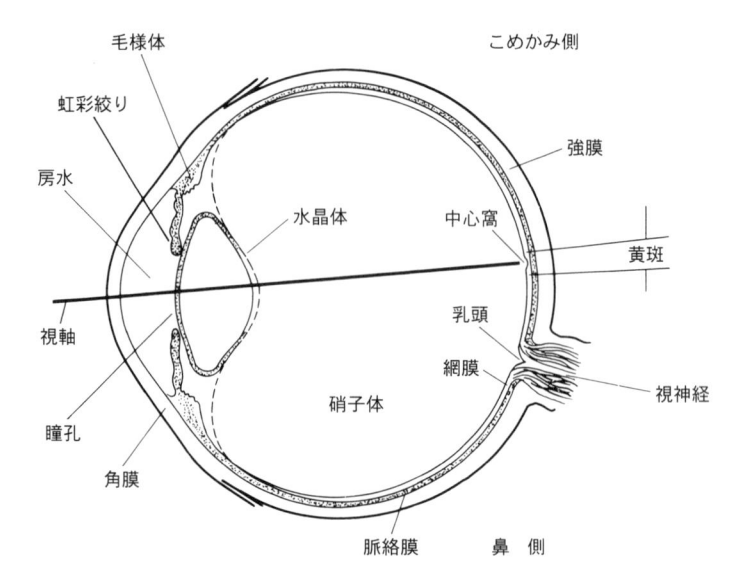

図 1 人間の眼の水平断面図。

弾性のある水晶体の厚さの変化が眼の調節をコントロールし，眼の輻輳と開散運動とともに，さまざまの距離にある対象を眼の後ろの表面に結像させるのを可能にしている。ところで，水晶体は，すべての波長の光を完全には透過させておらず，平均的な相対透過率曲線は図 2 に示される。人が年をとるにつれて，水晶体は黄色みを帯びてきて，光源や反射している物体からの短波長の光は，次第に眼の奥に伝えられなくなる。

　図 1 は，また，眼の瞳孔を形成する虹彩という絞りを示している。この瞳孔

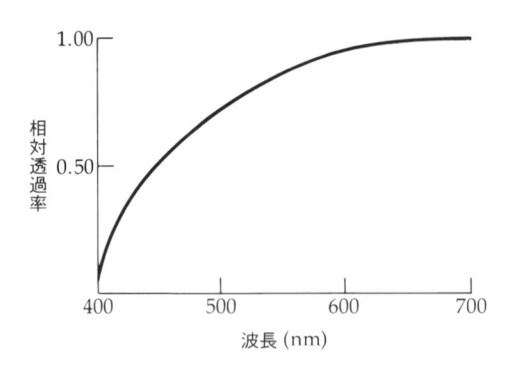

図 2 波長の関数としての，平均的な人間の水晶体の**相対光学透過率**。700 nm での値を任意に 1 としてある。

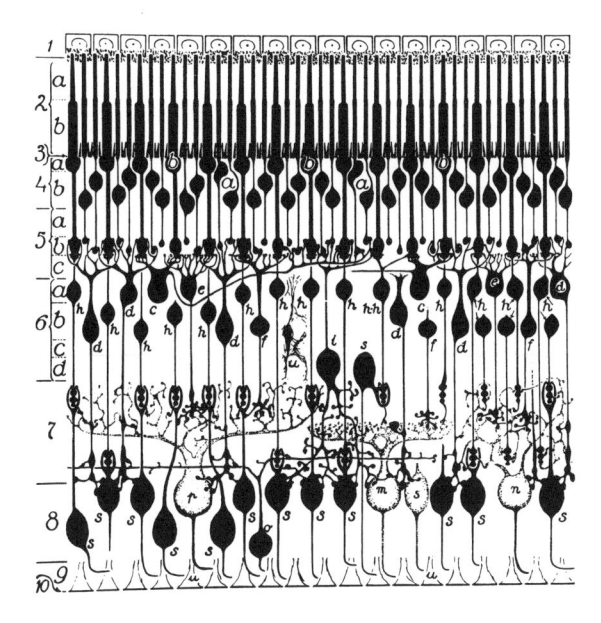

図 3 模式的に断面図で示された，**ほ乳動物の網膜**。神経細胞の 10 層がある。

という穴は，光レベルが低いと広く開き，照明が増すにつれて，閉じる。本質的に，瞳孔は，約 16 対 1 まで眼に入る光の量を変える自動制御の装置である。

眼の後ろの面には，神経細胞を含むさまざまの細胞の複雑なネットワーク，つまり**網膜**（retina）がある。網膜という語は網を意味するラテン語の"rete"という語が語源である。網膜の模式的な断面図が図 3 に示されている。

この網膜には，識別可能な層が 10 あり，眼球の赤道上の網膜の厚さはわずか 0.25 mm である。もちろん，血管があり（図3には示されていない），それが網膜への養分を提供する。血管はおもに 6 層，7 層，8 層に見られる。瞳孔を通って入射した光は 2 層の a, b とラベルのついた光受容細胞に到達するが，光が吸収されるのは，光が光受容細胞の前にある，透明な視覚細胞から成る他のすべての網膜層を横切ったあとである。これらの神経細胞に加えて，網膜の光受容細胞の「前」にある別の組織についても述べておくべきであろう。これは**黄斑色素**（macula pigment）と呼ばれる，不活性な黄色の色素で，眼の中心部の約 5 度の楕円形の領域に存在しており，水晶体のように，長波長や中波長の光よりも短波長のスペクトル光を多く吸収する。この色素の平均的な

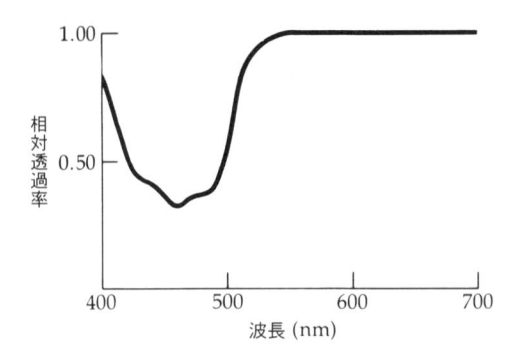

図 4 波長の関数としての**黄斑色素の透過率**。平均の結果である。透過度は 457 nm で 31.7% の最小値となる。

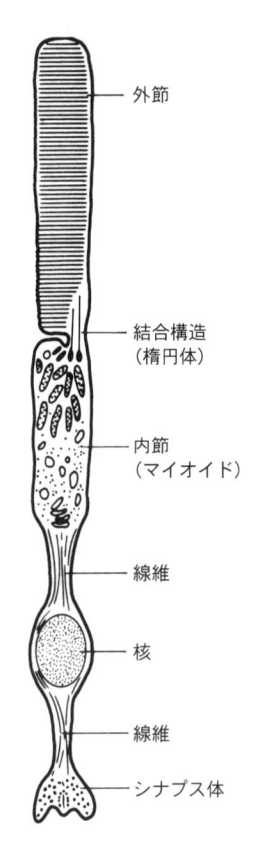

図 5 典型的な脊椎動物の視細胞の**模式図**。

分光透過率曲線が図 4 に示されている。この色素の量と分布はもちろんスペクトル光の等色に影響を及ぼすが，それは，短波長の光を相対的により少なく透過するからである。この色素の量は個人個人によって違うので，等色をするときの観察者間変動の大部分は，この色素によって説明される。この，あらかじめ組み込まれたフィルターの存在に普通は気づかないが，それはわれわれがそれに順応してしまっているからである。しかし，特別の状況下では，そのフィルターの存在が分かる（15 章参照）。

図 6　桿体と錐体受容器の諸要素。脊椎動物（ブタ）の受容器層の走査電顕図で，桿体（R）と錐体（C）が示されている〔ELM：外境界膜〕。これらは，人間の網膜周辺部の桿体や錐体と大変類似している。錐体の内節は，その一番幅広いところで直径が約 5 ミクロンある。

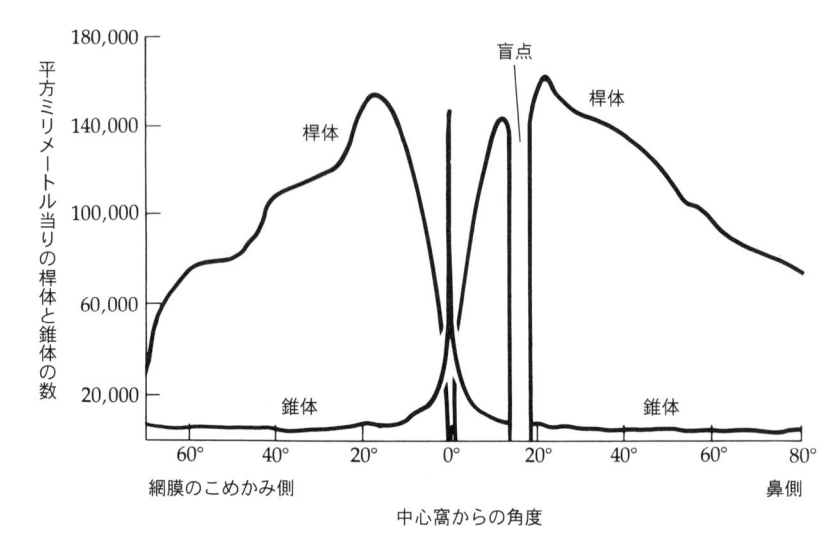

図7 人間の眼の水平経線に沿った**桿体と錐体の分布**。

　光を感ずる2種の受容細胞，すなわち**桿体**（rods）と**錐体**（cones）が存在することは，ずいぶん前から知られていた。図5は典型的な脊椎動物の光受容細胞の模式図である。図6には脊椎動物（ブタ）の眼の網膜における多数の桿体と数個の錐体が示されているが，これは走査電子顕微鏡で数千倍に拡大され撮影されたものである。

　桿体と錐体は合わせて約1億2千万個あると推定されているが，密に並んでいる桿体と錐体の分布の仕方は，網膜のそれぞれの部位で異なる。図7は，眼球の子午線に沿った分布の変化をグラフに示したものである。網膜の中央領域は**中心窩**（fuvea）と呼ばれ（図1を参照），もっとも視力が鋭い領域である。中心窩は小さく，視角にして約1度であり，そこには錐体細胞のみが存在する。*　錐体は主に昼間光の照度水準の視覚を司り〔**明所視レベル**（photoric level）とよばれる〕，解像力が一番鋭い中心窩の領域から離れるにつれて，単位面積当りの錐体の数は急激に少なくなっていく（図7）。人間の眼の網膜には600万から700万個の錐体があると考えられている。中心窩にはまったく存

＊　たいていの人にとって，腕を前に伸ばし，親指を垂直に立てたとき，その爪の部分が，眼に対して約2度の角度を成す。中心窩の領域は，したがって，この角度の約半分である。

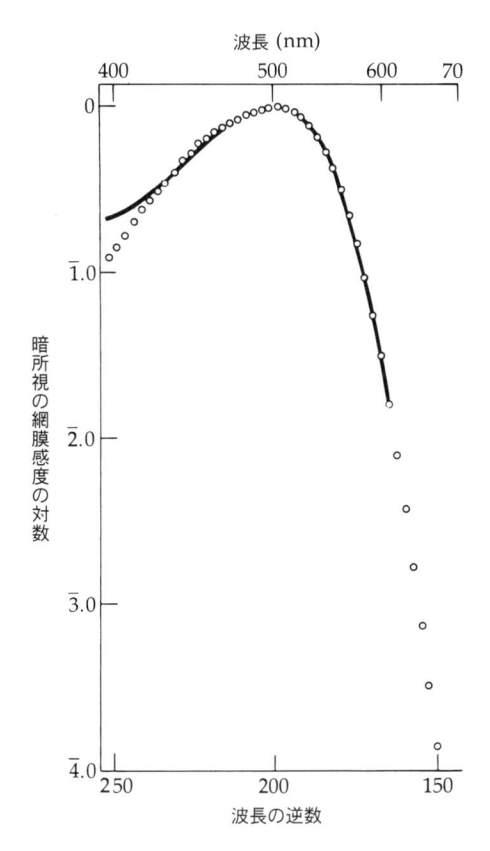

図 8 波長の関数としての，ロドプシンつまり桿体色素の**吸収スペクトル**。暗順応下の人間の眼の相対感度が白丸で示されている。

在しない桿体は，眼の端，つまり周辺部へ行くにつれて，数が増え，錐体よりも圧倒的に多く存在するようになる。桿体は中心窩から約20度のところで一番数が多く，そこから周辺に向かうと，その数は急激に少なくなる。

　桿体**受容器**（receptors）は，その形状のためそう呼ばれているが，**ロドプシン**（rhodopsin）または視紅と呼ばれる視物質（photopigment）を含んでいる。ロドプシン色素の分子が光量子を吸収すると，これらの分子の構造もしくは形が変わることは，今では，ほぼ確定されている。次に，これらの変化が，ある種の物理化学的変化を引き起こし，それにともなう電気的変化が受容器において生じる。この興奮は，受容器から順次，さまざまな神経層へと伝えられ

訳注：感光色素とも呼ばれている。

る（図3）。桿体は，**暗所視**（scotopic vision）と呼ばれる，低い照明水準での視覚と一番密接に関係していると考えられている。

　ロドプシン，つまり桿体色素の吸収スペクトルは図8に示されている。このような曲線はさまざまなやり方で記述することができるが，その意味は，違った波長の光がロドプシン分子の変化を引き起こす効率は等しくないということである。この色素は505 nmの光をもっとも効果的に吸収する。他の波長では，同じ結果を引き起こすためにそれより多くのエネルギーが必要とされるので，効果がより少ない。しかし，視物質は，すべての波長に対して同じように反応する。つまり，退色するのである。暗黒中では，赤っぽい物質として見えるものが，光にさらされると色が薄くなる。この退色はロドプシン分子の分子構造の生化学的変化に関連している。この退色を示す実験は，ウシやカエルのような動物の眼から取り出した視物質の抽出液についてなされている。

　これらの化学的変化は大変な忍耐と熟練をもって研究されてきている。光や暗闇に対する視細胞の反応について多くのことが知られている。しかし，その詳細は，この本では扱いきれない。退色もしくは分子の変化は，未だ完全には理解されていない仕組みによって，光を見るために必要な神経活動を引き起こす。もし暗闇のなかでフラッシュ光をちょうど検出するのに必要な光量子の数をさまざまな波長について測定すると，このような分光感度スペクトルとロドプシンの吸収曲線との間には大変緊密な関係が認められる（図8）。光が一番効率よくロドプシンを退色するスペクトル上の場所（つまり505 nm）は，人間が暗闇でフラッシュ光を検出するために，必要とされる光がもっとも少ない場所である。505 nm以外の波長では，視覚に必要とされる光エネルギーの量は，もっと多くなり，それは，ロドプシンが「光量子を捕える」効率と緊密に関連している。この緊密な関係は，視覚の最初の事象が視物質の吸収と関係しているという理論の証拠となる。

　ロドプシンを含むこれらの受容器は，灰色や白（無彩色の信号）を信号化する神経反応メカニズムに結びついていると考えられ，どの波長の光がロドプシンを興奮させるかに関係なく，この視物質が光量子を吸収し，それに「結びついた」神経組織を興奮させるとき，その感覚は同じである。したがって，もしわれわれが二つの異なった領域，つまり短波長の450 nmでぼんやりと照明された領域と，550 nmの光で照明された他の領域とを見るとき，異なる波長に

対して応答するロドプシン分子によって同じ数の光量子が吸収されるように光の強さが調整されると，たとえ異なった波長でも，同じものに見える。^(訳注)

しかし，桿体は主に低照明下で働き，色覚と関連する光のレベルではあまり機能しない。*周知のように，通常の昼間光の照明レベルでの光や色の知覚と関連している視覚受容器は錐体である。その名は，その形状から来ているが，もっとも密に錐体が隣りあっている，網膜の本当の真ん中（中心小窩）では，錐体が桿体状に見える。

桿体のロドプシンは，ここ百年ほどの間，成功裡に液のなかに抽出されてきているが，錐体から感光物質を抽出しようとする生化学者の試みは失敗に終っている。その大きな理由は，たいていの眼においては，錐体より桿体の方が桁違いに多いからである。その結果，抽出されたとき，その試料の約1％が錐体に由来し，残りの99％が桿体に由来する。それにもかかわらず，長い間，ほぼすべての研究者は，色覚に関して，3種類の異なる視物質があることに同意してきたし，それらは，3種類の違った錐体受容器に分かれて存在すると一般に仮定されている。

抽出法を用いて，錐体に存在する何らかの視物質を探知することは，一貫して不成功に終ってきており，まして3種の吸光物質を探知することは問題にならないにもかかわらず，何故，ほとんどすべての人が三つの異なる種類の感光視物質が色覚のメカニズムの第一段階で必要だと同意しているのだろうか。その理由は9章で論じられた混色のデータに基づいている。

色覚についての，そもそも最初の理論化から（Palmer, 1777；Young, 1802），無数の異なった色相が，網膜上の1点においてでも見えると認められていた。生理学的に，このことは，それぞれの網膜部位において，無数の異なった種類の神経興奮が起こりうることを必要とするように思えるが，これは，極めて可能性が低かった。しかしながら，すべての色を，たった三つの色刺激の適当な混合によって生み出すことができるので（三つの刺激が必要で十分である），おおよそ網膜上の各部位において，最初の光受容器のレベルでの

---

* 今日では，桿体系と錐体系の相互作用を示す結果が，多くの文献で報告されている（上級文献を参照）。

訳注：Cornsweet, T. N. 1970. *Visual Perception*. Academic Press. にわかりやすい解説がある（pp. 156-160）。

3種の異なる神経パターンまたは3種の錐体吸収によって，たった三つの基本的な色相がコード化されることが必要であるという仮定は，混色の事実と完全に一致している。

以上のことは，三つの錐体視物質関数の正確な形状と，感度のピークの位置についての問いにはまだ答えずに終っている。刺激を変えながら測定された，さまざまの混色関数は，三つの基本的な錐体吸収関数がその基礎となっているが，混色曲線のそれぞれの三要素は恣意的なものである。混色関数の示す特定の形状は，どの特定の三つの刺激を原刺激として選択するかに依存する。視覚研究者にとっての大きな挑戦は，混色の実験データを一番適切に変形して，それを「真」の視物質の吸収関数を正確に表すものにするということであった。研究者が色覚のメカニズムについて，どんな種類の付加的仮定を考えるかによって，異なった結果が出てくる傾向があった。錐体の吸収関数の「候補」のために導出された，2組の結果が図9に示されている。

これらの2組の曲線は等色のデータに基づいており，それぞれの結果は，三つの錐体視物質関数の形状と分布を表すよう意図されている。この二つのどちらかを選ぶ簡単な方法はない。色素の吸収の観点からいうと，示されているどちらの結果も，すべての等色のデータを同じようにうまく説明する。異なった物理的エネルギー分布をもつ二つの刺激フィールドは，三つの異なった視物質での「光量子吸収」が異なる物理的分布のそれぞれに対して同じであるため互いに等色される。この必要条件は，図示された2組の「視物質」それぞれに

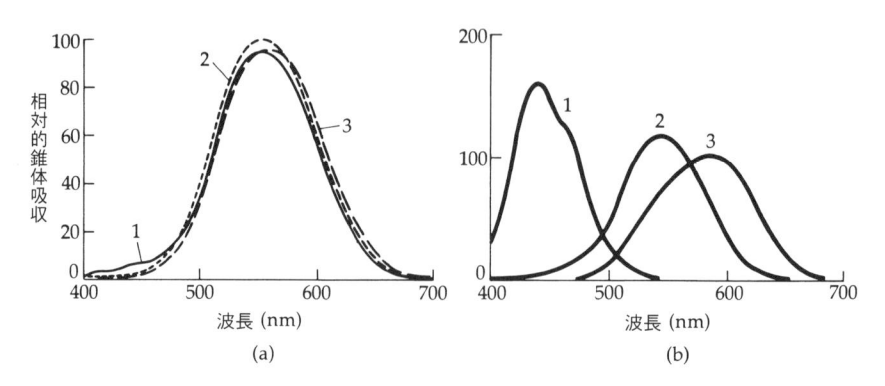

図 9 (a) は Hecht (1934) によって，(b) は Thomson & Wright (1953) によって導き出された基本反応関数。

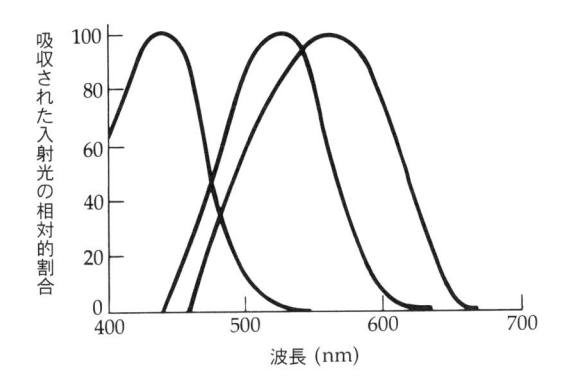

図 10 人間の網膜の3種の錐体の**微小分光光度計法**による測定の記録。ピークはだいたい 450，530，560 nm にある。曲線の高さは，そのピークが同じ値，この場合は 100 になるように恣意的に調整されている。

よって満たされる。これが，9章で言及された反応の等価性であるが，ここでは，視物質吸収の等価性を扱っている。したがって，混色は，刺激の等価性，知覚の等価性，または，視物質吸収の等価性として扱うことができる。

混色の実験結果は，われわれに錐体視物質について，間接的な証拠を教えてくれるが，幸いなことに，われわれは，もうそういう証拠に頼らなくなっている。その理由は，とりわけこのような間接的な証拠が，図9に示されているような異なった実験結果をわれわれに示し得るからである。3種の錐体視物質が異なった3種の受容器に存在するという証拠は，微小分光光度計法（顕微分光測光法）と呼ばれる技術を用いて，今では十分に確立されている。この証拠は，キンギョやコイというコイ科の魚（この科の魚は色覚をもつといわれている）において一番堅固である。しかし，今では，サルや人間の眼でのデータもあり，それらによって，吸収のピークがスペクトル上で，およそ 450，530，560 nm の三つの異なった位置にある3種の錐体視物質の存在が確立されている。この微小分光光度計法では極めて小さい光点を使い，眼から取り出された個々の視細胞にそのスポット光を投射し，その光で全スペクトル域を急速に

---

* 魚における，3種の視物質の証拠が，視細胞からの直接の電気応答の記録から得られているし，人間の場合には，主に眼底反射法または網膜濃度法（reflection densitometry）と呼ばれる技法によって，3種の色素の証拠が示されている。ただ，この技法は微小分光光度計法による測定よりも信頼性が低く，この技法では 450 nm の領域の短波長の色素についてはデータがとれない。

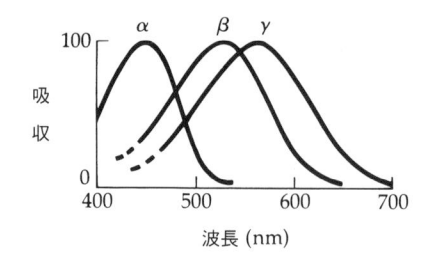

図 11　α, β, γ とラベル付けられた受容器の吸収関数。ピークは，それぞれ 450, 530, 560 nm のところにある。

走査することによって，その色素の吸収スペクトルが測定される（それに関連した測定装置については，3 章の分光放射計の項を参照）。図 10 は，それぞれが異なった吸収スペクトルをもつ 3 種類の錐体を示している。図 11 では，これらの 3 種の異なった視物質に任意に，α, β, γ というラベルが付けられている。下付き文字の 450, 530, 560 が，それぞれの場合において，吸収率が最大となる波長を表すため添えられる。したがって，ラベルは α_{450}, β_{530}, γ_{560} となる。どの波長においても，たとえば 585 nm において，3 種の視物質は，網膜に到達する単位エネルギーについて，グラフの縦軸に示された割合で光量子を吸収し，これらの関数の形は平均的な混色の実験データに一致する。

エネルギー量が分かれば，われわれは特定の波長において，三つのすべての視物質 α_{450}, β_{530}, γ_{560} が吸収する光量子の数を記述することができる。もしわれわれが等色のために三つの刺激を使い，その各々の原刺激が，検査刺激のように，同じ 3 種の視物質を興奮させるなら，三つの混色原刺激によって引き起こされた，α_{450}, β_{530}, γ_{560} での光量子吸収の総量が，検査刺激によって引き起こされたものと同じになるように，これらの三つの混合刺激の相対エネルギーが調整されると，等色が得られる。

以上のことは，方程式の形で書くことができる。もし検査刺激が 585 nm で，さらに q, u, v, w が光量子の数を表すとすると，その方程式は以下のようになる。

$$q_{1\,585(\alpha_{450})} = u_{1\,460(\alpha_{450})} + v_{1\,530(\alpha_{450})} + w_{1\,650(\alpha_{450})}$$
$$q_{2\,585(\beta_{530})} = u_{2\,460(\beta_{530})} + v_{2\,530(\beta_{530})} + w_{2\,650(\beta_{530})}$$
$$q_{3\,585(\gamma_{560})} = u_{2\,460(\gamma_{560})} + v_{3\,530(\gamma_{560})} + w_{3\,650(\gamma_{560})}$$

これらの方程式は，単一の 585 nm のスペクトル光は，原刺激として使われ

10章 混色と錐体視物質 143

桿体と錐体

水平細胞

双極細胞

アマクリン細胞

神経節細胞

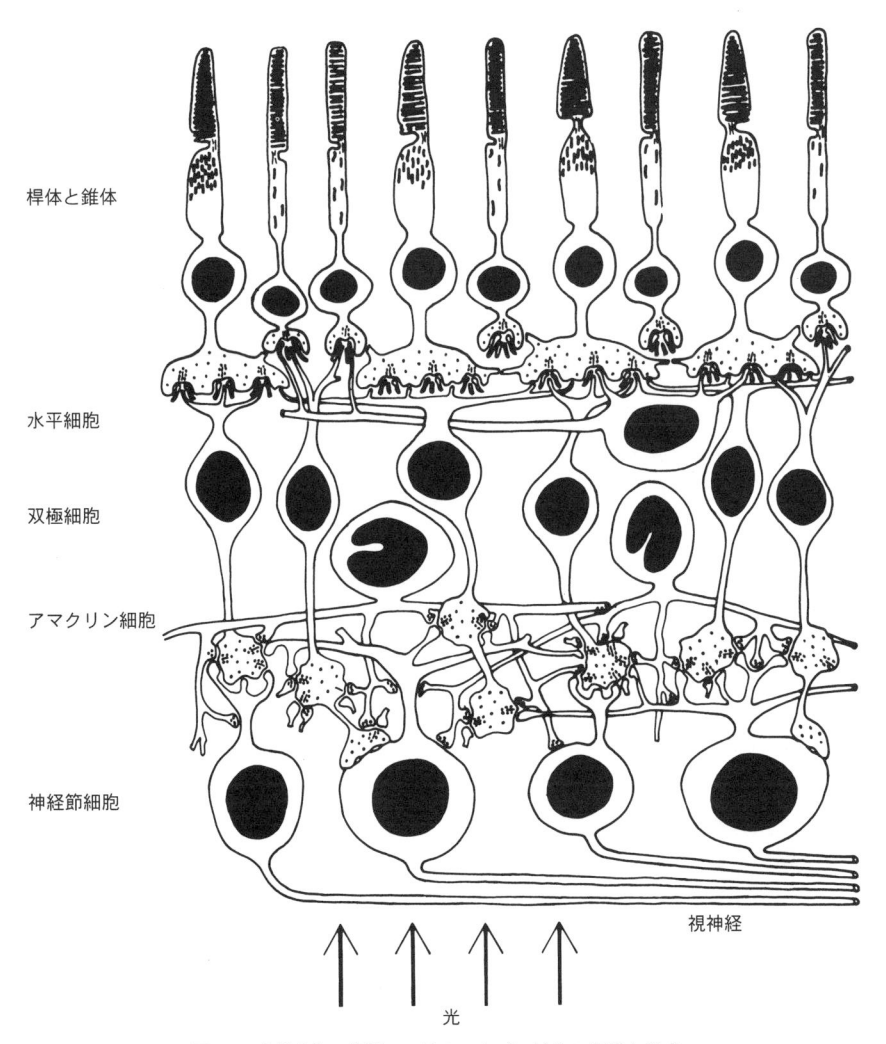

視神経

光

図 12 脊椎動物の網膜におけるシナプス結合の**複雑な構成**。

た三つの別々の光が生じさせるのと同じ数の光量子吸収を3種の視物質において生じさせる，という以上のことは何も述べていない。この実例は，他のすべての検査波長にも当てはまる。

　ここで注意しなければいけない重要なことは，検査光と比較光について光量子吸収が等しいことを表す色方程式は，等色されたフィールドの色の見えにつ

いては，何も教えてくれないということである。

　本質的なことで自明なことであるが，三つの色素による吸収量が異なることを知ることは，色覚についてほとんど何も意味せず，ただ，諸刺激の一定の混合が等色するかしないかが分かるだけである。色覚に関する事実や現象を，より十分に理解するためには，視細胞レベルやその視細胞に含まれる色素を越えて，上位にある，種々の複雑に相互関連している神経細胞，そして，もっと中枢側の解剖学的経路に目を向けなければならない。

　網膜の視細胞の次の段階には，多くの種類の神経細胞がある。感光色素が，光によって変化を受けた後，その受容器で生じる電気化学的変化は，他のいくつもの網膜層を通って伝達され，より中枢側の神経活動のパターンを引き起こす。さまざまな網膜の層はすでに図3に図式化して示したが，図12は，拡大された模式図を示し，これにより主要ないくつかのタイプの細胞がいかに相互に関連し結合されているかがわかる。興奮性の変化は，一般に，錐体と桿体から双極細胞を通って神経節細胞に至る。神経節細胞は，視神経経路を形成する最初の要素である。水平細胞とアマクリン細胞は大きな網膜領域にわたって活動を統合する。

　神経節細胞から出る視神経線維は，一緒に束ねられて眼の後ろの一つの出口の部分に集まり，視神経を形成する（図1参照）。眼のこの領域には光に感ずるものがなく，この部分は「盲目」になっている。それは，中心窩の中心から鼻側に約15度か16度離れている。したがって，外部の視野において，固視点の中央からこの角度だけこめかみ側に離れているところにあるものは，この**盲点**（blind spot）の上に投影される。

　眼の盲点は，簡単に例示することができる。単純な実験で，その存在がわかる（図13）。しかし，人はほとんど盲点に気づかない。どうしてだろうか。関心のある対象は中心窩に投射されるが，両眼視では，一方の網膜で見えている部分が，他方の網膜の盲点に重なるからである。しかし，たとえ単眼視でも，「補完」と一般に名付けられている，興味をそそるが，ほとんど理解されていない現象がある。盲点の上に結像された小さい色付きのフィールド，たとえば黄色のフィールドは，もし，それがより大きな，たとえば青の領域に囲まれていたら見えないのである。そのかわり，われわれはなんら隙間も穴もない一様な青いフィールドを見る。網膜や皮質の損傷あるいは疾病のために生じる視野

図 13 **盲点**は，右眼を閉じ，図の上の十字を左眼で見るときに分かる。この本を眼から約1フィート離して持ち，その距離をわずかに前後すると，左側の黒い円が消えるであろう。これは黒い円が盲点に結像されるからである。左眼の固視を右の下側の十字に移すと，盲点の上に落ちる下側の直線の隙間が知覚されないであろう。これは，「補完」のためであり，黒い線は連続したものとして知覚される。

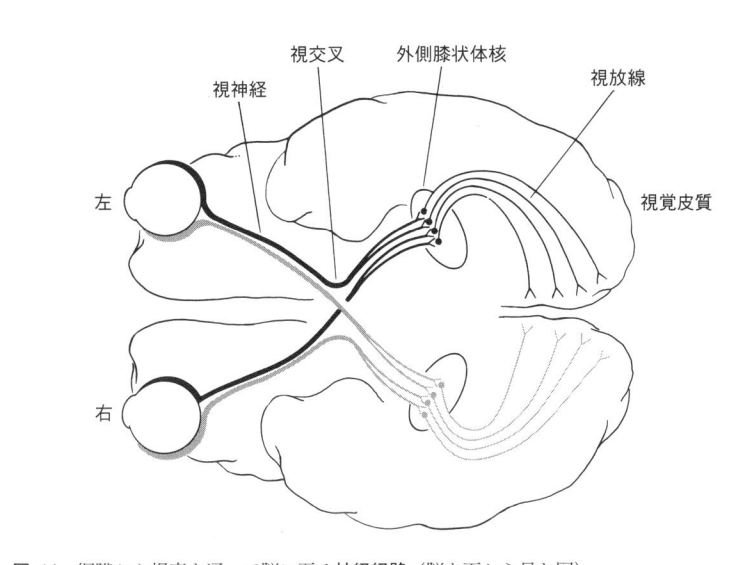

図 14 網膜から視索を通って脳に至る**神経経路**（脳を下から見た図）。

暗点（盲点）をもった人でも，この効果が生じる。補完の効果のその他の例については，説明されていない。

ネットワークの初期段階での諸事象によって活性化された視神経線維は，視交叉という特殊な交叉点を通り，後頭部つまり視覚皮質にある，「より高次」の視覚中枢へとたどりつく。これらの経路は図14に示されている。ここで注意してほしいのは，視索から脳に至る神経経路は，近年，以前に考えられていたよりもはるかに複雑であることが明らかになってきたという点である。外側膝状体に至る神経経路は，信号を多数の皮質領域に供給しているが，今では，外側膝状体以外の領域にも連絡する視索からの経路が存在することが知られるようになり，興奮は，これらの別途の経路を通って，多数の大脳皮質領域に投射される。これらの新しく発見された解剖学的経路は，今では，ネコのような，人間より下等な生体において重点的に研究されている。

11章では，異なった種類の視物質で生起することが，神経パターン，あるいは色を符号化する反応系に，どのように関係しているかを検討する。

基礎文献

Brown, J. L. 1965. The Structure of the Visual System. In C. Graham (ed.), *Vision and Visual Perception*, Chap. 2, pp. 39–59. Wiley, New York.

Brown, P. K., and Wald, G. 1964. Visual pigments in single rods and cones of the human retina. *Science 144*: 45–52.

Dowling, J. E., and Boycott, B. B. 1966. Organization of the primate retina. Electron microscopy. *Proc. R. Soc. Lond. B 166*: 80–111.

Duke-Elder, S., and Wybar, K. C. 1961. The Anatomy of the Visual System. In S. Duke-Elder (ed.), *System of Ophthalmology*, Vol. 2. Mosby, St. Louis, Mo.

Hecht, S. 1934. Vision: II. The Nature of the Photoreceptor Process. In C. Murchison (ed.), *A Handbook of General Experimental Psychology*, Chap. 14, pp. 704–828. Clark University Press, Worcester, Mass.

Jameson, D. 1972. Theoretical Issues of Color Vision. In D. Jameson and L. M. Hurvich (eds.), *Handbook of Sensory Physiology*, Vol. 7/4, *Visual Psychophysics*, Chap. 14, pp. 381–412. Springer-Verlag, Berlin.

Kuffler, S. W., and Nicholls, J. G. 1976. *From Neuron to Brain: A Cellular Approach to the Function of the Nervous System*. Sinauer, Sunderland, Mass.

Marks, W. B. 1965. Visual pigments of single goldfish cones. *J. Physiol.*

Lond. 178: 14–32.
Marks, W. B., Dobelle, W. H., and MacNichol, E. F., Jr. 1964. Visual pigments of single primate cones. *Science 143*: 1181–1183.
Miller, W. H. 1979. Ocular Optical Filtering. In H. Autrum (ed.). *Handbook of Sensory Physiology*. Vol. 7/6A, *Comparative Physiology and Evolution of Vision in Invertebrates*, Chap. 3. pp. 69–143. Springer-Verlag, Berlin.
Palmer, G. 1777. *Theory of Light*. Leacroft, London.
Polyak, S. L. 1941. *The Retina*. University of Chicago Press, Chicago.
Thomson, L. C., and Wright, W. D. 1953. The convergence of the tritanopic confusion loci and the derivation of the fundamental response functions. *J. Opt. Soc. Amer. 43*: 890–894.
Walls, G. L. 1954. The filling-in process. *Amer. J. Optom. Arch. Amer. Acad. Optom. 31*: 329–340.
Wright, W. D. 1947. *Researches on Normal and Defective Colour Vision*, Chap. 30. Mosby, St. Louis, Mo.
Wyszecki, G., and Stiles, W. S. 1967. *Color Science*, Sec. 2, pp. 202–227. Wiley, New York.
Yager, D. 1967. Behavioral measures and theoretical analysis of spectral sensitivity and spectral saturation in the goldfish, *Carassius auratus*. *Vision Res. 7*: 707–727.
Young, T. 1802. On the theory of light and colours. *Phil. Trans. R. Soc. Lond. 92*: 12–48.

上級文献

Blough, D. S., and Yager, D. 1972. Visual Psychophysics in Animals. In D. Jameson and L. M. Hurvich (eds.), *Handbook of Sensory Physiology*, Vol. 7/4, *Visual Psychophysics*, Chap. 28, pp. 732–763. Springer-Verlag, Berlin.
Frumkes, T. E., and Temme, L. A. 1978. Rod-cone interaction in human scotopic vision. II. Cones influence rod increment thresholds. *Vision Res. 17*: 673–680.
Makous, W., and Boothe, R. 1974. Cones block signals from rods. *Vision Res. 14*: 285–294.
McCann, J. J. 1972. Rod-cone interactions: Different color sensations from identical stimuli. *Science 176*: 1255–1257.
Stabell, V., and Stabell, B. 1977. Wavelength discrimination of peripheral cones and its change with rod intrusion. *Vision Res. 17*: 423–426.

11 章
色覚モデル：受容器と神経機構とのつながり

　色覚のさまざまな現象を説明するのに必要かつ十分な独立変数の数は3個である。3個の視物質-受容器システムと3個の反対色的神経反応とがそこに関与している。解かねばならない課題は，受容器での出来事と神経系での出来事との間のもっとも簡単なつながりを見つけることである。そのつながりにより，われわれの色経験が説明され，さらに，これらの色経験がどのように物理的な刺激条件に関係づけられるかが説明されるだろう。

　われわれが調べたいもっとも簡単な対応は図1aに示されている。短波長に最大吸収をもつ受容器の生化学的活動は，たとえば，青の見えを伝達する一群の神経線維につながると考えられる。これらの神経線維が青の見えを伝達するのは，短波長の視物質によって吸収された光がこれらの神経線維を刺激するときである。最大吸収が中波長にある視物質を含んでいる二番目のタイプの受容器の活動は，たとえば，刺激されると緑の見えを伝達する一群の神経線維につながると考えられる。同様に，長波長を吸収する視物質は，刺激されると赤の見えを伝達する一群の神経線維につながると考えられる。

　このような単純な図式は色覚研究の歴史において重要な役割を果たしてきたが，より細かな分析によると，以上の説明は色覚のいくつかの明確な事実とは合致しない。さらに，これらの諸問題を解決すべく単純な図式に修正が加えられるにつれて，その図式はあまりにも複雑なものになってしまった。

　上に述べた単純化し過ぎた「符号化[*]」の図式では，三つの基本的な色相，青，緑，赤のそれぞれが3個の別個な光化学的-神経的構造に割り当てられる

---

[*]　2章参照。

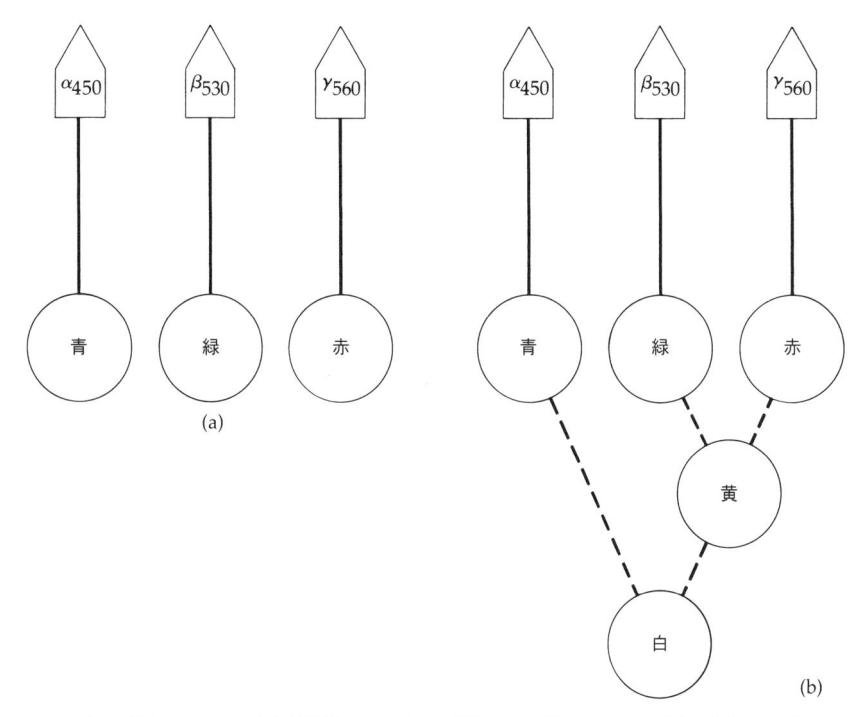

図 1　結合のモデル。(a) 視物質による吸収と神経系との間のもっとも単純な結合のモデルの図式。視物質 α_{450} による光の吸収は青の知覚に関連した神経系を興奮させ，視物質 β_{530} による光の吸収は緑の知覚に関連した神経系を興奮させ，視物質 γ_{560} による光の吸収は赤の知覚に関連した神経系を興奮させる。(b) この図式（図 (a) を臨時に修正したもの）では，緑と赤の知覚と関連した神経事象は相互作用して黄の知覚を喚起すると仮定されている。白は，黄と青の知覚の生起の基礎となる神経系の活性化に関連している。

が，それではスペクトルの色の見えを説明することができない。スペクトルの短波長端では，青赤（すみれ色）が見えるが，この単純モデルからは青のみが考えられる。波長が長くなるにつれて，予想されるように，青，次に青緑，そして緑が見える。しかし，次に見える，黄緑，黄，黄赤をどう説明するのだろうか。モデルによると，緑の次は，緑赤，そして赤緑が続く。しかし，われわれはそういう色が存在しない知覚表象であることを知っている。

　これらの難点を避ける方法として，さまざまな相互作用が別個の色相の知覚事象の間に生ずることが仮定されてきた。たとえば，赤と緑の感覚は相互に作用し合って黄の感覚を生ずると仮定される（図 1 b）。モデルをこのように修

正することは，無論もとの符号化の単純性を捨ててしまっているが，実はそれ以上の重大な問題が出てきている。この種のモデルは19世紀初めのThomas Youngにさかのぼり*，とりわけドイツの著名な生理学者であるHelmholtzと結び付けられているが，いろいろな色覚異常（たとえば，17章参照）を説明しようとして失敗に陥っている。

最近，色覚の諸現象をより的確に扱うもっと複雑なモデルがいくつか作られてきている。これらのモデルでも，光受容器レベルの事象と神経細胞レベルでの事象との間の相互作用が仮定され，その相互作用は，解剖学（10章参照）と電気生理学（12章参照）の知見と一致する種類のものである。しかし，仮定されている相互作用は，神経的事象が色相の符号化を処理してしまった後に生ずるものではない。

図2の応答関数と視物質の分光吸収率曲線の両方を考えてみよう。スペクトルの短波長端，たとえば，440 nmでは，光はβ_{530}やγ_{560}よりもα_{450}の視物質によって多く吸収され，色応答は青，赤，白である。図3aはこれを図式的に示している。もしスペクトル刺激がもっと長波長側の540 nmのような波長で，β_{530}の視物質による吸収が他の2種類の視物質による吸収よりも大きいならば，色応答システムで活性化されるのは緑と黄と白である。それを図式化したものが図3bである。最後に，スペクトル刺激が660 nmのときを考えよう。この波長では，吸収は主にγ_{560}の視物質によってなされる。応答曲線によると，知覚される色相は黄と赤と白であるので，これらの関係は図3cのように図式化される。したがって，三つの視物質のどれによる吸収も，3種類の神経応答を活性化できると考えられる。つまり，

$$\alpha_{450} \rightarrow 青，赤，白$$
$$\beta_{530} \rightarrow 黄，緑，白$$
$$\gamma_{560} \rightarrow 黄，赤，白$$

（ここで，→記号は，「活性化する」ことを示す）。かくして，これらの3個のいずれの視物質における吸収も，白/（黒）神経系を興奮させ，さらに，α_{450}とγ_{560}は，ともに「赤」を興奮させ，β_{530}とγ_{560}は，ともに「黄」を興奮させる。

---

* Palmerは，この考えでYoungに先んじ，それを1777年に発表した。

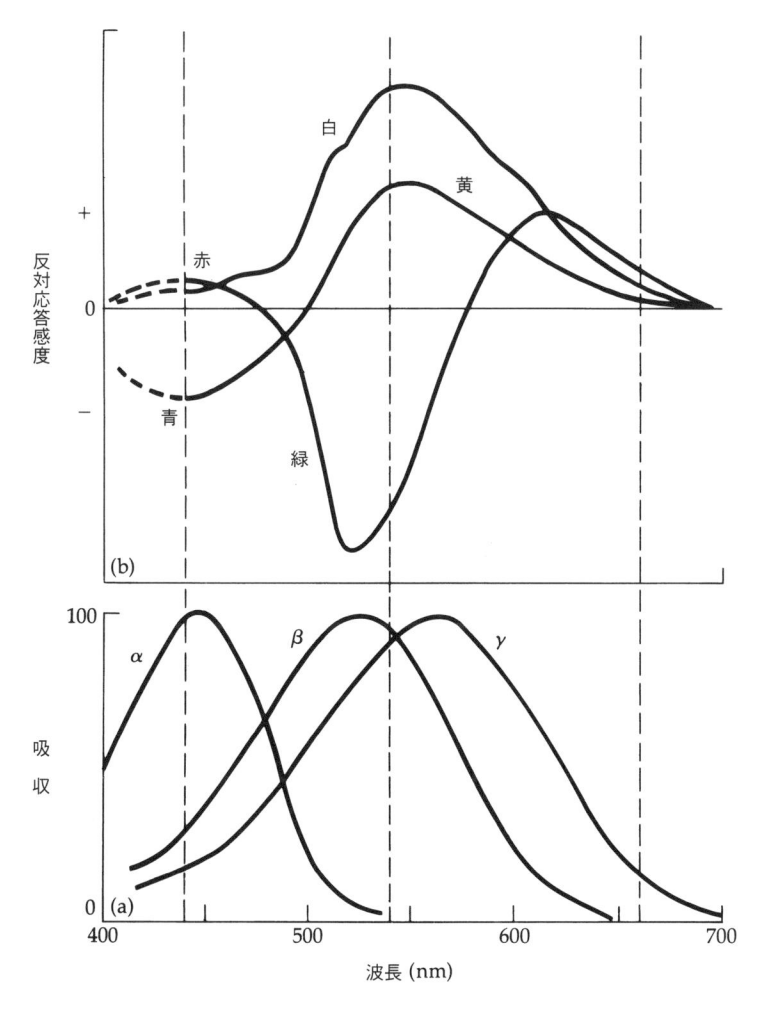

図 2 視物質による吸収の**分光分布**と反対色的応答と白黒応答の**分光分布**。(a) スペクトルの 440 nm, 540 nm, 660 nm での刺激によって生ずる視物質の吸収が, 三つの垂直の点線によって示されている。(b) これらの吸収に関連して生ずる応答。

図3に示された3種類の関係を一つの図にまとめ，同時に図2に由来するプラスとマイナスの符号を三つの神経応答系につけてできあがったものが図4である（生理学的にはプラスとマイナスの符号は興奮と抑制を表す。12章参照）。

図 3 視物質による吸収と反対色的な神経系との間の結びつき。視物質による光の吸収によって，各色の知覚と関連した興奮性および抑制性の応答が生ずることが，図式化されたモデルで示されている。(a) α_{450} の視物質，(b) β_{530} の視物質，(c) γ_{560} の視物質。

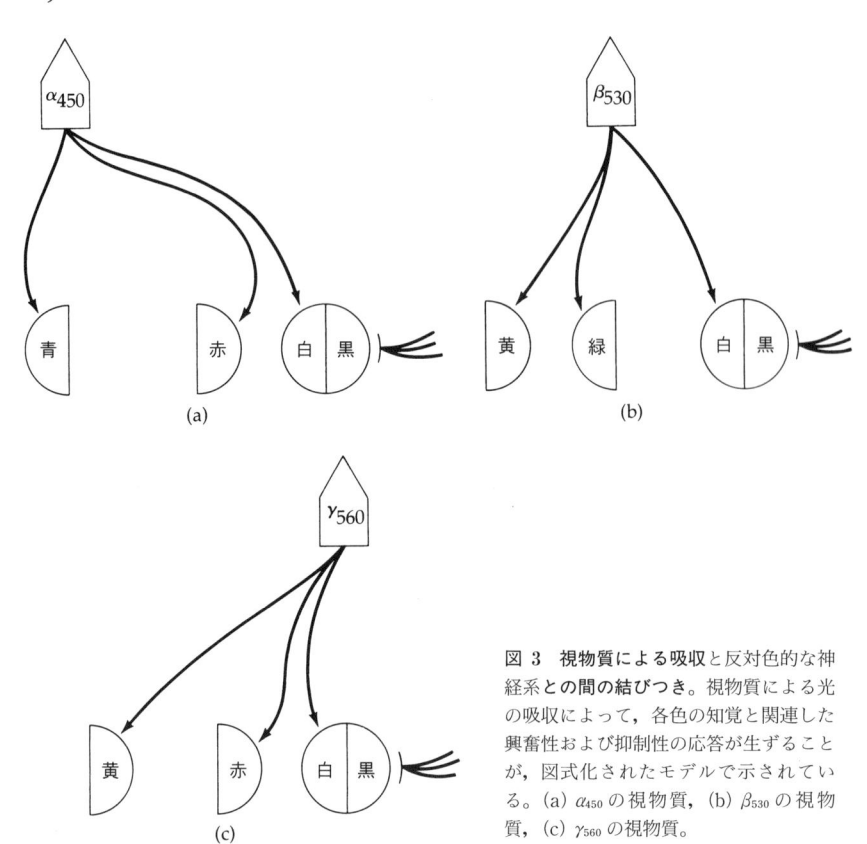

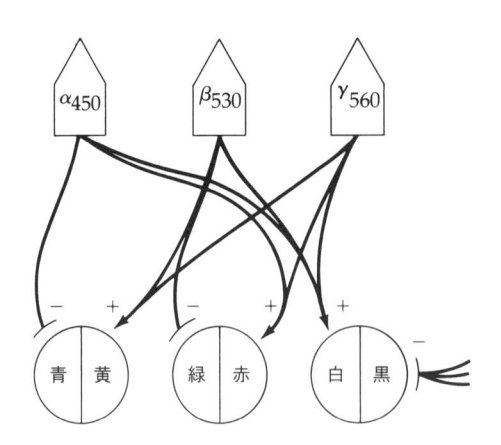

図 4 視物質による吸収と反対色的な神経系との間の結びつき。図3の (a) (b) (c) を一つにまとめた図。視物質からの入力は，＋（興奮性）と －（抑制性）に符号化される。

この図4は，視物質の吸収がどのように神経活動の異なったモードに関連しているかを原理的に表しており，視物質と神経結合が必ずしも単純な1対1の対応となるわけではないことを示している。まとめると，以下のようになる。

$$\alpha_{450} \to 青$$
$$\beta_{530} \to 緑$$
$$\beta_{530} + \gamma_{560} \to 黄$$
$$\alpha_{450} + \gamma_{560} \to 赤$$
$$\alpha_{450} + \beta_{530} + \gamma_{560} \to 白$$

黄/青と赤/緑の応答システムは反対色的であり，プラスとマイナスの符号は単にこの拮抗性を任意に表しただけに過ぎないという事実に留意しながら，これらの関係を以下のように書く。

$$黄/青 = [\beta_{530} + \gamma_{560}] - \alpha_{450} \quad (1)$$
$$赤/緑 = [\alpha_{450} + \gamma_{560}] - \beta_{530} \quad (2)$$
$$白/(黒) = [\alpha_{450} + \beta_{530} + \gamma_{560}] \quad (3)$$

視物質の吸収と神経応答との間の上記のような一連の関係は何を表しているのであろうか。たとえば，図2でスペクトル刺激430 nmを考えてみると，三つの視物質はすべて皆430 nmの光を吸収する。この波長のところで，視物質 α_{450} の吸収が β_{530} と γ_{560} の吸収の和より多いなら，事実そう見えるが，(1) 式の値はマイナスとなり，このことは応答が青であることを示している。この同じ波長（430 nm）のところでの吸収の値を（2）式に代入すると，$\alpha_{450} + \gamma_{560}$ の和は β_{530} の値より大きくなり，このプラスの値は応答が赤であることを示している。この430 nmにおける α_{450}, β_{530}, γ_{560} の3個すべての吸収値を合計すると，プラスの値が得られ，これは白の応答を示す。以上の概略的な分析により，（白っぽい成分を含む）赤っぽい青が見られることが分かる。

α_{450}, β_{530}, γ_{560} の3個の吸収（受容器感度）関数の形が分かっているので，あらゆる波長について単位エネルギーあたりのこれらの関数値を上に示された3個の方程式に代入し，応答値を計算し，それらの符号を特定することができる。最大値が同じ値になるように恣意的に調整した3種の視物質を扱っているので，われわれがよく知っているような形をもった反対色と白黒の応答関数

（図2a参照）が，この計算によって得られたとすると，それはまことに驚くべきことであろう．しかし，実際には，そうはならない．それでも，3個の受容器感度（図2bに示されている）に対して適切な一組の重みづけ係数を決めることができる．これらの係数によって，それらの相対的な強度が変わり，したがって実験的に測定されている形と分布をもった応答関数（5章参照）を得ることができよう．単位エネルギー刺激に対する重みづけ係数を示すと，以下の方程式のようになる．

$$赤_\lambda/緑_\lambda = 0.37\alpha_\lambda + 1.66\gamma_\lambda - 2.23\beta_\lambda$$
$$黄_\lambda/青_\lambda = 0.06\beta_\lambda + 0.34\gamma_\lambda - 0.71\alpha_\lambda$$
$$白_\lambda/(黒_\lambda) = 0.01\alpha_\lambda + 0.15\beta_\lambda + 0.85\gamma_\lambda$$

視物質の吸収関数は（刺激の）混色データの単純な線形変換として表されるし（10章参照），白黒と反対色の応答関数は，上記のように，それ自身が視物質関数の線形変換であるので，視物質関数を無視して，混色のデータから直接に白黒と反対色の応答関数を引き出し，後者を前者を用いて量的に扱うことができるのではないか，という疑問をもつかもしれない．これは，まったく理にかなった疑問であり，平均的な白黒と反対色の応答関数と平均的な混色データとを結びつけるいくつかの式が導き出されている．応用的な色測定において使用するための標準として指定されている混色関数（CIE関数，20章参照）を使うと，白黒と反対色の応答関数は，以下の方程式を使って計算できる．ここで，$\bar{x}_\lambda$, $\bar{y}_\lambda$, $\bar{z}_\lambda$ は CIE 標準混色曲線のスペクトル三刺激値（ないし分布係数）である．

$$Y_\lambda/B_\lambda = 0.4\bar{y}_\lambda - 0.4\bar{z}_\lambda$$
$$R_\lambda/G_\lambda = 1.0\bar{x}_\lambda - 1.0\bar{y}_\lambda$$
$$W_\lambda/(Bk_\lambda) = 1.0\bar{y}_\lambda$$

にもかかわらず，簡単に測定される外界の刺激混合値と，ほぼ同様に容易に測定される白黒と反対色の応答関数との間に介在する視物質の吸収という面に関心をもつのは一体なぜなのだろうか．この関心の理由は，混色関数は順応が変わっても一定であるが，応答関数は一定でないためであり，さらに，この中間的な光化学的状態と，それが応答システムに与える効果に関心をもつことに

よって，はじめてわれわれは「色順応」の問題や，それに関連した色対比の問題に取り組むことができるからである．さらに，16章，17章，18章で分かるように，色覚異常の問題においても，視物質の吸収が応答関数とどのように関連しているかを理解することが必要となる．

しかしながら，これらの問題に入る前に，まず最近明らかになった電気生理学的証拠について論議したい．というのは，これらの証拠は，赤/緑，黄/青，白/(黒) という，仮説的な反対色過程に関連しているからである．これらの証拠によって，視物質による吸収と，さまざまなタイプの神経応答との間の関係の複雑な性質が確認されている．

基礎文献

Helmholtz, H. v. 1911. *Physiological Optics*, 3rd ed., Vol. 2. J. P. C. Southall (ed.). Optical Society of America, Rochester (1924). (Reprinted, Dover, New York, 1962.)

Hurvich, L. M., and Jameson, D. 1955. Some quantitative aspects of an opponent-colors theory. II. Brightness, saturation, and hue in normal and dichromatic vision. *J. Opt. Soc. Amer.* 45: 602–616.

Jameson, D. 1972. Theoretical Issues of Color Vision. In D. Jameson and L. M. Hurvich (eds.), *Handbook of Sensory Physiology*, Vol. 7/4, *Visual Psychophysics*, Chap. 14, pp. 381–412. Springer-Verlag, Berlin.

Jameson, D., and Hurvich, L. M. 1968. Opponent-response functions related to measured cone photopigments. *J. Opt. Soc. Amer.* 58: 429–430.

Judd, D. B. 1951. Basic Correlates of the Visual Stimulus. In S. S. Stevens (ed.), *Handbook of Experimental Psychology*, Chap. 22, pp. 811–867. Wiley, New York.

Palmer, G. 1777. *Theory of Colours and Vision.* Leacroft, London.

Wright, W. D. 1947. *Researches on Normal and Defective Colour Vision.* Mosby, St. Louis, Mo.

Young, T. 1802. On the theory of light and colours. *Phil. Trans. R. Soc. Lond.* 92: 12–48.

上級文献

De Valois, R. L., and De Valois, K. K. 1975. Neural Coding of Color. In E. C. Carterette and M. P. Friedman (eds.), *Handbook of Perception*, Vol. 5, *Seeing*, Chap. 5, pp. 117–166. Academic Press, New York.

Guth, S. L. 1971. A new color model. *Proc. Helmholtz Mem. Symp. Color*

Metrics, Driebergen, pp. 82–98.

Walraven, P. L. 1973. Theoretical Models of the Colour Vision Network. In *Colour 73.* The Second Congress of the International Colour Association, pp. 11–20. Hilger, London.

12 章
反対色過程と電気生理学

　神経細胞の物理・化学的変化が色覚の諸現象と関係しているとすると，その諸現象は，未だ解明されていない何らかの特殊化された神経活動の最終的な結果を直接読み取ることを可能にするはずである。これまでの章で，対比効果，残像，周辺視で見られる色，色覚異常，そして，われわれの色経験がもっとも効率的に体系化され秩序づけられている様子といったさまざまの視覚現象を取り上げてきたが，それはすべて，神経レベルでの色経験の「符号化」が三つの変数による反対色過程として組織化されていることを主張するためであった。つまり，神経系の反対色過程として三つの独立したシステムがあり，それらは赤/緑，黄/青，白/黒過程である，との主張である。

　しかし，この種の分析は推論上のことである。手続きがいかに巧みで，基本的前提が与えられたとしても，それによって，生起しているであろう物理・化学的事象の性質について，直接的な情報が得られることはない。ましてや，眼から脳にいたる解剖学的経路のどこで，重要な神経的事象が生じているかについての手がかりを得ることはできない。これらの過程をもっと直接理解する目的で，神経系の電気的活動をモニターし，眼が刺激されたときに種々の細胞に生じた電流（イオンの動き）を測ることが長い間行われてきた。

　適切な電極，増幅器，オシロスコープ，カメラが，受容器，神経線維，筋線維，シナプスでの事象，神経筋接合部などの分析に長い間使われてきている。コンピュータ・テクノロジーが今では広くこれらの実験で使われ，刺激の制御と結果のより洗練された分析が行われている。ここでのわれわれの主要な関心は，視覚的興奮に関連した神経事象にあり，記録された電流は光を用いて視覚受容器を刺激するか，電気刺激を用いて他の関連する神経細胞を刺激すること

によって発生させられたものである。

　細胞組織から記録された電位は，カリウム，ナトリウム，塩素のような種々のイオンの濃度，細胞膜の内壁と外壁でのそれらの濃度の差，ならびにある刺激が細胞を興奮させたときに生ずる，これらの異なるイオンに対する膜の選択的な透過性の変化に依存する，ということが分かっている。これらのメカニズムは他の教科書に詳しく載っている。この電位は**活動電位**（action potentials）とよばれ，それによって信号が迅速に神経系のなかを長い距離にわたって伝えられる。活動電位はニューロンの種類により大きさが異なるが，それぞれのニューロンは**全か無かの法則**（all-or-none law）に従う。ニューロンは発火するか，しないかのどちらかであり，発火したとき，そのスパイクの大きさは一定である。発火頻度（スパイク頻度）だけは与えられたエネルギーの変化にともなって変化する。

　神経系が，「二相性」の相反する応答を示す可能性があるという証拠は，今では非常にたくさんある。刺激されていないとき，多くの神経細胞は「静止」状態にあり，このときに，比較的ゆっくりした頻度での「自発的」発火を示す。刺激されると，これらの細胞は，二つの様式のいずれかで応答する。刺激条件に応じ，自発的活動レベルを基準にして，細胞は，発火頻度を増加させたり減少させたりすることができる。

　カエルの摘出眼を使って，Hartline は 1938 年に，すべての神経線維が，光

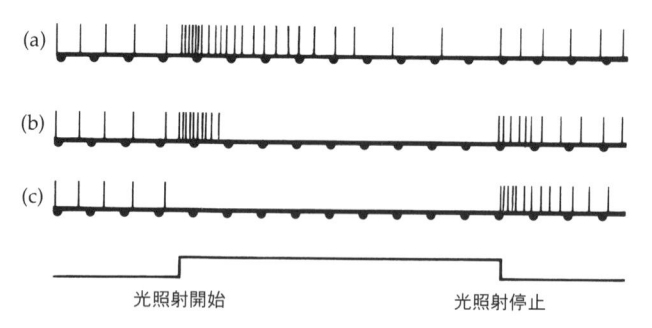

図1　カエルの網膜の視神経線維における**三種の応答**。(a) オン応答型細胞の線維。定常的なスパイク放電という形で応答する。(b) オン-オフ型応答細胞の線維。これは，光照射の開始時と停止時に応答を示す。(c) オフ応答型細胞の線維。これは，光の照射停止時のみに応答を示す。それぞれの記録では，刺激の提示時間を示す信号がタイム・マーカーの線上にある。マーカーの間隔時間は5分の1秒である。

照射の開始と終了に対して同じように応答するわけではないことを報告した。彼が発見したことは，眼の神経節細胞から出ている神経線維には，少なくとも，三つの異なる種類またはタイプがあるということであった（図1参照）。一つは**オン型細胞**（on-cells）で，光がついたとき，持続的なインパルスの発火があり，その後次第に静かになる。二番目は，**オン-オフ型細胞**（on-off-cells）で，光がついたときと消えたとき，短い一過性のスパイク発火を示す。これらのスパイク発火の間はまったく静かである。三番目は，光照射により自発的活動が抑えられ，刺激が消えると，一連のインパルスが生ずるというタイプの細胞である。

　Granit（1947）は，とりわけ，カエルやネコの視神経のオン型放電とオフ型放電が神経過程の真の生理学的拮抗性の表れであるという事実を確立した。実験条件を設定してオン型放電とオフ型放電が同時に同じ神経節細胞にぶつかるようにすると，それぞれが相手を打ち消し合うのが認められた。したがって，オン型反応相とオフ型反応相は互いに拮抗することが示されたのである。

　網膜の個々の細胞における波長に依存した神経生理学的応答は，最初に，浅瀬に住む魚の眼に取り組んでいたSvaetichinによって発見された。その研究で，彼が記録した電気的シグナルは活動電位ではなく，局所電位であった。活動電位とは異なり，**局所電位**（localized potentials）は，その名が示すように，わずかの距離でしか作用しない。また，活動電位と対比的に，局所電位は緩電位で，その応答の大きさは固定されていない。細胞体に刺入された微小電極で細胞内誘導された電圧の変化は，細胞に与えられた電圧にともなって変わり，エネルギー，たとえば光刺激のエネルギーにともなって変わり，また光刺激それ自体の性質にともなっても変わる。

　Svaetichinは，魚の眼に当てた光刺激の波長を順次変化させていったとき，記録される電圧の大きさが変化することを示した。同じエネルギーではあるが異なる波長の光に対して，応答の大きさが段階的に異なっていたのみならず，もっと驚くべきことに，彼は，ある細胞が，異なるスペクトル光によって，極性の反転した電気応答を示すのを発見した。単一の細胞の応答の電気的極性が，たとえばスペクトル光を短波長から長波長に変化させるにつれ，「マイナス方向」（過分極）から「プラス方向」（脱分極）に変化することを予測する理由はほとんどなかった。Svaetichinが一連の異なるスペクトル波長を用いて

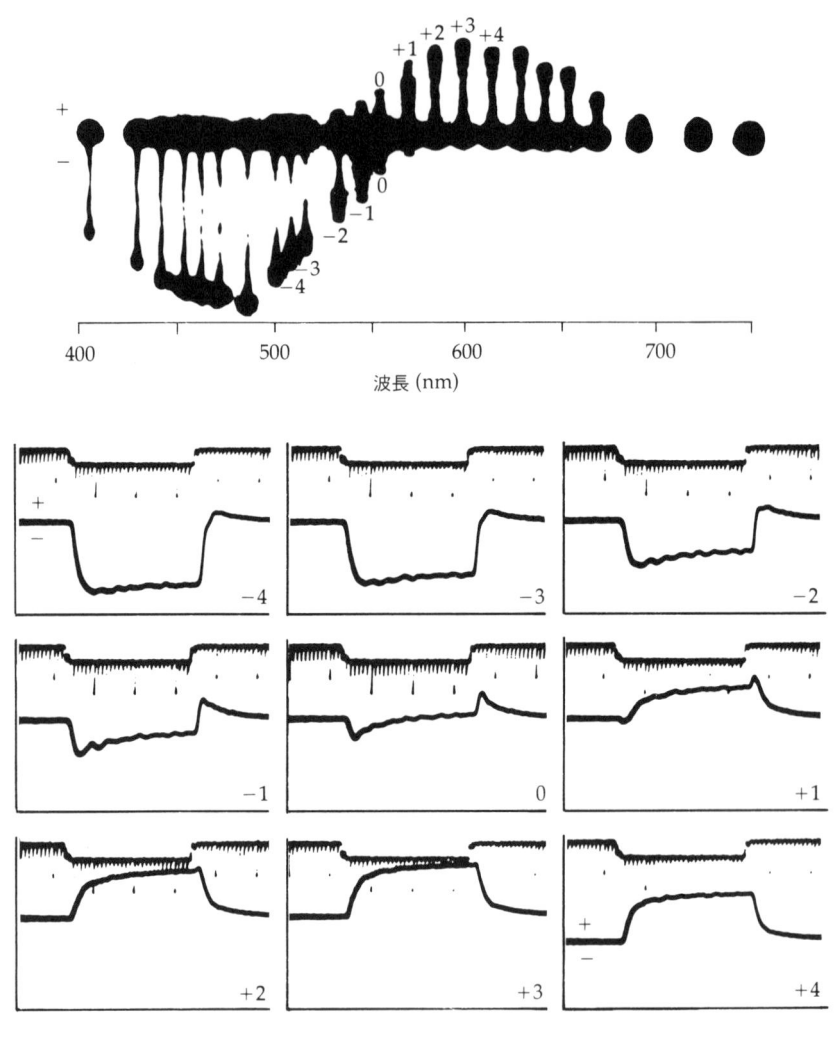

図 2 波長の関数として生起する単一細胞の**過分極応答**と**脱分極応答**。微小電極による局所緩電位の記録（この電位は，発見者 Gunnar Svaetichin をたたえて「S」電位と呼ばれる）は，魚の網膜から得られた。応答の極性と振幅は波長にともなって変化する。一つ一つの枠のなかの記録は，記録時間が拡大されている。

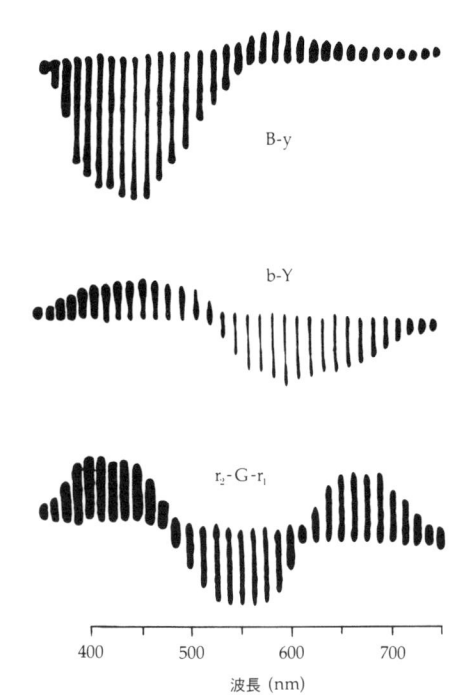

図3 波長の関数としての局所緩電位の極性の反転。

得た実験結果が図2に示されている。単一細胞が波長対立型応答を示すというこの発見に関連して重要なことは、多くの浅瀬に住む魚が十分に統制された行動実験により吟味され、色弁別が良いことが示されている点である。

　Svaetichin は二つの主要なタイプの細胞を報告した。一つは「C型」と彼が名づけたタイプであり、これは、波長が変わると段階的電位応答の極性の反転を示す。もう一つは「L型」と彼が名づけたタイプであり、波長が変化しても極性反転を示さなかった。彼はこのタイプの細胞を「白」とか明るさの応答に関与するものとみた。こうした緩電位はすべて、今では、Svaetichin の発見をたたえて、「S」電位と呼ばれている。波長を変化させたとき極性の反転を示す細胞のなかに、彼は、いくつかの異なるタイプのものを報告しており、そのいくつかが図3に示されている。これらの記録は、無論、人間で測定された反対色応答曲線を思い出させるものであり、B-y, b-Y, r_2-G-r_1 といったラベルは青/黄、赤/緑応答を表すよう意図されている。動物を対象とした心理物理学の技術を使って、魚がどのような波長弁別を行いうるかを確立し、魚の色

覚についてさまざまな推論を下すことはできる。だが,「赤」,「緑」,「青」などの言葉に関して,魚の視覚体験のなかにそれらと何らかの直接的な対応を示すものがあるかどうか,もちろん,それを知る方法は何もない。

　Svaetichin の実験結果は,今では多くの他の脊椎動物の網膜において,そして,異なる実験室で,異なった研究者によって確認されている。網膜でのS電位の出所は,今では,主に水平細胞であるということが認められている(10 章の図 12 を参照)。

　Hartline と Granit の両者が,オン型とオフ型のスパイク発射を記録することに関心をもっていたことはすでに述べた。Hartline はカエルに取り組み,Granit はネコやテンジクネズミ (guinea pig) のような哺乳動物に主として取り組み,網膜の水平細胞より「高次の」神経レベルで記録が行われた。彼らは神経節細胞や,視神経線維を形成するその軸索のレベルに取り組んでいた。しかし,Svaetichin の研究が発表されてから,初めて,電気生理学者たちは,スパイク発射がどのように緩電位事象に関連し,相関しているかに注意するようになった。その結果,波長対立型の細胞が,さまざまな生物体において,そして網膜から脳にいたる神経連鎖における水平細胞より高次の異なったレベルにおいて存在することを示すぼう大な証拠が得られた[*]。

　この研究の一例が図 4 に示されている。そこでは,異なる波長光に対するキンギョの単一神経節細胞の応答が示されている。波長の変化にともなって,極性を反転させる緩電位応答と同様に,この神経節細胞も,短波長光に対しては長波長光に対する場合とは異なった様式で応答する。短波長光が網膜を刺激すると,刺激のオンセット時に細胞からスパイクが記録され,刺激のオフセット時にスパイクが抑制される。長波長では,刺激が呈示されるとスパイク放電が抑制され,刺激が消えるとスパイクの発火が生じる。時には,オン応答が長波長の光刺激で生じ,オフ応答が短波長光で生ずる。図 4 b に示されているように,約 10 nm の小さな波長変化により,細胞の応答をオンからオフへと変えることができる。これらの応答は,拮抗的または反対色的細胞応答であり,前に論じた知覚の拮抗特性に関連すると考えられる。

　波長対立型の神経節細胞と視神経線維は,また,コイ,マカクザル,クモザ

---

　[*] 空間的な相互作用を示す拮抗的な反応については,13 章で論議される。

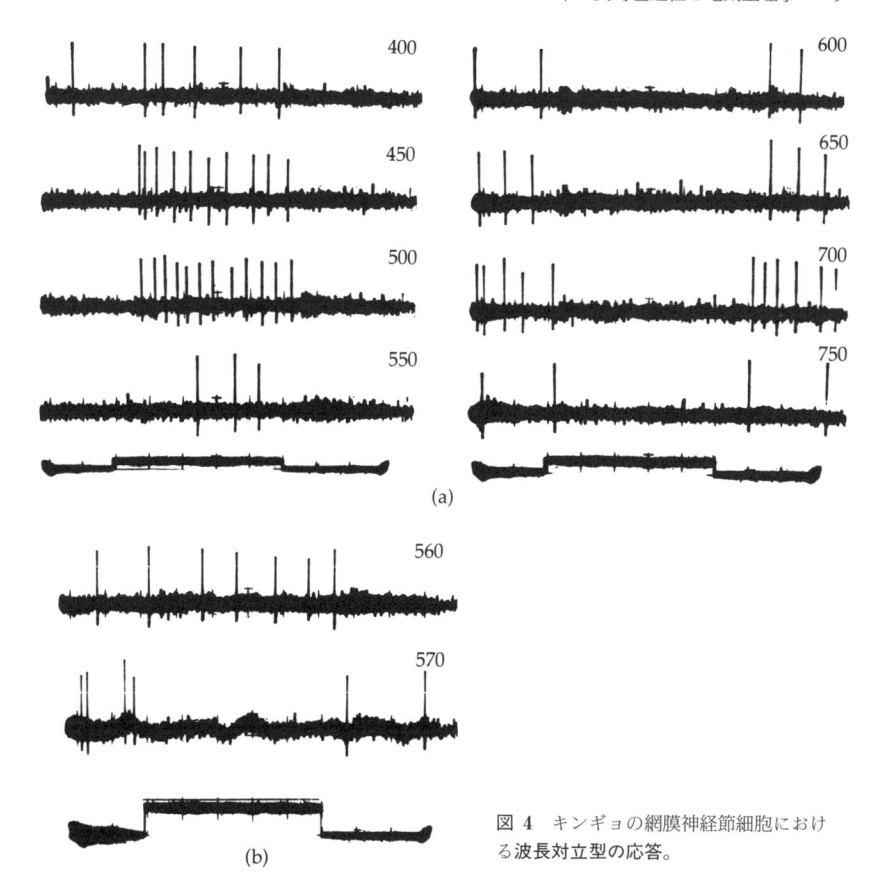

図 4 キンギョの網膜神経節細胞における波長対立型の応答。

ル，ジリスでも報告されており，キンギョでは，解剖学的に神経節細胞より高次の層である「視蓋」において似たように振舞う細胞が報告されている。さらに，同様な結果が，マカクザルやリスザルでは，視神経線維が終わる外側膝状体核（LGN）の細胞でも得られている。同じような細胞は，また，サルの視覚野のいくつかの部位でも見つけられている。図5には，マカクザルのLGNにおける波長対立型細胞についての一連の記録が示されている。マカクザルについては，以下でさらに言及する。たとえば，図5の波長586 nm と 603 nm に対する結果を見ると，586 nm の波長では，刺激されているときスパイクが見られるが，603 nm の波長では刺激されている間は自発的なスパイク発射は抑制され，後放電が生じる，というように変化するのが分かる。

波長 (nm)

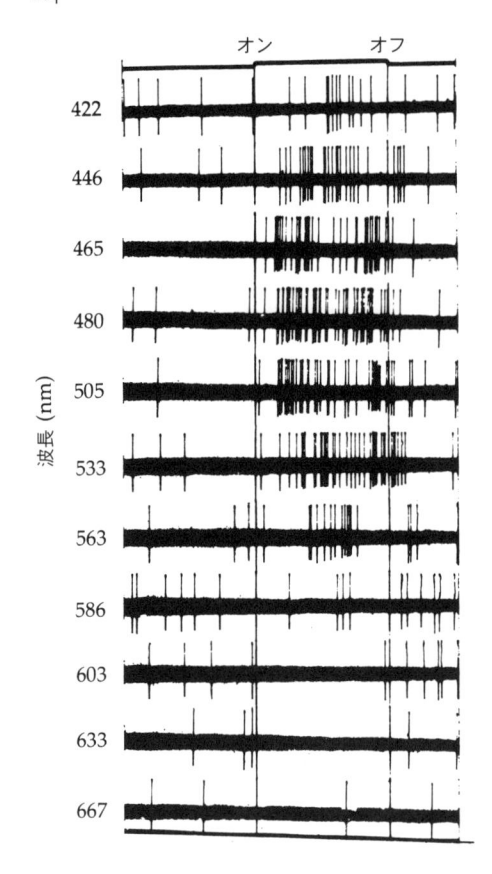

	オン	オフ
422		
446		
465		
480		
505		
533		
563		
586		
603		
633		
667		

図 5　マカクザルの外側膝状体核における波長対立型の応答。応答はそれぞれの記録に付記されている波長の光で引き出され，光刺激前，刺激中，そして刺激後にわたる 1 秒間の記録が示されている。

　これらのすべての証拠によって，もはや，神経系の細胞が異なる波長に対して対立型の応答を示していることは疑いない。こうして集積された証拠によって，もっとも懐疑的な人びとも納得し，神経生理学者たちは，神経細胞が二つのタイプの入力，通常，**興奮**（excitation）と**抑制**（inhibition）と呼ばれている入力の影響のもとで活動しているという事実を認めている。この二つの異なる入力は，それぞれ別の化学伝達物質により作用する。それらの物質は，それぞれ異なる受容器‒神経細胞（あるいは，神経細胞‒神経細胞）の間の接合部の間に放出または分泌され，共通のシナプス後部のニューロンを活性化する。こういった，たとえば神経節細胞のような細胞の出力は，二つの別々の種類の入力の差に依存する（図 6 参照）。神経節細胞は，持続的で自発的な興奮のあ

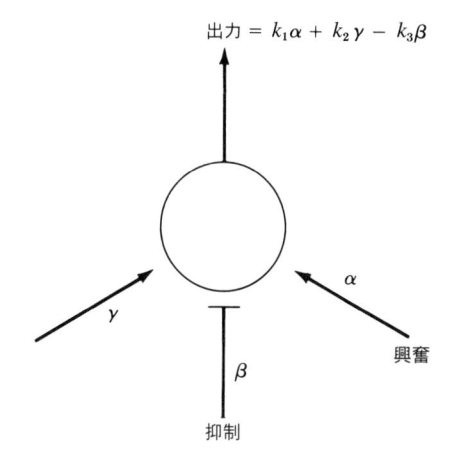

12章 反対色過程と電気生理学 165

出力 = $k_1\alpha + k_2\gamma - k_3\beta$

図6 細胞の出力は興奮性入力と抑制性入力の両方に依存する。α と γ という入力は興奮性のものであり，β という入力は抑制性のものである。出力は $k_1\alpha + k_2\gamma - k_3\beta$ であり，k は重みづけのための係数である。

るレベルを維持している（背景の発火頻度）ので，先ほどの二つの拮抗的な応答様式（興奮と抑制）は，この背景のレベルの発火頻度を増加させることと減少させることに関連している。個々の細胞への入力は無論，多数の興奮性入力と抑制性入力から成っており，ここで簡略化して述べたように二つということはない。

11章の図4には，三つの異なる視物質の吸収（上半分）と反対色的神経事象（下半分）との関係が示されている。本質的には図6（本章）に図式化されている種類の相互作用が単一の細胞において働いていると考えられている。たとえば，α からの抑制性の入力が β と γ という光化学的入力からの興奮より大きいとき，そのマイナス量は「青」を意味する。もし β と γ からの興奮性入力の和が，抑制性の入力より大きければ，その結果は「黄」の信号となる，などなどである。たとえばB/Yと名づけられた神経要素は，BまたはYどちらかの応答を示し，両方の特性を同時に示すことは決してない。

反対色過程型の色覚理論に関連し非常に大きな興味を引き起こした電気生理学的データが，De Valoisと彼の共同研究者たちの研究室から出てきた。

図7は，一連の異なるスペクトル光に対する，サルのLGNの単一細胞の反応結果を示している。図の上半分には，たとえば，スペクトル光を短波長から長波長に変えたときに，この単一細胞が示したスパイクの数が示されている。図の下半分には，スペクトル光を10 nm単位で変えたときに得られたスパイ

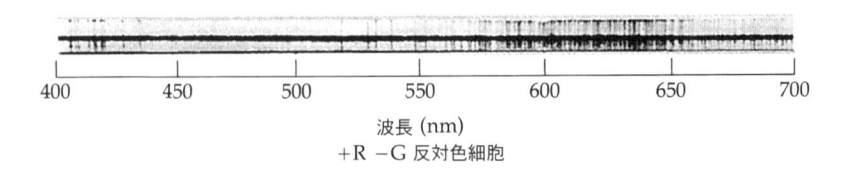

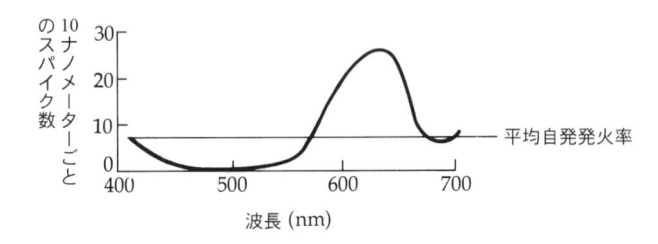

400　　　450　　　500　　　550　　　600　　　650　　　700
波長 (nm)
+R −G 反対色細胞

10ナノメーターごとのスパイク数

400　　500　　600　　700
波長 (nm)

―――― 平均自発発火率

図7　異なるスペクトル光に対するマカクザル LGN の**反対色細胞の応答**。上の図はモノクロメーターを用いて波長を変えながら応答を測定した結果を示す。下の図は，スペクトルの 10 nm 区分ごとに生じたスパイク数をプロットしたものである。細胞は，長波長の光で興奮させられ，短波長の光で抑制された。

ク数がプロットされている。注意してほしいことは，この細胞が短波長の光刺激で抑制され，長波長の光刺激で興奮させられることである。この発火パターンは波長対立型細胞の証拠であると考えられ，この例（図7）は，便宜上，+R，−G（+赤，−緑）細胞と呼ばれている。少し後で，これらの細胞の命名については再び言及する。

多数の LGN 細胞を調べ，得られた結果をまとめると，図8のようになる。基本的には，反対色的な赤/緑細胞，反対色的な黄/青細胞があり，さらに，もう一つ，白/黒信号を符号化すると考えられる非反対色的な細胞がある。二つの反対色型細胞と一つの非反対色型細胞が図8の左側に示されている。それらは，赤・興奮性で，緑・抑制性（+R，−G）の細胞，黄・興奮性で，青・抑制性（+Y，−B）の細胞，白・興奮性で，黒・抑制性（+Wh，−Bk）の細胞と呼ばれている。

図8の右側には，左側の発火パターンに対して本質的には鏡映像となる発火パターンをもつ細胞が示されている。これらは，+G−R 細胞，+B−Y 細胞，+Bk−Wh 細胞である。右側の「有彩色の」細胞は，左側の例で抑制が見られるスペクトル領域で興奮が引き起こされ，左側で興奮が見られるスペク

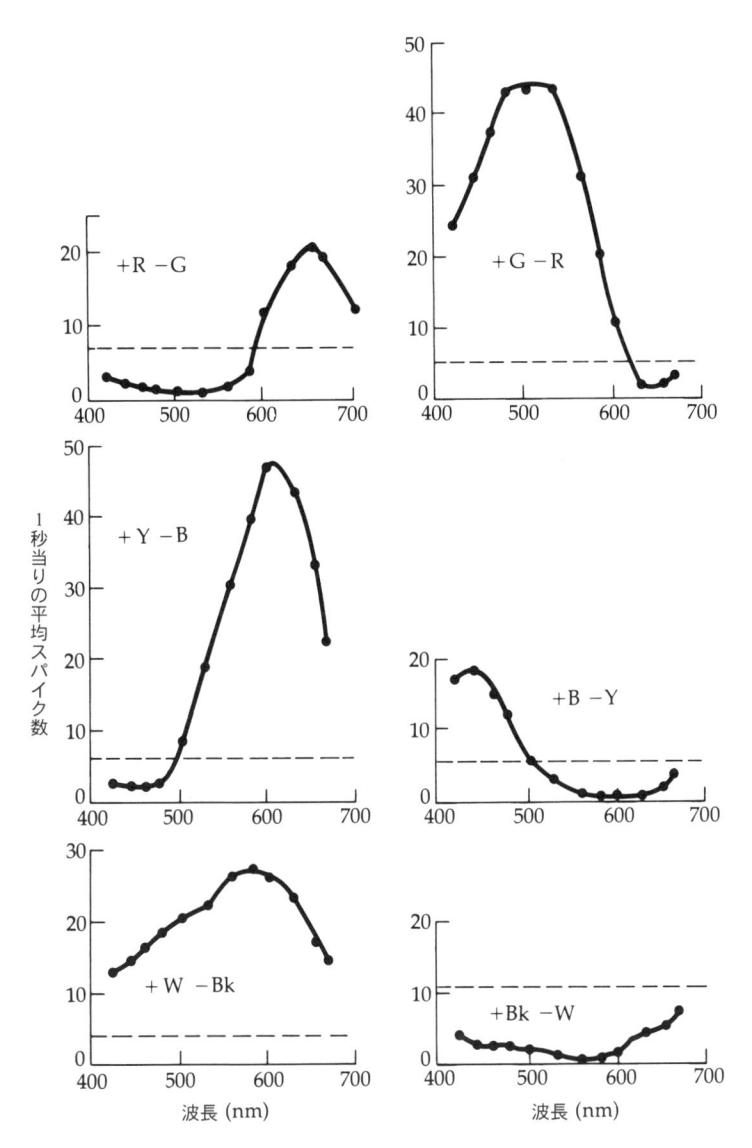

図 8 波長の関数として表された，6種類の LGN 細胞それぞれの**平均発火率**。多数のサンプルの平均値である。上の四つの細胞は反対色細胞であり，下の二つは波長非対立型細胞である。左側の細胞は，原則的に，右側の細胞の「鏡映像」である。

トル領域では抑制が引き起こされる。＋Bk －Wh 細胞では，全スペクトル領域で抑制性の反応パターンを示す。

　これらの結果は，かなり大きく一様な検査光フィールドを用いて見いだされたものであり，似たような結果が他の研究者によっても報告されている。これらの結果によって，高等霊長類の色処理の神経過程は，前の章で示された反対色的模式図に大変よく似た方式で体制化されていることを示す最良の証拠が得られたことになる。

　サルの LGN からの電気生理学的記録が，人間の反対色および白黒応答関数とその概略で似ているからといって，色情報を供給するために神経系がどのように組織されているかをわれわれが知っている，ということにはならない。しかし，われわれが，正しい道筋の上にいるという考えは，これらの電気生理学的データが得られているサルの色弁別の行動によって強く支持されている。その理由は，サルの弁別が人間の弁別ときわめてよく一致しているからである。分光感度，等色，色弁別（飽和度と波長弁別；15 章参照）といった行動上の測度はすべて，サルと人間の色覚系がきわめて類似した特性をもっているということを示している。したがって，これらの動物から得られる電気生理学的データを人間の色経験や色弁別と比較するために利用することは理にかなったことである。

　しかし，得られた電気生理学のデータによって，必然的にすべてが説明されるという信念のもと，極端に走ることのないように注意しなければいけない。二つの反対色システムと，一つの非反対色的なシステムからの情報が，どのように生理学的に統合されるのかという重要な問題が依然として存在する。対になっている反対色的過程は別々の細胞で生ずると仮定されているので，色経験を詳細に記述しようとするならば，別々のタイプの細胞の間で，活動のパターンがどう交流しているのか知らねばならない。独立した細胞（独立しているのであろうか）の興奮は，どこで，どのように比較されたり，組み合わされたりするのであろうか。

　他にも，未解決の問題がいくつかある。色相打ち消し法の実験で得られた人間のデータにより，二対の反対色的システム，すなわち赤/緑と黄/青システムが存在することは明確に確立された。電気生理学的データにおいても，二つの別個の反対色的応答システムの存在が，同じように厳密に確立されているのだ

ろうか。その答えは確かでない。個々の細胞からの記録は、細胞によってかなりの変動を示している。しかし、恣意的な基準を採用して、別個の分類を作り出し、興奮から抑制へのスペクトルにおける横断点やピーク応答のさまざまの分布に関して統計的検定がなされており、その結果、ちょうど二つのタイプの波長対立型の存在が示唆されている（もし鏡映像的なものも含めれば、四つ）。ただし、生理学的に異なるタイプ、すなわち赤/緑と黄/青は、一定のインパルス頻度を発生させるテスト刺激が、実験者にそういう色に見えるという理由でそのように名づけられたことを忘れてはならない。スパイクはスパイクでしかなく、色名などは持ち合わせていないのである。人間の精神物理学的データと知覚のデータがなければ、LGN の別々の細胞を適切なカテゴリーに選り分けるのは、もっとむずかしい仕事であろうことは確実である。

　さらに、LGN は視覚領への視覚情報の流れの中継場所と通常は考えられており、その情報のさらなる処理が、LGN を越えてからなされるということを忘れてはならない。周知のように、視覚領は大変複雑に組織化されているが、そこでの色の生理学的基礎についてわれわれが知っている情報は、かなり貧弱である。ここでは、一次視覚野における、色に特異な反応をする細胞といろいろな色に反応する細胞、そして、V 4 と名づけられている皮質領域での色に反応する細胞の存在について、ある程度の証拠があるとだけ述べれば十分であろう。

　完全を期するために、電気的応答は生きている生体の視覚系から、苦痛や傷害を与えずに記録できることを付け加えておくべきであろう。視覚誘発皮質電位（VECP）は、集合電気応答で、後頭皮質の上の頭皮に電極を装着して記録される。この VECP を用いると、光のさまざまの波長に対して異なった応答が生じることを示すことができる。また、生きたままの人間の皮質からの直接記録によって得られた実験データもあり、人間の反対色的応答を支持する証拠として提出されている。

　色以外の多種多様の情報（たとえば、形状、形態、パターン）の処理のための視覚皮質の体制は多くの研究者によって詳細に探究されている。眼/脳のシ

＊　電気的応答は、また、無傷の生体の角膜に電極を装着することによっても記録することができる。明所視順応条件下で結果が得られてきているが、網膜電位図はその特性が主として桿体の活動を反映する集合電位である。

ステムの種々のレベルがいかに相互関係をもっているか，二つの眼が視覚活動において，どのように統合されているか，その発達段階はどうなっているか，そして，視覚皮質は解剖学的見地から見て，どのような柱状構造として体制化されているかについて，かなりの情報が集められてきている。しかし，これらのトピックは，この本の枠を越えているので，興味をもった読者は，各トピックの詳細については，この章の文献で調べていただきたい。

私は，ここで，視覚系の基礎的な生理学的特性のいくつかを説明したが，たった一度しか言及したにすぎないけれども（しかも脚注で），波長対立型の生理学的システムだけでなく，空間対立型のシステムもある。さらに，空間対立型の複雑なシステムは，同時に，波長対立型であるかもしれない。13章では，空間的対比効果を取り扱い，この種の相互拮抗特性には神経学的基礎があることを示す。

基礎文献

Abramov, I. 1972. Retinal Mechanisms of Colour Vision. In M. G. F. Fuortes (ed.), *Handbook of Sensory Physiology.* Vol. 7/2, *Physiology of Photoreceptor Organs,* Chap. 15, pp. 567–607. Springer-Verlag, Berlin.

De Valois, R. L., and De Valois, K. K. 1975. Neural Coding of Color. In E. C. Carterette and M. P. Friedman (eds.), *Handbook of Perception,* Vol. 5, *Seeing,* Chap. 5, pp. 117–166. Academic Press, New York.

De Valois, R. L., Abramov, I., and Jacobs, G. H. 1966. Analysis of response patterns of LGN cells. *J. Opt. Soc. Amer.* 56: 966–977.

Gouras, P. 1972. S-Potentials. In M. G. F. Fuortes (ed.), *Handbook of Sensory Physiology,* Vol. 7/2, *Physiology of Photoreceptor Organs,* Chap. 13, pp. 513–529. Springer-Verlag, Berlin.

Granit, R. 1947. *Sensory Mechanisms of the Retina.* Oxford University Press, London.

Hartline, H. K. 1938. The response of single optic nerve fibers of the vertebrate eye to illumination of the retina. *Amer. J. Physiol.* 121: 400–415.

Kuffler, S. W., and Nicholls, J. G. 1976. *From Neuron to Brain: A Cellular Approach to the Function of the Nervous System.* Sinauer, Sunderland, Mass.

MacNichol, E. F., Jr., and Svaetichin, G. 1958. Electric responses from the isolated retinas of fishes. *Amer. J. Ophthalmol.* 46: 26–40.

MacNichol, E. F., Jr., Feinberg, R., and Harosi, F. I. 1973. Colour Discrim-

ination Processes in the Retina. In *Colour 73*, pp. 191–251. The Second Congress of the International Colour Association. Hilger, London.
Ripps, H. 1978. Electrophysiology of the visual system. *Invest. Ophthalmol. 17*: (Suppl.) 46–54.
Stevens, C. F. 1966. *Neurophysiology: A Primer.* Wiley, New York.
Svaetichin, G. 1956. Spectral response curves from single cones. *Acta Physiol. Scand. 39*: Suppl. 134, 17–47.
Svaetichin, G., and MacNichol, E. F., Jr., 1958. Retinal mechanisms for chromatic and achromatic vision. *Ann. N.Y. Acad. Sci. 74*: 385–404.
Svaetichin, G., Fatehchand, R., Drujan, B. D., Laufer, M., Witkovsky, P., Negishi, K., and De Testa, A. S. 1963. Interacción glia-neuronal: Su dependencia metabólica. Una nueva teoría acerca del funccionamiento del sistema nervioso. *Acta Cient. Venez.* Suppl. 1, 135–153.
Yager, D., and Thorpe, S. 1970. Investigations of Goldfish Color Vision. In W. Stebbins (ed.), *Animal Psychophysics*, Chap. 12, pp. 259–275. Appleton-Century-Crofts, New York.
Yamanaka, T., Sobagaki, H., and Nayatani, Y. 1973. Opponent-colors responses in the visually evoked potential in man. *Vision Res. 13*: 1319–1333.

上級文献

Brown, K. T. 1968. The electroretinogram: Its components and their origins. *Vision Res. 8*: 633–677.
De Valois, R. L., Morgan, H. C., Polson, M. C., Mead, W. R., and Hull, E. M. 1974. Psychophysical studies of monkey vision. I. Macaque luminosity and color vision tests. *Vision Res. 14*: 53–67.
Gouras, P. 1974. Opponent-colour cells in different layers of foveal striate cortex. *J. Physiol. (London.) 238*: 583–602.
Hubel, D. H., and Wiesel, T. N. 1968. Receptive fields and functional architecture of monkey striate cortex. *J. Physiol. (Lond.) 195*: 215–243.
Hubel, D. H., and Wiesel, T. N. 1972. Laminar and culumnar distribution of geniculocortical fibers in the macaque monkey. *J. Comp. Neurol. 146*: 421–450.
Jacobs, G. H. 1977. Visual capacities of the owl monkey (*Aotus trivirgatus*). I. Spectral sensitivity and color vision. *Vision Res. 17*: 811–820.
Zeki, S. M. 1973. Colour coding in rhesus monkey prestriate cortex. *Brain Res. 53*: 422–427.

13 章
空間的対比効果と同化効果

　1章では，一定のエネルギーと分光分布をもった小さな刺激フィールドが，それを取り囲むフィールドの照明が変わると，白から暗灰に変わる様子を検討した。図1aでは，二つの小さな円形領域は同じ量の光を反射しているが，左側の明るい背景のなかの円形領域は，右側のものよりも暗く見える，あるいは黒く見える。もし，一様な反射率の紙片に，二つの小さな円形領域と同じ大きさと隔たりをもった二つの穴を開け，この「覆い」を図1aの上において，二つの小さな円形領域が一様な背景のなかに見えるようにすれば，二つの領域の明るさは等しく見える，すなわち，二つの灰色は同じなのである。もし，二つの背景の互いの差が図1aよりも小さければ，二つの物理的に等しい円形検査領域の間の見かけの違いはほとんど分からない。

　この現象は，**空間的対比**（spatial contrast）（また同時対比，同時明るさ対比，および明るさ誘導）として知られている。知覚表象は神経事象の鏡であるから，一つの網膜領域に発生した神経活動は他の網膜領域で進行中の神経活動に影響を及ぼす。視覚機構の神経的体制を考えれば，網膜の隣接領域やそれに結びついた神経経路の間には，無視し得ない相互依存性が存在するであろうとは，容易に考えられるところである。

　比較的小さい検査刺激の見えは，近接刺激または周辺の，白または黒に依存し，通常，検査刺激の見えは，周辺領域または誘導領域とは反対の方向に変化する。周辺領域がだんだん白くなると，中心の検査領域はだんだん暗くなる，または黒くなる。また周辺がだんだん黒くなると，検査領域はしだいに明るくなる，または白くなる。図1bに，白から黒にわたる一連の背景のなかに提示された，大きさとエネルギーの等しい単一の小領域に関して，その効果がまと

(a)

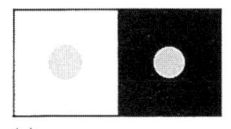

(b)

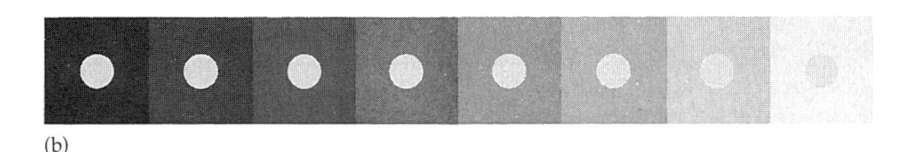

図1 同時的対比効果。(a) 中心の灰色領域の反射率は左右同じで，それゆえ明度水準も同じであるが，周辺の明度水準が異なる。(b) 8種類の正方形の周辺のそれぞれについて，中心の灰色領域の反射率は同じであり，したがって明度水準も同じである。他方，周辺の明度水準は，高い方から低い方へ階段状に変化している。

めて示されている。夜になると星が「現れる」と言われる。もちろん，星は常にそこにあるのであって，夜になると現れるのは暗い空と星の対比の結果に過ぎないということはよく知られているところである。

　これらの図を観察しているときに，眼を固定しておくための特別な配慮がなされない限り，継時的対比（14章参照）もまた一つの要因として介入してくる。しかし，1秒の何分の1といった，統制された短時間露出をすれば，これらの効果は，純粋に空間的な対比効果であることが明らかとなる。

　空間的対比効果は，もちろん，白/黒または無彩色の次元に限られたことではない。色図版2-2で，反対色相の対を含む対比効果の実例をすでに見てきた。その同時的色対比の例では，細長い帯が青い背景によって囲まれているときには黄色っぽく見え，緑の背景に囲まれているときには灰色っぽい赤に見えた。言うまでもなく，細長い帯から眼に達する物理的放射は一定であり，不変である。よい視覚効果をもたらすのに，狭い領域に灰色が使われるという事実をもって，対比効果がこれらの条件下でのみ現れると考えるのは，誤りである。周辺領域の中心におかれるいかなる刺激も，対比的作用の影響を受ける。このようにして，緑の背景の上の黄色の検査領域は，灰色の背景の上にある場合よりも，やや赤っぽく見え，同様に，赤の背景の上の青色の検査領域は，より緑っぽく見える。事実，青い背景の上の黄色の検査領域は，反対原理に呼応

して，灰色の背景の上にある場合よりもずっと黄色になり（より飽和し），黄色の背景の上にある黄色の検査領域は，黄色みがより少なくなる（不飽和になる）。色図版13-1は，色の違う2種類の背景が，同じ4色のセットに及ぼす効果を示している。

　これらの現象は，はるか昔から，とりわけ芸術家には知られていた。その効果は非常に鮮明であって，ときにはある種の色の見えが対比作用の結果であると人に信じさせることが難しい場合さえある。有名なフランスの化学者，Chevreulはいろいろな経歴をもっていて，1824年から1883年まではゴブラン織りのタピストリの工場の染色監督をしていたが，複雑に織られる色模様を製作する場合に起こる，実用的な視覚上の問題を分析する際に，対比効果をどう扱えばよいかということを書いている。たとえば，赤と黒の模様をもったサラサを契約した買い手たちは，黒の色合いが劣弱で注文の際に要求した黒よりも緑っぽい影をもっていると，不平を言うことがある。Chevreulは，黒の色合いは安定したものであることを確証していたのであるが，実際に染色家と織り手は正しく仕事をしたことと，模様が緑に見えるのは純粋に視覚上の問題であり，対比効果の結果であることを，買い手たちに納得させるためには，マスキング技法の助けを借りなければならなかった（適当に指定された切り抜きのある，一様な反射率の紙片を用いればよい——図1についての説明を参照）。適切に染料を扱うことによって，好ましくない色の見えは除去されうる。

　対比効果は，それを取り除くマスキング手法が示しているように，視覚の世界では常に働いている。しかし，この効果自体やそれに関連する神経機構に興味をもっている科学者が，この効果を強調する方策を発展しようとすることにはそれなりの理由がある。

　これまでに検討してきたような，また白黒の紙や色のついた紙が使われる単純な「背景型」の対比効果は，単に1枚の薄葉紙か半透明の白紙を刺激パターン全体の上に置くことによって強調されうる。これは，領域間の輪郭をぼかすとともに，色相の飽和度を下げるように働く。8章で検討したような種類のMaxwell円盤を用いることによって，検査領域と周辺領域の双方における白黒刺激と有彩色刺激の割合を変えて，効果を数量的に研究することができる（図2）。円環状の検査領域には，その内側または外側の周辺によって対比色が誘導されるが，その円環検査領域のディスクの割合を適切に調整することによ

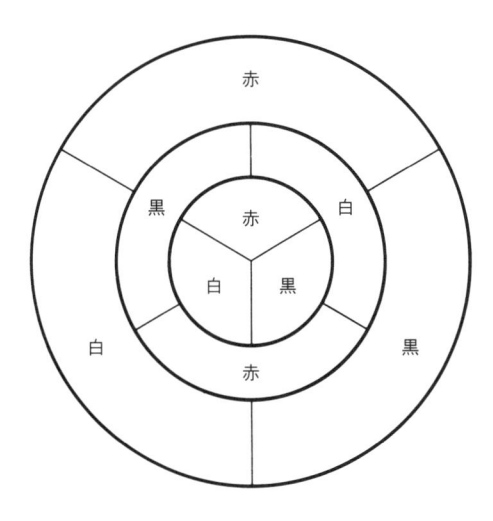

13章　空間的対比効果と同化効果　175

図2　回転円盤装置。同時対比効果を測定するためのもの。内側と外側の領域は誘導領域で，円環領域が検査領域である。誘導領域によって引き起こされる対比効果は，検査領域の色を適当に調整することによって打ち消すことができる。たとえば，誘導領域を赤にし，円環領域に何らかの緑を誘導する場合，円環領域に少量の赤を加えることによって，誘導された色を打ち消すことが可能である。

り，周辺のディスクによって引き起こされる対比色を打ち消すことができる。

　1世紀以上も前に，イタリアの天文学者 Ragona Scina は，鏡を使って鮮明な対比効果を引き起こす実験を考案した（図3）。それは，透明な色ガラスと，互いに直角に置いた2枚の白い厚紙と，2枚の小さな黒い紙を使っているだけである。二つの別々の光源を用い，それを不透明な物体の影を二つ投射するように配置することによって，確実に，きわめて驚くべき色対比効果がもたらされる。図4に，その手続きの要点が示されている。図5は，二つの影によって対比効果を発生させるための刺激事態を具体的に表している。

　色の影による対比効果においては，影になっているスクリーン上の「白」の部分が，周辺の色と反対色の色相を帯びる。この効果は，影を投げかける多くの棒を挿入し，その不透明な棒と二つの光源との位置関係を操作して影の濃さを変えることによって，多数の影をもった，一層複雑なパターンをつくるように拡張することができる。影を投げかける物体は不透明なものである必要はない。それらは不透明さの程度が違っているものであってもよいし，違った透明度をもつものであってもよい。より複雑な影絵を構成することによって，また暗さの異なる多数の影をスクリーン上に不規則に分布させることによって，異なった量の対比が，異なった領域に発生する。このように，単純な二つの影の場合から出発して，多色のイメージパターンをつくることができる。単純な二

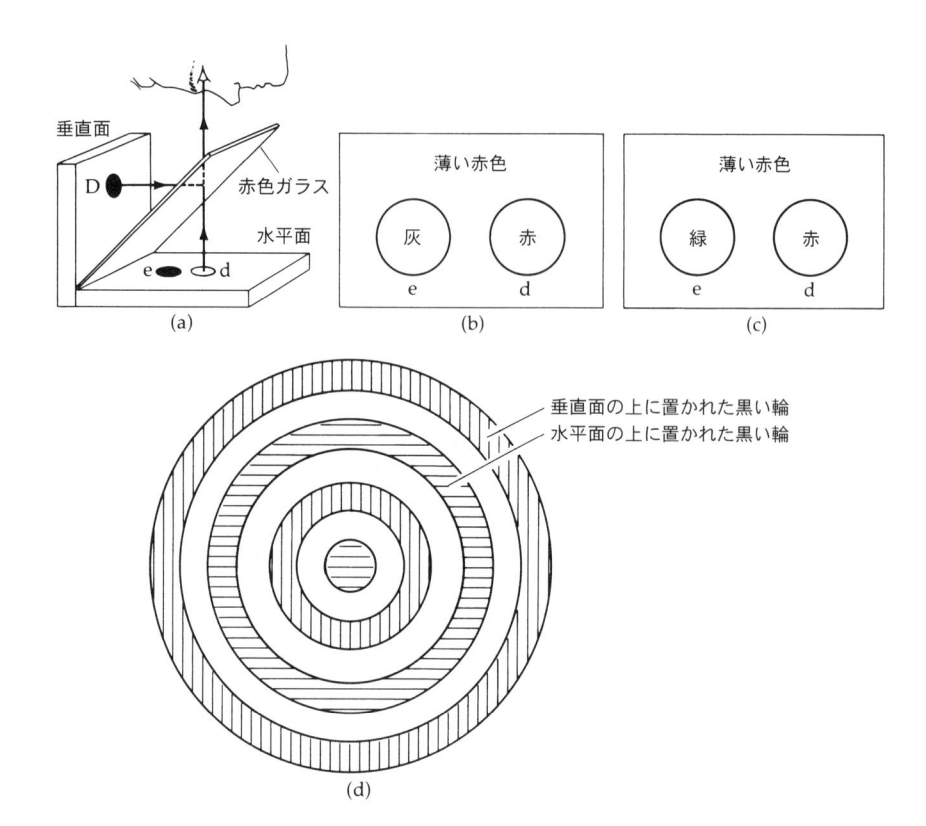

図3 同時色対比の実例。(a) Ragona Scina によって考案された鏡による方法。ガラスは，たとえば，赤色のものである。互いに直角な二つの表面，垂直面と水平面は非選択的な（色特性をもたない，白の）反射面である。上方からガラスを見下ろすと，垂直面からの光は，傾いた色ガラスの上面で反射するので，通常の屋内照明のなかでは主として「白色」である。色ガラス板を通過してくる光は，赤く見える。このようにして，観察者の眼に到達する光は混合されて，薄い赤色となる。もし，小さな黒い円盤がD点に置かれるならば，この領域からは白い光は眼に到達せず，その像はdの位置に見える。dの位置からの光は，赤色ガラスを通過しているので，赤色に（しかも，背景よりももっと赤く）見える。水平面上の，第2の黒い円盤eは，普通は黒に見えるはずであるが，その位置の傾いた表面から「白色」光が反射してくるので，灰色に見える。これらの刺激は，知覚上では，(b) に示されたように見えると思われるかもしれない。しかし実際には，(c) に示されたように見える。垂直と水平の面上に交互にだんだん直径が大きくなるようにして置かれた黒いリングは，一層際立った対比効果を作り出す (d)。

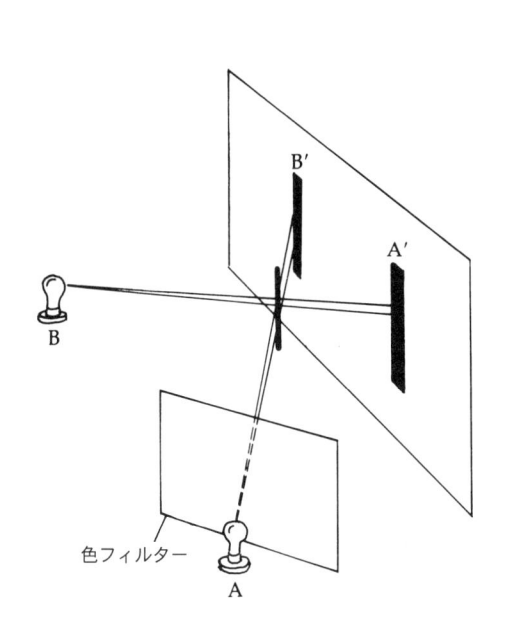

13章 空間的対比効果と同化効果 177

図4 二つの影による効果。同時対比を例示するためのもの。二つの白熱光源，AとBを暗室に設置し，不透明な物体，たとえば，棒を照明する。棒の背後の適当な距離の所にスクリーンを設置すれば，その上のA′とB′の位置に，棒の暗い影が二つ近接して見える。光源Aの光線のなかに，たとえば赤く見える色フィルターを置くと，光源Bからの放射光によって照明されるB′の影領域は緑に見える。しかし，領域A′は，棒が光源Bからの光を妨げているので，黄色みの光を受けることなく，光源Aからの光のみを受け取って，赤く見える。ここで光源Aを消すと，B′は黄色っぽい白に見える。光源Aが点灯されると，B′はただちに緑になる。光源AとBの相対的な光エネルギーを適当に調整すれば（これは，スクリーンから光源AとBまでの相対的な距離を変えることによって，きわめて簡単に実現できる），二つの影のうちどちらが，背景との対比によって色付いたものなのか，言い当てられないようになる。

つの影の実験の場合とまったく同じように，わずか二つの，たとえば，赤色と白色の光源を使っただけでも，飽和度の異なる多様な赤と緑やいろいろな灰色を帯びた影絵をつくることを想像してみるのは，それほど厄介なことではない。

従来からあるカラー写真の一つの手法，それは，3種類の異なるカラーフィルターを通して景色を写すことにより，黒-白の別々の陰画を準備するやり方であるが，それは色の付いた影の原理に基づいた顕著な色対比効果をつくりだすのに適用できる（図6）。「白色」光源と色光光源を用いる，この手法は，イーストマン・コダック社のRalph Evansによって，二つの適当な透過黒白写真（影を投射するもの）と結びつけて，きわめて効果的に示された。後に，ポラロイド社のEdwin Landは，驚くべき同時誘導または対比を示す，同じような複雑な影絵を製作した。彼の例証は，色相が光の特定の波長と直接的に結びついていると考えてきた物理学者たちを驚かせた。

同時対比の多くの側面，とくに刺激変数の変化がこの現象にどのように影響

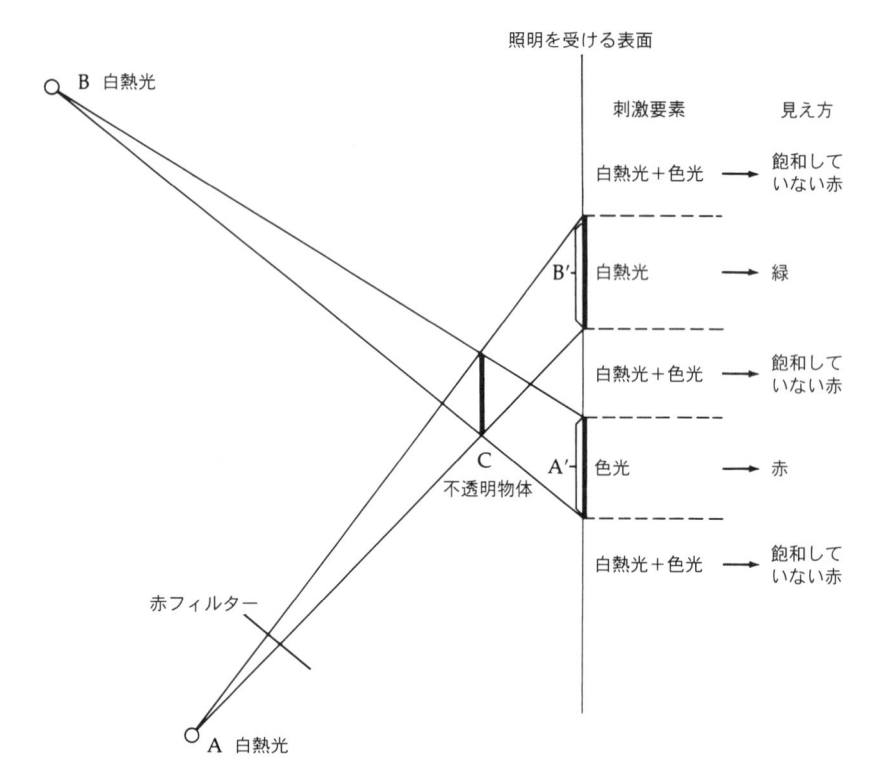

```
                    照明を受ける表面

          B 白熱光          刺激要素        見え方

                        白熱光＋色光  →  飽和して
                                        いない赤
                        ─────────
                     B' 白熱光     →  緑
                        ─────────
                        白熱光＋色光  →  飽和して
                                        いない赤
                        ─────────
                     A' 色光       →  赤
                   C    ─────────
                  不透明物体
                        白熱光＋色光  →  飽和して
                                        いない赤

      赤フィルター

          A 白熱光
```

図 5 光の分布。二つの影の効果において生じる状態。一方の影領域は広い波長帯をもった光源，すなわち白熱光の「白」によってのみ照明され，他方は赤色光によってのみ照明される。両方の影領域は，二つの照明の混合光によって取り囲まれる。対比効果は，黄色っぽい白色光だけで照明され，飽和していない赤刺激で両側を囲まれている影領域において起こる。誘導される対比色は光源の色に依存し，また，その対比効果は照明光源 A と B が互いにわずかしか違っていなくても得られる。

するかが研究されてきた。通常，変数変化としては，より大きな周辺領域のなかで見られる小さな中心領域における変化に関係するものであり，われわれの議論の大半は，大きな領域によって，より小さな領域に誘導される対比効果にかかわるものであった。しかし，空間的に近接した領域間の対比的相互作用は1方向的ではない，ということに注意しなくてはならない。

　同じ大きさの，互いに並んで置かれた二つの対象が，互いに及ぼす対比効果を実験的に調べてみれば，同時色対比は視野の異なった部分間の反応様式の異なる対比的相互作用であるということが，明らかになる。色の同時対比効果が

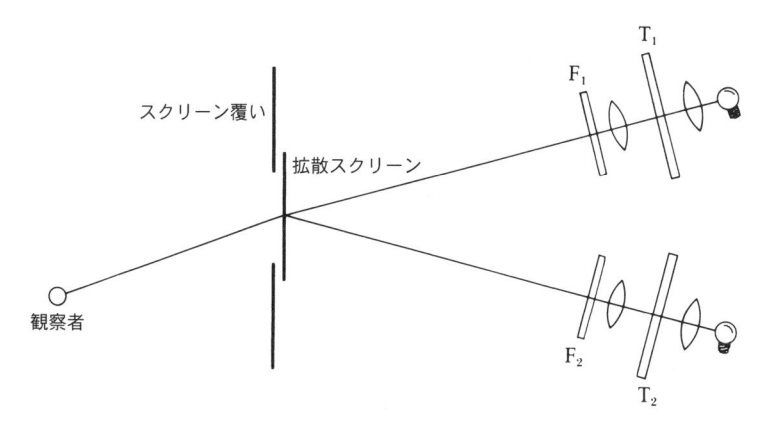

図 6 多数の影を投影する装置。二つの黒白の透明陽画（ポジフィルム）を，カラー写真の手法を用いて準備する。一つの光景が2度，その都度異なった色フィルターを通して，たとえば1度は黄赤，つぎは黄緑のフィルターを通して写される。次いで，これらの透明画（T_1とT_2）を同じ拡散的なスクリーン上に投影して，それらが重なるようにする。投影用のフィルターは黄赤（F_1）と中性（F_2）である。同時対比効果のため，見える色は種々な，飽和度の異なる黄赤だけに限られることなく，青，黄，青緑，および灰色もまた見える。

どのように働くかを測定する簡単な方法は，まず小さな色刺激，たとえば黄赤を，それを取り囲む黒または暗い周辺領域のなかに置くことである。仮に，この小さな色正方形を「焦点」領域とよぶならば，色を特定するための道具となる，一連の標準化されたマンセル色票（20章参照）を用いて，この焦点刺激にもっともよく合う，またはよく似たマンセル色票を選ぶことが可能になる。次いで，最初の（黄赤）刺激の隣りに，第2の異なった色刺激，たとえば緑刺激を置いて，最初の刺激を背景に用いられたと同じ黒の試料で覆うことができる。第2の刺激，緑刺激もまた，それともっともよく類似しているマンセル色票を選ぶことによって，色合せをする。われわれはこのようにして，別々に見られた二つの刺激を，特定または「測定」した。

今度は，両方の刺激を同時に，暗い周辺のなかに互いに辺を接して提示する場合を考えてみよう。刺激事態は，図7aに示されているとおりである。観察者は，左側の，任意に焦点領域として指定された黄赤の正方形（F_1）を見て，その右側の，仮に誘導領域と名付けられた緑の領域（I_1）が存在する事態で，その色の等価判断をすること（ここでは，色合せをすること）が要求される。等価判断の手続きは，上掲の例の最初の段階の場合と同じである。すなわち，

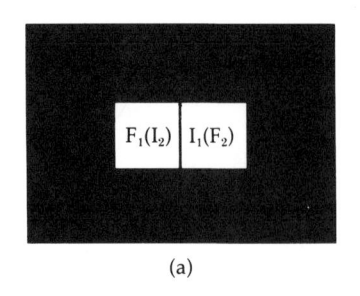

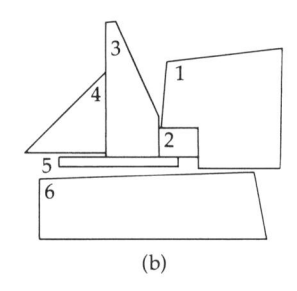

図 7 **実験的な配置**。色対比効果を測定するためのもの。(a) 焦点領域と誘導領域。(b) いろいろな形と大きさの六つの要素刺激から構成された複雑な検査刺激パターン。

左側の焦点刺激の色にもっともよく合うと判断されるマンセル色票を選ぶのである。この等価判断手続きを，今度は逆にする。すなわち，緑の刺激を焦点刺激（F_2）と見なし，観察者はそれを，隣接する黄赤の刺激（I_2）が存在するなかで凝視し，間近に置いた一連の標準マンセル色票と焦点検査刺激とを交互に見較べて，等しく見えるマンセル色票を選択する（もちろん，継時対比がある程度まで関与するが，このことはそれを論じるときまで無視することにしよう。14 章参照）。

誘導領域（I_1）が存在するなかでの，焦点領域（F_1）に対してなされた等価判断を分析してみれば，この事態では，観察者は F_1 が単独で見られるときよりもいくらか赤っぽく見えるマンセル色票を選ぶことという結果が得られる。また，F_2（F_2＝焦点領域としての緑領域）は，I_2（黄赤）が存在するときには，F_2 が単独で判断されるときよりも，わずかに緑っぽく，多少青っぽく見えるマンセル色票と等価だと判断される。単独条件（暗周辺）で提示された個々の刺激に対して等価と判断されたマンセル色票と誘導刺激の存在するなかでのそれとの間の差を記録すれば，それらの差は発生した対比量の測度となる。この実験を行うことで，対比効果は相互的な「2 方向的な」効果であることが明らかになる。

もちろん，相互的な対比効果を研究するためには，図7aにおけるように，互いに直接接している二つの検査領域に実験を限る必要はない。この問題に関しては，対象の大きさが同じである必要もない。事実，Dorothea Jameson と私は，全パターンが図7bに示されるような場合の対比効果について研究した。ここでは，われわれは，六つの相異なる形をした領域のそれぞれが単独で

見られたときの見え方と比較して，それらが全体的な配置関係のなかで見られたときの，それぞれの見え方がどうなるかに着目した．それぞれの領域は全体的なパターンによって影響されることが分かり，当然のことながら，異なった領域は幾分異なった様式で影響を受けるという結果を得たのである．

複雑な相互の対比相互作用をさらに体系的に研究するためには，大きな背景のなかの，五つの小さな正方形から構成された，図8aのような，より規則的なパターンを用いることができる．それを使えば，焦点パターンがそれに接する隣りの刺激によってどのように影響されるかを測ることができるだけではなく，焦点領域と誘導領域が角のところでだけ接している場合や，焦点領域と誘導領域が直接隣接せずに，暗領域によって隔てられている場合には，それがどう変わるかもまた調べることができる．図8bを見れば，焦点領域と誘導領域のもっと異なった組合せを用いることも可能だということが明らかになる．

一連の組織的な実験は，まず図8bに示すような2要素の空間配置について行われた．元の実験についてその詳細をすべて示すよりは，むしろここでは，等価判断〔色合せ〕によって選ばれたマンセル色票の特定値は，CIE表色系の

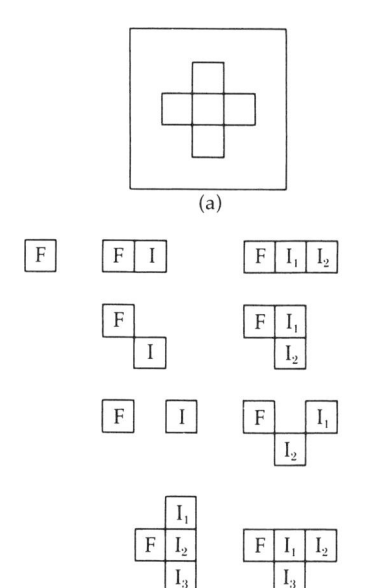

図8 複雑な検査刺激パターン．(a) 色対比効果を測定するために用いられる，正方形の背景上の五つの同じ要素図形．(b) 刺激パターン (a) から抽き出される焦点領域と誘導領域の組合せ．

3刺激値 X, Y, Z に変換され得ることを言っておけば充分であろう（20章参照）。CIE の標準化された混色値 X, Y, Z は，今度は，他のいかなる混色による測度とも同じく，反対色方式の数量化された色反応値に変換され得るので（9章参照），対比効果は知覚上の概念によって分析可能となる。このようにして，一定の領域が単独で存在する場合における（すなわち，誘導領域が存在しない場合における）赤または緑の程度および黄または青の程度と，他の誘導領域が存在する場合について測定された赤または緑の程度および黄または青の程度とを決定したとすれば，測定された色相性質の，二つの条件に対する差は，その領域の知覚された色相の変化の仕方を表すことになる。この変化は，誘導領域の色反応もまた暗周辺を遮蔽用の領域として用いて別に評定されるので，それと比べてどのくらいであったかが表される。

二つの正方形が辺で接している場合の対比効果は，角だけで接している場合の2倍となり，他方，後者の場合には二つの正方形が一つの正方形の「間隔」分だけ分離している場合の2倍の効果をもつということを，われわれの測定は示している。このことを考慮して，3種類の接触条件に対して，4：2：1の比で空間的相互作用の効果度を「重み付け」すれば，赤または緑の程度および黄または青の程度が誘導刺激の色反応の強さに対応付けられることをわれわれは見いだしている。そのことは，図9と図10に示されるとおりである。

$+\Delta R'$ 値は赤方向の増分を表し，$-\Delta R'$ 値は緑の増分である。すなわち，$-\Delta R'$ 値が大きいことは緑の増分が大きいことを示す。横軸の値，$+R'$ 値は誘導領域の赤の程度を示す値である。プラスとマイナスの Y' 値および $\pm\Delta Y'$ 値は上と同じ意味をもつが，黄/青次元に関わるものである。誘導領域の赤が増大すると，焦点領域はだんだん緑になること，ないし赤が少なくなること，および誘導領域の黄色が大きくなるにつれて，焦点領域はだんだん青くなること，あるいは，黄色が少なくなることが，二つの図から導かれる結論である。言うまでもないが，図において別々に示された異なった色の変化は，同時に起こりうるし，実際にも起こることが分かった（すなわち，黄赤の誘導領域が存在した場合には，誘導された色は青緑であった，などというように）。

これらの特定の条件に関して，近接する誘導刺激によって焦点領域に誘導される色反応 $(R\text{-}G)_i$, $(Y\text{-}B)_i$ は，二つの刺激領域がどのような接近の仕方をしていても反対色的であるが，その大きさは周辺の誘導領域によって引き起こ

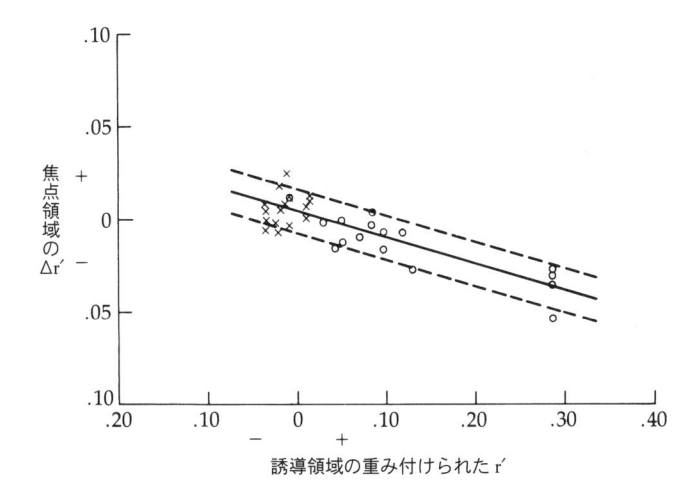

図 9 赤または緑の程度の変化。焦点領域について,単一の誘導領域の赤または緑の程度に関係した変化。結果は,焦点領域と誘導領域の分離の程度に関して,適宜重み付けされている。

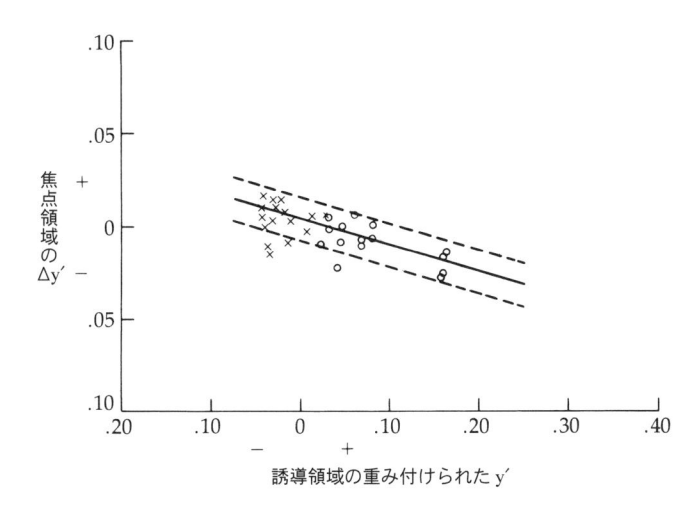

図 10 黄または青の程度の変化。焦点領域について,単一の誘導領域の黄または青の程度に関係した変化。結果は,焦点領域と誘導領域の分離の程度に関して,適宜重み付けされている。

される色反応，(R-G)$_s$，(Y-B)$_s$ に比例する．すなわち，

$$(R\text{-}G)_i = -k_1(R\text{-}G)_s$$
$$(Y\text{-}B)_i = -k_2(Y\text{-}B)_s$$

と書くことができる．

ここで，k_1 と k_2 は誘導係数であり，赤/緑反応系および黄/青反応系の両方に対して同じ値をもつように思われる．そして，これらは二つの領域の近接の度合いに系統的に関係付けられるように思われる．このようにして，焦点領域と誘導領域がそれら自身の幅だけ分離している場合には，$k = -0.14$，領域が一つの点で接している場合には，$k = -0.28$，そして両領域が共通の辺をもっている場合には，$k = -0.56$ となる．これは，上記の4：2：1の比を反映している．

これまでの検討では，一対の小領域が辺を接して並んでいる場合，互いに対角線上に並んでいる場合，一つの正方形分だけ離れている場合を取り扱ってきた．もっと複雑な刺激事態については，どうであろうか．

刺激配置のなかに複数の誘導領域が存在する場合には，われわれは，焦点領域が受ける誘導色効果を取り扱わなければならないだけではなく，複雑に構成された誘導図形自体の，いろいろな領域間の相互的な対比作用もまた取り扱わなければならない．たとえば，網膜像面の三つの違った点，P_1，P_2，P_3 を考えてみよう．P_1（焦点領域）だけが照明されるとき，ある種の視覚反応が生じる．P_2 が P_1 と一緒に照明されるとき，P_1 への反応は同時に与えられる P_2 刺激によって変化する（また，その逆も起こる）．さらに，P_3 刺激が加えられると，P_2 の効果は（P_3 からの誘導によって）変化し，そのために，変化した P_2 によって与えられた，P_1 における誘導効果もまた変化を受ける．誘導は相互的であり，また相反するものであるので，付加的な誘導（周辺）領域の導入は，任意に選ばれた焦点領域にもたらされる変化に関して，単純な加算的効果を示さないことは明らかであると思われる．むしろ，周辺刺激のパターンが複雑化されると，付加的な要素間の相互作用は，全周辺刺激領域の増加の効果を相殺する傾向をもつであろう．

したがって，複雑な刺激についてのわれわれの分析は，それを構成するすべての領域間の相互作用が，個々に働く周辺刺激の効果の加算よりは，むしろ平

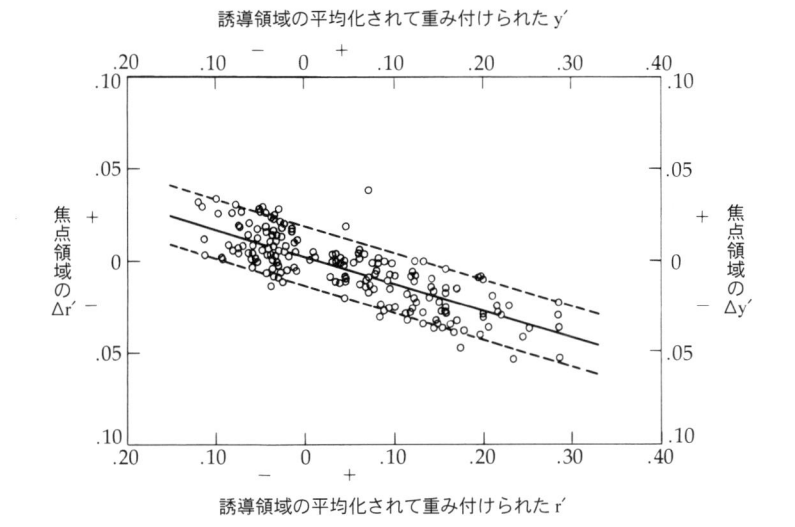

図 11 焦点領域の色みの変化と誘導領域の平均的な色み。赤または緑および黄または青における変化。結果は，焦点領域と誘導領域のいろいろな分離関係の程度に関して，適宜重み付けされている。

均化をもたらす，という作業仮説に依拠している。このようにして分析された複雑な周辺に対する数量的データは，単一の一様な誘導領域によってもたらされる対比効果に関して見いだした結果と，本質的には同じである（図11）。誘導効果は，視野のなかのすべての興奮要素間の相互作用から生じる結果である。

　刺激領域間の相互作用は，焦点領域と誘導領域のエネルギーと色が異なるような事態に限られると考えるのは，当を得ていないであろう。刺激図形におけるすべての要素が同じエネルギーをもっていても，その要素間には相互作用が発生する。このようにして，一定の反射率をもった単独の刺激対象も，もしその空間的な大きさが変わると，一様な暗周辺のなかにおいてさえも，その見え方が変化する。大きさの変化は，色相，飽和度および明るさの変化をもたらす。たとえば，色刺激は通常，その視角が増加すると約20度まではその飽和度が増大するが，その大きさを越えると，その飽和度は減少するようである。大きさの変化にともなって色相もまた組織的に変化する。青緑に見える対象は，その網膜像が非常に小さくなると，青みがずっと減るか，単に緑っぽく見

えるようになる傾向がある。そして，黄赤に見える対象は，非常に小さくなるとその黄色みを失う。色をもった対象が小さくなればなるほど，それが赤であるか緑であるかはまだ確信をもって言えるときでさえも，それが黄色であるか青であるかを見分けることはますます難しくなる。この大きさ効果は，「小領域第三色盲」と呼ばれ，第三色盲として知られている，ごく稀な型の先天性の色覚喪失と関連している（17章）。もちろん，網膜像が充分に小さくなれば，対象の客観的な明るさが減少し始めなくても，その見かけの明るさは暗周辺のなかで消失する点にまで減少するであろう。はるか離れた星を見るのに望遠鏡が使われるのは，このためである。

他方，相互的で相反する作用のために，大きな一様に照明された領域は，単一の小さな領域よりも明るさがずっと減少して見える。（明らかに，どんな大きな領域も，多くの同じ単位面積の，個々の要素から構成されていると考えられる）。このことを理解するためには，たとえば，一様な雲を片眼で制限なしに自由に見るときの見え方を，一枚の大きな黒いボール紙か紙片に開けた，やや小さな穴を通して見たときの見え方と比較してみればよい。同様に，大きな暗い表面は，そのいかなる小部分でも，それが明るい視野のなかで単独で別々に見られたときよりも，より明るく見える。大きな領域のあらゆる要素間の相互作用は，その大きな領域の明るさを減じたり，場合によってはその暗さを減じたりする。

これまでに述べてきたような種類の対比効果は，対比が誘導されるような面領域全体にわたって一様であるように見えるところから，これらの対比効果は**面対比**（surface contrast）と名付けられてきた。知覚色の一般的な定義は，これらの対比効果を考慮しなければならない。そして反対色的な公式の形でつぎのように書くことができる。すなわち，

$$C = f[(r\text{-}g)_f + (r\text{-}g)_i, \ (y\text{-}b)_f + (y\text{-}b)_i, \ (w\text{-}bk)_f + (w\text{-}bk)_i]$$

ここで，焦点領域に誘導される色反応は，すでに見てきたように，反対色的な様式で周辺における色反応とかかわり合っている。

---

* 大きさの変化と光水準の変化の間には，パラレルな関係があること〔同一または類似の効果があること〕に注意すべきである。

白黒反応についても，同じことが当てはまり，焦点領域と周辺領域の両方の反応の大きさは，光水準に関連付けることができる。ある領域における反応は，それ自身の光に対する第一次反応，ならびに隣接領域における神経活動によってそこに誘導される反応とから成り立つ。すなわち，

$$R_f = cL_f^n + I_f$$

ここで，L_f^n は冪乗(べき)された焦点領域の光水準，I_f は焦点領域に誘導された活動，そして R_f は焦点領域の反応である（c は定数）。同じく一般化された関係が，s の文字で表示される周辺領域に関しても成り立つ。すなわち，

$$R_s = cL_s^n + I_s$$

誘導された活動 I_f と I_s はそれぞれ隣接領域の反応活動に正比例し，そして反作用的であるから，つぎのように書くことができる。すなわち，

$$I_f = -k_1 R_s$$

および

$$I_s = -k_2 R_f$$

そこで，簡単な代入によって，白黒色反応に関しても，焦点領域と周辺領域の光刺激に対する反応を表す，二つの方程式が得られる*。すなわち，

$$R_f = c_1(L)_f^{1/3} - k_1 R_s$$

および

$$R_s = c_2(L)_s^{1/3} - k_2 R_f$$

Ernst Mach は，エネルギーが異なる二つの領域間の辺縁に生じる強い，思いがけない，劇的なともいうべき対比効果にはじめて着目した。いま，エネルギーが異なる，一様に照明された二つの領域が，互いに辺を接して置かれると，その面は明らかに異なった明るさに見える。次いで，二つの領域間の境界

---

* 冪指数 1/3 は測光量 L に適用される，実験的に決定された値である。

または辺縁を注意深く，しっかりと観察してみると，より明るい領域はその境界のところに強調された明るい線をもち，より暗い領域はその境界のところに強調された黒い線をもつことが分かる。この効果は，図12のような白-灰-黒のステップ状の面を用いれば，一層明瞭になる。各ステップ内の光エネルギーが一様に分布していても，各辺縁では対比が高められた状態になる。

　エネルギーが異なり，したがって明るさが異なる二つの領域が接しているときに見られる，強い対比効果は，見れば分かるとおりの理由で，**境界対比** (border contrast) あるいは**辺縁対比** (edge contrast) と呼ばれる。近年ではまた，「マッハ・バンド効果」または「マッハ対比」とも呼ばれるようになってきた。これらの効果は，二つの領域の間が急峻に変化する場合よりも，むしろ徐々に変化する場合にとりわけ強い。もし，日の光に照らされた不透明な衝立ての縁の陰が一様な白い表面に投げかけられると，光の分布は図13aに示されるようになる。結果として，pの位置に比較的明るい帯が見え，qの位置に比較的暗い帯が見える（図13b）。図13aに示されるような刺激分布に関して，明るさが変化する様子の概要を描写することができる（図13c）。

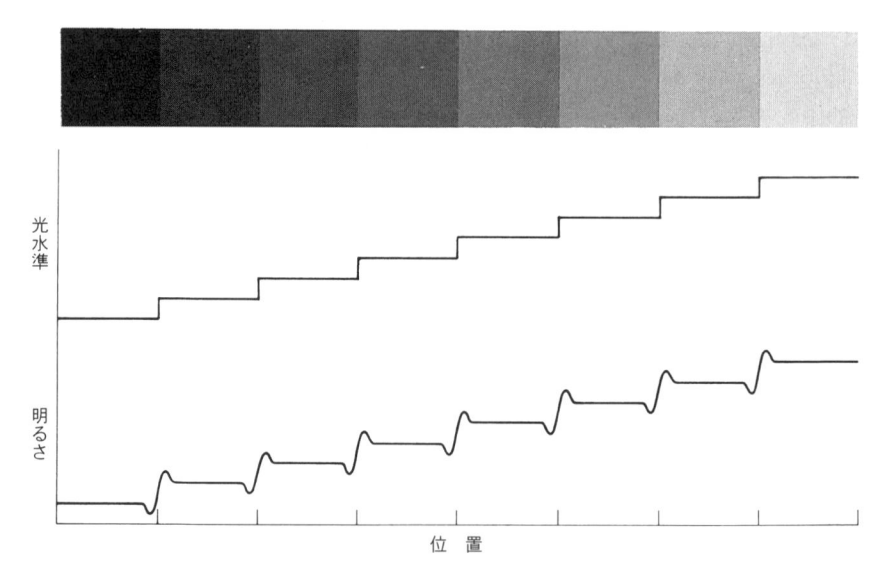

図 12　辺縁対比効果。白-灰-黒の系列から成る各表面の強さは一様であるにもかかわらず，それぞれの辺縁ではその両側で相対的な明るさの増加と暗さの変化が生じる。

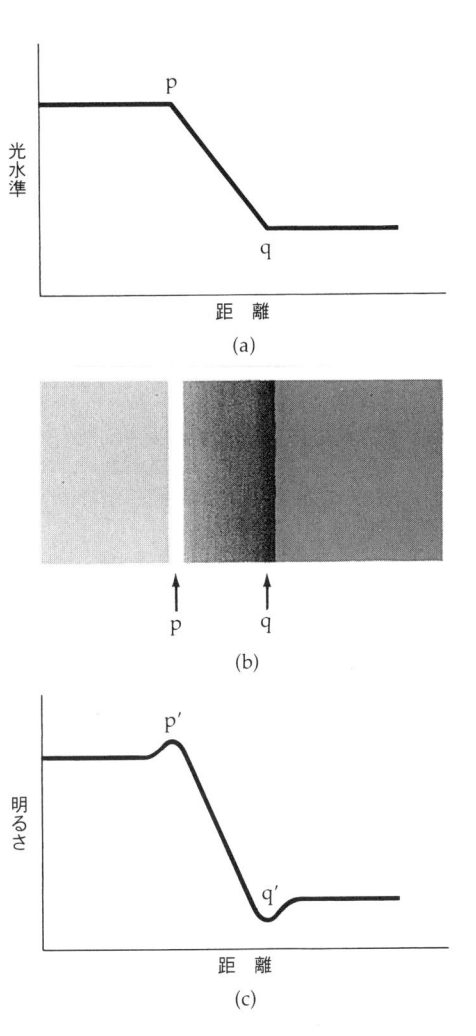

図 13 光の分布とその視覚的効果。(a) 太陽光のなかの不透明な衝立ての縁によって，一様な白い表面に影が投げかけられたときの光の分布図。(b) (a)に見られるような光分布によって生じるマッハ・バンド効果の模写。(c) マッハ・バンドが見られるときの，明るさの変化を示す図。

　異なった勾配の刺激エネルギーの分布は，巧みに図案化された黒-白の円盤を用い，色車輪の上で回転させることによって，ごく簡単に発生させることができる。図14に，その視覚効果が示されている。図13aは，回転円盤の中心から周辺への光強度の分布のグラフである。円盤が回転するとき，中心からp点までは光水準は高くて一様である。黒扇形の量が増大すると，q点に達するまで光水準は徐々に減少する。その後，光水準は一様に低くなる。一般に内

図 14 星型パターン。マッハ・バンド効果を発生させるパターン。光の強度分布と明るさの分布を表す図は，図 13 に図示してある。

側の白い中心領域は，暗さが徐々に増大するリングによって取り囲まれているように見え，外側の領域は黒く見えると思われるかもしれない。これは，星型のパターンについて物理的に測定された，光の分布に直かに結びついた考え方である。しかし実際には，p点に対応する位置には，それより内側の白い領域よりもさらに明るいリングが見える。また，qに対応する図形上の位置には，円盤の外縁の黒よりもさらに暗いリングが見える。明るい線と暗い線は，光エネルギーの分布の屈折点があるところに，発生する。これらは，光エネルギーが隣接領域（すなわち，屈折点の両側）の光エネルギーの平均よりも高いか低いかいずれかの点あるいは領域である。

　隣接領域の色だけが違っていて，それらの間に光水準の差がない場合にも，境界対比効果またはマッハ・リングは見えるであろうか。この点については，これまでは意見の一致が見られなかった。たとえば，青領域に隣接した黄色領域はそれぞれの辺縁を強調するのであろうか。等しい明るさの面に関して，色相対比がしばしば見られるのだから，この型の境界対比も当然起こるに違いないと思われるであろう。しかし，近年，一群の研究者たちにより，色付きのマッハ・バンド効果を，彼らの多くの被験者たちが観察したと報告されている

にもかかわらず，このような辺縁効果を例示することは容易ではなかった。

空間的対比効果に関してこれまでに検討してきたすべてが——明るさの対比効果および色の対比効果の双方とも——この章の初めに述べたことを支持している。すなわち，網膜とそれに結合した経路における神経活動の間には，ほぼ完全な相互依存性が存在するように思われる。同時対比の現象は，これらの神経的相互作用から生じるのである。視覚系の解剖に関する検討のなかで，すでにみてきたように，網膜の構造だけを考えても，神経的相互結合の鎖のなかで，網膜上のある一つの位置への刺激作用がずっと離れた別の位置にも到達しうるような仕方で組織化されている，相互に関連し合った神経細胞組織の複合

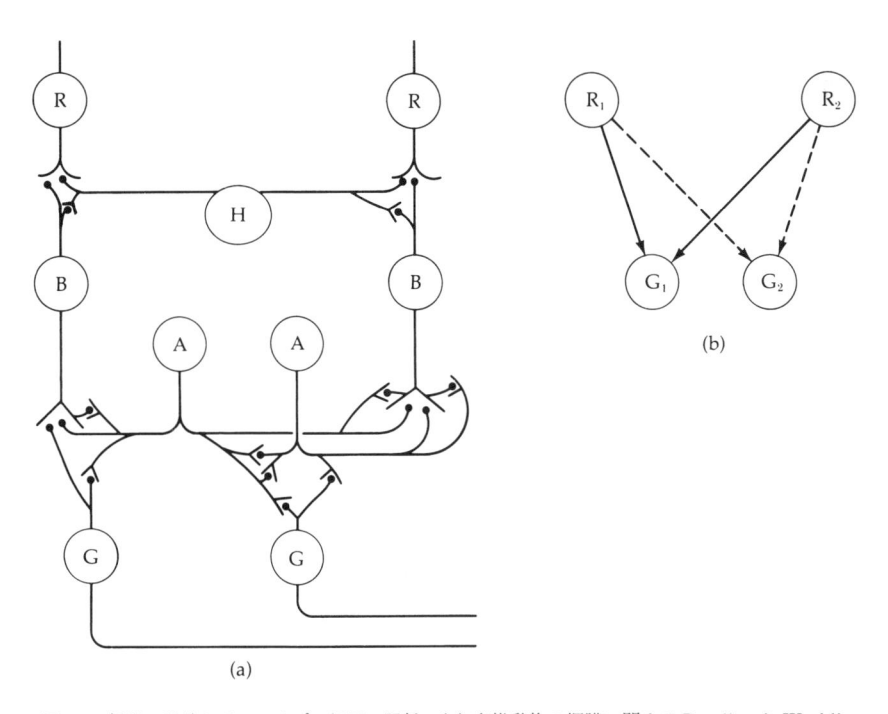

図 15　**網膜の構造とそのシナプス相互の関係**。(a) 脊椎動物の網膜に関する Dowling と Werblin (1969) の研究に基づく略図。受容細胞 R は，双極細胞 B と水平細胞 H の双方を駆動し，水平細胞は，隣接する双極細胞と横のシナプスによる結合をしている。双極細胞の末端は，神経節細胞 G とアマクリン細胞 A の双方にシナプス結合している。アマクリン細胞は，双極細胞の末端とフィードバック・シナプス結合し，神経節細胞とフィード-フォワード・シナプス結合している。それは他のアマクリン細胞過程とフィード-フォワード・シナプス結合および横の並列シナプス結合をしている。(b) 二つの受容細胞と二つの神経節細胞の間の相互関係を単純化した図式を示す。

体が存在している，と考えられる．図15aに，脊椎動物の多様な網膜の構造とそのシナプス相互関連を図解したものが示されている．これを見ると，受容細胞が双極細胞と水平細胞の両方にシナプス結合を作っていること，および双極細胞は受容細胞と網膜神経節細胞との間の「伝達経路」として働くと同時に，水平細胞とアマクリン細胞の両方にシナプス結合していることが分かる．また，神経節細胞 G_1 の放電は，受容細胞 R_1 と R_2 の両方に起こる光吸収によって影響されうることが容易に理解できる．同じことは，神経節細胞 G_2 についても成り立つ．図15bは，この状況の要点を図式化したものである．

　もちろん，この考えは，上述したような中間的な神経構造を経て，数十万の神経節細胞につながっている，数百万もの受容細胞から成る網膜の表面に当てはまる．すなわち，網膜の表面に結像した一つの刺激によって引き起こされる活動は，網膜受容細胞を刺激し，それはつぎにそれと結合した神経節細胞を興奮させる．もし，異なる刺激が隣接した網膜領域に結像されると，受容細胞の第2のセットから通じている収束的な神経経路は，すでに興奮している神経節細胞の活動を強めるのに働くことになる．しかし，対比効果とは本質的に，反対色的なものである．神経要素間の空間的相互作用を意味のあるように概念化しようとするなら，拮抗的または反対色的な神経相互作用を探さなければならない．それには，受容要素が興奮と抑制の双方の様式で，共通の神経系に信号を送るような仕組みを考えなくてはならない．

　そのような仕組みを考えるための基礎は，すでに与えられている．11章の図4は，錐体の吸収と反対色的な反応機能の間の関係を示す．神経要素としての青/黄，緑/赤，および白/黒は，興奮と抑制の両様式で，それぞれの錐体要素と結びついている．この簡単な図解は，3種の受容細胞と一つの網膜位置においてそれらが結びついている神経細胞との間の結合を表しているものと考えることができる．この図は，受容単位と反対色的神経反応の対との間の，いわゆる「縦の」関係を表している．さまざまな種類の対比効果——同時対比および継時対比の両方——を包括するような機構を与えるためには，概念的な反対色的過程モデルがさらに拡張され，改良されなければならない．

　空間的対比効果を取り扱うモデルを拡張する場合，特殊な側方の相互結合は，特定の一対の系——青/黄系，緑/赤系，および白/黒系のいずれについても——そこに引き起こされる活動が，対応する種類の隣接し取り囲む神経系に

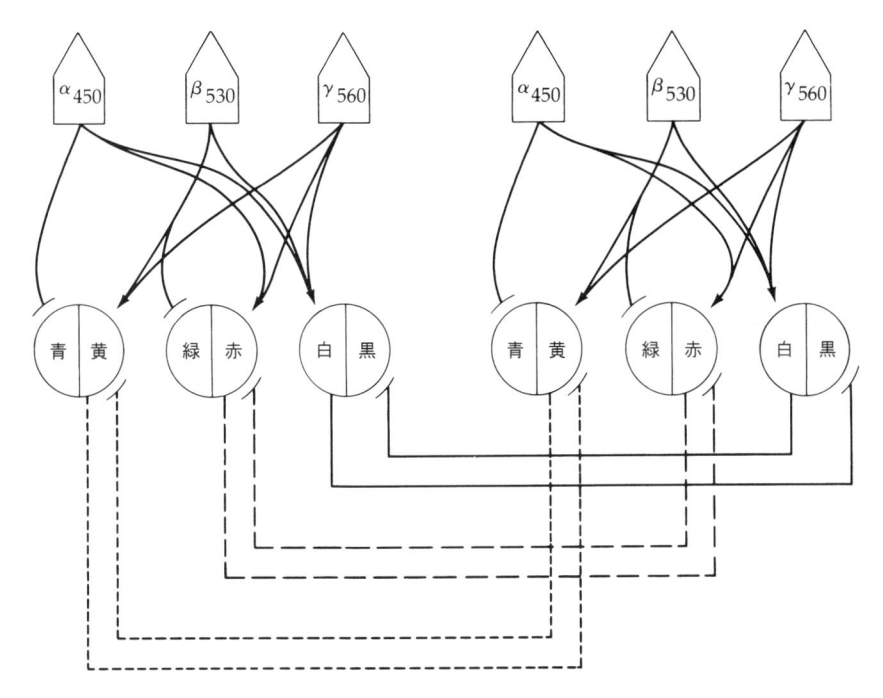

図 16 錐体による光の吸収と反対色応答過程の関係。反対色応答過程のレベルにおける双方的な横方向の影響を表すように，拡張され，図式化されている。

おいて進行中の活動に影響を及ぼし，また逆に影響を受ける，ということを前提とする（図16）。この影響は，モデルにおいては，相互的で相反する作用のものであると考えられる。すなわち，もし，たとえば，青の信号活動が，反対色的な青/黄系の一つの機能単位に進行中であるとすれば，反対色の信号活動が同じ信号系の隣接機能単位に誘導される。この機構は，モデルに従えば，反対色的な赤/緑系においても同様に働く。そこでは，赤活動は隣接する単位に緑活動を誘導し，その逆も起こる。また，反対色的な白/黒系においても同じことが起こる。無彩色の白/黒系は，生起の対称性に関してのみ，色信号の反対対とは異なる。すなわち，黒を直接喚起する外部刺激は存在しない（5 章参照）。

いわゆる，縦の相互関連の観点からは，3 種類の錐体活動はすべて，白/黒系における共通の信号活動を引き起こし，その信号は「白」である。反対信号

としての黒反応は，網膜の直接的焦点刺激作用の残効として発生するか，あるいは横方向に誘導される反対活動の系を通して，間接的にのみ生じる。同時対比現象を担っているのは，横方向に，相反する方向に誘導される活動であると考えられる。この概念的なモデルは，これらの横方向の，対立的な効果もまた方程式の形で表されるような数量的な様式で展開されているので，さまざまな刺激パラメータに対して生じる色相対比と明るさ対比の効果の量を表すための，数量的な精神物理学的関数を導き出すことが出来る。

面対比効果を説明しようとするこの種の概念化の試みは，19世紀にまでさかのぼることができる。Ernst Mach は，100年以上も前に，彼が観察した境界対比効果は，隣接する網膜神経領域間の反応様式の異なる相互作用を示すものであると考えた。Hering と Mach は，知覚現象の基礎には生理学的な事実があると主張したのであるが，彼らの仮定した相互的生理学的な拮抗作用は，さまざまな有機体の生理的標本組織において生起することが見いだされていて，その二人の見事な洞察はいまや広く受け入れられるに至っている。これらの発見のなかには，どのようなものがあるのか。

視覚系の相互対立的な空間体制化に関する最初の組織的な研究のなかには，ネコの網膜の単一神経細胞について行われたものがある。いま，微小な電極を単一の神経節細胞からの記録を取るために用い，光刺激が網膜の表面に像を結ぶようにしたとする。このとき，ある一つの神経節細胞は，単に網膜表面の極めて限られた領域内に位置する小さな点刺激に対して反応するだけではなく，網膜上の比較的大きな範囲内のどの位置に結像する点刺激に対しても反応する。この反応し得る領域は，細胞の**受容野**（receptive field）として知られている。そのような受容野の一つが，図17に透視画法に準じて示されている。しかし，小さな光刺激によって引き起こされる反応は，受容野の場所によって違ってくる。図18は，上から見た神経節細胞の受容野の構造図を示す。受容野の中心（0.1から1.0 mm）に結像した光は，たとえば，オン-反応を引き起こす。すなわち，細胞は光が当たると発火する。しかし，光が受容野の周辺領域に結像するときには，細胞は反対の様式で反応する。この場合，刺激作用中は細胞の発火が抑制され，光が消されるとそれに続いてオフ-反応が生じる。（周辺領域が興奮性で，中心領域が抑制性であるような別の細胞もある）。

ネコ以外の，たとえば，魚，縞リス，ネズミ，ウサギ，サルといったいろい

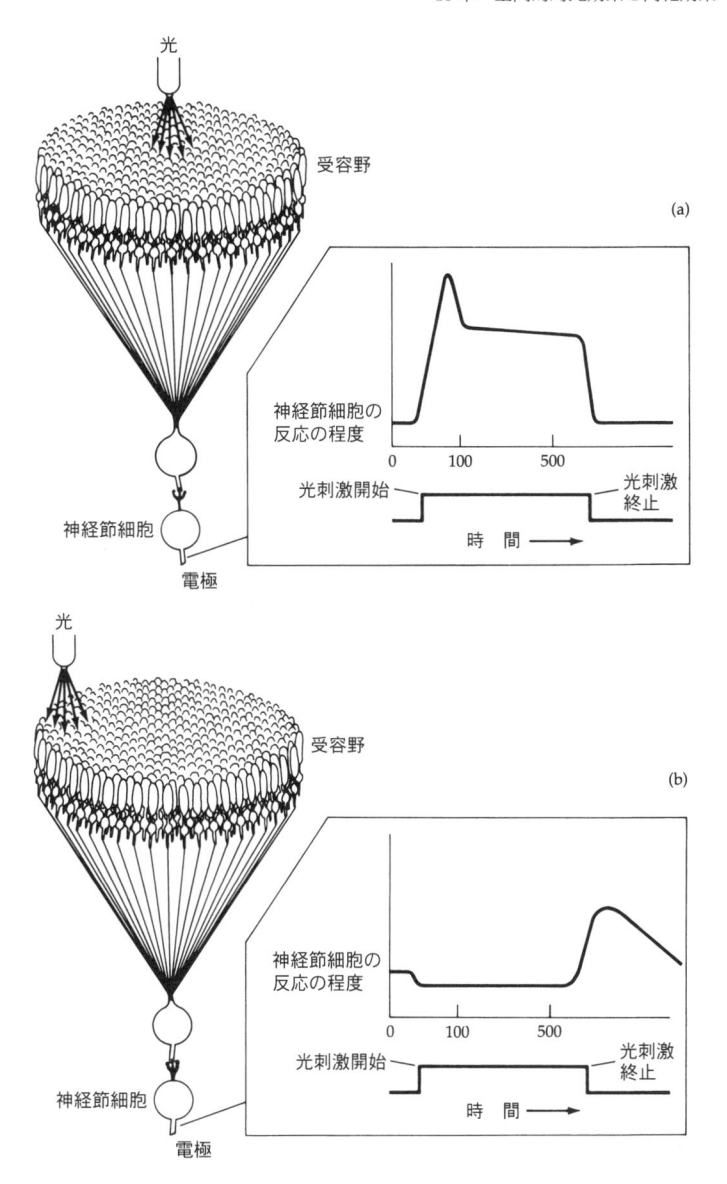

図 17 神経節細胞の受容野。(a)は，光刺激を受容野の中心に当てた場合，(b)は，光刺激を受容野の周辺に当てた場合。神経節細胞の，光刺激の開始と終止に対する反応が，それぞれの図における挿入図のなかに示されている。中心領域の刺激でオン-反応が起こり，周辺領域の刺激でオフ-反応が起こる。

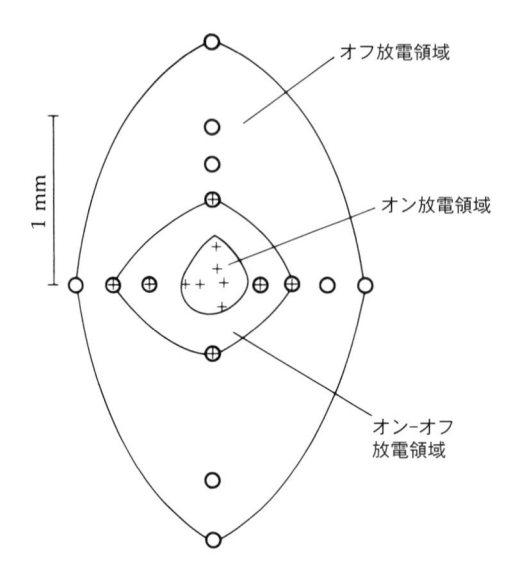

図 18 **受容野の構造図**。ネコの網膜における神経節細胞の記録。＋印は，中心領域においてオン-放電が起こっていることを表し，○印は，周辺領域においてオフ-放電が生じていることを表す。中間領域においては，オン-放電とオフ-放電の両方が起こっている。

ろな種類の動物の網膜に関するきわめて多くの電気生理学的な研究によって，受容野は，典型的には，おおよそ円形の中心とそれを取り囲む拮抗的な円環状の周辺というように体制化されている，ということが立証されてきた。

　図 19 は，一方における網膜受容単位の集合と他方における単一神経細胞との間の特殊な関係を仮定することから由来する，相互対立的な空間体制の要点を，図解したものである。図 19 の表示は，図 17 の透視図的表現の縦断面図であるが，これは反応の型に関して空間的に相互対立的な受容野体制をもつ（が，波長特性はもたない）細胞を示している。ここでは，神経細胞（たとえば，神経節細胞）は，光が網膜の比較的多くの数の受容細胞に当たって吸収されるときに起こる活動によって，影響を受けているのが見られる。この細胞の受容野の中心にある受容細胞からの入力は，反応の一つの様式（正の様式）と結びつき，周辺にある他の受容細胞からの入力は，上記の細胞における反応とは反対の様式（負の様式）と結びつく。もし，中心が刺激されるとき，細胞が興奮の発火を起こせば，周辺の刺激は負の反応を導く。または，それとは逆のことが起こる。

　このような構造の反応プロフィールが，図の下部に示されている。これは**神経単位**（neural unit）と呼ばれてきた。このような構造は理論的に言って，し

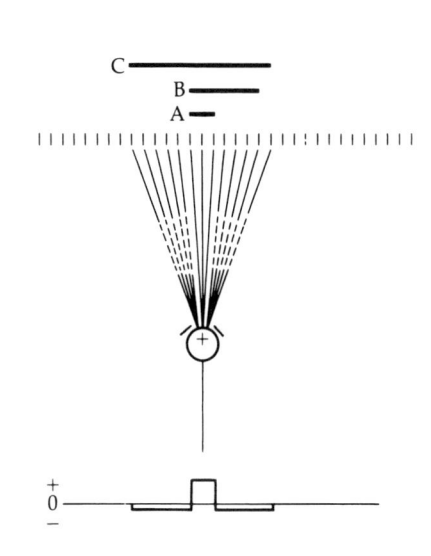

図 19 空間的に相互対立的な受容野体制。 縦断面図で図解したもの。中心への刺激の作用は興奮性であり，周辺への刺激の作用は抑制性である。図の最下部は，反応の縦断面を図解的に示している。これは神経単位と呼ばれる。中心の受容細胞への刺激は正の反応を引き起こし，周辺へのそれは負の反応を引き起こす。1単位の大きさの刺激A（中央の三つの細胞の上に集中しているように示されている）は，反応断面図に示される正の大きさの興奮反応を誘発する。刺激Bは興奮（プラス）反応と抑制（マイナス）反応の双方を誘発する。そこで，正味の反応としてはプラスとマイナスの大きさの差となる。刺激Cはさらに大きな抑制性の反応を誘発し，そして正味の結果はA，Bのいずれの場合よりも正の大きさが小さくなる。

かるべき次元の刺激に関して，対比を高めるのによく適合している。このようにして受容野の中心にある受容細胞に当たる弱い光は，このような細胞にある程度の発火を引き起こす。しかし，受容野の周辺にある受容細胞に当たる強い光は，細胞の発火の程度〔速度または頻度〕を抑制する。細胞の正味の反応は，したがって光が受容野の中心にある受容細胞に全然当たっていない場合と等しいか，それよりも弱くなる場合さえある。そこでこのような仕組みによって，明るい周辺の中心にある灰色の点は，生理学的信号化という観点に従えば，その反応が灰色の点の光水準だけに依存する場合よりも暗く見える，あるいは黒く見える。

　もちろん，極めて多くの細胞があって，その受容野は網膜表面上で重複しているのであるが，受容細胞の多様性に関して事態を数学的に分析すれば，結果は，受容体入力が体制化された領域の影響のもとで単一の細胞に関して記述された強い対比の場合と，まさに同じになる。

　強い対比の，とりわけ劇的なともいうべき例を，色図版13-2に見ることができる。このVasarelyの幾何学的模様には，明るく見える対角線に対応する光エネルギーの分布は存在しない（図20a）。それぞれの4分割面における光エネルギーを光電管を使って測定してみれば，図形の中心から端に向かってス

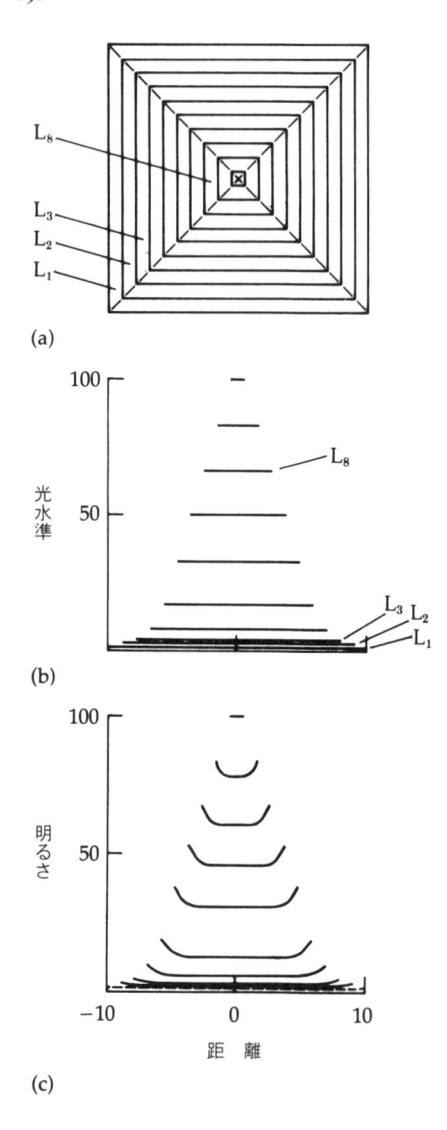

図 20 Vasarely 構図の光の分布。(a) Vasarely 構図の 4 分割面の一つ。L_1 はもっとも低い光水準，L_2 は L_1 よりも強く L_3 よりも弱い，といった順序になっている。(b) 測定された光水準は中心から周辺へ階段状になっている。(c) 視角で 5 分の受容野中心を仮定したモデルを使って予測された明るさ。それぞれの角のところで明るさの増大が見られることに注目してほしい。さらに，互いに接して置かれた他の 4 分割面に関する明るさの分布を視覚化したとすれば，色図版 13-2 において知覚される「輝く」対角線に対応する変化が存在することが分かる。

テップ状に，光水準の減少が記録されるであろう。どの四角い枠（perimetric strip）に沿って光エネルギーを測っても，光水準には変化がないことを記録することができるであろう（図 20 b）。しかし，空間的に相反する受容野が重複するような，一組の神経単位に基づいたモデルによれば，どの枠に沿った明

るさの変化の仕方も予測できるような計算をすることが可能となる。Dorothea Jameson は，興奮入力，その大きさ，受容野の興奮性中心の直径の相対的な割合，抑制性周辺の幅，およびそれらを相対的に尺度化する係数を使って，網膜像における光水準の分布の特定のタイプに関して，その正味の出力を決定した。一組の仮定（受容野，大きさなど）を用いた場合の，これらの結果が図20cに示されている。

マッハ・バンド型の輪郭効果または辺縁効果に関しても，同じような数学的な分析をすることができる。だが，その効果の現れ方は，数学的な計算をしなくても，質的に理解することが出来る。図13にプロットされたような明るさの変化は，ある一定の網膜位置に起こる興奮と抑制の相対的な程度に依存する。図13aにおける屈折点pとqは，それを取り囲む領域との関係で明るさの増大と減少が起こる位置である。pの位置における神経反応に関しては，その左側領域が一定の高い光水準にあるのに対して，その右側領域の光水準はそれよりも低いので，右側領域からはそれほど強く「抑制」されない。qの位置においては，その逆が成り立つ。この場合には，qに隣接する網膜領域の光水準は，その左の方に進むにつれて次第に増大し，その右側に向かってのそれは低く一定水準にとどまる。qの位置における神経反応は，ずっと一定の照明を受ける右側よりも，より大きな抑制効果をこうむる。したがって，それは隣接する領域と比較してより暗く見える。

本書では，波長に応じて相対立する活動が起こるという考えについて議論してきた。12章では，この考えを支持するある種の電気生理学的な証拠資料について概観した。波長に応じて起こる対立性という考えは，受容野に関する，空間対立性反応の考えとどのように整合させることができるのであろうか。空間的な体制としては，ここに記述された通りであるが，波長対立性の反応に関しては，領域の中心部分が波長–特殊性をもち，異なる波長領域からの光に対して興奮を示したり抑制を示したりすることが不可欠となる。さらに，このような受容野の周辺部分もまた波長–特殊的で，しかし興奮/抑制の体制は反転していて，中心における体制とは反対になっていることが要請される。このような型の細胞は図21に示されるような性質をもつであろう。感度に関しては，図21に示されるような，鏡映像的な形をもつであろう。このような「二重対立型」の細胞は，色相とそれの波長の長さへの依存性，および同時色相対比の

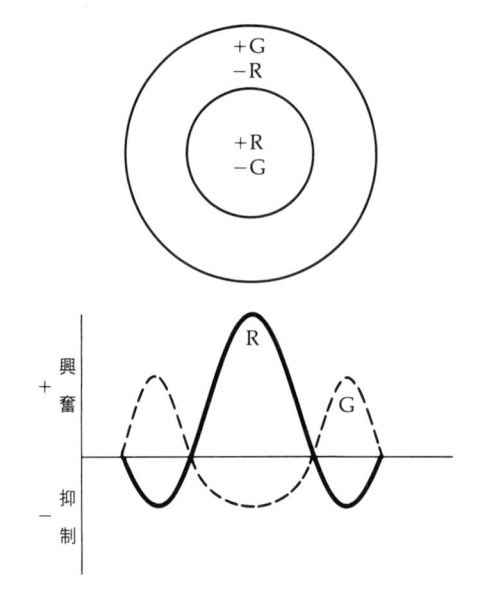

図 21 二重対立性の受容野。波長と空間に関して相互対立反応を示す細胞の受容野。RとGは，それぞれ長波長と中波長に対する細胞の反応の色相信号を表すものとする。

現象に，うまく結びつく。この体制を近似的に示す細胞はそれほど稀ではないが，しかし，厳密にこの体制を示す細胞となると，実はごくわずかしか報告されていないのである。

　空間的および波長的な対立性反応に対する電気生理学的証拠について検討してみると，網膜や神経節細胞よりもっと中枢的な機構に関する実験にまで議論を拡張させることができる。とはいえ，波長的および空間的特殊化が細胞レベルで協応しているような様式は，視覚神経系のもっと中枢について見るとき，またより高等な霊長類について研究してみると，それほど明瞭ではなくなる。たとえば，サルの第1次視覚皮質について二重対立型細胞が幾らかは報告されている。しかし，皮質細胞は他の種類の受容野体制の優位性を示している。そして，残念ながら，同種の動物の神経の異なる段階（たとえば，外側膝状体と皮質）で，同じ型の細胞特殊化が二重写しで存在しているという証拠は見いだされていない。にもかかわらず，広い意味での原則ははっきりしている。この特性を明らかにするためには，さらに多くの実験の積み重ねを待たなくてはならない。

　今のところたとえ直接の生理学的な証拠が不足していようとも，さまざまな

種類の対比効果を —— 面対比型であれ境界対比型であれ —— 説明しうるような「きめ細かな」受容野理論モデルは，付加的な利点をもっている。すなわち，それは古くから知られていたにもかかわらずほとんど理解されてこなかった，対比効果とは反対の視覚効果に対して，想定可能な生理学的基礎を示唆しうるという有用性をもつ。その効果とは，**ベツォルト拡散効果**（Bezold spreading effect），または「同化現象」がそれである（色図版 13-3）。

この効果は，色対比におけるような差の強調ではなくて，隣接した色の引き寄せ合いまたは混ぜ合せが生じるような，ある種の特性が反復されるパターンにおいてもっともよく認められる。この効果によって知覚される色は，点描派の画家の場合のような光の混合の結果ではない。そのパターンの個々の要素は，色の混ぜ合せにもかかわらず，分離した要素（縞またはカーブ）として見られる。同化事態においては，たとえば，交代する縞の模様を造る隣接した色相と明るさの両方またはどちらか一方の混ぜ合せが生じる。同化や混ぜ合せが起こっても，格子模様はきわめてはっきりとしたままである。ここには，単なる平均化の過程でなく，平均化と異化が同時に起こる過程が存在する。

Dorothea Jameson と私は，この効果の生理学的な基礎は網膜の空間的な非均一性とその細胞の仕組みにあると信じている。したがって，われわれはこのモデルのなかに，受容野体制に関するある既知の要因を織り込むことにした。受容野の大きさは周辺から中心窩へと変化する。受容野の大きさはまた，網膜のどの場所においても，かなりの変化を示す（図22）。このようにして，格子模様が網膜に像をつくるとき，ある種の，広い受容野をもつ視覚細胞は，事実上，隣接した縞からの光をプールし，光が実際に網膜上で混合されたかのよう

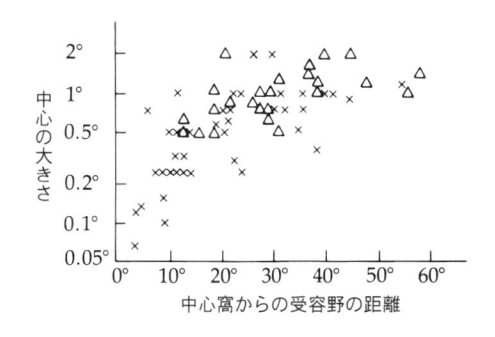

図 22 受容野の大きさ。受容野の中心の直径が，それぞれの受容野の中心窩からの距離に対してプロットされている。ここでは，受容野中心の直径は視角の対数で表され，受容野の中心窩からの距離は視角で表されている。受容野は，中心窩からの距離が増大すると，一般に次第に大きくなる。ただし，網膜上のどんな位置についても，受容野の大きさにはばらつきがみられる。（×はオン-中心型，△はオフ-中心型を示す）。

に反応する。それに対して，他の種類の，網膜の比較的狭い範囲の光を集める細胞は，「対比」細胞として反応し，これによって生理学的な反応における線形パターンの空間的な解像がもたらされる。種々の大きさの受容野をもった生理的なシステムに対する最終的な計算結果は，この解釈と一致する。すなわち，色相と明るさの混ぜ合せが生じる（同化）が，同時に空間パターンの分離も維持される。

空間的な対比の問題は，今日，多くの研究者たちによって，空間周波数の異なる正弦波格子刺激を用いて分析されている。このような刺激を用いれば，フーリエ波形の考えによる数学的な解析が可能となる。そして，このような研究の結果を記述するためには，その目的に合う数学を理解することが必要となる。しかしながら，その基礎に存在する生理学的な機構を分析することは，これまでの議論で述べたような，神経受容野の特性についての考察にまで至る。

これまでに検討してきた，同時対比の機構は，非常に有用な機能を提供する。すべての光学装置と同じく，きわめて高価な装置でさえそうであるが，眼の光学系は完全なものではない。外の空間の1点は網膜上に真の1点としては結像せず，通常**ぼけた円**（blur circle）と呼ばれている，多少とも拡散的な広がりをもった像を結ぶ。いかなる光学系でも，ぼけた円の大きさは，さまざまな要因に依存し，その系に固有な種々の収差の量によって影響を受ける。なかでも，もっとも一般的なものとして，色収差と球面収差がある。前者は，白色光によって形成された像の縁のまわりに着色したへり（フリンジ）を作る。後者は，中心から周辺に向かう，像の形の歪みを引き起こす。人の眼では，実際問題としてこれらの収差はきわめて大きい。さらに，光が眼に進入する際，いろいろな媒質を通過し，さまざまな境界面からの多重反射をこうむるので，そのかなり多くの量が多少とも不規則に分散される。この光学過程は，イメージ面全体にわたって，「迷光」（stray light）の拡散的な重なりを造る。眼という光学系の，これらすべての不完全性による最終的な結果として，網膜上に形成された像は，実際問題として，到底良質なものとは言えないものになる。それらは，たとえば，太陽の直接光のなかにある物体によって投げかけられる影のようなきわめて鮮明なものとはほど遠く，照明光源が拡散的な空の光で，太陽の直接光ではない場合に見られる，同じ物体のぼけた影にずっと近いものになる。にもかかわらず，われわれは，きちんと縁取られた物体の外郭について，

眼の光学系が網膜上に像を造る場合のような不鮮明なややぼけたものとして見るわけではなくて，きわめてシャープな辺縁を見る。これらの鮮明な辺縁または輪郭は，同時対比の働きに由来する。この生理学的な「装置」は，それがなければ見られるかもしれない，対象のぼけた辺縁を修正するのである。

同時対比効果は，さらに，迷光や光滲の効果を消し去る上での助けになる。もし，強く照明された物体の像を網膜上に結ばせれば，眼の光学的不完全性のために，その像は眼の周辺領域に光を散乱させる傾向をもつ。これは輪郭のぼけを造るに至り，対象の明るさが周辺に向かって弱くなっているように見られることになる。しかし，これまで見てきたように，明るい光は近接領域に強い暗化効果を導き，この効果は，隣接領域に散乱する迷光を視覚的には無効にするか，少なくともその働きを鈍らせることになる。強く照明された物体の外郭が，光学的に考えられるよりもずっと鮮明であるのはこのためである。同じ分析は色相機構にも当てはまり，空間的な広がりは多少異なるかもしれないが，色対比機構もまた，色の付いた焦点対象を隣接する対象から鮮明に分化させるよう働いているのである。

基礎文献

Abramov, I. 1972. Retinal Mechanisms of Colour Vision. In M. G. F. Fuortes (ed.), *Handbook of Sensory Physiology*, Vol. 7/2, *Physiology of Photoreceptor Organs*, Chap. 15, pp. 567–607. Springer-Verlag, Berlin.

Burnham, R. W. 1952. Comparative effects of area and luminance on color. *Amer. J. Psychol.* 65: 27–38.

Chevreul, M. E. 1839. *The Principles of Harmony and Contrast of Colors.* (Reprinted 1967, Van Nostrand Reinhold, New York.)

Dowling, J. E., and Werblin, F. S. 1969. Organization of the retina of the mudpuppy, *Necturus maculosus*—I. Synaptic structure. *J. Neurophysiol.* 32: 315–338.

Evans, R. M. 1943. Visual processes and color photography. *J. Opt. Soc. Amer.* 33: 579–614.

Farnsworth, D. 1955. Tritanomalous vision as a threshold function. *Die Farbe* 4: 185–197.

Fiorentini, A. 1972. Mach Band Phenomena. In D. Jameson and L. M. Hurvich (eds.), *Handbook of Sensory Physiology*, Vol. 7/4, *Visual Psychophysics*, Chap. 8, pp. 188–201. Springer-Verlag, Berlin.

Helson, H., and Rohles, F. H., Jr. 1959. A quantitative study of reversal of classical lightness-contrast. *Amer. J. Psychol. 72*: 530–538.

Hering, E. 1878. *Zur Lehre vom Lichtsinne.* Carl Gerold's Sohn, Vienna.

Hering, E. 1920. *Grundzüge der Lehre vom Lichtsinn.* Springer-Verlag, Berlin. (Outlines of a Theory of the Light Sense, Chap. 10. Translated by L. M. Hurvich and D. Jameson. Harvard University Press, Cambridge, Mass., 1964.)

Hubel, D. H., and Wiesel, T. N. 1960. Receptive fields of optic nerve fibers in the spider monkey. *J. Physiol. Lond. 154*: 572–580.

Hurvich, L. M., and Jameson, D. 1960. Perceived color, induction effects, and opponent-response mechanisms. *J. Gen. Physiol. 43*(6): (Suppl.), 63–80.

Hurvich, L. M., and Jameson, D. 1969. Human color perception. An essay review. *Amer. Sci. 57*: 143–166.

Hurvich, L. M., and Jameson, D. 1974. Opponent processes as a model of neural organization. *Amer. Psychol. 29*: 88–102.

Jameson, D. 1972. Theoretical Issues of Color Vision. In D. Jameson and L. M. Hurvich (eds.), *Handbook of Sensory Physiology,* Vol. 7/4, *Visual Psychophysics,* Chap. 14, pp. 381–412. Springer-Verlag, Berlin.

Jameson, D. 1975. Color vision: Mechanisms, models and perception. John F. Shepard 1975 Memorial Lecture, University of Michigan.

Jameson, D., and Hurvich, L. M. 1959. Perceived color and its dependence on focal, surround, and preceding stimulus variables. *J. Opt. Soc. Amer. 49*: 890–898.

Jameson, D., and Hurvich, L. M. 1961. Opponent chromatic induction: Experimental evaluation and theoretical account. *J. Opt. Soc. Amer. 51*: 46–53.

Jameson, D., and Hurvich, L. M. 1964. Theory of brightness and color contrast in human vision. *Vision Res. 4*: 135–154.

Jameson, D., and Hurvich, L. M. 1975. From contrast to assimilation: In art and in the eye. *Leonardo 8*: 125–131.

Judd, D. B. 1960. Appraisal of Land's work in two-primary color projections. *J. Opt. Soc. Amer. 50*: 254–268.

Kuffler, S. W. 1953. Discharge patterns and functional organization of mammalian retina. *J. Neurophysiol. 16*: 37–68.

Linksz, A. 1952. *Physiology of the Eye,* Vol. 2, *Vision.* Grune & Stratton, New York.

Musatti, C. L. 1957. *Problèmes de la Couleur,* Chap. 5. Service d'Edition et de Vente des Publications de l'Education Nationale, Paris.

Thompson, B. 1794. An account of some experiments on coloured shadows. *Phil. Trans R. Soc. Lond.* Pt. I, 107–118.

Tschermak, A. 1903. Über Kontrast und Irradiation. *Ergeb. Physiol.* II, 2:

726–798.

Vasarely, V. 1970. *Vasarely II*. Translated by H. Chevalier. Éditions du Griffon, Neuchâtel.

上級文献

Green, D. G. 1968. The contrast sensitivity of the colour mechanisms of the human eye. *J. Physiol. Lond. 196*, 415–429.

Mach, E. 1914. *The Analysis of Sensations*. Open Court, La Salle, Ill.

Marsden, A. M. 1969. An elemental theory of induction. *Vision Res. 9*: 653–663.

Michael, C. R. 1978. Color vision mechanisms in monkey striate cortex: Dual-opponent cells with concentric receptive fields. *J. Neurophysiol. 41*: 572–588.

Plateau, J. 1878. Bibliographie analytique des principaux phénomènes subjectifs de la vision. Cinquième section. Phénomènes ordinaires de contraste. Sixième section. Ombres colorées. *Mém. Acad. R. Belg. 42*(5): 1–35; (6): 1–36.

Ratliff, F. 1965. *Mach Bands: Quantitative Studies on Neural Networks in the Retina*. Holden-Day, San Francisco.

14 章
時間的対比効果：残像

　13章において，刺激の性質（エネルギー，波長，時間）が一定でも，大きさが変わると，その結果として見えの変化が生じることを見た。このことは，刺激のエネルギー，波長，大きさが一定で，持続時間が変わるときにもまた当てはまる。

　これを自分自身で確かめるには次のようにすればよい。まず色図版14-1の＋印の右側に白紙を置いて，右側に広がっている黄色領域を隠す。そのまま，30秒くらい，＋印を凝視する。それから，＋印を凝視しながら，すばやく白紙の覆いを取り除く。そのあと，黄色い長方形の右半分と左半分の飽和度に注意してみよう。30秒間ずっと，眼を刺激していた方の黄色の半分は，新たに眼を刺激した方の黄色の半分と比べて，色が薄く見えるのを認めることができる。

　もう一つの例として，白く塗った壁の部屋を照明せずに暗室にしてそこに座っている場合を考えてみよう。頭の後ろで一つの電球をともすと，部屋はすぐさま明るくなる。光エネルギーは急激に上昇して，最大値に達し，照明がそのままである限り，その水準を維持すると考えられる（図1a）。しかし，光がつけられてからの時間の経過にともなって白壁の明るさがどのように変化するかを注意深く観察してみると，図1bに示すような結果が得られるであろう。光がつけられると，明るさは急速に上昇して，最高水準に達し，それからゆっくりと減衰し，中間的な比較的安定した水準に落ち着き，光がついている間その水準が維持される。この効果は微妙なものであるから，注意深い観察を必要とする。

　光の見えが時間的に変化する様子は，二つの相反する反応，すなわち「白反

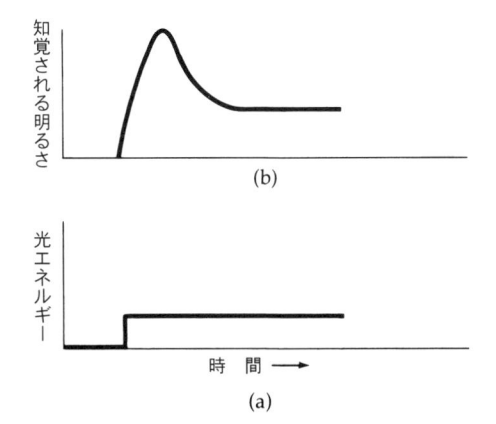

図1 光エネルギー出力と知覚される明るさ。(a) 電球を点灯すると，その光エネルギー出力は急激に上昇して，最大に達し，光がついている間，一定水準にとどまる。(b) 知覚上の明るさは，刺激の変化と直接的には対応せず，時間とともにカーブで示すような経過をたどる。

応」と「黒反応」の間に起こる相互作用という観点から分析することができる。外部の光が存在しない暗闇のなかに座っている間，全視覚系はバランスを保った平衡状態にあると考えられる。そして白/黒系もまたバランスを保っていると考えられる（この平衡状態は自発的な神経放電の水準に対応する [12章参照]）。刺激の始まりは，図2aに示されている。図2bに示されているように，白過程は光刺激によって活性化され，初め急激に上昇し，刺激提示後，間もなく高原状態に達する。光エネルギーの水準は引き続き変わらない。その「作用」過程，すなわち白過程は，それにつづいて，「反作用」過程，すなわち黒過程を引き起こす。黒反作用は，光によって刺激された白過程の発生をまって引き起こされる反応であるから，その発生は多少遅れる。この反作用は，正の白作用に対して，基準線からの負の方向への落ち込みとして表される。黒反応は白反応よりも小さくて，これもまた間もなく定常的な水準に達する。拮抗する作用/反作用過程の合成結果は，図2cに示されている。最終の合成結果は，どの時点においても作用と反作用，すなわち白と黒の大きさの差である。図1に見るように，明るさは最初鋭く立ち上がり，その後下がって中間的な水準に戻る。ここで問題にしているような効果は，数秒内で生じる。電球を凝視するとき，初めは強烈な光が感じられて，しばしば眩しさと不快感をともなう。この状態は「行き過ぎ」（overshoot）と呼ぶのがもっとも適当であるが，これはその後，定常水準の明るさに落ち着く。

　明るさの変化の時間的な経過は，持続時間を異にする閃光を用いて測定する

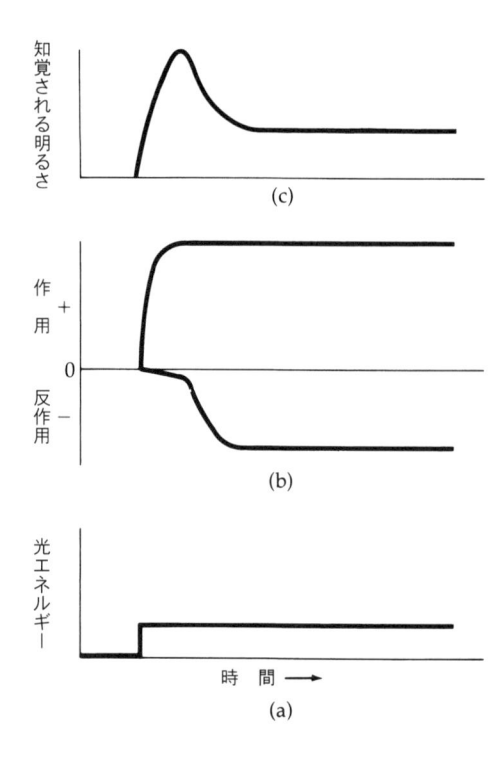

縦軸ラベル(上から): 知覚される明るさ / 作用 + 0 反作用 − / 光エネルギー
横軸: 時間 →
(c), (b), (a)

図 2　知覚される明るさの変化は二つの過程の合成結果である。(a) 刺激の発生と一定の光出力の持続。(b) プラス方向へのカーヴは,「作用」すなわち白過程の発生とその最大値への急激な上昇とそのあとの一定水準の持続を表す。マイナス方向へのカーヴは, 白過程が反対方向に引き起こす「反作用」, すなわち黒過程を示す。(c) 作用/反作用という二つの相反する過程の結果を示す。

ことができる。これらの閃光の明るさと等しくなるように, 持続的に提示する光源の光エネルギーを変化させることによって測るのである。この種の初期の実験のなかには, 二人のフランスの科学者 Broca と Sulzer によって行われたものがある。彼らの用いた時間は非常に短くて, 約 0.025 秒から 0.125 秒までであった。彼らは種々の分光特性の光を何通りかのエネルギー水準で検査した。図 3 に, その典型的な結果が, L_1, L_2, L_3 と任意に表示した光水準について示されている。刺激 L_3 は, たとえば 0.05 秒間だけ提示した場合の方が, もっと長い時間, たとえば 0.10 秒とか 0.20 秒間提示した場合よりも明るく見えることを示している。これが, これまで論じてきたもっと長い時間の場合と同様に, 初期的な明るさの「行き過ぎ」と, その後の明るさの減衰にほかならない。さらに, このような強い刺激 (L_3) は, それより弱い刺激 (L_2) を用いたときよりも, ずっと早く明るさのピークに達し, その視覚効果も急速に低下する, ということも図 3 に示されている。ここでは単純に作用/反作用という

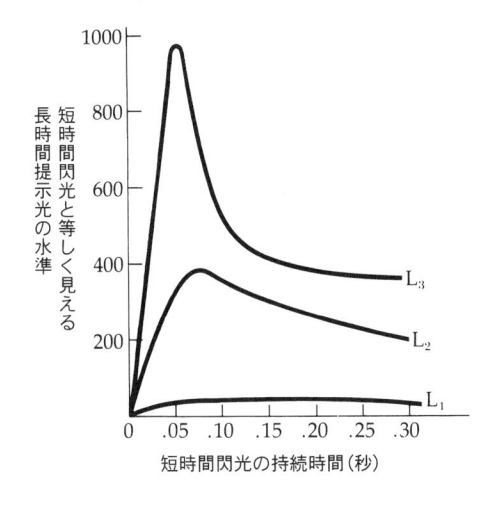

図 3 光強度を異にする刺激を短時間提示したときの知覚される明るさの変化。これらの変化は，短時間閃光によって生じる明るさ効果と等しく見えるように，持続的に提示する刺激の光エネルギーを調整することによって測定される。

二つの過程の立ち上がりの速度の違いと時間的経過の違いを扱っているのだが，これらの要因が異なった結果をもたらす原因となっているのである。

　拮抗的な事象は，物理的，化学的，あるいは生物的な系などのあらゆる種類の平衡系に内在する本質的なことがらである。生理学的な系を考える場合には，ほとんどの研究者は，拮抗性の出来事を記述するのに，作用/反作用という代わりに，興奮/抑制という用語を好んで使う。これらの用語は，13 章で同時対比効果を考える場合にすでに用いたものである。

　これまでに述べてきた事態は，短時間提示された刺激や長く持続する刺激の知覚上の明るさが，刺激発生後の時間とともにどのように変化するかという問題に主として関連している。今度は，光を消したときのことを考えてみることにしよう。光を消すと，どんなことが起こるのだろうか。物理的な光刺激を消した後でも色が見えることは，日常でもよく経験する。2 章において検討し例示したこれらの現象は**残像**（afterimage）とよばれていて，視覚に関する文

＊　フリッカーとフリッカー融合（視覚的な持続効果）は，反復して短く交代する明と暗の刺激パルスを用いるが，これはこの種の神経的事象に非常に密接に関連している。フリッカーの研究は，主として眼の時間的な解像力に対する関心によって行われるが，実験的には主として，フーリエ波形解析と結びついて，正弦波の形をとった光刺激を用いて行われている（3 章の図 3 に，正弦波形が示されている）。フリッカーとフリッカー融合の研究が提起するいろいろな現象や理論的問題点に立ち入ることは，本書の主題からあまりにもはずれることになるが，215 ページには，「主観色」の検討と関連してフリッカー効果について簡単な記述が加えてあるので参照してほしい。

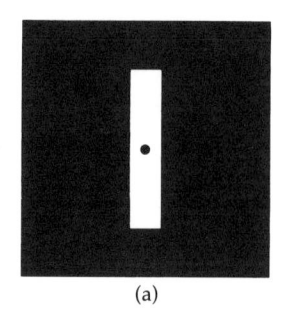

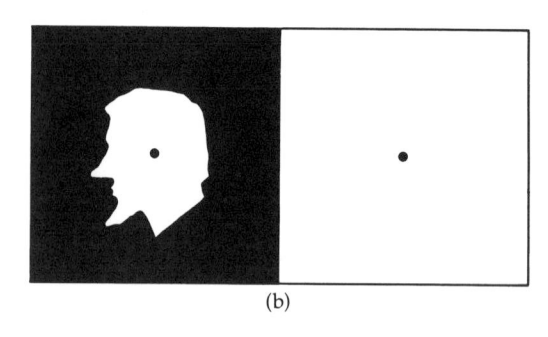

図4 刺激を消したり取り除いたりした後で知覚される**残像**。(a) 黒地のなかの白い短冊を約20秒から30秒間しっかり凝視する。それから眼を閉じると白い短冊は黒く見えるようになる。他方，背景は明るく見えるようになる。(b) 白い図を凝視した後，近くの白い領域に投影すると，明るさの関係はやはり反転する。しかし，この場合には，眼を閉じると見えるはずの短時間の明るい閃光は生じない。

献のなかで，そのさまざまなタイプが記述され，分類されている。

　図4aを使って，残像のもう一つの例を見てみよう。黒地の上の白い短冊型の長方形を約20秒から30秒間見詰め，眼を閉じると，白い細い長方形は黒く見え，同時または数秒後には背景は明るく見えるようになる。眼を閉じるとすぐに短い時間の白の閃光が見えることがあるが，ここではそれは無視している。光エネルギーや視覚系の状態などに依存する残像の様相がたくさんある。さらに，持続時間の短い白い閃光のような刺激の効果もまた報告されるかもしれない。眼を閉じる代わりに，たとえば照明した白い面上に残像を「投影」すると，明るい閃光は見えない（図4b）。ただちに中心の領域は暗くなり，他方周辺の領域は明るくなる。

　図5を見れば分かるように，刺激持続時間が一定の場合，白色光を消すと，対立する白の過程と黒の過程は，それぞれ基準線に復帰する。もし，二通りの「回復」過程が，予期されるとおりに異なった速度で起これば，これらの「回復速度」は，光が消える瞬間の作用と反作用の相対的な大きさに依存するから，最終的な結果は図5cに示すようになるであろう。光刺激を消すやいなや，かなり鋭い暗さの増大（「負の」残像）が生じ，その後，最終反応は基準線の平衡状態に復帰する。

　しかし，私はまた，初め暗かった周辺領域が明るくなるという事実にも注意を向けてきた。ここにもまた，単純な反転があって，暗い部分が残像において

知覚される明るさ

(c)

作用／反作用

(b)

光エネルギー

時　間 →

(a)

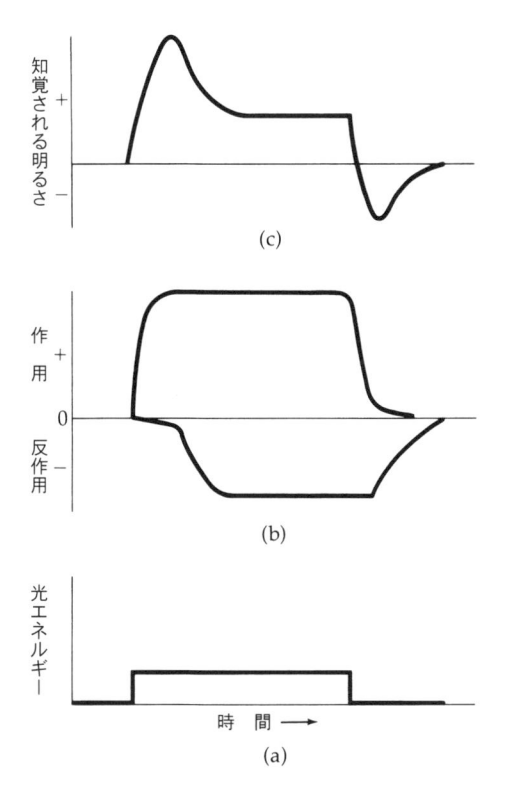

図 5　刺激発生に続いて生じる作用/反作用過程という観点から考えられた**負の残像の生起**。(a) 刺激の発生と消滅。(b) 刺激の発生時，継続中，消滅時における作用/反作用の過程。(c) 拮抗的作用/反作用過程の合成結果。(c) においてマイナス方向に示されている暗反応への反転は，白/黒反応の衰退の速度の違いによる最終結果である。

は明るくなる。図4aで，凝視点を見詰め続けているうちに最初明るかった白い短冊がどのように暗化するかを観察すれば，二つの過程の間の相反する対立関係を直接に観察することができる。また，しっかりと凝視しながら隣接する黒領域を注意して見ると，それが明るくなり始める様子も分かる。わずかに眼を動かしてみると，明と暗の境界効果をはっきりさせるので，相互的な拮抗過程が働いていることがよく分かる。

　残像現象を理解するためには，同時対比の現象を検討した際に見たように，視覚系のある限られた領域において生じる神経事象は，隣接する領域における神経事象と結びついているということを思い出さなければならない。このことが継時対比あるいは残像現象に対してもつ意味は，時間的な変化もまた空間的相互作用によって影響されていて，同時対比事態の場合と同じように，対立的な様式で生じているということである。このようにして，白興奮過程が（本質

的に同時に）反対方向の黒反作用をともなうような白い短冊に対応する場所で，神経系における時間軸での対立的相互作用が生じるだけではなく，13章の図16に示すような，横方向の相互作用を強調するモデルどおりに，凝視した領域の黒過程自体もまた，暗い周辺領域に対応する近接した神経領域に対立的な白過程をともなうのである。

　また，白い背景の上に小さな暗い検査領域を置いて，しばらくの間その暗い焦点領域をしっかりと凝視し，そのあと凝視を黒または白の大きな第2の領域に移すことによって，継時的対比効果を調べることもできる。どの場合にもその効果は，対立的な反応がどの領域においても時間の経過に応じて生じ，また相反する拮抗性が，たとえば，眼を向けた領域と周辺領域における神経事象間に働くことを仮定する対立過程的な分析から予期されるとおりのものである。

　色刺激にともなって生じる対立的あるいは反対色的な反作用については，2章においてすでに言及した。神経的に結び付いた黄/青および赤/緑の対のそれぞれは，作用/反作用が関与する様式で働くと考えられる。そこで検討した例と同じように，色図版13-1は，単一の観察で補色残像効果を示すのに使うことができる。この図版の一方の側の中心を30秒凝視してから，眼を移して白い紙片を見てみよう。残像の色相は，初めに見えた色相の補色となることが分かる。

　赤に対して拮抗する反応は緑であり，黄のそれは青であり，その逆も言える。たとえば，白い背景の上にある一つの赤い色刺激を30秒間観察すれば，見ていた領域の残像は生き生きとした緑となり，注意深く観察すれば，背景，ことに凝視刺激にもっとも近い領域は薄赤色となることが分かる。刺激され続けることによって，赤く見える領域は緑の反対反応をともない，それが今度は周辺領域に拮抗的な赤反応をともなう（色図版14-2）。凝視を白い背景の方に移すと，ピンクの周辺領域のなかに緑の残像が見える。

　白地の上の小さな赤い検査領域を観察する代わりに，その反対に赤い背景の上に小さな白い領域を置き（色図版14-3），凝視を大きな白い第2の領域に移すと，初め白が見えた場所に赤い領域が見える。一方，周辺の残像が緑色であることもまた明らかになる。まったく同一の原理が二つの事態において働いている。凝視の間，予期されるように，中心の白領域には幾分の暗化が生じ，他方，赤い周辺領域には反対色的な緑反応が生じ，この周辺活動がこんどは凝視

領域に赤事象を引き起こすのである。これらの色相の変化は白の検査図形の観察をずっと続けている間に実際に見えるのだが，凝視を一様な白領域に転ずると，それらは一層明瞭になる。

　言うまでもなく，白色に囲まれた有彩色の凝視領域による興奮が，色のついた背景上に投影される場合の結果は予測可能である。たとえば，赤の刺激に対する反対反応は緑の残効であるので，それは緑の背景上に投影されると，白または赤の背景上に投影されるときよりも，一層飽和して見える。他の色相の組合せで観察される結果も予想どおりになる。

　残像は数世紀にわたって研究され，分析されてきていて，この問題に関しては驚異的な量のデータが蓄積されている。一次刺激あるいは凝視刺激はそのエネルギー，持続時間，大きさ，分光分布，形および配置がさまざまに変わる可能性があること；凝視点を変えると刺激される眼の領域が変わりうること；眼の全体的な順応もまた変化しうること（15章）；そして，二次的な刺激（すなわち，残像が投影される領域）もまたいろいろな点で変化させうることなどを考えてみれば，報告された効果に，ほとんど数えきれないほどの多様性があっても，驚くには当たらない。

　しかも，これらの現象の基礎には，ある法則性が存在する。すなわち，残像は知覚事象の基礎には相互に拮抗し合う神経過程が存在するという事実を表しているのである。刺激作用を注意深く操作することによって，文献に報告されている多様な効果を，3対の反対色的反応過程のそれぞれ二つのメンバーの間に（空間的にも時間的にも）相反的な相互作用があるという表現に還元することができる。

　12章において検討したオン-オフの細胞反応の多様性に関する証拠は，網膜の神経組織が残像現象に対応する型の拮抗性反応の生理的なメカニズムを備えていることを示していると，きわめて一般的な形で見なすことができる。もし，たとえば，一つのタイプの色細胞に関して，神経インパルスのオン放電またはオフ放電を一つの色相の信号と見なし，無放電の状態，すなわちスパイクが出ていない状態を対立的な反対色相に対応していると見なすならば，スパイク放電をしていることは，たとえば赤の色相を示し，スパイク放電をしていないことは，その補色である緑の色相を表していると，簡潔に解釈することができる。

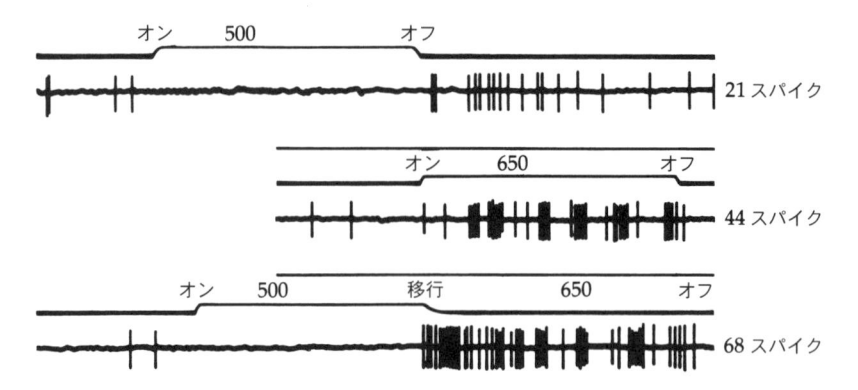

図 6 マカクザルの波長対立型細胞。無応答の，放電しない期間は「緑」を表し，スパイク放電は「赤」の信号であると解釈される。細胞は 650 nm の光刺激によって放電し，500 nm の刺激を切っても同様に放電を起こす。650 nm の刺激が 500 nm の刺激の後に続けば，放電頻度の増加が生じる。500 nm の刺激を切ることによる神経的反作用も直接的な 650 nm の刺激も両方とも，赤の信号を生じさせる。

　ある種の一次興奮の後，残像が暗黒中で生じる事態，あるいはそれが無彩色ないし有彩色の背景上に投影されるような事態については，すでに多少検討した。暗い背景上の小さな凝視領域における一次興奮が，たとえば，500 nm によって生じたならば，刺激が持続している間は，それは緑色に見える。刺激を切って，小さなあまり明るすぎない無彩色の面を見ると，赤い残像が見える。この残像を小さな赤領域に重ねて見ると，**過飽和した** (super saturated) 赤が知覚される（「過飽和」とは，同じ色相の狭帯域刺激〔波長範囲が狭い刺激〕よりもさらに飽和していることを意味する）。この知覚効果に直接的に対応する事実が，マカクザルの波長対立型の，赤-緑符号化を行っていると思われる細胞に関して，報告されている（図6）。その細胞は 650 nm の光によって直接刺激されると放電し，そのスパイク放電は，「赤」の信号であると解釈される。無応答の，放電しない期間は緑を示すと見なされ，500 nm の刺激が切られると，神経的な反動である「赤」が生じる。そこで，刺激を 500 nm から 650 nm に切り換えると，放電頻度の増加が起こる。これが過飽和ということではないだろうか。

　残像は普通それほど重要なことと思われていないが，これまでに述べてきたような種類の**残効** (aftereffects) は，継時対比のなかで生じる視覚ということを考える場合，きわめて重要な意味をもつ。同時対比の場合に，結像系の光

学的な欠陥を補うために鮮明化が生じるのとまさに同じように，視野の一つの部分から他の部分へ次ぎ次ぎと視線を移すと，継時対比によって差が鮮明になり強調される．眼は視野のなかで絶えず動き回っているので，たとえば，明るい対象は白に対する感度が高い領域に繰り返し像を結ぶ．初めに刺激された領域には「白」反応が生じ，眼が他の場所に動くと，初めに白興奮が生じた領域には「黒」反応が生じる．凝視が同じ領域に戻るときには，そこは再び活発に働くことのできる，興奮を起こしやすい領域になっているのである．

　この章の初めの方で，眼の時間的な解像力を検討したとき，フリッカー現象の分析はこの本の取り扱う範囲を越えると述べた．しかし，刺激の交代に依存するが，普通には残像として分類されないさまざまな視覚効果を検討するためには，ここで，フリッカーに関する簡単な記述をしておかねばならない．フリッカー効果は，短時間の明と暗の光パルスを交互に提示することによって発生する．交代頻度が充分に高ければ（たとえば，60 Hz）融合が起こり，フリッカー効果は知覚されない．このことは，たとえば，通常 60 Hz の周波数の交流電流によって点灯されている，普通の家庭や事務所の照明についても成り立つ．平均的な照明水準で周波数を徐々に低くしていくと，粗いフリッカーが見え始め，最後には明と暗のパルス間の明瞭な分離が生じる．

　混色について検討した際（8 章）に述べたように，異なる色刺激を交互に提示するには，Maxwell の回転盤を使うこともできる．交代頻度を充分に高く

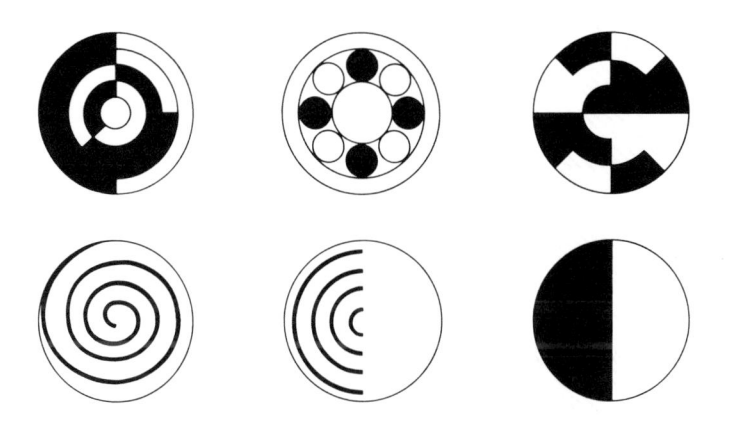

図 7　いろいろな白/黒パターンの円盤．ゆっくりと回転させると（毎秒 5 回転から 15 回転），さまざまな色相の「主観色」が見える．

すれば，融合と混色を得ることができ，交代頻度を低くすれば，交代する刺激成分が分離して見え始める。

このような文脈のなかで**主観色**（subjective colors）に対して注意を喚起しておきたい。それは以前から知られていて，文献にもしばしば報告されている視覚効果であるが，白と黒の刺激をゆっくりした交代頻度で提示すると，単純なフリッカー以上の何かが起こるのである。

Fechner 色（Fechner's colors）あるいは「Fechner-Prevost 色」とも呼ばれる主観色の本質は，さまざまなパターンの白黒の刺激を，融合頻度以下のかなりゆっくりした頻度で眼に提示するときに，多様な色感覚が生じるということである。図7は，一群の異なった白/黒のパターンをもった円盤を示す。そ

図 8　静止白黒パターン。ここでは，眼をゆっくりとパターンの上で動かすと，パステル調の色相が見える。

れを回転盤の上に乗せて，ゆっくりと回すと（毎秒5回転から15回転），さまざまな色相の主観色が発生する。同じような現象はまた，静止したある種の規則的なパターンの上で眼を動かしても見える。たとえば，図8は静止したパターンであるが，その上で眼をゆっくりと上下または左右に動かすと，飽和度の低いさまざまな色相が生じることが分かる。主観色効果は，近年は，オシロスコープ上の，あるいはテレビスクリーン上のパルス刺激を用いることによっても，発生することが分かってきた。事実，主観色は絶えず「再発見」され続けている。図7および図8に示すような種類の白黒の刺激は広範囲の波長を反射するので，これらすべての刺激には，色効果を引き起こすのに必要な基本的先行条件が存在している。しかし，刺激事態が錯綜しているので，最近まであまり分析されていなかった。Galileo がもし丘の道で車輪をはずませて下らせ，丘の下までの旋回と離心の軌道を追求しながら下降時間を測るというようなことをしていたら，落体の法則は決して発見されることはなかったであろうと言われている。主観色が置かれた境遇の歴史は，この話と非常によく似ているところがある。多くの人びとがストップウォッチを手に持って，くるくる回る車輪を追求してきた。

　図9に示されているのは，**Benham の円盤**（Benham's disc）である。これもまた主観色を発生させ，おそらく，主観色現象を生じさせる，もっともよく

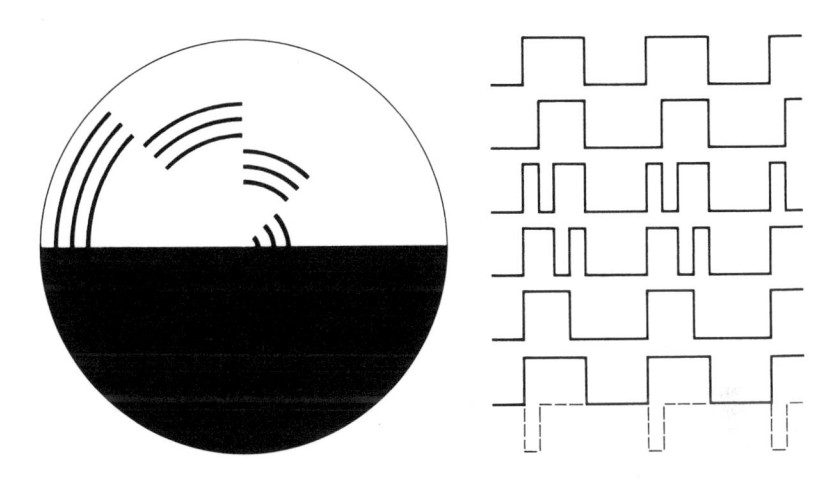

図9　Benham の円盤。円盤の右側に，円盤におけるそれぞれ異なった白／黒の継起に関して，時間の関数としての光強度の分布を示す。

知られたパターンである。さらに，このパターンは刺激のかなり簡単な分析に役立つ。毎秒5回転から10回転のスピードで回転させると，色の付いたリングが見える。たとえば，時計方向に回転させると，一番外側の1組の線は青っぽく見え，真ん中の線は緑っぽく見え，一番内側の線は赤っぽく見える。回転の方向が逆になれば，色の現れる順序も中心部から周辺部へ逆になる（たとえば，一番内側が青っぽくなる，など）。刺激パターンを分析すれば，黒い放射状の弧に近接した領域が重要性をもつことが分かり，さらに刺激要素間の時間的な順序と空間的な関係が重要であることが明瞭となる。しかし，実際には，回転円盤はこれまでに見てきたような主観色効果をもたらすのに，必ずしも不可欠なものではない。

普通の残像事態では，一次刺激がまず見えて，それから残像が後に続く。このようにして，赤く見える長波長刺激は，これまでに見てきたように，緑の補色残像を生じるに至る。そこで，**Bidwell パルス残像**（Bidwell pulsative afterimage）は，これまでに述べた事態とは違って，補色残像が連続的に見えるように——他方，それを生じさせる一次の刺激は決して見えないように——刺激が配置されているという理由で，とりわけ興味深い。図10に刺激の構成が示されている。もし扇形円盤を回転して，その結果，たとえば，650 nmの赤刺激を，切り抜いた30度の扇形の部分を通して，約0.05秒間露出し，その後に広帯域の〔広範囲の波長をふくむ〕無色の光で照明した円盤の白い部分とさらにその後に黒い部分が続くと，緑の残像だけが見える。観察者が一次刺

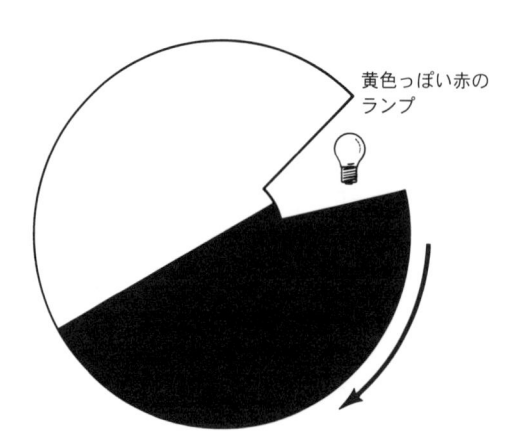

図10 Bidwellの円盤。この事態においては，白/黒回転盤の背後の650 nmの刺激光が，扇形の切り抜きを通して断続的に提示されると，観察者は決して黄色っぽい赤を見なくて，青っぽい緑の残像だけを見る。

検査パターン

黒と赤　　　　　黒と緑　　　　　黒と白

図 11　垂直の赤の棒と水平の緑の棒のパターン。それぞれを交互に 10 秒間ずつ，5 分から 10 分間凝視する。この期間の最後に，水平および垂直の黒と白の棒から成る検査パターンを観察する。垂直の棒が見えるところには薄い緑が，水平の棒が見えるところには薄い赤が報告される。この色随伴性残効は，マッカロー効果と呼ばれる。

激の性質について何も知らないままであれば，彼はたぶん光源自体が，たとえば，530 nm にピークがある中間波長の緑のものである，と考えるであろう。

　また，パターン化された面を非常にゆっくりと交代させる（10 秒，10 秒，……）と，別の種類の残効が発生する。緑と黒の縞から成る水平格子と，赤と黒の縞から成る垂直格子を，スクリーンの中心で交互に提示する。観察者は，交互に提示されたそれぞれの格子を 10 秒間くらい眼で追いかけ，その交互提示を，たとえば，5 分から 10 分間くらい続ける。そして最後に，水平垂直の両方の縞から成る黒白の対象（検査パターン）を観察者に提示する（図11）。すると観察者には，緑っぽい垂直線（および黒い垂直線）とピンク色の水平線（および黒い水平線）が見えることになる。頭を 90 度傾けて，一方の眼が他方の眼よりも上に来るようにすると，物理的垂直線はこんどはピンク色と黒に見え，物理的水平線は緑と黒に見える。この色残効は発見者に因んで**マッカロー効果**（McCollough effect）と呼ばれるが，これは観察図形に用いた線分の方向に依存し，その現象は従来の残像とは幾つかの点で驚くべき違いをもつ。

　普通の残像を発生させるためには，ある時間正確な凝視を維持することが絶対に必要であるが，マッカロー効果においてはこれは必要ではない。すなわち，眼は観察図形の上をさまよってもよくて，それが結果にはなんの損失ももたらさない。これは重要な違いの一つであるが，もう一つの違いは，マッカ

ロー効果の持続性である。従来の残像はきわめて強いが，どちらかと言えば急速に消滅する。随伴性の色残効は，何時間も，何日も，何カ月間も続くことが知られている。だがしかし，それらは非常に弱い。

多くの種類の**随伴性の残効**（contingent aftereffects）が研究されていて，それらの見え方と持続性に影響を与える多くの変数が知られている。それらのなかには動きの方向に付随する効果があり，その効果は動く縞模様の色相と反対色的に対になっている。たとえば，上方向に動く赤と黒の縞と，下方向に動く緑と黒の縞とを交互に提示し，この交互提示の短時間観察後，黒と白の縞の面を提示する。すると，それが上方向に動くときには緑の残効が見え，下方向に動くときにはピンクの残効が見える。この長く持続する随伴性残効は，視覚皮質の高度に特殊化された細胞システムの感度の低下あるいは疲労の結果であると考える研究者たちもいる。また，それはPavlovのイヌの唾液反応にも似た条件反射のようなものであると考える研究者たちもいる。これらの興味をそそる効果を，もっと確かな満足のゆく仕方で説明することができるようになるためには，われわれは視覚系について現在知っていることよりももっと多くのことを学ばねばならない。

基礎文献

Benham, C. E. 1894. Notes. *Nature (Lond.) 51*: 113–114. Letters to the Editor, 1895. *Nature (Lond.) 51*: 321.

Bidwell, S. 1901. On negative after-images and their relation to certain other visual phenomena. *Proc. Soc. Lond. B 68*: 262–285.

Broca, A., and Sulzer, D. 1902. La sensation lumineuse en fonction du temps. *C. R. Acad. Sci. 134*: 831–834; 1903, *137*: 944–946; 1046–1049.

Campenhausen, C. v. 1968. Über die Farben der Benhamschen Scheibe. *Z. Vergl. Physiol. 60*: 351–374.

Cohen, J., and Gordon, D. A. 1949. The Prevost-Fechner-Benham subjective colors. *Psychol. Bull. 46*: 97–136.

De Valois, R. L. 1973. Central Mechanisms of Color Vision In R. Jung (ed.), *Handbook of Sensory Physiology,* Vol. 7/3, *Central Visual Information A,* Chap. 3, pp. 209–253. Springer-Verlag, Berlin.

Eichengreen, J. M. 1971. Time-dependent chromatic adaptation. Ph.D. thesis, University of Pennsylvania.

Hering, E. 1878. *Zur Lehre vom Lichtsinne,* Part 3. Carl Gerold's Sohn, Vienna.

McCollough, C. 1965. Color adaptation of edge-detectors in the human visual system. *Science 149:* 1115–1116.

Mansfield, R. J. W. 1973. Brightness function: Effect of area and duration. *J. Opt. Soc. Amer. 63*: 913–920.

Parsons, J. H. P. 1924. *An Introduction to the Study of Colour Vision*, 2nd ed. Sec. V, Temporal Effects. Cambridge University Press, Cambridge, England.

Plateau, J. 1878. Bibliographie analytique des principaux phénomènes subjectifs de la vision. Première section. Persistance des impressions sur la rètine. Deuxième section. Couleurs accidentelles ordinaires de succession. *Acad. R. Belg. 42*: 1–59.

上級文献

Brown, J. L. 1965. Flicker and Intermittent Stimulation. In C. H. Graham (ed.), *Vision and Visual Perception*, pp. 251–320. Wiley, New York.

Franklin, B. 1769. *Experiments and Observations on Electricity Made in Philadelphia in America*, p. 469. David Henry, London.

Kelly, D. H. 1972. Flicker. In D. Jameson and L. M. Hurvich (eds.), *Handbook of Sensory Physiology*, 7/4, *Visual Psychophysics*, Chap. 11, pp. 273–302. Springer-Verlag, Berlin.

Stromeyer, C. F. 1978. Form-Color Aftereffects in Human Vision. In R. Held, H. W. Leibowitz, and H-L. Teuber (eds.), *Handbook of Sensory Physiology*, Vol. 7, *Perception*, Chap 4, pp. 97–142. Springer-Verlag, Berlin.

Wade, N. J. 1977. A note on the discovery of subjective colors. *Vision Res. 17*: 671–672.

15 章
色順応

　前の二つの章で，一定の分光エネルギー分布をもった光または物体の見えが，同時または継時対比の結果，どのように変化するかを示す多くの例を挙げた。ある意味では，これらの知覚された変化の大部分は人為的なものである。普通にはほとんど気づかないこれらの対比現象が存在することをはっきりと示すためには，刺激事態を注意深く慎重に整えなければならない。しかし普通の場合には，色の付いた物体の世界は照明がかなり変化してもほとんど変わらない。この一見矛盾と思われる事実について，どのように考えたらよいのであろうか。それほど考えてみるまでもなく，そこには矛盾はなく，視覚世界のなかに存在する物体は，一部には対比効果がそれに寄与することにより，外からの照明が大きく変化しても比較的安定した見えを保つのである。
　視覚系は，非常に広い照明範囲にわたって有効に働きうるという注目すべき特性をもっている。それは非常に低い照明水準においても，高い水準におけるのと同じように巧みに働く。視覚系が順応するからこそ，眼はごく弱い照明のなかでも物体を見ることができる。光が網膜に像を結ぶとき，光が弱ければそれが通過する瞳孔は拡大し，より多くの光を眼のなかに入れるようにする。しかし，感度の主要な増大は，主として低照明で桿体の働きが活発になることから生じ，そして桿体はロドプシンという視物質を含んでいて，退色光水準に達しないように保護されている限り，その視物質が次ぎ次ぎと再生されることから生じるのである（10章参照）。眼は，暗順応することによってその感度を増大させるだけではなく，明順応して中等度の光水準でも有効に働くことができ，さらに極度に明るい光による過剰な刺激に対して自己を守ることもできる。錐体系は比較的高い照明水準において働く。このようにして，光に対する

眼の感度は，照明条件に依存して，減少したり増大したりすることが可能なのである。

視覚系は異なる光水準に対して順応するだけではなく，色に対しても順応する。**色順応**（color adaptation）とは，色光刺激を受けたときの眼の感度の変化を指して言う。ここでは，感度の変化は，光の全般的な水準の変化よりも，分光特性の変化を補償するような傾向をもつ。

われわれは，継時的な色対比や残像について検討した際に，色光刺激が眼の感度をどのように改変するかを示す実例にすでに出会っている。光を非選択的に反射する面，いわゆる完全な均衡条件下では「白」であると判断される面を見るときに，眼を赤みを帯びた黄に見える長波長の刺激によりしばらく前照射すれば，その面は青みを帯びた緑に見える。眼を赤みを帯びた黄の刺激に曝すことによって，反対色系のバランスを変え，赤と黄に対する反応性を消耗させて，緑と青に対する感度を高めたのである。

しばらくの間——30分かそこら——眼を閉じたまま暗い部屋のなかにとどまって，あらゆる光刺激から遮断されると，普通，不安定な雲状の，いわゆる「網膜固有光」と呼ばれるものが見える。われわれが見るのは，しばしば「光塵」とか「固有灰色」とか「固有明暗」と呼ばれるような内在的な網膜固有光の渦だけである。近年，完全に均衡を保った暗順応状態で見えるものを記述するのに，網膜ノイズという言葉がもっとも好んで使われるようになっている。この視覚的経験は黒のそれとは違うことに注意すべきである。すでに見たように，深い黒は白と同様に，部屋の照明があるとき，あるいは対象を取り囲む「白色」光があるときにのみ経験される。休息をしている眼が視覚的に経験するのは基礎的な灰である。

安定状態では感度は中性的な均衡を保つ。しかし，感度は長い暗順応期間中に大いに増大する。また眼の平衡系は，それほど長い暗順応期間がなくても，感度の中性的な均衡，すなわち，いわゆる**中性的な順応状態**（neutral state of adaptation）に到達する。錐体系は，この安定と平衡の状態において大きく優位に働く。暗室のなかに10分かそこら留まれば，この状態に達することができる。（また成分機構を均等に刺激するような適切に選ばれた広帯域の「白色」刺激が存在する条件下でも，中性的な順応状態に達することができる）。

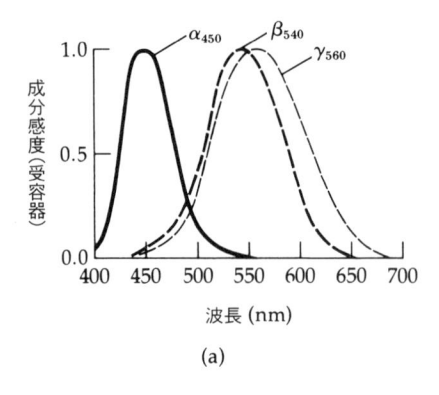

図1 成分感度の中性的均衡。(a) 眼の角膜のところで等しいエネルギーの光に対する，受容器レベルでの均衡。(b) 同じく反対色過程のレベルにおける均衡。（ただし，これらのカーブは眼の透過度または吸収度を考慮した補正を施してはいない）。

　図1aは，感度の中性的な均衡に対して選ばれた1組の成分感度 α, β, γ を示す。これらの関数を変換または変形して，白黒関数ならびに反対色関数の形と分光分布を決定すれば，その結果は図1bに示すようになる。赤/緑関数と黄/青関数を分析すれば，それぞれが均衡していることが分かる。したがって，それらは色応答がゼロである事態を表している。無彩色系だけが信号を発生させていて，それはもちろん中性または白色を意味する。

　もし，もともとはこの種の感度の中性的均衡を保っている視覚系が，短波長の放射を比較的多く含んでいる昼の北側から入ってくる空の光（色温度＝10,000 K；3章参照）に曝されれば，その光は青っぽく見える。これは青（お

よび赤）の色彩事象を引き起こすものとして知られている α 吸収が優勢であるためである。この光源によって照明されている比較的大きい非選択的な表面を見続けるならば，その面は間もなく青みを失い，白または中性となる。戸外の昼光照明の代わりに，長波長の光を比較的多く含んでいる屋内用の白熱電燈の光（2800 K）を使えば，中性的に均衡した系にとっては，その面は今度は黄色あるいはオレンジ色に見える。この場合，β の吸収と γ の吸収が優位となって，それが黄色と赤の色応答を生じさせる。続けて照射すると，この黄色みを帯びた赤に見える照明もまた白色あるいは中性に見えるようになる。これらの色の見えの移行はどのように説明することができるのであろうか。

　ドイツの生理学者 von Kries はこの問題を直接扱い，現在では **von Kries の係数則**（von Kries Coefficient Law）と呼ばれる原理を展開した。彼は，視物質の吸収関数が色順応にともなって起こると考えられる変化を数量的に明らかにしたのであった。α_λ，β_λ，γ_λ がある順応状態（たとえば，中性的な順応状態）における 3 種類の錐体受容器の分光分布を表すとすれば，これらの分布の形は色光照明に曝しても変わらず，その相対的な大きさが変わるのである。したがって，α_λ'，β_λ'，γ_λ' が色光照明に曝すことによって変化したこれらの要素の感度を表すとすれば，それらは簡単な増倍係数によって初めの α_λ，β_λ，γ_λ に関係付けられる。

$$\alpha_\lambda' = k_1 \alpha_\lambda$$
$$\beta_\lambda' = k_2 \beta_\lambda$$
$$\gamma_\lambda' = k_3 \gamma_\lambda$$

　ここで，k_1，k_2，k_3 の大きさは，問題になっている色光の特定なエネルギー分布による α，β，γ の活動の相対的な強さに反比例的に関連していると考えられる。

　したがって，北側からの空の光のような戸外照明に連続して曝されるような特殊な場合には，短波長放射によってもっとも強く興奮する α 錐体受容器の感度は，あまり強く興奮しない他の 2 種類の受容器の感度である β_λ と γ_λ よりもずっと大きく抑制される。しかし β_λ の感度は γ_λ よりも，当初強く興奮するために，γ_λ のそれよりも比較的大きく抑制される。感度の相対的減少の程度は刺激による興奮の程度に比例するから，色光刺激が持続すれば，やがてそれ

それの型の錐体受容器の出力は等価になる。変化した受容器感度と刺激エネルギーの積は，3種類の受容器に対して等しくなる。3種類の選択的な機構の興奮が等しくなれば，再び中性的応答に戻る。各反対色系の色応答はゼロとなり，見えは中性的な白となる。同じ理屈が初めは黄赤（またはオレンジ色）に見える 2800 K の刺激に対しても厳密に当てはまる。遅かれ早かれ，いろいろな錐体受容器の感度は，それらが興奮する（すなわち，γ 錐体受容器はもっとも強く，β 錐体受容器はより弱く，α 錐体受容器はもっとも弱く興奮する）程度に比例して低下し，3種類の錐体受容器系の出力は再び均衡する。白熱光のなかで，初めは黄色く見える面もまた，やがて中性的な灰色または白色に見える。要するに，これらの例では，受容器の視覚感度は，均衡した出力が一定の状態（すなわち中性的な状態）にとどまるような様式で興奮の程度に合わせて調整される。同じ分析が，分光分布がどうであれ，すべての広帯域の照明光源に対して当てはまるのである。

　これまでにしてきた説明は，屋内の黄色い照明のなかから本をもって外に出て，公園のベンチに座って青っぽい昼の光の下で読むときに，なぜその本の「白色」の紙の色が黄色から青に変わらないかを明らかにしようとしたものである。同じように，「白色」のシャツやブラウスは，照明がこのように変化しても黄色から青に変わることはない。照明が白熱光から昼光に変わっても，物体はほぼ同じ中性的な白の見えを保ち続ける。ここに，いわゆる**近似的な色の恒常性**（approximate color constancy）の実例が見られる。

　スペクトルの特定の波長を選択することがない物（たとえば，紙，シャツ，あるいはブラウス）に対して当てはまることは，着色した物に対しても同じく当てはまる。着色した物は，その色が何色であれ，それに当たる光が変われば違って見えると考えられるかもしれない。しかし，日常経験が教えるところによれば，それはそれほど大きくは変わらない。われわれが身に着けている衣服，持ち運んでいる物や本は，屋内外を行ったり来たりするときにもほぼ同じように見え続ける。

　しかし，これには限界があって，そのために「近似的な色の恒常性」という言葉が使われるのである。商店などの1種類の照明の下で購入した物が，家に帰ったあとの，店のそれとは異なる照明の下で見るとしばしば違って見えるのは，この限界のためである（このことは，とりわけ店の照明光源が蛍光燈で家

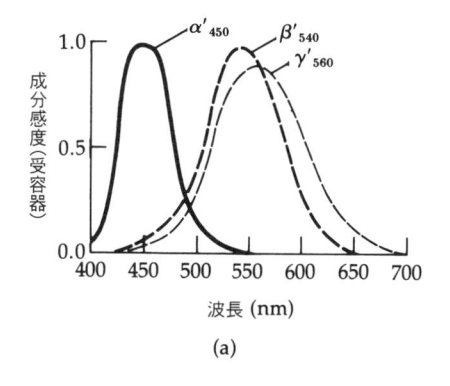

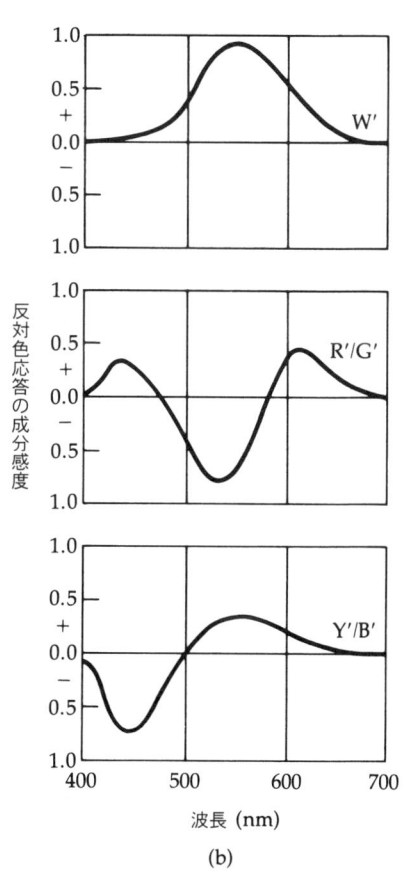

図 2 成分感度の均衡の変化。(a) 650 nm のスペクトル光に曝した場合の受容器レベルにおける均衡。(b) 同様な場合の反対色過程のレベルにおける均衡。

庭の照明光源が白熱灯のとき,あるいはその反対のときに起こる)。つまり,物は昼光のなかでは,白熱光の照明のなかでよりも少し青っぽく見えるのかもしれない。照明の引き起こす変化がたとえわずかでも,物の色の知覚を変えるとすれば,その程度は,多少とも観察される物の反射率にも依存するであろう。それが高い反射率の物であれば,子細に吟味すると幾らかは照明光源の性質を帯びる傾向を認めることができる。したがって,白色は屋外照明のなかでは冷たい(青っぽい)白色となり,屋内照明のなかでは暖かい(黄色っぽい)白色となる。他方,反射率の低い物であれば,黄色っぽい白熱光のなかでは,それを黄色っぽく見せる昼光照明のなかでよりも,ずっと青っぽく見える傾向

をもつ。

　von Kries の，感度の均衡という考えは，順応の変化にともなって受容器にどんな変化が生じるかを，正確に述べることを可能にする。受容器の感度の変化は，つぎに神経レベルにおける白黒応答関数および反対色応答関数の双方の変化となって表れるので，一定の順応の変化に対する神経レベルでの応答の形もまた正確に記述することができる。

　眼が中等度の水準にある 650 nm のスペクトル光によって持続的に刺激される場合，von Kries の係数則によれば，中性的な均衡に比べると，感度の新しい均衡は図 2a に示したようになる。650 nm の光は γ_{560} 成分に対しては β_{540} 成分に対するより 10 倍も大きな効果をもつので，持続した刺激は γ_{560} 成分に対しては β_{540} 成分に対するより 10 倍も大きく感度を下げる効果をもつと考えられる。

　図 2b は，これらの受容器における変化によって左右される受容器よりも後の反対色的な神経応答を示す。これらは 11 章において論じたような型の一組の線形変換関数によって得られたものである。たとえわずかであっても，650 nm の光に対する順応の主効果は，赤/緑分布関数に対するものであることに注意してほしい。順応後は，長波長系の赤振幅が減少し，中波長系の緑振幅

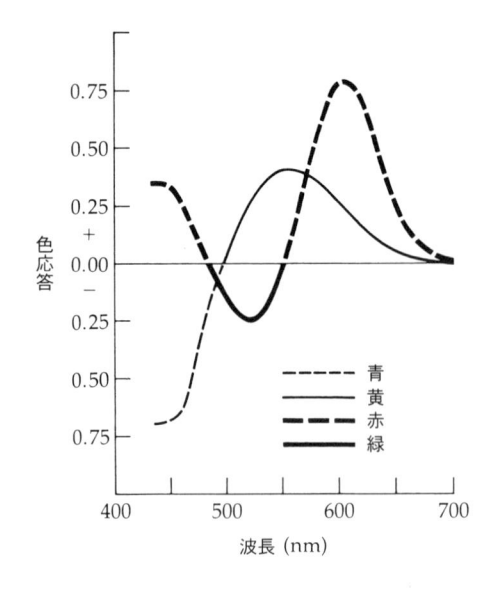

図 3　500 nm 刺激（緑）に順応した後の**反対色応答関数**。これらは誘導または対比効果を考慮に入れていない理論的なものである。

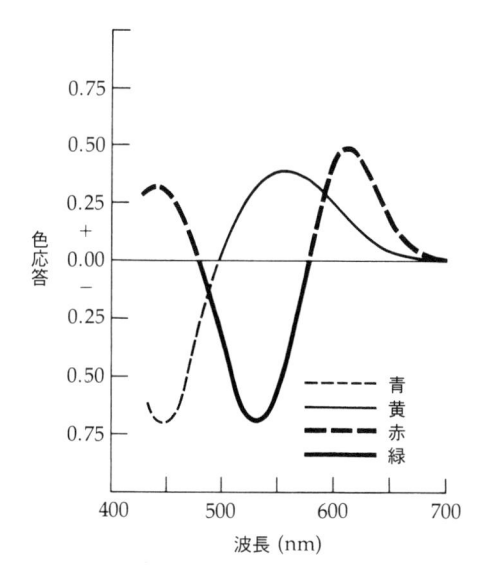

図 4 中性的な順応状態に対する**反対色応答関数**。

は増大して，固有色黄が生じると期待される赤/緑移行波長が約 6 nm だけ，長波長側へと移動する。

図 3 は，錐体系が固有色緑の刺激，すなわち 500 nm に順応した後に起こると思われる反対色応答関数の現れ方を示す。赤/緑応答関数の赤と緑の部分の相対的な大きさの変化に注目していただきたい（図 4 は，比較のために示した中性的な状態の反対色応答関数である）。

図 5 は，眼をたとえば固有色青（475 nm）で刺激した後で，反対色関数の形と大きさがどのように変化すると考えられるかを示すもう一つの例である。錐体受容器感度の大きさの変化によって主に影響を受けるのは，今度は黄/青関数である。これらのそれぞれにおいて，反対色相の対の一方の感度の増大と他方の感度の減少を認めることができる。したがって，緑への順応にともなって，赤の部分は緑の部分と比べて拡大し，緑の部分が縮減する。また青への順応で青の部分は黄の部分と比べて縮減し，黄の部分がより広い波長域へと広がる。

図 3 と図 5 に示したような変化は，図 2 b に見られる変化と比べると比較的

---

* これらは理論的な関数である。13 章とこの章の後のところで検討した誘導要因を考慮に入れていない。誘導要因もまた予測可能な仕方でこれらのカーブを変化させる。

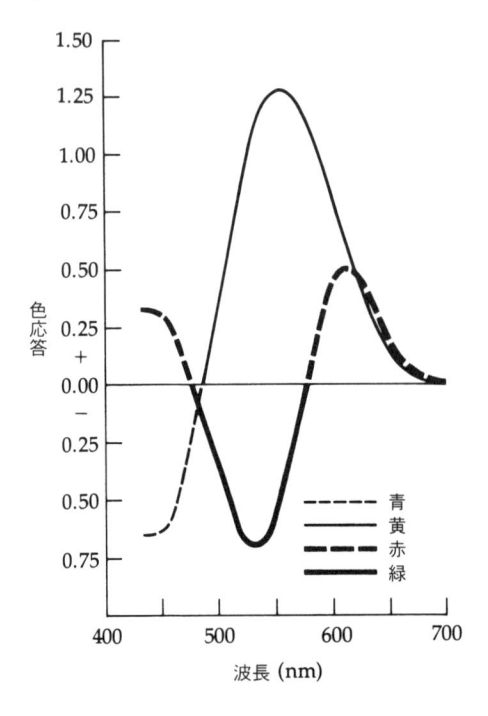

図5 475 nm 刺激（青）に順応した後の反対色応答関数。

小さいものである。したがって，これらの関数の正確な変化の仕方や変化の程度は，多くの変数，ことに順応色光のエネルギー，持続時間，大きさに依存することを念頭におく必要がある。

順応の結果として生じる反対色応答関数の変化が比較的大きいのは，錐体吸収と色応答の間の結合を表す単一方程式が**差分方程式**（difference equation）であるという事実と関係がある。たとえば，

$$R-G = \alpha + \gamma - \beta$$

中性的な順応状態の場合，固有色黄の波長位置 580 nm においては，$\alpha+\gamma-\beta$ の和はゼロとなり（$\alpha+\gamma-\beta=0$），赤でも緑でもない応答が生じる。長波長刺激に対する順応の場合，β 吸収の変化と比べるとごくわずかな γ 吸収の減少が方程式を負の方向に向かわせ，その結果としての応答は緑となる。他方，順応刺激が短波長の方に変われば，γ に比べて β のやや大きな抑制が生じ，この場合には $\alpha+\gamma$ の和は増大して，その結果は赤となる（+R）。

たとえば，サルの外側膝状体（LGN）の単一細胞に関する電気生理学的な結果は，順応に関する人間の精神物理学的なデータと直接対応する関係を示している。一定の波長，たとえば590 nmに対して興奮的な（正の）応答を示す細胞は，サルの眼が長波長光に曝された後では，抑制的な（負の）様式で応答するようになる。同様に，中波長光に順応すれば，590 nmの刺激に対する興奮応答はより大きくなり，興奮から抑制への移行は，より短い波長位置で起こるようになる。

　異なった順応状態に対して定めた反対色応答関数と白黒応答関数を使えば，中性的な順応条件に対して定めたのと同じ様式で色相係数と飽和度係数の両方を計算することができる（6章，7章参照）。

　図6は，固有色黄の刺激に対して不完全に色順応した場合に起こる色相係数関数の一例を示したものである。この順応状態に対する色相係数関数の特徴を要約すると，中性的な状態（6章，図2）と比べて順応色相（黄）の割合は，それがスペクトル上のどの位置であっても，縮減しているということができる。もちろん，順応色相の相対的な減少は，いかなる波長位置においても結合して存在する別の色相対の相対的な増大を生じさせる。したがって，黄への順応が黄係数の全般的な減少を生じさせるならば，それに呼応して赤の係数関数と緑の係数関数はともに当該の波長位置において増大するという結果を生む（図6参照）。この順応刺激が純粋黄もしくは固有色黄の色相感覚を生じる波長である点に注意してほしい。したがって，順応刺激の色相そのものは影響を受

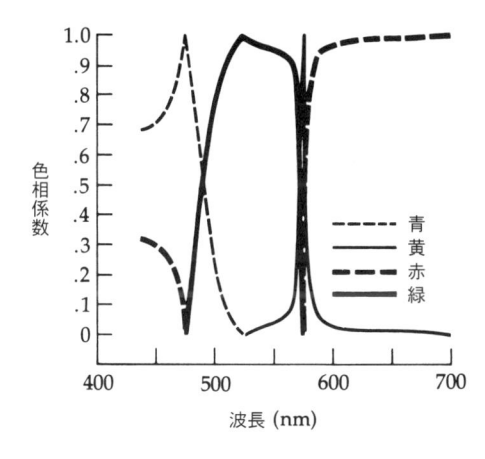

図6　580 nm刺激（黄）に対して不完全ながら順応した後のスペクトル光に対する**色相係数関数**。

表 I 色順応における色相の移行

		順応刺激			
	中性	青	緑	黄	赤
検査刺激	青	青	赤みの青	青	緑みの青
	緑	黄色みの緑	緑	青みの緑	緑
	黄	黄	赤みの黄	黄	緑みの黄
	赤	黄色みの赤	赤	青みの赤	赤

けない。反対色的な，または補色的な固有色青の色相もまた影響を受けない*。では，第3の固有色の位置に関してはどうなるのであろうか。

　表Iは，いろいろなタイプの色順応によって起こる色相の移行を概括的にまとめたものである。飽和度係数関数も，色相係数関数と同じく，順応の違いによって変化する。飽和度係数は，7章で見たように，白黒応答＋反対色応答に対する反対色応答の比であり，そして全感覚における色成分の割合を表す。

　これらの飽和度値を計算するためのデータは，いろいろな順応に対する視物質の吸収への反対色応答と白黒応答とを関連づける方程式から導き出される。図7は，白順応，青順応，緑順応，黄順応および赤順応に対するこのような飽和度係数を表している。これらの関数は，順応状態が変わるとその形が著しく変わる。一般に特定の順応は，順応刺激の色相に対応する波長領域の飽和度を極小にし，通常反対色を生じる波長領域の飽和度を増大させる。したがって，中性的な（白色の）順応状態に対する関数と比較すると，たとえば青順応は470 nm の部位における飽和度の減少をもたらし，570 nm の部位における飽和度を著しく増大させる。

　色相および飽和度の係数は，むろん，個々のスペクトル光に対してだけでなく，7章で見たように可視部のスペクトルの全域にわたって光を反射する標本，または透過するフィルターに対してもまた，同様に計算することができる。

　すでに，中性的な順応状態は，暗室に短時間とどまることによって生じる完全な均衡条件であると述べておいた。また前に，中性的な順応状態は光刺激が

---

*　この記述は，非常に短い露出時間を用いた，最新の実験のあるものとは一致しない。これはおそらく，光受容器レベルの応答速度と神経レベルの応答速度とが異なることから生じた結果であろう。それは刺激の持続時間を短縮したときに重要性を増すことになる。

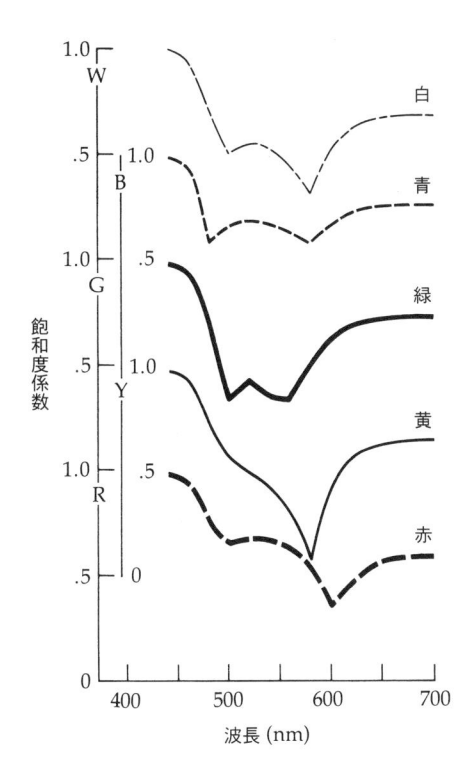

図7 白，青，緑，黄および赤順応に対して，理論的に計算した**飽和度係数**。

存在するところで生じることについても言及し，そして"白"の刺激光によって生じた中性的な順応状態であると述べておいた。しかし，これまでに見てきたように，初めは青っぽく見えたり，あるいは黄色っぽく見えたりする多くの広帯域の刺激（10,000から2800 K）は，続けて見ているとすみやかに白く見えるようになる。それらが白く見えるのは，視覚系が，実際には中性的な状態にないからである。それらが白く見えるかどうかは，視覚系の順応状態からの偏りが関係していることである。

　ここに，白く見えてしかも同時に視覚系の均衡を中性状態から外れさせないような，広帯域の刺激を探し出すのに役立つ手掛りがある。色刺激への順応下で得られる反対色応答関数は，特定の固有色相の位置に大きな移動が生じることを明らかにしてくれる。もちろん，影響され，移動した位置は，用いた順応刺激に依存する。もし実験的に検討して，いろいろな広帯域の刺激のなかか

ら，中性的に見えてしかも固有色相のスペクトルの位置（あらゆる光を遮断して測ったときの）を中性的な位置から外れさせないような光を見つけたとすれば，それらは視覚系を中性的な均衡状態に保つ光であると結論できる。

　このような実験を実施すれば，5500 K の広帯域の刺激を用いて得られた結果と同じ結果が外部の順応光が存在しない場合にも得られる。真昼の太陽光と天空光との混合の色温度，5500 K の分布カーブは，実験室において適切に選んだ光源とフィルターを使って再現することができる。それを使えば，大部分の観察者に対して中性的な，明順応した完全な均衡状態を確実に手に入れることができるであろう（3 章の図 7 を参照）。

　9 章において，メタメリックな等色（すなわち，異なった分光分布をもつ光の間の等色）は色順応が変化してもそのまま成り立つという事実を確かめた。中性的な順応状態において成立した等色は，眼の順応状態がどのように変化しても，それとは無関係に持続する。等色する刺激は視物質に同一の吸収を起こし，同じ中性的応答を発生させるので，このメタメリックな等色の持続性は von Kries の概念的な解釈と完全に一致する。個々の受容器機構の相対的感度は，順応によって一様に変化する。個々の錐体の分光分布の形には変化がなく，関数の大きさのみが変化する。これらの大きさの変化は，いろいろな種類の光受容器間の均衡を変化させる。このことは，以下のような数量を用いた例がこのことを示している。分析は，簡単にするために，2 種類の受容器，β と γ に関して行うものとし，その吸収は例題において用いられているような特定の等色に主に関与するものとする。

　いま a, b, c をそれぞれ 580, 540, 670 nm の 3 種類のスペクトル光のエネルギーであるとする。この場合，a_{580} は b_{540} と c_{670} を組み合わせたものと等色しているものとする。これをつぎのように書くことにしよう。

$$a_{580} \equiv b_{540} + c_{670}$$

a_{580} は β 錐体における 1000 単位の量子的吸収と γ 錐体における同量の吸収を起こすと考えてみる。すなわち，

$$a_{580} \longrightarrow 1000\beta + 1000\gamma$$

β 錐体は，540 nm においては 670 nm の場合よりも相対的に多くの量子を吸

収し，その逆が γ 錐体に関しては成り立つ．それゆえ，つぎのように考えることができる．

すなわち，

$$b_{540} \longrightarrow 900\beta + 100\gamma$$

および

$$c_{670} \longrightarrow 100\beta + 900\gamma$$

そこで，

$$a_{580} \equiv b_{540} + c_{670}$$

に対して，つぎのように書くことができる．

$$1000\beta + 1000\gamma = (900\beta + 100\gamma) + (100\beta + 900\gamma)$$

すなわち，

$$1000\beta + 1000\gamma = 1000\beta + 1000\gamma$$

$\beta + \gamma$ の合計値は，580 nm の刺激に対しても 540 nm プラス 670 nm の刺激の組み合せに対しても等しくなっている．もし，ある視物質の反応を元の値の一定の割合だけ減少させるならば，等色に参加するすべての刺激に対して同じ割合の減少がもたらされて，等価性が維持される．γ 吸収における 10% の減少と，β 吸収における 5% の減少は，等色に参加するすべての刺激に等しく当てはまり，つぎのようになる．

$$a_{580} \longrightarrow 950\beta + 900\gamma$$
$$b_{540} \longrightarrow 855\beta + 90\gamma$$
$$c_{670} \longrightarrow 95\beta + 810\gamma$$

したがって，

$$a_{580} \equiv b_{540} + c_{670}$$

に対して，つぎのように書くことができる．

$$950\beta + 900\gamma = (855\beta + 90\gamma) + (95\beta + 810\gamma)$$

すなわち,

$$950\beta + 900\gamma = 950\beta + 900\gamma$$

ここで等色が維持されていることに注目していただきたい。また,図2bの,白黒応答関数および反対色応答関数における変化を参照することによって,等色されたフィールドの見えは順応の変化にともなって変化するはずである。このことにもぜひ着目してほしい。

メタメリックな等色はまた,同じ光源で照明された分光反射率の異なる物体によっても得ることができる。図8は,相異なる二つの表面の分光反射率曲線を示したものである。もし二つが昼光光源で照明され,明るさが等しければ,平均的な観察者にとっては二つは同じ緑と見える。しかし,これらの反射標本の場合,もし照明光源が白熱タングステンに変わるならば(そして,それにともなって眼の順応が変わるならば),それらはたとえ等しい明るさであっても,もはや等色しない。Aの記号で示された表面は茶色に見えるが,Bの方は緑に見え続ける。これは,光源の変化にともなって,二つの表面から反射される刺激エネルギーが実際には変化するためである。照明が昼光である最初の場合には,光の分布×反射率×反応曲線の,スペクトルの可視部にわたる積和は,二つの色標本に対して同じであるが,第2の場合には,タングステン光源への変化にともなって,二つの光の分布×反射率×反応の積和の間にはもはや等価性は成り立たない。

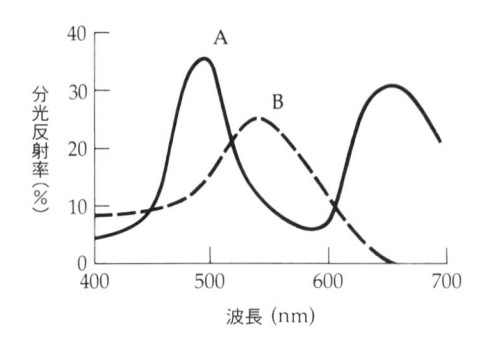

図 8 昼光では等色するが,タングステン照明下では等色しない二つの色標本についての**分光反射率曲線**。

順応の効果を感度の均衡の変化と見なす von Kries の考えは，多くの色順応現象をうまく処理し得る．しかし，それだけでは完全な説明を与えることはできない．つぎに，観察された現象を説明することができない場合について考えてみよう．その難点については，さきに，反射率の高い物体は光源の色を帯び，他方，反射率の低い物体は反対色の色相を帯びて，たとえば黄色い照明のなかでは青っぽく見える傾向があることに言及したときにすでに触れておいた．

たとえば，波長に関して非選択的な反射をする標本をもっと大きな面積の，同じく波長に関し非選択的な反射をする背景の上に置いてみよう．そして両者を同じ色光光源で照明してみよう．もし，小さい方の検査刺激の反射率が背景の反射率とほぼ同じであれば，検査色標本は眼が順応するや否や中性的な色に見える傾向を示すであろう．しかしながら，標本の反射率が背景のそれよりもかなり高いと，それは光源の色を帯びる．したがって，赤っぽい色の光源では，検査標本領域はすこし赤っぽく見えるか，ピンク色に見える．他方，検査標本が比較的低い反射率であれば，この場合それはすこし緑っぽく見える．色照明に対して眼を曝すことが，単に3種の錐体の感度の均衡を変えるだけで，それらの感度関数の形は変えないままにしておくというのであれば，波長に対して非選択的な色標本が，光源の色相からその補色にまでまたがる，異なった色相を帯びるというような結果を予測する理由はどこからも出てこない．検査対象から反射する光の量が変わるとき，刺激分布と3種の感度分布の積は増大または減少することが期待される．しかし，3種の感度分布に対する3種類の積は，検査刺激のあらゆる水準において互いに同じ関係をもつ．したがって，von Kries 方式の分析は，色相の変化が生じることを予想する根拠を与えないのである．

しかし，何らかの感度変化が生じることに加えて，対比の効果もまた発生するということを認めれば，以上に述べたような変化はきわめて簡単に説明することができる．以前の議論によってすでに明らかなように，たとえば，長波長光によって周辺領域に生じる生理的「赤」活動は，検査領域と結びついた神経組織において，反対色的な「緑」応答を誘導する．検査領域と周辺領域が等しい反射率をもち，両者の間に相反する相互作用をともなうような場合には，持続的な観察によって，一様な中性的または灰色の面が見える傾向がある．検査

領域の反射率が高いときには，赤の周辺領域によって検査領域にもたらされる緑の誘導は，充分な大きさではないので，照明光源によって直接的に生じる赤みを打ち消すことができない。検査反射率が低いときには，周辺領域によって検査領域に誘導される緑が知覚できるようになる。増分的な反対色誘導効果を考慮に入れることによって，初めて，上記のような種類の知覚効果についての明確な理解が得られるのである。

　すでに述べたような様式で働くシステム，すなわち「近似的な色の恒常性」を生じさせるシステムは，完全な色の恒常性を生じさせるシステムよりも利点をもつ。そのシステムは，大幅に補償的に働くので，照明の変化にかかわりなく対象を認知し続けることを可能にする。経験もまた重要な役割をもつ。心理学者は，いわゆる**記憶色**（memory color）の重要性について早くから気づいてきた。ある対象をほぼ一貫してその色で見ていれば，その色はわれわれの記憶に消しがたく印象づけられることになる。これがいわゆる物の実際の色とひとがしばしばよぶところのものである。もちろん安定した記憶色が形成されるには，照明の変化を部分的に補償するためのシステムが必要である。

　ただ，そのシステムは完全には補償的ではないので，同時に照明の水準と性質とについても認知することが十分に可能である。われわれは照明の変化には気がつかないことが多いが，真昼に近いか，あるいは日没が近づいているかは分かる。注意深く観察すれば，われわれは対象とその影の色の微妙な変化や，あるいは対象とその周囲との間の見かけの対比の鮮やかさについてその微妙な変化を認めることができる。受容器感度の変化と神経相互作用の効果の双方が生じるために，これらの判断ができるのである。

　いろいろな色刺激の見えが視覚系の順応状態に依存するということについては，この章のなかでいくつかの実例を通してすでに見てきた。したがって，気づくことができる最小の差〔弁別閾(いき)〕を含む色刺激間の差もまた色順応の状態に左右されるということがあっても，驚くには当らない。

　色のわずかな差の弁別に関する視覚系の働き方を評価するのに用いられた実験データのなかに，波長弁別のデータがある。図9は，これらの結果の一部を要約したものである。それらは，2分割した視野の両半分に同エネルギー水準で同一波長光を提示したものを，観察者に見せることによって得られる。このときの検査野は，一様に色の付いた満月のように見える。観察者には，2分割

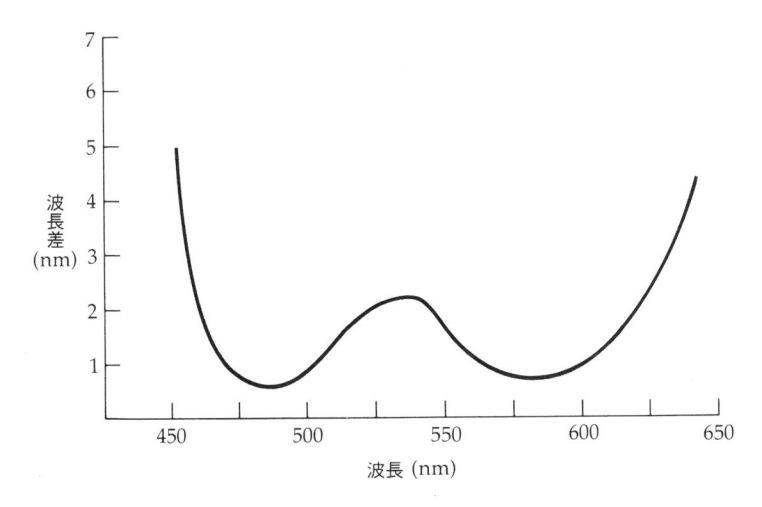

図 9 波長弁別の実験結果。2領域間の丁度可知差異を生じさせるのに必要な波長差〔波長弁別閾〕が，その感度が検査された波長の関数として，縦軸に示されている。二，三の異なる実験の結果がここには含めてある。

した両半分の間の差がちょうど知覚できるところまで，一方の側の波長を調整することが求められる。差が認められたら，両半分の間に等価性を取りもどすように，波長を変化させた領域の方の光エネルギーを変化させる。そうなったら再び，知覚しうる差が生じるまで波長を変化させる。光エネルギーを再度調整し，明るさの調整が，波長を操作することによって得られる色差を打ち消さなくなる点に達するまで，この手続きを繰り返す。このような一組の測定を行うことにより，弁別がもっともよい二つの極小点（470 nm と 580 nm）が存在すること，および中波長領域（約 535 nm）と両端ではともに弁別が相対的によくないことが明らかになる。

　図 10 a には，2 種類の異なる光水準で行われた，この種の実験の結果が示されている。図 10 b には，これらの実験にもとづく弁別を説明することを試みた理論的な計算結果が示されている。計算は，2 種類の光水準における色相と飽和度の双方のわずかな差に対する平均的な観察者の感度を結合させることに基づいて行われている。計算に入る値は前に述べた色相係数と飽和度係数に基づくものである。

　異なる色順応条件下の色感度を評価するために，厳密に同じ実験的な波長弁

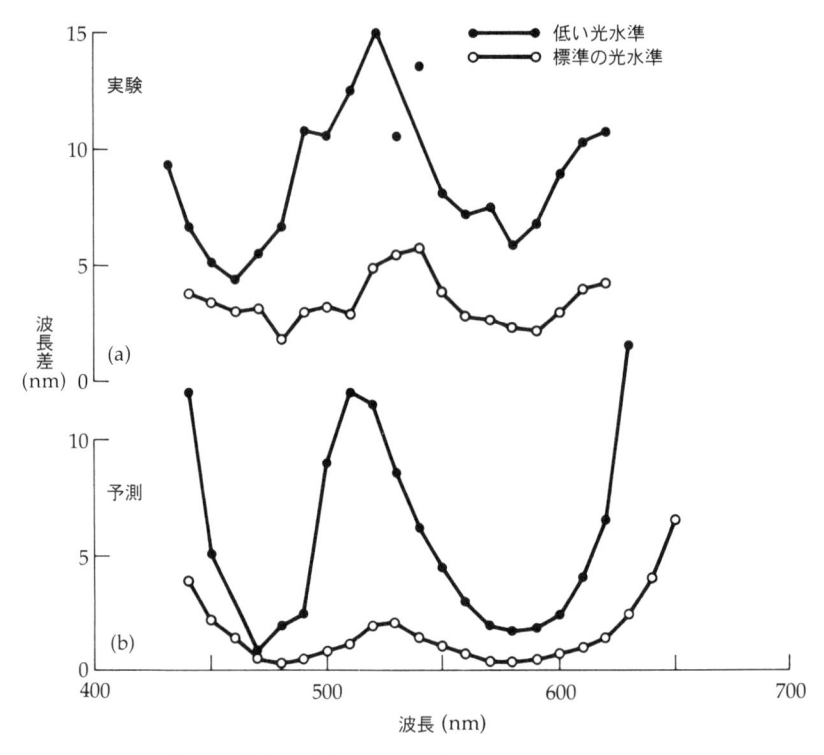

図 10 波長弁別の結果。2 種類の光水準で得られた結果。(a) 実験結果。(b) 実験データに適合するように導き出された理論的計算値。

別手続きが用いられている。図 11 には，このような実験の結果が 2 種類の異なる順応条件に関して示されている。一方は黄色みの赤（Wratten フィルター no. 30）が順応周辺野である場合であり，他方は青みの緑（Wratten フィルター no. 38 A）の順応周辺野が用いられた場合である。弁別関数は，順応周辺野無しで得られた場合と同様に，二つの波長部位において極小をもつ。色順応は，異なる順応条件に対して互いに相対的にカーブを移動させるという効果をもつ。

　周辺が黄色みの赤（no. 30）の場合，中波長領域では弁別が比較的劣る（より大きな $\Delta\lambda$ を示す）が，長波長領域での $\Delta\lambda$ の増大の仕方は，周辺が青みの緑（no. 38 A）の場合よりも，顕著でないということに注目してほしい。これは，周辺が青みの緑の場合には検査領域に誘導される赤みのために長波長にお

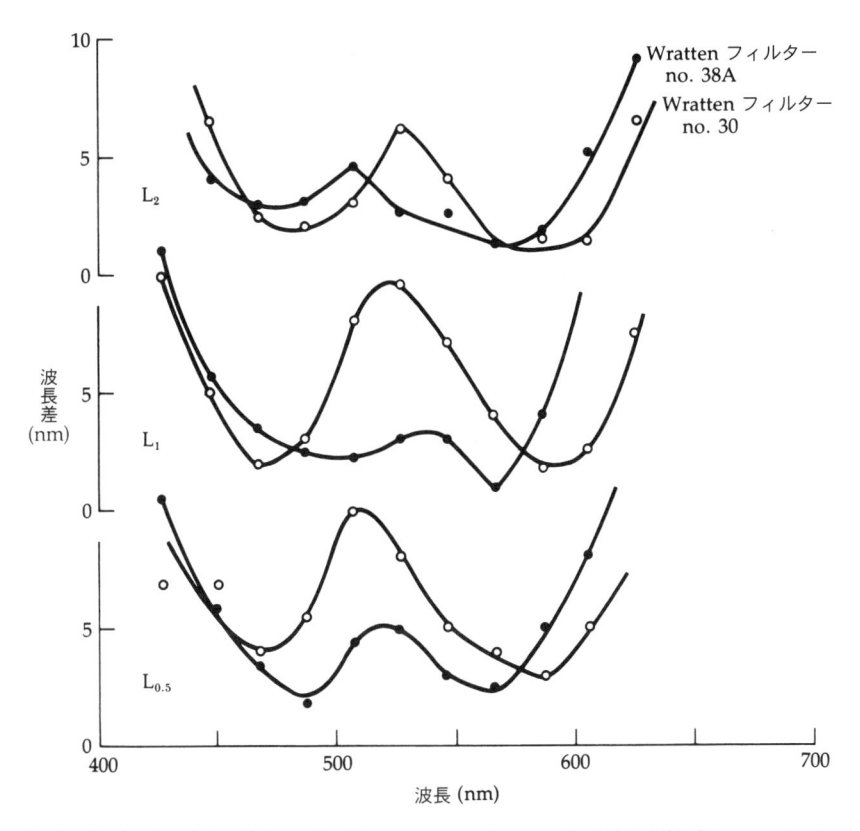

図 11 波長弁別の結果。黄色みの赤（Wrattenフィルター no. 30）と青みの緑（Wrattenフィルター no. 38 A）という2種類の異なる順応周辺野に対して得られた結果。3枚の図のすべてにおいて検査刺激は同一の中等度な光水準であるが，検査刺激対周辺の光水準の比は異なる。(L_2) 検査刺激：周辺＝2：1；（L_1）検査刺激：周辺＝1：1；（$L_{0.5}$）検査刺激：周辺＝0.5：1。

ける弁別がより困難になることを意味する。逆に，黄色みの赤の背景によって中波長領域にはより多くの緑が誘導され，中波長の弁別が悪くなる。これは，全体が赤っぽい光景のなかで少し違った赤を見る場合の方が，同じ違いを緑を背景にして見るときよりも区別しやすいということを意味する。

　検査領域対順応周辺領域の水準の比が変わると，関数の大きさの変化をともなって，波長弁別関数の形に顕著な変化が生じる。2種類の異なった順応に対する弁別関数の間の差は，高い検査水準では最小になることに注目してほしい。これらの結果に意味をもたせるような解釈を下すためには，すでに述べた

ような種類の対比誘導要因を結び付けることが必要となる。結果（図11）は，一定の光水準の周辺領域によって検査領域にもたらされる誘導効果は，焦点刺激の光水準が誘導刺激のそれと比べて増大すると，次第に重要さを失うという見解に一致する。すでに見たように，低反射率の刺激は照明光源の色相の補色的な色相を帯びるが，検査刺激の反射率が増大すると周辺領域からの一定の大きさの誘導は知覚できなくなる。順応過程は受容器感度の「乗算的な」変化と誘導された「加算的な」神経的変化を含んでいるということは，あらゆることを考慮にいれると疑いのないところである。この考えは，色順応に関する「2過程」説と呼ぶのがもっともふさわしい。

11章では，反対色過程的な神経レベルにおける白黒応答と反対色応答とを，視物質の吸収関数と結びつける三つの方程式を書いた。われわれの知覚に対応するこれらの応答方程式に，より一般的な適用可能性をもたせようとするならば，これらの式のなかに誘導または対比反応を考慮した要素を組み込まなければならない。そこで，つぎのような三つの方程式を書いてみることができる。

$$w_\lambda \text{-} bk_\lambda = f_1[e_\lambda(a_{11}\alpha_\lambda + a_{12}\beta_\lambda + a_{13}\gamma_\lambda)] + i_{w\text{-}bk}$$
$$r_\lambda \text{-} g_\lambda = f_2[e_\lambda(a_{21}\alpha_\lambda + a_{22}\beta_\lambda + a_{23}\gamma_\lambda)] + i_{r\text{-}g}$$
$$y_\lambda \text{-} b_\lambda = f_3[e_\lambda(a_{31}\alpha_\lambda + a_{32}\beta_\lambda + a_{33}\gamma_\lambda)] + i_{y\text{-}b}$$

これらの一般方程式によれば，それぞれの応答関数の出力は，3種の視物質の吸収（α_λ，β_λ，γ_λ），これらの吸収に与えられる特定の荷重係数（a_{11}，a_{12}，……），光源の性質（e_λ），および白黒応答または反対色応答の増分的変化（$i_{w\text{-}bk}$，$i_{r\text{-}g}$，$i_{y\text{-}b}$）に依存するということが分かる。α，β，γ を α'，β'，γ' に変える色順応における変化はまた，係数則により $i_{w\text{-}bk}$，$i_{r\text{-}g}$，$i_{y\text{-}b}$ を $i'_{w\text{-}bk}$，$i'_{r\text{-}g}$，$i'_{y\text{-}b}$ に変える。

反対誘導または対比効果の詳細については，これまでの章でもいくらかは検討した。同時と継時の対比効果は，ともに視覚系を高い活動状態に保つことに役立っていることを，ここで認識しておく必要がある。それらは成分となる神経の感度の「疲労」を防いでいるからである。たとえば，持続的な「赤」の興奮はたぶん「赤」の応答を疲弊させる。しかし，「赤」の活動過程の間に形成される「緑」の反作用は，「赤」の活動が止まるやいなや，平衡条件への回復段階に転ずる。これは，「緑」の活動に転じたときにも起こる。

大きさ，形，隣接関係の異なる多くの物体や領野の存在は，空間領域において同じように働く。神経相互作用の多様性は，視覚系を隣接領域間での作用過程と反作用過程間を知覚的な綱引き状態に保ち，眼球運動の存在によって，興奮過程がちょうど「丘を走り下る」ように低下することと，つぎに見るような種類の全般的な疲弊効果を生じることを防いでくれる。

　ここまで論じてきた順応は，「部分的」な順応として特徴づけられよう。眼は常に動いていて，視野には多様な色の異なる形が存在するので，通常完全な色順応が達成されることはない。とはいえ，眼を長時間完全な静止状態に保ち，刺激作用を広範囲にわたって一様に保つことができさえすれば，14章において論じたような作用/反作用過程を，ゼロ-平衡の状態に到達させることが可能となる。したがって，図12に示すように，作用の過程は基線条件に向かって動き，それに応じて次第に小さくなる反作用の過程をともない，最後には二つの過程の間の差はゼロになる。

　眼球運動はわれわれの視覚機構の不可欠な機能の一部であるので，前段で述べたような長い期間にわたって凝視を続けることは，至難の業である。眼球運動がなかったとしたら，視知覚は，われわれの周りの事物の世界とかかわるた

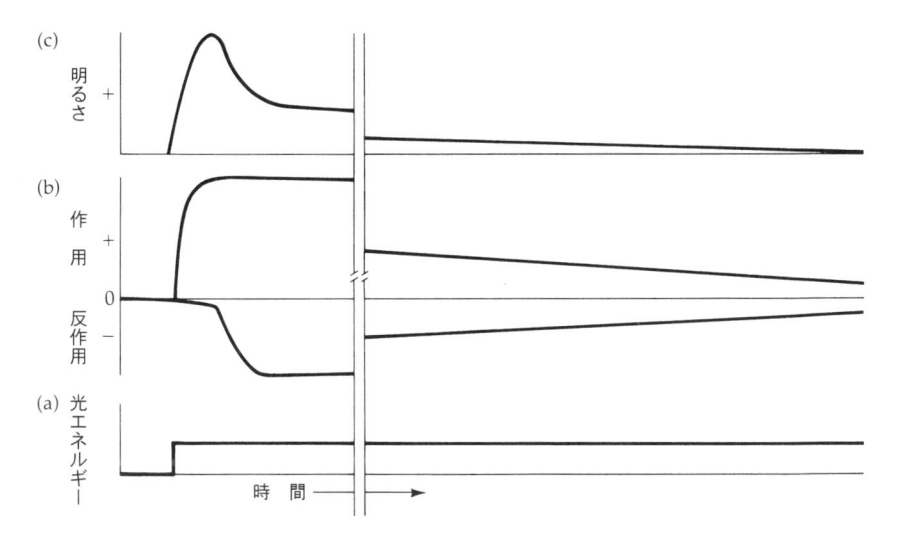

図12　平衡条件。刺激作用が一様であり，作用/反作用過程が平衡-ゼロ条件に達した事態として示されている。

めの有用な機能をたちまち失ってしまうであろう。これは，眼を一様に照明された均質な面で刺激するといった種類の実験によって，はっきりさせることができる。眼の連続的な動きがあるにもかかわらず，視覚刺激フィールドを網膜上で変化が起こらないように保つことができる。このような実験を試みるには，開けたままのそれぞれの眼の前に半分に割ったピンポンボールをおいて，まず眼球の外周りに拡散的な不透明な半球を作る。そして，各半球を外部の光源によって一様に照明し，観察者の網膜全体が半球を通って来る光によって一様に照明されるようにする。ピンポンボールそのものは一様に照らされているので，そのなかで眼がどう動いても網膜のどの部分の刺激作用に関しても，何ら変化を生じさせない。このような状況で光が灯されると，被験者は初めは一様な色をした視野を見るが，この変化のない網膜刺激が与えられ続けると，全視野は次第にその明るさが低下していき，ある程度の時間がたつと，ついには被験者はいかなる光刺激も感じなくなってしまう。被験者によっては，実験者が徐々に刺激光を弱めてしまったのではないかとさえ疑う。したがって，持続的なまったく変化しない刺激を網膜へ与えることの効果は，有効な視知覚という点からすれば，刺激が一切ない場合のそれと同じことになる。そこで，視覚系を再活性化するためには，実験者はピンポンボール上の光を増大させるか減少させるかすればよい —— ピンポンボール上に影を投影するか明るい小光点を投げかけるかすればよい。すると，被験者は再び視覚刺激の変化の結果として何かを見ることができるようになる。これらの実験における刺激の消失の理由は視覚系の感度が鈍ったためにレベルを上げなければ刺激が効果をもつことができなくなったことによるのではないこと，刺激作用の水準の増大であれ減少であれ何らかの変化が有効であるということをここで強調しておかなくてはならない。

　ここで強調しなければならないのは，一様な視野が，広帯域の色刺激による照明によっても，あるいは高度に飽和したスペクトル刺激による照明によっても生じうるということである。短い時間経過の後に，色相経験が完全になくなり，観察者は全面的にわたる暗黒か灰の一様な視野を報告するようになる。それは，定常状態にある完全な均衡点，すなわち作用/反作用の過程が均衡を保った点である。

　刺激フィールドが一様に照明されていなくて，たとえば，明暗領域やさまざ

まな色の付いた領域を含んでいる場合でも，焦点領域においても隣接する周辺領域においても，作用/反作用の事象が完全に均衡を保つ状態，すなわち定常状態に到達させることが可能である。このことを示す一番簡単な方法は，つぎのとおりである。

1枚の一様に照明した白紙の中心に鉛筆で小さなマークを付ける。片眼を閉じてマークをしっかりと凝視し，凝視点をできる限りしっかりと見続けている間，鉛筆を紙の端の上方近くの一定の位置に保持して，その影が白紙の端にぼんやりと映るようにする。影となる刺激の強さは，もちろん，影になっていない白紙の部分の光水準よりも低い。そのため，前に論じたところにより，この影の領域の見かけの明るさは時とともに初めの見かけの明るさと比較して幾分増大する，と考えられる。影の領域の定常的な明るさは，どうなるであろうか。

このデモンストレーション実験を注意深く行い（鉛筆をゆすらないように！），しっかりと凝視することができれば，ついには視野の周辺の影が完全に消失することが分かる。すなわち，影の領域は最終的には白い紙の視野の他の部分と同じ明るさに到達する。だが，凝視が鉛筆の印から移動するやいなや，影は再び現れるであろう。眼が動くと，影の領域の低い光水準は，白紙からの刺激水準に関してちょうど平衡状態にあった網膜の部分に対して，まさに刺激作用の変化が生じたことを示し，その結果にもとづく刺激の変化が，再び白黒応答の変化として記録されるからに他ならない。眼を元の凝視点から動かして，一定の新しい凝視方向にしっかりと固定すれば，同じように影が徐々に消失することが，再び起こる。同様な効果は，色の付いた対象に関しても生じる。ボンヤリと空間を見ているだけで実際には何も見ていないような場合を除けば，外部の物体やいろいろに照明されている領域がこのように一様な明るさまたは暗さのなかに溶け込んでしまうことは普通には起こらない。日頃ものを見る場合には，眼は絶えず動いていて，凝視は視野のある部分から他の部分へ絶えず移動している。したがって，われわれの網膜は絶えず刺激の変化にさらされているのである。

網膜上の刺激パターンの移動を引き起こす眼の動きの効果を除去するためには，この他に光学的な装置を使うという方法がある。これらの装置は，網膜上の光の像の位置が，眼の位置そのものに依存するような様式で作られている。

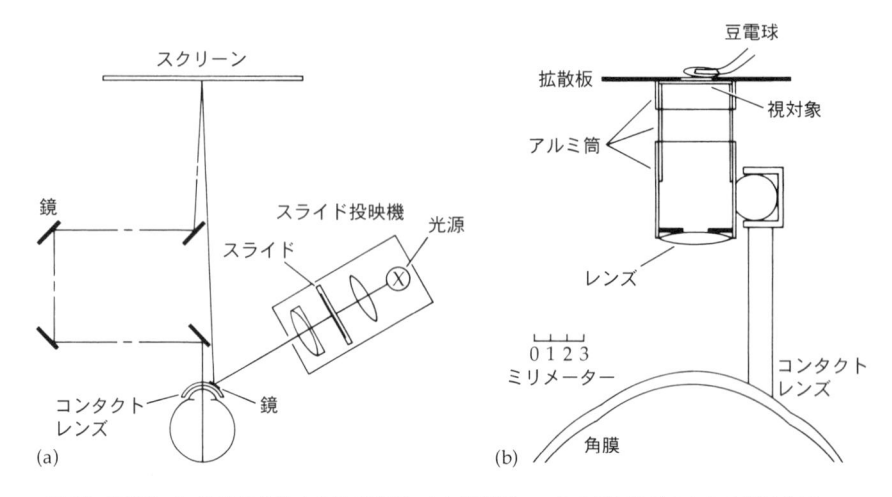

図 13 網膜上で，視対象を静止させる装置。(a) 鏡装置。スライド投映機のなかの視対象が，コンタクトレンズの上に取り付けられた鏡の上に像を結ぶ。眼が動くと，対象は鏡からスクリーンに反射され，鏡（およびここには示されていないプリズム）によってスクリーンから眼までの距離の2倍の光路を通る。そこで，対象は正確に眼の動きに相当する分だけ動く。したがって，対象のいかなる動きも知覚されない。(b) 網膜上の対象を静止させるため，コンタクトレンズの上に取り付けられた軸状の装置。軸は，小型の投映機の働きをする装置を保持している。コンタクトレンズと軸と投映機のすべてが，眼の動きとともに動く。したがって，対象のいかなる動きも知覚されない。

このような方法の一つでは，眼が動くと，刺激光路の方向が変化するように作られた付属鏡の付いた眼球上のコンタクトレンズを用いている（図13a）。入射する光の方向の変化は，このようなコンタクトレンズと鏡の装置によって，ほとんど完全に眼の動きと対応するので，眼球が一つの位置や方向から他に動いても，像は正確に網膜の同じ部分に投影され続ける。これに関連した同様な方法として，コンタクトレンズの上に軸を取り付け，その端に豆刺激と網膜上にその像を作る小型の装置を取り付けるといった方法がある（図13b）。眼が動き，それとともにコンタクトレンズが動くと，軸と像を形成する装置も動く。こうして，眼が絶えず動き続けていても，像はあたかも描き込まれたかのように，網膜上の一定の位置にとどまる。これらのいずれの場合にも，持続的な観察後の知覚は，照明されたピンポンボールにおいて生じる一様な視野に関して起こる，すでに述べたのと同じものである。網膜の同じ部位に同じように当たる光刺激に持続的にさらされると，やがて完全に均衡を保った状態に達

し，明るさの違いまたは色相の違いが知覚されなくなり，そして明るさまたは色相の違いによる輪郭をもって区切られた像も知覚されなくなる。視覚刺激の結果起こる作用と反作用という，二つの相反する過程は，上記のような特殊な方法のどれかを用いて網膜の局所的な刺激を一定に保ち，これら二つの相反する過程を同程度にして見えの明るさや色相の相対的な寄与を打ち消すことによって，はっきりと見て取ることができる。

　網膜中心窩を取り囲む黄斑色素が見えないのは一体なぜか。さらに言えば網膜の網状の血管が見えないのは，なぜであろうか。それらが見えないのは，いわば網膜上に恒常的な影を投げかけているからに他ならない。普段われわれがそれにまったく気づかないのは，凝視をしっかりと固定しているときの鉛筆の影と同じように，それらの網膜上の影が変化せず，眼はそれらに完全に順応してしまっているからである。夜の眠りからさめた後の，まだ暗闇に順応している朝早くに限って，最初に眼を開けた瞬間，白い天井にぼんやりした，おぼろげな黄斑色素の影が見える。黄斑が見えるようにするもう一つの方法は，眼に入る照明光の種類を素速く切り換えることである。これらの変化は，順応が始まることを防ぐ。そうするための一つの方法は，片眼を開けて青空を見て，そのすぐ前に，半分が灰色，他の半分が紫色の，ほぼ同じ明るさに見えるように組み合わせたフィルターをかざして見ることである。もし，このフィルターを急速に（フィルターの各半分に，約2分の1秒間ずつ眼が当たるようにして）左右に動かすと，黄斑はぼんやりした暗いやや不規則な斑点模様として現れるであろう。

　眼球の半透明な壁を通して側方から強い照明を当てると，眼内の血管によって生じる眼内現象が見えるであろう。眼を閉じて（暗室内が望ましいが），眼の周辺部で，鉛筆型の小さな懐中電灯を急激に上下にゆり動かすと，網膜の血管の像や毛細血管の像を見ることができる（図14）。幸いなことに，これらの影は眼が動いてもその位置を変えないので，有効な視知覚を妨害することにはならないのである。

　この章を締めくくるに当たって，順応を用いて3種の視物質の吸収関数を分離する実験に注意を向けてみたい。すでに述べたように，化学的な抽出法では

訳注：網膜血管像（shadows of the retinal blood vessels）と呼ばれている。

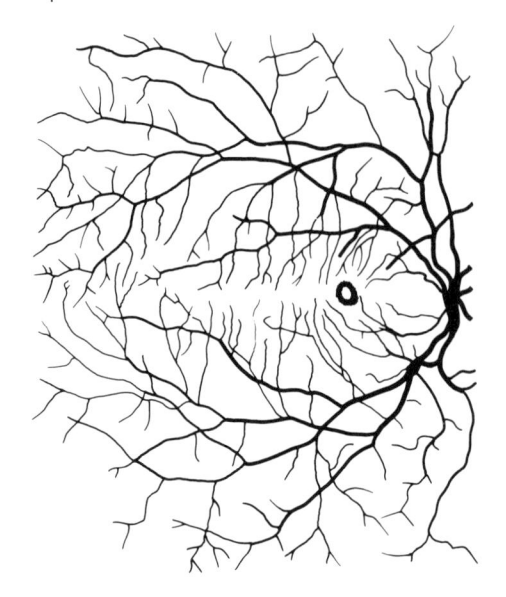

図 14　網膜の血管。眼の辺縁を小さな鉛筆型懐中電灯ですばやく振りながら照明すると見える。動脈と静脈の分布は，おとなのリーサス・マカクザルのものである。小さい黒いリングは，中心窩である。

錐体視物質を分離することができなかったという長い歴史があり，比較的最近の成功は微小分光光度計法を用いることによって訪れた。色順応の実験もまた，この問題に挑戦しようとして，長く用いられてきた。

　視覚の機構を研究する古典的な方法の一つは，閾(いき)の測定法である。特定の網膜領域の特性をつきとめるという目的で，所与の強度の背景光のなかに，それとは異なる強度レベルの検査光を提示してそれが存在するか，しないかを報告することを観察者に求める。この種の実験は，普通，広帯域の「白」の光刺激を用いて行われてきている。それは強度弁別，増分閾あるいはコントラスト閾実験と呼ばれている。背景光の強度レベルを増加させると，観察者がそれに気がついたと報告するには，一般に検査光のエネルギーを増さなくてはならない(Weberの法則)。そのことを示す精神物理学的なデータの分析から，視覚系の応答特性に関する結論が導き出されることになる。

　イギリスの研究者 W. S. Stiles は，この古典的弁別実験を拡張して分光組成または色が相互に異なる背景光と検査光を用いるようにした。これは，**2色閾法**（two-color threshold technique）と呼ばれている。Stiles は，個々の色機構成分を，それらと競合する機構の感度または影響を選択的に縮減することによって分離し，明らかにしようとした。そのため，彼は，背景光または順応

フィールドに，ある波長を割り当て，検査用閃光には別の波長を用いている。さまざまな種類の波長の背景光と，多数の異なった分光特性をもつ検査フィールドを用いて実験が行われ，その結果，初期の分析では，π（パイ）機構体と呼ばれる3種の異なった選択的分光機構の存在が確かめられたと考えられた。それらは相異なる錐体機構であると，一般に大多数の人びとにより解釈された。Stiles自身は，それよりも事態はもっと複雑であると認識していたが，この研究成果の詳細について，これ以上論議することは，本書の範囲を越えている。（訳注）

　Stilesの増分閾法を拡張するため，一連の増大する順応水準の背景光を用いる代わりに，単一の非常に強い選択的な退色または順応のもとで増分閾を測定してはどうかと考えられた。そのような実験における仮定は，3種の視物質が存在し，そして，たとえばそのうちの二つの寄与を可能な限り充分に抑制するような退色光または順応光を選ぶことによって，いろいろな波長の閾閃光の検出可能性は，それが順応光を背景にして調べられたときには，選択された退色光によっては不活性化されない視物質によって媒介される結果を反映するということである。種々の強い順応光を用いることで，視物質の吸収のピークの位置と形状（吸収特性曲線の形）に関する幾つかの推論を引き出すことが可能となる。電気生理学者もまた，記録を取る単一の細胞の受容入力を分析する際に，選択的色順応をしばしば用いている。

　ある種の研究者の心のなかでは，1種類あるいは2種類の視物質の寄与を抑制あるいは「ノックアウト」することは，色覚異常者がおかれている事態と直接的な類似性があるという考えと結びついている。「色盲」の場合には，しかし，生まれつきの遺伝的な原因で，視物質が欠けているか不活性化されていると考えられる。色覚異常は生れつきのものである。そこで，今度は色覚異常の問題の検討に移ることにしよう。

基礎文献

Burnham, R. W., Evans, R. M., and Newhall, S. M. 1952. Influences on color perception of adaptation to illumination. *J. Opt. Soc. Amer.* 42:

訳注：πメカニズムとも呼ばれている。

597–605.
Helson, H. 1938. Fundamental problems in color vision. I. The principle governing changes in hue, saturation, and lightness of non-selective samples in chromatic illumination. *J. Exp. Psychol.* 23: 439–476.
Hering, E. 1920. *Grundzüge der Lehre vom Lichtsinn.* Springer-Verlag, Berlin. (*Outlines of a Theory of the Light Sense.* Translated by L. M. Hurvich and D. Jameson. Harvard University Press, Cambridge, Mass., 1964.)
Hess, C. 1890. Ueber die Tonänderungen der Spectralfarben durch Ermüdung der Netzhaut mit homogenem Lichte. *Graefes Arch. Ophthalmol.* 36: 1–32.
Hochberg, J. E., Triebel, W., and Seaman, G. 1951. Color adaptation under conditions of homogeneous visual stimulation (Ganzfeld). *J. Exp. Psychol.* 41: 153–159.
Hurvich, L. M., and Jameson, D. 1958. Further development of a quantified opponent-colours theory. In *Visual Problems of Colour. II,* Chap. 22, pp. 691–723. Her Majesty's Stationery Office, London.
Hurvich, L. M., and Jameson, D. 1961. Opponent chromatic induction and wavelength discrimination. In R. Jung and H. Kornhuber (eds.), *The Visual System: Neurophysiology and Psychophysics.* Springer-Verlag, Berlin.
Hurvich, L. M., and Jameson, D. 1966. Temporal Aspects of Brightness Perception. In *Perception of Brightness and Darkness,* Chap. 2. Allyn and Bacon, Boston, Mass.
Jameson, D. 1972. Theoretical Issues of Color Vision. In D. Jameson and L. M. Hurvich (eds.), *Handbook of Sensory Physiology, 7/4, Visual Psychophysics,* Chap. 14. pp. 381–412. Springer-Verlag, Berlin.
Jameson, D., and Hurvich, L. M. 1951. Use of spectral hue-invariant loci for the specification of white stimuli. *J. Exp. Psychol.* 41: 455–463.
Jameson, D., and Hurvich, L. M. 1956. Some quantitative aspects of an opponent-colors theory. III. Changes in brightness, saturation, and hue with chromatic adaptation. *J. Opt. Soc. Amer.* 46: 405–415.
Jameson, D., and Hurvich, L. M. 1972. Color Adaptation: Sensitivity, Contrast, After-images. In D. Jameson and L. M. Hurvich (eds.), *Handbook of Sensory Physiology, 7/4, Visual Psychophysics,* Chap. 22. pp. 568–581. Springer-Verlag, Berlin.
Judd, D. B. 1940. Hue, saturation, and lightness of surface colors with chromatic illumination. *J. Res. Natl. Bur. Stand.* 24: 293–333.
Krauskopf, J. 1967. Heterochromatic stabilized images. A classroom demonstration. *Amer. J. Psychol.* 80: 634–637.
Ladd, G. T. 1899. A new color illusion. *Psychol. Rev.* 6: 173–174.
McCree, K. J. 1960. Colour confusion produced by voluntary fixation. *Opt.*

Acta 7: 281–290.
Polyak, S. L. 1941. *The Retina*. University Chicago Press, Chicago, Ill.
Pritchard, R. M., Heron, W., and Hebb, D. O. 1960. Visual perception approached by the method of stabilized images. *Can J. Psychol.* 14: 67–77.
Riggs, L. A., Ratliff, F., Cornsweet, J. C., and Cornsweet, T. N. 1953. The disappearance of steadily fixated visual test objects. *J. Opt. Soc. Amer.* 43: 495–501.
Stiles, W. S. 1978. *Mechanisms of Colour Vision*. Academic Press, New York.
von Kries, J. 1905. Die Gesichtsempfindungen. In W. Nagel (ed.), *Handbuch der Physiologie der Menschen*, pp. 109–282. Vieweg, Brunswick.
Wald, G. 1964. The receptors of human color vision. *Science* 145: 1007–1017.
Weale, R. A. 1951. Hue-discrimination in para-central parts of the human retina measured at different luminance levels. *J. Physiol.* 113: 115–122.
Wright, W. D. 1969. *The Measurement of Colour*. Van Nostrand Reinhold, New York.
Yarbus, A. L. 1967. *Eye Movements and Vision*. Translated by B. Haigh. Plenum Press, New York.

上級文献

Cicerone, C. M., Krantz, D. H., and Larimer, J. 1975. Opponent-process additivity. III. Effect of moderate chromatic adaptation. *Vision Res.* 15: 1125–1135.
Eichengreen, J. M. 1976. Unique hue loci: induced shifts with complementary surrounds. *Vision Res.* 16: 199–203.
Helson, H. 1964. *Adaptation Level Theory*. Harper & Row, New York.
Jameson, D., Hurvich, L. M., and Varner, F. D. 1979. Receptoral and postreceptoral visual processes in recovery from chromatic adaptation. *Proc. Natl. Acad. Sci. USA.* 76: 3034–3038.
Loomis, J. M. 1972. The photopigment bleaching hypothesis of complementary after-images: a psychophysical test. *Vision Res.* 12: 1587–1594.
Pugh, E. N., Jr., and Mollon, J. D. 1979. A theory of the π_1 and π_3 color mechanisms of Stiles. *Vision Res.* 19: 293–312.

16 章
色覚異常：異常三色型

　ここまでのところは，正常な色覚について述べてきた。正常な色覚の人びとによる色の知覚は，赤/緑，黄/青，白/黒の三つの主要な次元にそって変化するので，こうした色覚正常者(訳注)については，外的な物理的刺激と色の見えとの関係を正確に述べることができる。また，複数の刺激が混ぜ合わされたときの色の見えや生体の状態の変化（順応状態の変化）にともなう色の変化についていくつかの一般的な規則を述べることもできる。このような順応の特性および対比のメカニズムが「安定した」色の世界の知覚に重要であることも見てきた。さまざまな現象を統合し説明する理論的なモデルについても考察してきた。さらに，私は，神経生理学のデータとも矛盾しないように，神経系の組織について概念化してきた。

　しかし，ほとんどだれもが一度や二度は，色の知覚が正常者とは異なっている人に出会ったことがあるか，少なくとも「色盲」といわれる人（家族のだれかのことが多いであろう）のことは知っているであろう。これは特に驚くにはあたらない。というのは，人口の約8〜9％（もっぱらほとんど男性だけ）の人に何らかの色覚異常があるからである。第一に，一定の刺激を一定の観察条件で見ても，すべての色覚正常者が必ずしも完全に同一の色を経験するとは限らないということを説明しなければならない。ほとんどあらゆる身体的あるいは精神的な特性の場合とまったく同様に，正常者のなかでも色知覚にはかなりのばらつきがある。正常者にも，さまざまな身長，体重，能力の人がいるが，

＊　この割合は，抽出された集団によって変化する（19章の表Iを参照）。
訳注：正常な色覚とは正常三色型の色覚を指すものとする。以下，正常な色覚の人びとを色覚正常者または正常者と略記する。

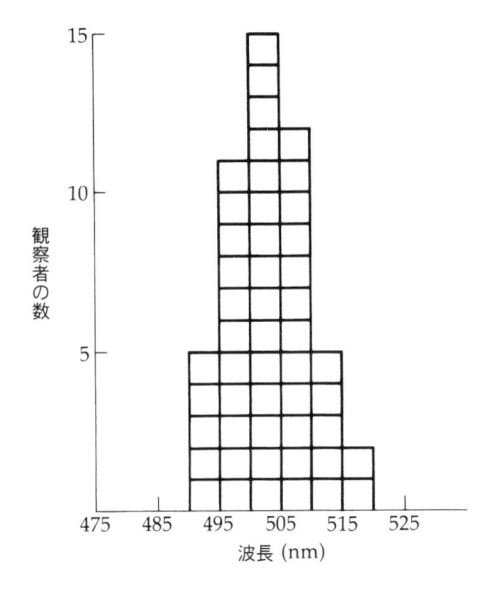

図 1 50人の観察者の固有色緑の位置の**頻度分布**。測定は中性の順応状態で行われた。

　色知覚についても同じである。50人のグループを採れば，多くの人は固有の緑，すなわち黄色みも青色みもない緑（中性の順応条件で）に相当する波長として，約 503 nm の波長を選択するであろう。しかし図 1 を吟味すると，この 503 nm の波長が青みがかって見える人もいることが分かる。そのような人は，たとえば 515 nm の刺激を固有の緑として選択するからである。ほかの人にとっては，503 nm の刺激が黄色みがかって見えるのである。そのような人は，たとえば 490 nm の刺激を固有の緑として選択するからである。そのような極端な例も，統計的な概念では正常者の範疇に入るものと認められる。本章以降では，色覚正常者とは異なる人びと，すなわち，たとえば 490 nm や 503 nm が緑でなく，その領域の波長が白や灰色に見えるような人びとを扱う。本書では，病気や損傷，あるいはアルコール，ニコチンやその他の毒物の中毒などを受けた人びとではなく，生まれつき色覚異常である健常な人びとについて述べる。

　色覚異常者がすべて同じというわけではない。実際，色覚異常はさまざまな形をとるので，多数のそのような人びとを吟味するのは有益なことである。まず，ここで「移行型」あるいは「移動型」の色覚システムと呼ぶものについて述べよう。

たとえ全般的には色覚が正常者に非常に近くても，色覚が異常な人びともいる。そのような人びとは，共通の環境で見る多くの物体に対して正常者が使うのと同様な色名を使うことが多い。しかし，稀にそのような人びとは，正常者がある色の物体に使う色名には同意しないこともある（その逆もある）。たとえば，色図版1-2の色相環を見ている正常者は，その3時の位置にあるチップを「黄色」と呼ぶであろう。しかし，私が今考えている稀な人は，その同じ3時の位置のチップを「緑みのある黄色」と呼ぶのである。それは，そのチップがその人には緑みのある黄色に見えるからである。また，正常者の黄色のすぐ上のやや赤みのある黄色のチップは，この色覚異常者には黄色に見えるかもしれない。これは色名の間違いの問題ではない。実験室で精密に検査すれば，そのような人びとが赤，緑，黄，青，黒，そして白を知覚し，彼らが見るものには適切に色名を当てはめており，優秀な色弁別能力をもつことがはっきりと分かるのである。それはまるで彼らの視覚系が，波長と知覚される色に関する限り，正常者とはやや異なった目盛り付けがなされているかのようである。たとえば，彼らや正常者がスペクトル中で見る青，緑，そして黄はおそらく同一であろう。しかし，その青，緑，そして黄と同一の色経験を生じる波長は，その両者の場合では，少し異なっているのである。

実験室でその三つの固有色相の正確な位置を検査すると，そのような人の色のシステムが，正常者に比べて，どのように移行しているかが明白になる。したがって，そのような観察者の反対色応答および白黒応答のシステムは，図2の下図のようになる。

二つの反対色応答の対（赤/緑と黄/青）は，正常者の対と比べて，長波長側に移行しているので，固有色青，固有色緑，そして固有色黄はそれぞれ，正常者の平均値である475，500，580 nmでなく，490，520，595 nmで生ずるであろう。そのような人のもう一つの「白色」関数も，正常者の分光視感度関数の最大となる平均の波長よりも長波長で最大となるであろう。それは580 nmくらいの領域であろう。

このような移行型の色覚異常者が，色の見えについて正常者と意見が分かれるのは稀な場合でしかないということは強調せねばならないであろう（異常

---

* これは，「白色」関数（5章を参照）を表すのに視覚関係の文献で使われる専門用語である。

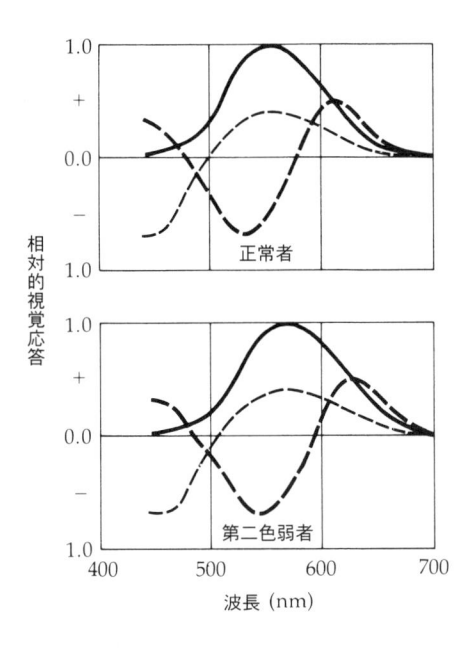

図 2 正常な観察者（上）と反対色応答および白黒応答関数が長波長方向に移行した人（下）の反対色過程の**分光分布**。後者は「移行型第二色弱」の観察者である。

者＝特異な色覚をもった観察者；正常者＝正常な色覚をもった観察者）。ここで例としてあげるような赤みがかった黄あるいは緑みがかった黄の物体の多くは，臨界的な移行点にあるものではないのである。つまり，それらは正常者にとってほとんど緑みも赤みも含まないような黄ではないのである。したがって，正常者が，ある物体が緑みがかった黄あるいは赤みがかった黄である（緑みがかった青あるいは赤みがかった青も同様である）と言うほとんどの場合には，上述のような異常者が異なったことを言う理由はないわけである。精密に比較すれば，その赤みあるいは緑みの程度が正常者よりも異常者にとって多いあるいは少ないということを決定することも可能であろうが，実質的にはそれはまったく異なった色経験を生ずるほどの程度ではない。たとえば，両者とも赤みがかった黄を見るが，異常者はその色がやや赤みの少ない黄に見えるかもしれない。したがって，両者とも共通に同じ「赤みがかった黄」を用いて描写するであろう。究極的に財政的な観点から色の許容誤差が重要になる工業的商業的な状況下のような，非常に精密な色判断をする危急の必要に迫られる場合にのみ，そのような小さな相違が重要なものとなるのである。たとえば，異常者がある染料を青いものとして選択し，もし正常者一般が一様にそれは緑みの

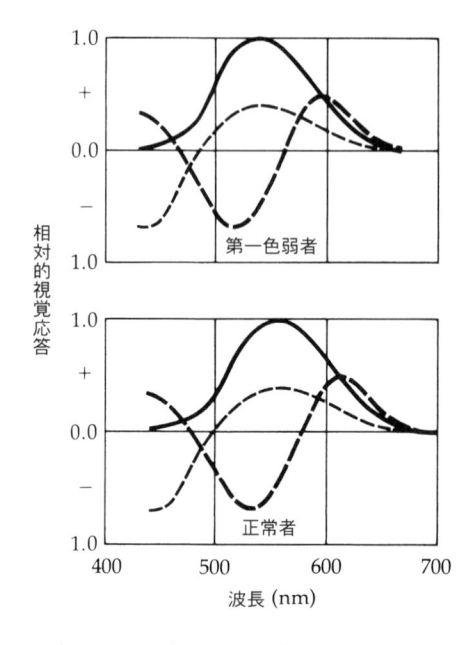

図3 正常な観察者と反対色応答および白黒応答関数が短波長方向に移行した人の反対色過程の**分光分布**。後者は「移行型第一色弱」の観察者である。

ある青であると報告すれば，それは問題となるであろう。

　先験的にはその反対色応答関数と白黒応答関数が正常者の曲線の位置から一方向にのみ移動すると予測する理由はない。実際，色経験と波長との間の異なった「目盛り付け」が逆方向の移行を含んでいる場合もあるように思われる。優秀な色弁別能力をもつそのような人びとには，色図版1-2の3時の黄を見て，それがやや赤みがかった黄に見えるかもしれない。彼らに黄に見えるチップは，正常者にはやや緑みがかった黄に見えるものであろう。彼らの色覚は，正常者とも前述の異常者とも異なっている。

　正常者と比較して短波長方向に移行を示す観察者の反対色応答および白黒応答の曲線は，図3に示されている。これらの関数および図2の関数は，理論的な曲線である。しかし，異常者の白黒および反対色応答関数は，打ち消し法（5章参照）を用いて，実験室で測定されているのである。この型の移行型の異常者は，約460 nmに固有色青，490 nmに固有色緑，そして560 nmに固有色黄を示すであろう。その人の分光視感度関数は，短波長側で，だいたい540 nmでピークを示すであろう。その二つの型の異常者を区別するために，それぞれに異なった名称が付けられている。その名称の由来は今では単に歴史

的な興味になってしまっているが，応答曲線が（正常者と比べて）長波長側に移動している人びとを**第二色弱**（deuteranomalous）と呼び，短波長側に移動している人びとを**第一色弱**（protanomalous）と呼ぶ。したがって，「移行型第二色弱」と「移行型第一色弱」がある。

　反対色応答および白黒応答関数は混色曲線を分析および予測するのに用いることができるということについてはすでに十分議論した（9章）。一方の曲線が，もう一方の曲線に変換し得ることを見た。移行型の異常者の反対色応答および白黒応答関数は，正常者のものとはスペクトル上での位置が異なっていることを今見てきた。このことはそれらの観察者の混色曲線もまた正常者とは異なっているはずであるということを意味するが，事実その通りなのである。全スペクトル上で混色を完成するために三つの刺激を必要とする正常者とまさに同じように，異常者もまた三つの刺激を必要とするので，彼らは**三色型**（trichromat）なのである。しかし，彼らの混色における刺激の混ぜ具合は，正常な三色型のものとは異なっているので，彼らは「異常三色型」として知られている。この上位カテゴリーのなかに，前述の二つの下部グループである第二色弱および第一色弱は包含される。第二色弱および第一色弱は両者とも異常三色型なのである。

　これらの観察者を多数検査してみると，一つのグループ，たとえば第二色弱のすべての観察者が，スペクトル刺激に等色するのに混色刺激を同一の比率で用いるわけではない。応答曲線との関係において，このことは個々の第二色弱者でそれらの曲線が長波長方向に異なった割合だけ移行しているということを意味する。第一色弱者についてもまったく同様である。彼らの関数は正常者よりも短波長方向に移行しているが，このグループ内でも個々の人の応答関数は異なった割合で移行しているのである。

　好運にも，正常な応答関数をもつ人と応答関数がスペクトル中で移行している人とを区別するために混色関数を完全に測定する必要はない。異常三色型と正常者を弁別するには，一つの等色で十分なのである。この事実は1881年にRayleigh卿によって明らかにされたので，その等色式はいまだに**レイリー均等**（Rayleigh equation）と呼ばれている。その等色は，670 nmと535 nmの波長を混ぜた二分視野の一方と，もう一方の589 nmの波長との間で行うのである。

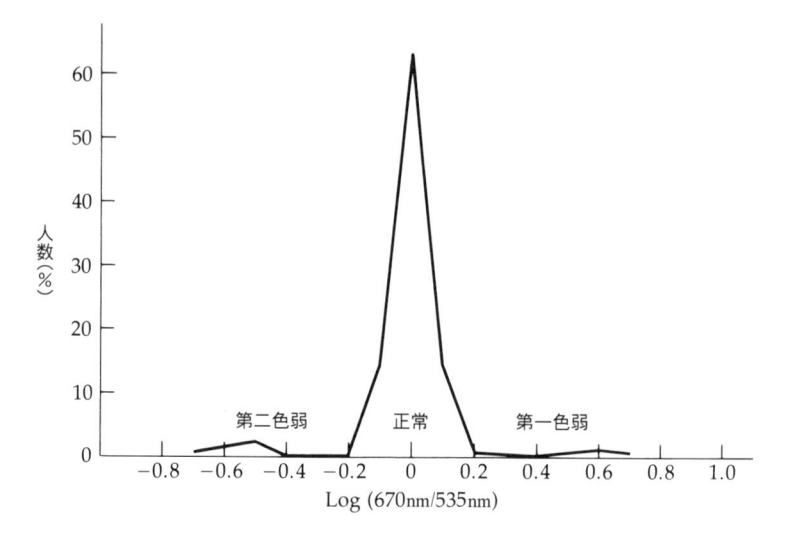

図 4 864 人の男性の集団における**等色比率**（670 nm/535 nm）の**中心点の分布**。三種のグループ（正常者と第一色弱者と第二色弱者）に分化する。

この等色式は次のように表すことができる。

$$v(535\,\text{nm}) + w(670\,\text{nm}) \equiv q(589\,\text{nm})$$

色図版 16-1 a は 589 nm が下側で 535 nm が上側のときにその二分視野が正常者にどのように見えるかを示し，色図版 16-1 b は 589 nm が下側で 670 nm が上側のとき，そして色図版 16-1 c は上側の 535 nm と 670 nm の混色比率が下側の 589 nm の検査フィールドと同じに見えるときをそれぞれ示している。

589 nm に等色する 670 nm/535 nm の比率を決定するのに他にも多くの器具が使われるが，そのなかでもっともよく知られている**ナーゲル型アノマロスコープ**（Nagel anomaloscope）は，それを設計した視覚研究者の名前をとった簡単で直接的な視覚の分光器である。多くの集団を測定すると，正常者に比べて 535 nm の刺激をかなり多く必要とする人びともいるが，また一方では 670 nm の刺激をかなり多く必要とする人びともいるということが分かる。いろいろな人びとを比較するために 670 nm/535 nm の比率を用いると，三つの分離した集団に分かれる。図 4 に示されているのがその分布であり，それぞれ第一色弱者，正常者，および第二色弱者で得られた結果を示している。

前述の反対色応答と白黒応答関数に立ち戻って，その三種の観察者で589 nm に等色するのに要求される 670 nm/535 nm の比率が異なる理由を分析できるかどうかを見てみよう．一般的にレイリー均等は，均一な赤と緑の刺激の混色によって均一な黄に等色させることと記述される．しかし，このような手短な記述は正確なものとはほど遠い（これについては 6 章の 80 ページで議論した）．6 章の図 1 の正常者の反対色応答関数を見れば，535 nm の刺激は黄-緑に見え，670 nm は黄-赤に見え，そして 589 nm はやや赤みのある黄であることが分かる．その三つの波長はそれぞれ白黒の白の過程も興奮させることはもちろんである．前述の反対色過程の概念を用いた混色の分析ですでに明らかなように，二分視野の一方の 670 nm と 535 nm の刺激の比率を，やや赤みのある 589 nm の刺激に等色するように変化させる場合，その人は黄-緑の 535 nm の刺激中の余分な緑を 670 nm の黄-赤の刺激中の反対色である赤を用いて打ち消しているのである．589 nm の刺激中の黄が，その二つの混色刺激のなかの黄によって等色されるのである．589 nm の刺激中の赤が，黄と同様に赤も喚起する長波長 670 nm 刺激の量をほんのわずか増加させることによって等色されるのである．

　ナーゲル型アノマロスコープの検査フィールドの間で正常者が等色をしたと仮定しよう．そこで第二色弱者（図 2 参照）にその視野をのぞくように言う．その第二色弱者は，下側の 589 nm の刺激は緑みがあるように見え，上側の混色フィールドは赤みがあるように見える（色図版 16-2 参照）と報告するであろう．このような第二色弱者の色知覚を理解するには，正常者と第二色弱者の分光応答関数（図 2 参照）を比較せねばならない．その第二色弱者の応答関数を見ると，589 nm の波長は緑の側にあり（すなわち，緑を刺激する），赤/緑応答曲線の赤の側にはないということが分かる．

　535 nm と 670 nm の刺激によって喚起される緑と赤の反応も正常者とは異なるということも注意せねばならない．しかし，589 nm が赤みのある黄ではなく緑みのある黄を喚起するならば，その第二色弱者が 589 nm の刺激に等色させるためにより多くの 535 nm の緑-黄の刺激とより少ない 670 nm の赤みのある黄の刺激を用いねばならない理由が分かってくるであろう．レイリー均等をするのに相対的に 535 nm の緑みのある黄色の光を多く必要とするために，長い間これらの人びとが不適切にも「緑色弱」（green weak）と呼ばれてきた

ことは，皮肉ではあるが事実なのである。
　反応関数が短波長側に移行している人びとには，その逆があてはまる。図3の上図を見ると，589 nm は正常者の場合（図3の下図）よりも大きく赤システムを興奮させることが分かる。赤/緑システムは他の二波長に対しても異なった反応をし，より赤みの強い 589 nm の刺激に等色させる必要上，その人びとはより多くの長波長光 670 nm を用いねばならないのである。この特殊な人びとは長波長の黄色みのある赤に見える 670 nm の刺激をより多く用いるので，伝統的に「赤色弱」（red weak）と呼ばれてきた。
　移行型第二色弱者も移行型第一色弱者も両者とも，アノマロスコープで実質的に完全な等色を行うことができる。しかし，移行型第二色弱者が 670 nm/535 nm の比率を調整して自分の眼にとっての完全な等色をした後，正常者がそのアノマロスコープをのぞくと下側の視野は赤みのある黄（589 nm）に上側の視野は緑みのある黄に見える。移行型第一色弱者が満足のゆく等色を行った後では，正常者には下側が赤みのある黄で上側が黄みのある赤に見える。どの一つのグループの人も他のグループの人の等色を否定するのである。
　そのような異常者の神経的な応答関数のスペクトル上での位置が正常者とは異なるという事実をどのように説明することができるのであろうか。正確な答えはまだないが，そのような人びとの三つの感光色素〔視物質〕の吸収関数が正常者のものとは完全に同一ではなく，正常者とは幾分異なったスペクトル上の位置にピークがくると仮定するのは穏当であろう。したがって，そのために反対色応答および白黒応答システムが変化することになるのであろう。
　光が直接に神経組織を興奮させるのではないということはすでに見てきた。まず，光は受容器の感光色素に吸収されねばならない。この感光色素における吸収が神経電気的な事象の引き金となり，何らかの形でその事象が本書でいう反対色応答および白黒応答として表れるのである。これまでに得られた精神物理学的および生理学的データによって，感光色素の吸収と反対色応答および白黒応答との間の関係を正確な数式で表すことができるということを見た。もし人間の眼のその三つの感光色素が，おそらく遺伝子的な相違のために，スペクトル上で移行し，かつまた錐体の吸収と神経組織の間の結合が既述のとおり（11章参照）であるとすれば，移行した反対色応答および白黒応答曲線を示す人びともいるということが予想される。先験的には，正常者の感光色素の分光

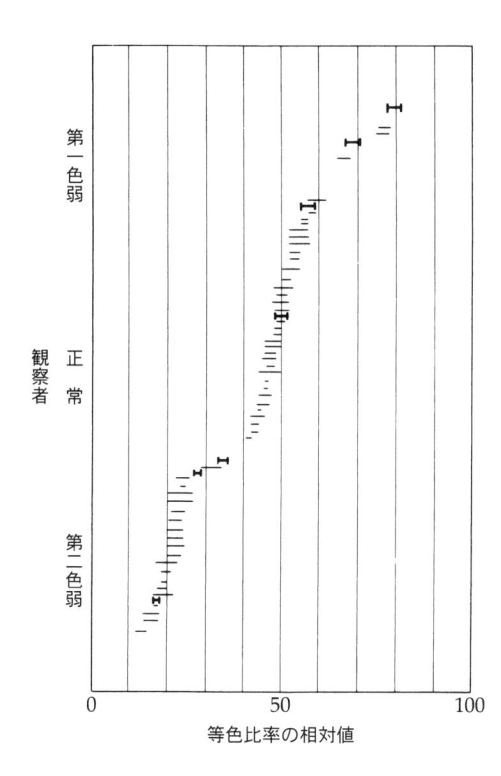

図 5　正常者と同じ強度の赤/緑の反対色応答システムをもった人びとのレイリー均等比率。各線分は個々の観察者の結果を示す。データは便宜的にレイリー均等の中心点の値（%）の順序に揃えてある。各線分の幅は，589 nm に等色する 670 nm/535 nm の比率の範囲を示す。太線は理論的に計算された仮想的な 7 人の観察者の結果を示す。

吸収のピークの位置と比べて，感光色素の移行がすべて同一の程度・方向であると予測する理由は全然ないのである。

　人より下等な生物でのデータは，この移行した感光色素の仮説を支持している。たとえば，異なった種の海水魚の感光色素のピークはスペクトル中のかなり広い領域にわたっていることが分かっている。淡水魚は海水魚とは非常に異なった感光色素をもつが，それは感光色素の基になるビタミン A が異なっているからである。さらに，ある魚ではその一生の間に，あるいは棲息する水の変化にともなって色素のピークが移行することが知られている。カエルにおける最近の研究でも，たとえ同一の種で一定の環境であっても，あるタイプの感光色素は異なった個体においては幾分異なった波長で吸収のピークをとるという事実が記録されている。同様なことは人間でもあり，未知の遺伝子の変異がそのような感光色素の変異の基礎であると仮定するのは，それほど大きな飛躍

(訳注)
ではない。

図5は，多数の第一色弱者，第二色弱者，および正常者による個々のレイリー等色の結果を示している。その図の線分はそれぞれ一人の観察者の結果を示しており，その観察者が589 nm の刺激に等色したときの670 nm/535 nm の比率を表している。その比率は百分率で表されている。ここで，50%の点は検査した正常者全体の平均値（レイリー等色の中心点）であり，個々の結果は便宜的にレイリー均等の中心点の値が増加してゆく順序になっている。

図5の結果をよく見ると，これらの人びとの個々の670 nm/535 nm の比率の等色のデータが占めるのはかなり狭い領域であることが分かる。等色の領域が狭いのは，これらの人びとが二つの等色視野の間の（すなわち，670 nm/

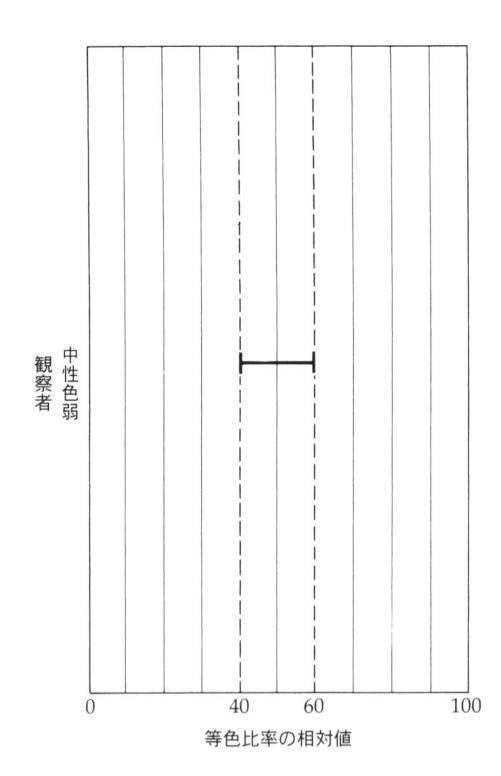

図6 効率の減少した赤/緑の反対色応答過程をもった観察者の**レイリー均等比率**。等色の中心点が50%（すなわち，535 nm が50%に また 670 nm が50%）になるように調整されている。等色は40%から60%の範囲で可能である。

訳注：1986年にアメリカのスタンフォード大学医学部の Jeremy Nathans らは，新しい遺伝子工学の技法を駆使して，人間の三種の錐体の感光色素タンパク質の遺伝子構造を解明した。

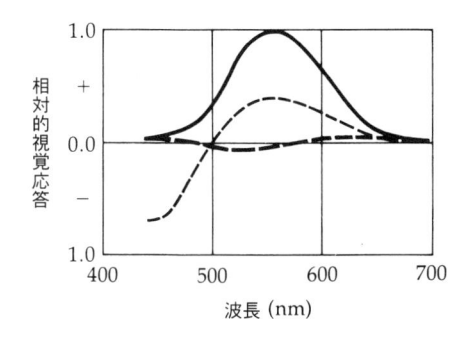

図 7 赤/緑関数の効率が，100%の正常者に比べて，10%である観察者の反対色応答過程の**分光分布**。感光色素の移行はない。このような観察者は「中性色弱」と呼びうるであろう。

535 nm と 589 nm）相違を検出しうる正確さを反映している。670 nm あるいは 535 nm の刺激量の少しの変化で，等色が崩れるのである。図6には，589 nm に対して横線の領域全体にわたる 670 nm/535 nm の比率で等色する人の結果が示されている。比率が 40% でも 60% でも，（589 nm の刺激を 670 nm/535 nm の混色光に明るさが等しくなるように調整すれば）その等色はやはり妥当なのである。

このデータを注意深く分析すれば，この人は 670 nm あるいは 535 nm の量を多くすることによって生ずる赤みあるいは緑みの増加にあまり敏感ではないように思われるので，589 nm に等色するのに 670 nm/535 nm の異なった混色率を許容することが分かる。反対色応答および白黒応答システムの観点から見ると，この人は，反対色過程の赤と緑のシステムが正常者よりもはるかに低い効率レベルで働いているので，赤と緑の色相の鋭い弁別能力を欠いていると仮定し得るのである。これは，一定の刺激エネルギーが正常者の場合ほど大きな「赤み」あるいは「緑み」の反応を喚起しないということを意味する。それが図7に示されている。スペクトル上でのそのような人の固有色相を測定すると正常者の平均と同じになるが，固有色青と黄の位置の測定は著しい困難と不正確さをともなうのである。それは，図中の反対色応答曲線から分かるように，赤/緑の曲線が相対的に平らであり，そのために，たとえば，赤から緑への移行あるいは波長の変化にともなう単一の色相の赤や緑における変化を検出することが正常者よりも困難になるのである。

それらの関数はスペクトル上で移動はしていないので，このような人びとでは感光色素の移行はないと仮定しても正当であろう。感光色素と神経的興奮の間の関係はおそらく正常者と同一であろう。正常者とこのような人との唯一の

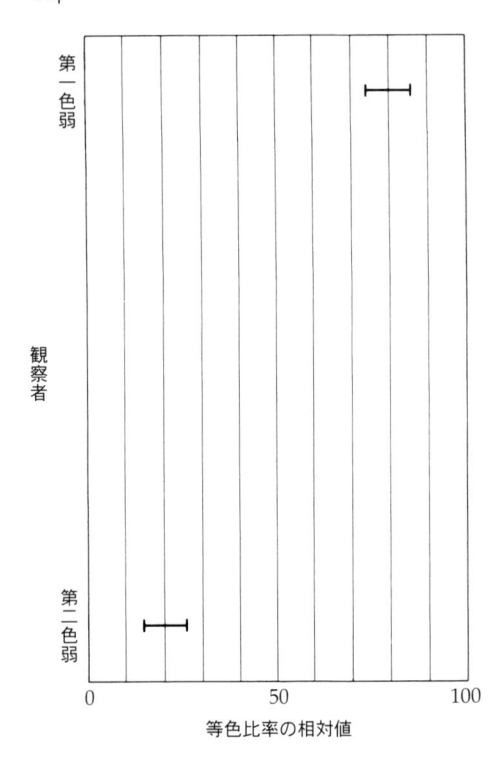

図 8 第二色弱者と第一色弱者のレイリー均等比率。第二色弱の感光色素は長波長方向に，そして第一色弱の感光色素は短波長方向に移行していると仮定される。等色範囲が大きいのは，どちらの場合も赤/緑関数が 10%の効率であると仮定されていることと関係がある。

相違は神経組織の興奮の程度であろう。正常者の神経組織ほど反応が強くないのであろう。このような移行型ではないが色覚系の効率が低い型に当てはめる名前は，neuteranomalous (訳注) がよいであろう。

正常からは二つの変異のタイプが可能である：(1) 感光色素の感度のピークの移行あるいは移動と，(2) 赤/緑の反対色応答システムの反応あるいは効率の低下である。このような特性は互いに独立であり，各々が無限の程度で起こりうるのである。したがって，どのような程度の移行であっても，赤/緑システムのあらゆる反応の低下の程度とも結び付きうるのである。

感光色素の関数も移行しており，赤/緑の応答関数もたとえば正常者の効率の 10％（図 7 の中性色弱のように）でしかないような第一あるいは第二色弱者で得られるようなレイリー等色のデータの例を図 8 は示している。その各々

訳注：これは一般的な用語ではなく著者 Hurvich の造語である。**中性色弱**と訳しておく。

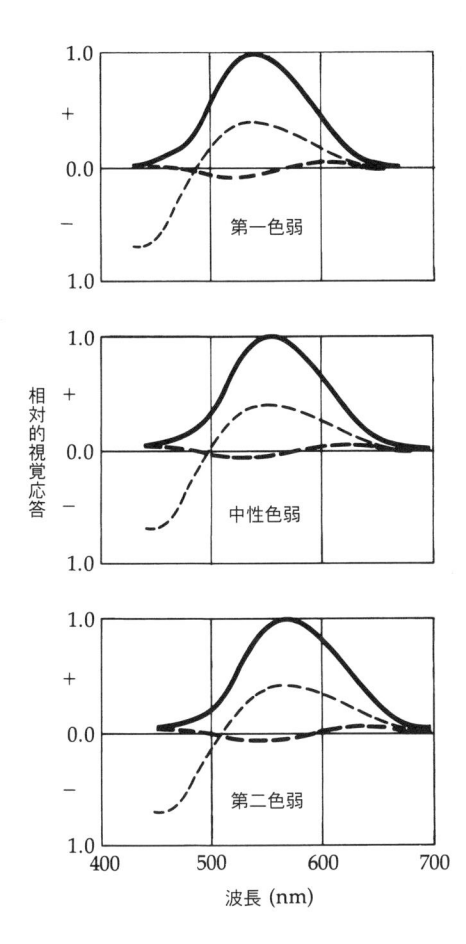

図 9　感光色素が移行していない観察者および感光色素が移行した二つのタイプの観察者の反対色応答関数の**分光分布**。赤/緑関数の効率は，100%の正常者に比べて，10%である。

の応答関数が，中性色弱の応答関数と一緒に，図 9 に示されている。図 8 には各々の方向への一定の感光色素の移行しか示されていない。しかし，前述のとおり，このような移行には多くの程度がある。図 10 にはそのような人びとの実験データが示されている。おそらく，各々の人のデータは，図 9 に示されるような別々の応答関数に結び付くであろう。

図 11 は，図 10 に示す人びとよりも全体的にさらに大きな等色領域をもつ人びとを示している。このような人びとでは，赤/緑の色システムが，正常者の100%の効率と比べて，約 3%の効率でしか働かないものと仮定される。さまざまな色弱者においては黄/青の色応答システムの相対的な効率もおそらく変

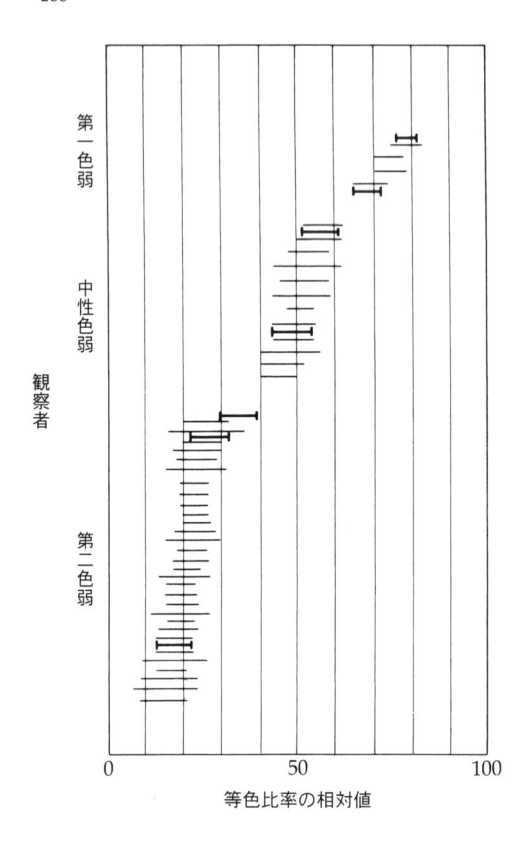

図 10　10%の効率の赤/緑の反対色応答関数をもった人びとのレイリー均等比率。各線分は個々の観察者の結果を示す。データは便宜的にレイリー均等の中心点の値の順序に揃えてある。各線分の幅は，589 nm に等色する 670 nm/535 nm の比率の範囲を示す。太線は理論的に計算された仮想的な 7 人の観察者の結果を示す。

化しているであろうが，それはレイリー等色の決定要因とはならないので，このようなデータを説明する際には考慮しなくてもよいのである。

　図 12 は 134 人のレイリー等色のデータをまとめて示したグラフである。銘記すべき重要な点は：(1) すべての人は三色型である，(2) レイリー等色の中心点は二方向の内のどちらかに逸脱しており，その程度も異なっている，そして，(3) 等色範囲の広さと等色の中心点は独立に変化する，ということである。この等色範囲と中心点の独立的な変化の結果として，極度に鋭い色弁別能力をもちながら正常者とはまったく異なった比率で等色する色弱者もおり，またレイリー等色の中心点は正常者の領域にありながら非常に弱い赤/緑の反対色応答システムをもつ人びともいるのである。

　移動した感光色素をもつ第一および第二色弱者の色知覚についてはすでに簡

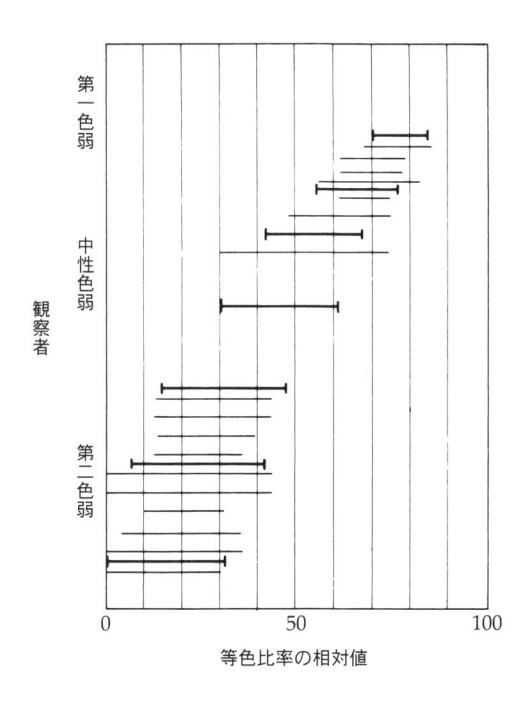

図 11 3％の効率の赤/緑の反対色応答関数をもった人びとの**レイリー均等比率**。各線分は個々の観察者の結果を示す。データは便宜的にレイリー均等の中心点の値の順序に揃えてある。各線分の幅は，589 nm に等色する 670 nm/535 nm の比率の範囲を示す。太線は理論的に計算された仮想的な 7 人の観察者の結果を示す。

単に述べた。しかし，たった今述べたように，その応答関数の移動と相対的な効率の組合せには非常に多くの可能性があるので，すべての色弱者の色知覚について単純に一般化することは困難である。応答関数の分光分布や強度が分かっていると仮定すれば，もちろん，正常者の場合と同じようにどのような色弱者の色相および飽和度係数も計算することができる。それをある第一色弱者および第二色弱者について行い，その結果を正常者のものと比較して示したのが図 13 と図 14 である。どちらの色弱者の場合もスペクトル中では青と黄の色相が主であり，495 nm あるいは 505 nm 付近の「緑」転換点以外では赤および緑の割合はわずかであることに注目せねばならない。しかし，このような人びとにとっては，スペクトル光は短波長領域以外では非常に飽和度が低く，490 nm や 595 nm 付近の緑の点では飽和度はほとんど零に近いということにも注目せねばならない。このような理論的に計算された色相および飽和度係数は，片眼だけが色覚異常の第二色弱者の口頭報告と比較されてきた。その男の人は，もう一方の眼はまったく正常なので，第二色弱の方の眼で見える色につ

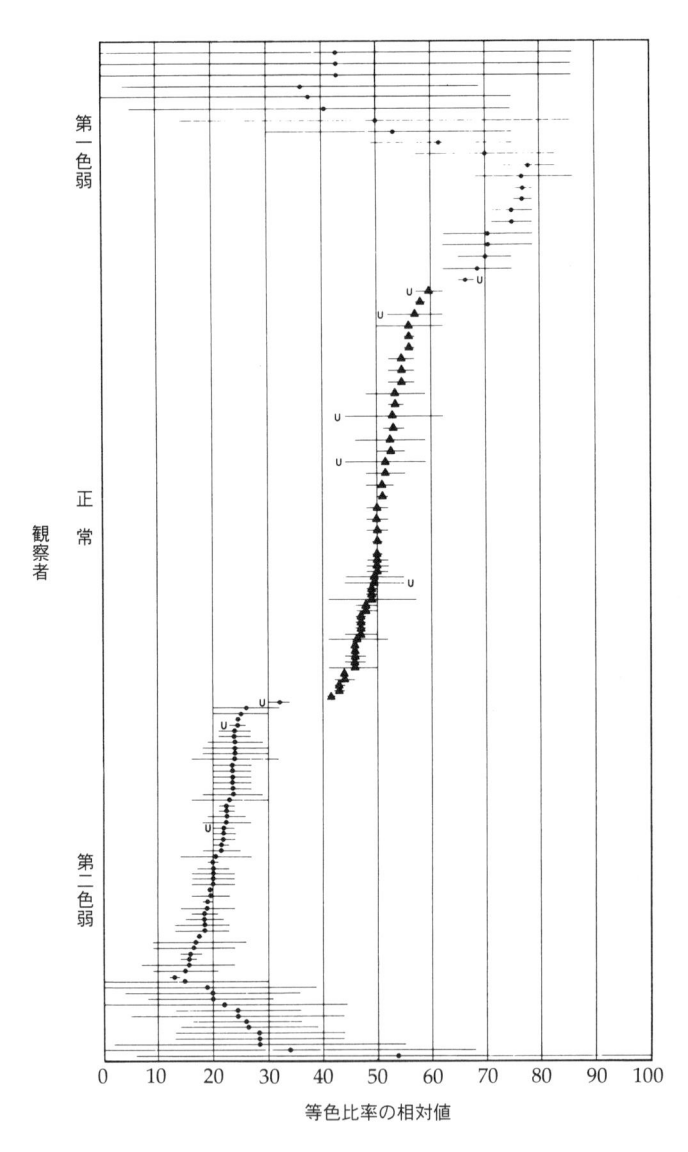

図 12 ナーゲル型アノマロスコープで測定した 134 人のレイリー均等比率。

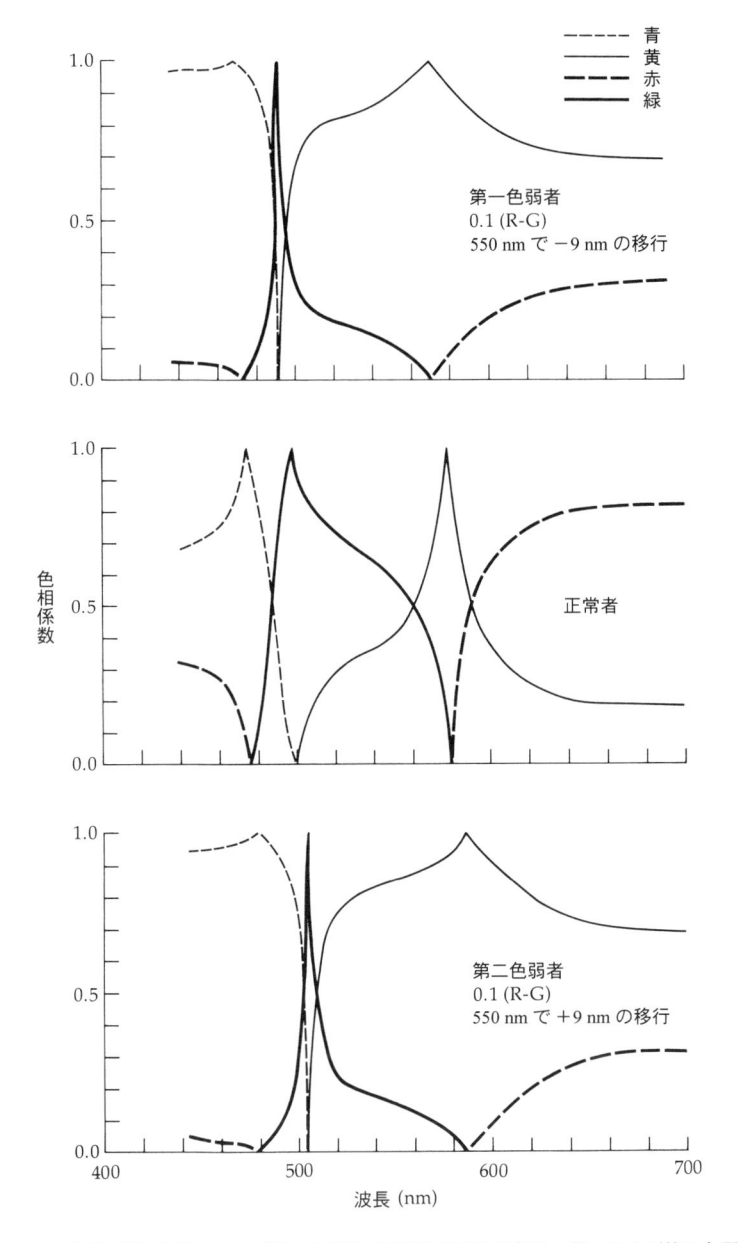

16章 色覚異常：異常三色型 269

凡例：
- - - - 青
──── 黄
━ ━ ━ 赤
━━━━ 緑

第一色弱者
0.1 (R-G)
550 nm で －9 nm の移行

正常者

第二色弱者
0.1 (R-G)
550 nm で ＋9 nm の移行

波長 (nm)

色相係数

図 13　正常者，第一色弱者および第二色弱者の**理論的分光色相係数**。第一および第二色弱者の赤/緑反対色応答関数は正常者の効率の 10% であると仮定されている。

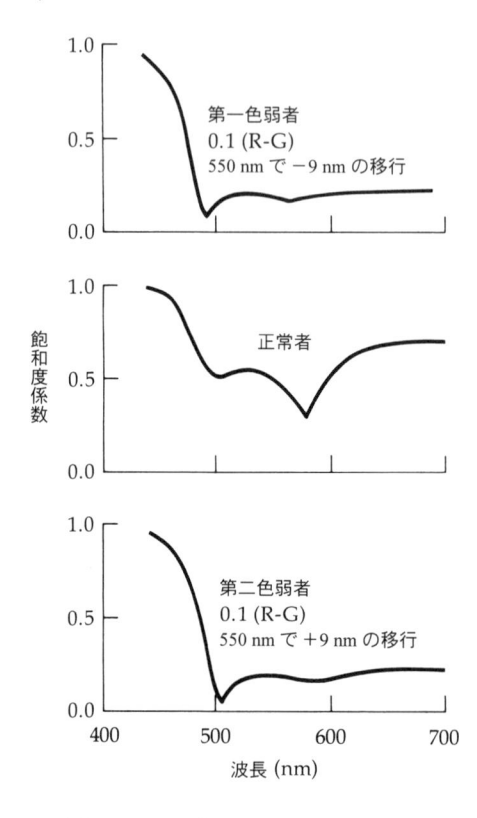

図 14 正常者，第一色弱者および第二色弱者の理論的分光飽和度係数。第一および第二色弱者の赤/緑反対色応答関数は正常者の効率の 10% であると仮定されている。

いて自信をもって報告することができたのである。その報告は理論的に計算された数値と非常によく一致しているのである。たとえば，590 nm では異常眼で見て，その人は純粋な黄を報告しているが，理論的な計算では黄が 98% で赤が 2% であった。もう一つ例をあげると，535 nm で異常眼では黄にほんの少しの緑が混じって見えると報告されている。計算では，黄が 83% で緑が 18% であった。

　正常者の場合とまったく同様に，色弱者に物体がどのように「見える」のかということも明らかにすることができるのである。応答関数を特定の光源と色標本で重み付けて積分すれば，その型の観察者の見えと高い相関のある色相および飽和度係数を決定することが可能なのである。

　異常三色型の色覚には非常に多くの種類があるので，それを効果的にふるい分けて診断する単純で比較的安価な色覚検査を考察するのは極度に困難であ

る。ナーゲル型アノマロスコープは,非常に効果的にそれを行うが,何千ドルもする高価な研究室用機器である。単一の検査ではこのような異常者は正常者とされてしまうことも多いし,また,もう一つのまったく異なった色覚異常者である二色型(17章参照)と誤って診断されることも多いのである。

ここで第一色弱,中性色弱,および第二色弱と規定した色弱者は,問題となるのが色素のスペクトル上での移行であれ,反応の減少であれ,あるいは移行と減少の結合したものであれ,主に赤/緑システムの反応に何らかの変化が表れたものである。このような人びとの日常的な困難は,特に視覚経験の赤/緑の次元との関係で明白なものとなるので,アノマロスコープのある研究室か診療所でレイリー均等の中心点と範囲の両方を測定することによって,容易に調べられる。

しかし,レイリー等色では診断できないもう一つの型の異常三色型がある。この異常は「第三色弱」と呼ばれ,黄/青の色の次元に関わるのである。赤/緑異常とは遺伝のパターンも異なり,しかも稀にしか報告されていない。この種の異常の診断には,黄斑色素によって強く吸収される波長光である短波長光(青や青-緑)を用いる。黄斑色素の濃度は人によって著しく異なるので,応答関数の強度の相違が表れているのか,それとも得られた結果は黄斑色素の吸収の相違によるものなのかを知ることは困難である。

基礎文献

Allen, D. M., McFarland, W. N., Munz, F. W., and Poston, H. A. 1973. Changes in the visual pigments of the trout. *Can. J. Zool.* 51: 901–914.

Bowmaker, J. K., Loew, E. R., and Liebman, P. A. 1975. Variations in the λ_{max} of rhodopsin from individual frogs. *Vision Res.* 15: 997–1003.

Chapanis, A. 1944. Spectral saturation and its relation to color-vision defects. *J. Exp. Psychol.* 34: 24–44.

Dartnall, H. J. A., Lander, M. R., and Munz, F. W. 1961. Periodic Changes in the Visual Pigment of a Fish. In *Progress in Photobiology*. Elsevier, Amsterdam.

Engelking, E. 1925. Die Tritanomalie, ein bisher unbekannter Typus anomaler Trichromasie. *Graefes Arch. Ophthalmol.* 116: 196–244.

Hurvich, L. M. 1972. Color Vision Deficiencies. In D. Jameson and L. M. Hurvich (eds.), *Handbook of Sensory Physiology*, Vol. 7/4, *Visual Psychophysics*, Chap. 23, pp. 582–624. Springer-Verlag, Berlin.

Hurvich, L. M. 1973. Color Vision Deficiencies. In *Color Vision,* pp. 1–33. National Academy of Sciences, Washington, D.C.

Hurvich, L. M., and Jameson, D. 1964. Does anomalous color vision imply weakness? *Psychon, Sci. 1*: 11–12.

Hurvich, L. M., Jameson, D., and Cohen, J. D. 1968. The experimental determination of unique green in the spectrum. *Percept. Psychophys.* 4: 65–68.

Jameson, D., and Hurvich, L. M. 1956. Theoretical analysis of anomalous trichromatic color vision. *J. Opt. Soc. Amer. 46*: 1075–1089.

Pickford, R. W. 1951. *Individual Differences in Colour Vision.* Routledge & Kegan Paul Ltd., London.

Pickford, R. W., and Lakowski, R. 1960. The Pickford-Nicholson anomaloscope. *Br. J. Physiol. Opt. 17*: 131–150.

Rayleigh, Lord (J. W. Strutt). 1881. Experiments on colour. *Nature (Lond.)* 25: 64–66.

Romeskie, M. 1978. Chromatic opponent-response functions of anomalous trichromats. *Vision Res. 18*: 1521–1532.

Schmidt, I. 1955. Some problems related to testing color vision with the Nagel anomaloscope. *J. Opt. Soc. Amer. 45*: 514–522.

Willis, M. P., and Farnsworth, D. 1952. Comparative evaluation of anomaloscopes. Med. Res. Lab. Rep., 190. Bur. Med. Surg., U.S. Navy Dept., Washington, D.C.

Wright, W. D. 1947. *Researches on Normal and Defective Colour Vision.* Mosby, St. Louis, Mo.

上級文献

Crescitelli, F. 1972. The Visual Cells and Visual Pigments of the Vertebrate Eye. In H. J. A. Dartnall (ed.), *Handbook of Sensory Physiology,* Vol. 7/1, *Photochemistry of Vision,* Chap. 8, pp. 245–363. Springer-Verlag, Berlin.

Dartnall, H. J. A. 1953. The interpretation of spectral sensitivity curves. *Br. Med. Bull. 9*: 24–30.

Hurvich, L. M., and Jameson, D. 1974. Evaluation of Single Pigment Shifts in Anomalous Color Vision. *Modern Problems in Ophthalmology.* Vol. 13, pp. 200–209. S. Karger, Basel.

Pokorny, J., and Smith, V. C. 1977. Evaluation of single-pigment shift model of anomalous trichromacy. *J. Opt. Soc. Amer. 67*: 1196–1209.

17 章
色覚異常：二色型

　ある種の色覚異常者が色を混同することは，正常者にとってはしばしば当惑のもととなり，またときには逸話のもとともなる。他の点では完全な視覚をもちながら，どのような距離から見ても，木に生った熟したさくらんぼや苺をその葉と見分けることができないような人びとがいることを理解するのは困難である。さんざしや西洋ひいらぎの赤い実，赤い花びらの花，あるいはとうもろこし畑に咲く紅いけしの花などについても同じことが当てはまる。菫色やシアン〔青緑〕は青と弁別不可能であり，またシャトルーズ〔リキュールの一種で淡い琥珀色をしている〕やオレンジは，色相においては黄と弁別不可能である。ある種の色覚異常者にとっては，暗い赤は黒く見えるのである。二色型色覚異常者（dichromat）の色の誤認や色の混同についての逸話はきりがないように思われる。

　酸に浸したときにリトマス紙が青から赤に変化したことが見分けられないような化学の教師になって，沈澱物が何色かを生徒に教えるのではなく生徒に尋ねなければならないなどということが想像できるだろうか。あるいは妻の深紅のパーティー・ドレスをほめたら，それは明るい緑色だと彼女が言ったとしたらどうだろう。ある芸術家は，一人の弟子が「茶色の馬を青みがかった緑で模写し，空をバラ色で，またバラを青で描くのを見つけた結果，解雇した」と報告している。もう一つの例では，ある腕のいい製図工は，顔を描くのに濁った緑色を使ったと報告されている。赤と黒，たとえば赤インクと黒インクあるいは乾いた赤いペンキの粉と煤を混同するような二色型の例は無限である。あるとき一人の紳士が，よく知っている女性が教会で彼の眼には「黒い帽子」をかぶっているように見えたので，彼女に「誰の喪に服しているのかと尋ねたの

で，彼女を大いに驚かせたが，それは彼女の帽子が深紅のビロードだったからである」。黒いコートの肘を深紅のあて布で修繕してそれが分からないような仕立屋の惨状が想像できるだろうか。

上記の例は，エジンバラ大学の工学の教授でもあった内科医 George Wilson によって 1855 年に書かれた『色盲の研究』〔原題：*Researches on Colour-Blindness*〕という本から採ったものである。

近年，上述のような混同をする人びとを表すのに「色盲」や「色盲者」という用語を避ける傾向が強くなってきている。この傾向の単純な理由は，「色盲」という用語には，そのような人びとはまったく色が分からないという明らかに誤った意味あいが含まれているからである。近年は「色覚異常」(color defective) という用語がより一般的に用いられるようになってきている。Wilson は，「その苦悩の一般的特性は……色の識別の完全な欠如としてよりも，色知覚の異常として現れることのほうが多い」と記すことによって，まさにその問題を 1855 年に提起していたのである。

引用した例の色覚異常者は**二色型** (dichromat) である。二色型は，二つの反対色応答の次元の内の一つにおける色の変化を弁別することができない。引用した例のように，赤と緑を弁別できない場合がもっとも多いが（後述のように，これはレイリー均等検査においてもっともはっきりする），黄と青を弁別できない場合もほんのわずかの割合で存在する。赤/緑を混同する人びとは，しばしば言われるように，deuteranope〔二色型第二異常者〕と protanope〔二色型第一異常者〕の二つのグループに分かれる(訳注)。これら二つの用語と 16 章で述べた二つの色弱の型を類別するのに用いた二つの用語，deuteranomalous〔第二色弱〕と protanomalous〔第一色弱〕との類似には注意せねばならない。deutan〔**第二異常**〕という一つの用語が deuteranomalous と deuteranope の両者を包含するのに広く用いられるようになった。また，protanomalous と protanope の両者を示すのに protan〔**第一異常**〕という用語が使われる。

二色型第二異常を特徴づける応答関数が図 1 に示されている。二色型第二異

---

*　これらの名称は最初に von Kries によって提唱されたもので，三変数の視覚系の第一あるいは第二の要素が欠損しているという仮説に関係したものである。「二色型第三異常者」(tritanope) という用語は，第三の要素が欠けている異常のことをいう。

訳注：それぞれ二色型第二色盲，二色型第一色盲ともいう。

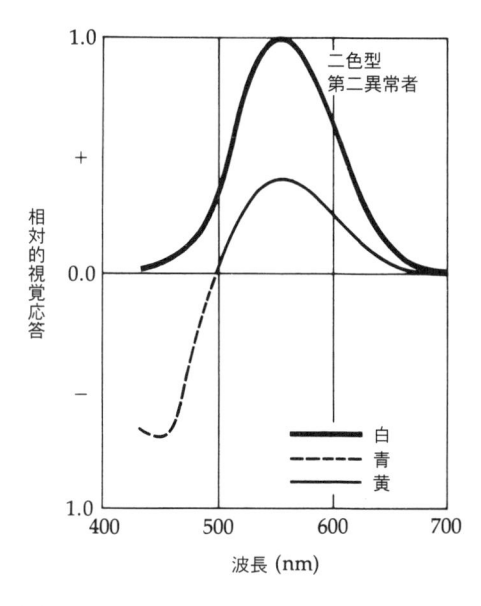

図1 二色型第二異常者の反対色応答関数の**分光分布**。黄/青の反対色関数が0.0の応答レベルと交わるスペクトル上の位置は、中性点の位置を示す。

常者の応答関数は白/(黒) と黄/青に限られている。この図に表れているのは、前章で述べた第二色弱の場合の議論を単純に敷衍したものである。赤/緑の応答関数の効率がさまざまな程度に変化するのが第二色弱者の特徴であるように思われた。そして、16章で特に述べたのは赤/緑の効率が100, 10, 3%の場合であった。二色型第二異常者は赤/緑の色システムの反応が零にまで低下しているので、どのような波長でも赤/緑システムの活動はないのである。その結果、赤/緑システムの効率は零であると言ってよいであろう。

大部分の二色型第二異常者の分光視感度関数は正常者のものに近いように見えるので、正常者にある感光色素はすべて二色型第二異常者にも存在し、しかもそれは正常者の感光色素とスペクトル上での位置が同一であると仮定してよいであろう。感光色素で光が吸収されても赤/緑の神経系が興奮しないのかもしれない、あるいは何らかの遺伝子的要因により赤/緑の神経系が発達できなかったのかもしれない。しかし、この二色型第二異常は赤/緑の神経反応の欠

訳注:16章の注でも記した1986年のNathansらの研究によると、二色型においては、長波長あるいは中波長にピークのある感光色素タンパクの遺伝子が欠けているという結果が得られている。その結果は、正常者のもつ感光色素は三種とも二色型第二異常者ももつというHurvichの仮定には反するものである。このHurvichの仮定はNathansらの研究以前のものであり、現在ではこのような仮定をしている研究者は少ない。

如によって生ずるので，色反応を感光色素の吸収との関係において定量的に評価するためには黄/青反応だけを考慮すればよいのである。したがって，

$$Y\text{-}B = \beta + \gamma - \alpha$$

白黒反応は，正常者と同様に，

$$W\text{-}(Bk) = \alpha + \beta + \gamma$$

このような分光応答関数から二色型第二異常者がどのように色を見るのかが分かるのであろうか。図1の曲線を吟味すれば，まず短波長領域から始めると，そこはわずかな白みと黄/青の曲線の青の部分の始まりであることが分かる。長波長方向に行くにつれ，白反応が次第に増加すると同時に青みが減少する。約500 nmで黄/青曲線は零の値をとる。この波長を刺激として見ると二色型第二異常者がどのような色を見るか，このような関係から，予想しうるであろうか。500 nmでは白のシステムしか興奮しないので，青でも黄でもない白あるいは灰の感覚を経験するであろう。もっと長波長方向に行くと黄色みと白みが増加し，その後両者とも減少する。

このような色覚系の人びとはスペクトル中には赤も緑も見えず，約500 nmの白色点によって分けられた青と黄のさまざまな飽和度の変化しか分からないのである。実際，そのような人びとには500 nmのスペクトル光が白く見えるということに疑問をはさむ理由はほとんどない。夜間に薄暗い明りに照らされた物体は灰色がかって見えるというわれわれ自身の経験をはじめ，低照明水準では二色型第二異常者は同様な白あるいは灰を見るということを信じるに足る十分な理由がある。黄/青関数の交わる中性点は，「夜間視」(night vision)の場合の灰色と同様な一般的性質をもつと報告されているので，その二色型第二異常者の特殊な色体験に迫る一つの方法があるわけである。
*

他の多数の証拠も，赤/緑異常の二色型は白に加えて黄と青しか見分けられないという議論に収斂するのである。証拠の一例は，「後天的」二色型色覚異

---

* 「私の色経験があなたがたの色経験と同じだということが，どうして分かるのですか？」という類の解答困難な質問に対しては棚上げにしておく。というのは，このような質問はもちろん正常者にも色覚異常者と同様に当てはまるからである。正常者の周辺視色覚についての前記の議論（2章）も参照せよ。

常すなわち誕生以後に生じた二色型色覚異常に関連したものである。16章でそのような人びとについて少し触れた。そのような異常は，本書で主に扱っている先天的な色覚異常と対照的に，ふつう何らかの病気あるいは外傷の結果である。そのような人びとは，正常者の見る色相の種類を知っているのである。病気に冒される前まで，あるいは有害な毒物に影響を受ける前までは，そのような人びとは実際に正常者だったのである。たとえば，視神経萎縮になると，それが外傷，慢性的薬物中毒，炎症，あるいは腫瘍など，どのような原因によるものであれ，その人は「赤」と「緑」の弁別能力を失い，色体験が青，黄，および白に限定されると報告することが多い。たとえば，George Wilson は，馬から振り落とされて脳震盪を起こした解剖学の講師「B 氏」の症例を報告している。回復後，彼は「以前は正常で正確であった色知覚が弱化し，変質したことに気づいたが，その症状はずっと続いたのである」。彼を検査して，Wilson は「明るい青と黄については彼は決して間違えない。赤と緑については彼はまったく分からないと言えよう。そして，もっと複雑な混成的な色名は，彼にとっては定義不可能なので，一切使用しないのである」と述べている。この種の事例に関するもっと新しい文献には，そのような外傷の症例がいくつも含まれており，Wilson のその初期の記述を確証している。そのような人びとは，視覚系に損傷を被る前の物の見えの記憶に頼らねばならないのである。

しかし，片眼だけが異常な人びとの報告に由来する二色型の色知覚に関する証拠もある。そのような人びとは一方の眼では正常な色体験と三色型色覚をもつのである。したがって，そのような人の色体験および色名は，異常眼が見ている色を評価するための基盤を提供するのである。片眼色覚異常者は極度に希であって，これまでに 40 例ほどしか症例の報告がない。

その一例では，一連のスペクトル刺激を異常眼に呈示し，それに等色するまで正常眼に呈示される光の波長を調整させている。その実験の結果が，図 2 に示されている。異常眼に呈示された 502 nm 以下の波長はすべて正常眼の 470 nm の波長で等色されており，異常眼で見る 502 nm 以上の波長はすべて 570 nm 近辺の波長で等色されている。正常眼には 470 nm の波長は青に見え，570 nm は黄に見えるので，異常眼に知覚される色は黄，青，および白（と黒）に限定されていると結論づけるのは妥当であろう。もちろん，色覚異常眼に呈示されるスペクトル刺激の各々の色名を言ってもらうこともできる。その結果

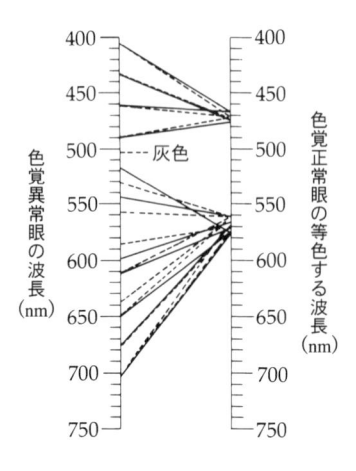

図 2 片眼色覚異常者の**両眼間等色実験の結果**。色覚異常眼で見た波長（左側）は正常眼に呈示された波長（右側）で等色される。点線と太線は各々別々の実験シリーズを示す。

も同様なのである。スペクトルは，中性点の白色あるいは灰色領域によって，青領域と黄領域に分離されている。

　ここで，二色型色覚をもった人びとには多くの有名な科学者や技師や医者などがいたことは付け加えておかねばならないだろう。そのなかには，イギリス人の John Dalton や William Pole，それにドイツ人の Heinz Ahlenstiel などがいる。どの人の場合にも，正常色覚との関連で自分の色体験を詳説しようと努力したが，それによって自分の色覚システムは黄，青，白および黒に限定されているという確信を得たのである。

　図1を見れば，二色型はスペクトル全体を通じて，等色するためには二つのスペクトル刺激しか必要としないことがはっきりする。たとえば，460 nm（青）の短波長刺激と 650 nm（黄）の長波長刺激，それにその二つの混色だけで，スペクトル全体を通じて等色を達成するのに十分なのである。正常者の場合と同様に（5章参照），黄に見える刺激と青に見える刺激を混色すると反対色相を打ち消し合うことになり，白が残ることになる。このような混色の結果が図3にまとめられている。

　二種の二色型のレイリー均等のデータが，図4に掲げられている。このレイリー均等の結果は，正常者や色弱者とは対照的に（16章の図12を参照），535 nm の刺激だけでも，670 nm の刺激だけでも，したがってもちろん 670 nm/535 nm のどのような混色比率でも，589 nm の刺激に等色する人びととがいるということを示すのである。589 nm の刺激を調整して，明るさが混色

17章 色覚異常：二色型 279

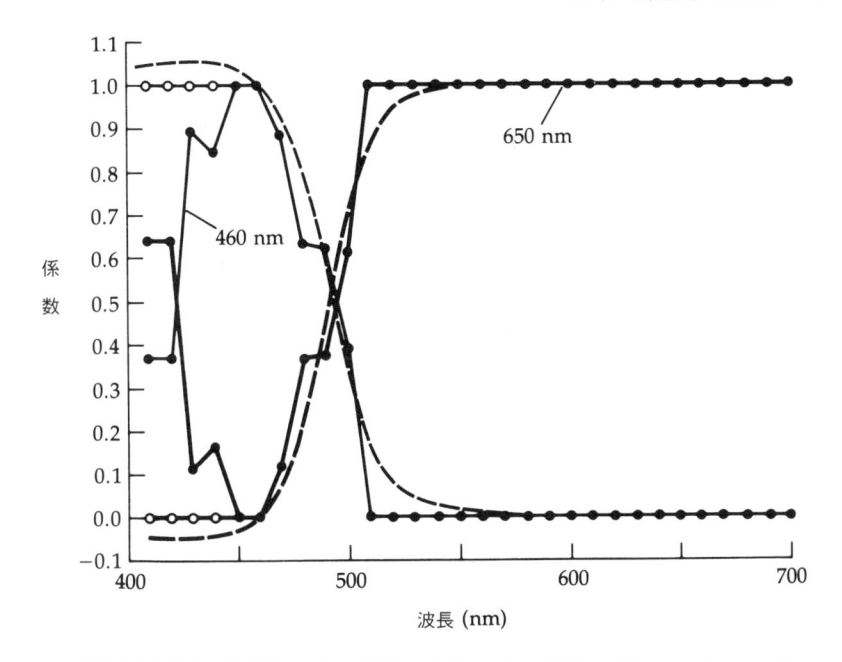

図3 片眼色覚異常者の異常眼における**分光混色曲線**。混色の原刺激は 460 nm と 650 nm である。

刺激に等しくなるようにすれば，その等色は完全なものとなる。レイリー均等に使われた 670 nm/535 nm の刺激の比率に対して，それに等色する 589 nm 刺激の光強度レベルをプロットすると，二色型第二異常者の結果は図5に示すようになる。

　二色型においては，約 500 nm より長い波長はすべて，黄および白の感覚だけしか喚起しないので，ナーゲル型アノマロスコープでの混色はどこでも可能なのである。589 nm の刺激を考えてみれば，それは黄（および白）を喚起するのである。もしアノマロスコープの二分視野の上側を 670 nm にして，その二つの刺激（589 nm と 670 nm）の相対的な明るさを調整すれば，二色型はその二つが本質的に同一に見えるのである。そこで，670 nm を 535 nm にする。535 nm も白みがかった黄に見えるので，535 nm と 589 nm の明るさを調整するだけで，完全な等色が達成されるのである。535 nm と 670 nm の混色が黄色みがかった（白い）色を生成するだけであるのは明らかなので，二色型においては，二つの視野の間で明るさの調整をすれば，どのような

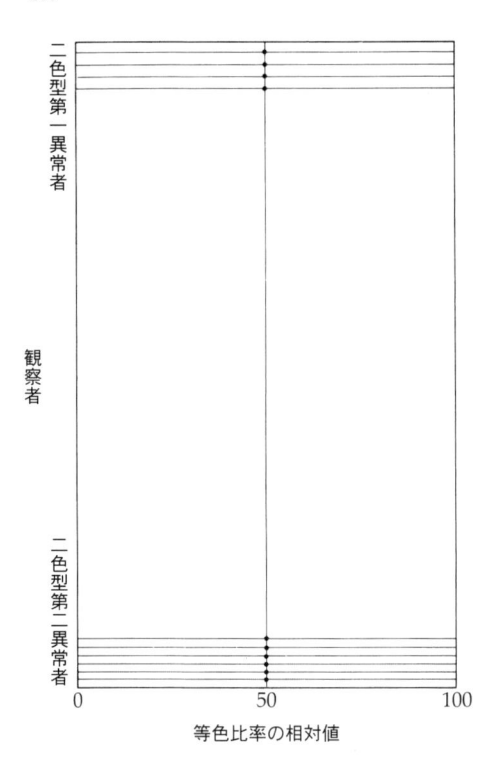

図 4 二色型第一異常者および二色型第二異常者で測定したレイリー均等比率 (670 nm/535 nm)。このような人びとは，535 nm の刺激だけでも，670 nm の刺激だけでも，あるいは 670 nm/535 nm のどのような混色比率でも，589 nm の刺激に等色する。図中での各グループの位置は便宜的なものである。二色型第一異常者の結果は第一色弱者のデータの上に，二色型第二異常者の結果は第二色弱者のデータの下になるようにしてある (16 章の図 5 参照)。

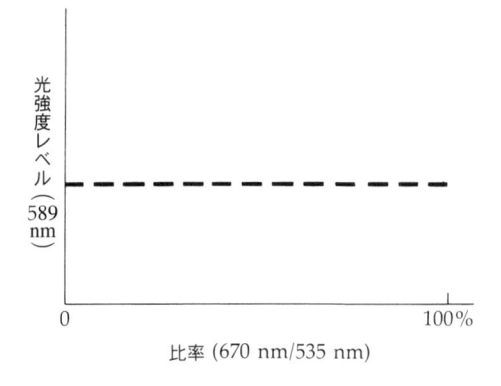

図 5 平均的二色型第二異常者のレイリー均等比率 (670 nm/535 nm) における 589 nm 刺激の光強度レベル。

670 nm/535 nm の刺激の比率でも，589 nm に等色するのである．もちろん，このような結果は図4と図5に示された等色領域に反映している．等色の中心点は，等色領域を二等分する値にしてある．これは便宜的なもので，特別な意味はない．

　この本ではこれまではスペクトル刺激だけを扱ってきた．二色型における，広帯域刺激による反対色応答および白黒応答関数の興奮も，正常者の場合と同様に（7章参照）扱える．広いスペクトル領域にわたるエネルギー分布の刺激については，その刺激に含まれる波長で黄/青の色システムおよび白/黒のシステムを積分した結果を求めるだけでよいのである．それを，われわれが日常生活で出会う物体の普通の光の分布について行うと，計算によって二色型第二異常者の色の世界はさまざまな飽和度の黄と青に限定されていることが分かる．もちろん，正常者での黄は同じように見えるし，また青も同様である．しかし，赤は欠如しているので，正常者でのオレンジも二色型第二異常者には黄に見える．また，緑も欠如しているので，青緑は青に見える．

　強調せねばならない点は，正常者でのスペクトル外の赤（すなわち，たとえば 440 nm＋640 nm の混色から成る正常者の固有色赤）は二色型第二異常者には，まさに白あるいは灰に見える 500 nm に相当する感覚と等価であるということである．正常者の反対色応答および白黒応答を思い返してみると（5章参照），440 nm の刺激は赤と青を，そして 640 nm の刺激は赤と黄を喚起するのである．これら二つの波長のエネルギーを反対色の黄と青がちょうどお互いに打ち消し合うように調整すると，残る興奮性は赤と白だけである．したがって，正常者には固有の，すなわち純粋の赤感覚が残されるのである．その同じ二つの波長が二色型第二異常者に用いられると，一方は青反応を，そして他方は黄反応を興奮させる（どちらの場合もそれに白反応が加わる）．その二つの刺激の相対的なエネルギーに応じて，二色型第二異常者には黄あるいは青に見えるのである．その興奮の比率が黄と青の拮抗性の間でちょうど均衡するような場合には，興奮として残るのは，各波長が独立に興奮させる白だけなのである．

　直接的に二色型第二異常者に比肩する，赤/緑の反対色応答システムを欠く二色型のもう一つのタイプがあるが，そのような人びとは二色型第一異常者と呼ばれる．これまでに得られた証拠によると，彼らも二色型第二異常者と同様

に黄と青および白と黒だけしか見えないということ，また弁別関数[*]を測定すると，二色型第二異常者に非常によく似た結果が得られるということが示されている。彼らは視感度関数すなわち白黒関数に関して二色型第二異常者と異なっている。彼らの関数は短波長方向に移動したところでピークをとるのである。また，彼らの黄/青の反対色応答関数も，平均して短波長方向に移行しているのである。図6はそれをまとめたものである。

統計的に言えば，白あるいは灰に見える領域，すなわちスペクトル上の中性点の位置も，二色型第一異常者では二色型第二異常者と比べて短波長方向に，495 nm の辺りに移動しているのである。しかし，個々の事例においては二色型第二異常者の中性点が二色型第一異常者のものよりも短波長になることもある。視感度関数が短波長方向に移動するということは，二色型第一異常者は，二色型第二異常者に比べると，長波長光に対する反応の効率が低いということを意味する。二色型第二異常者には依然として黄に見える長波長光が二色型第一異常者にはより暗く見える（同一の刺激エネルギーの長波長光を用いれば）ので，暗灰色あるいは黒みがかった色と混同するのであろう。

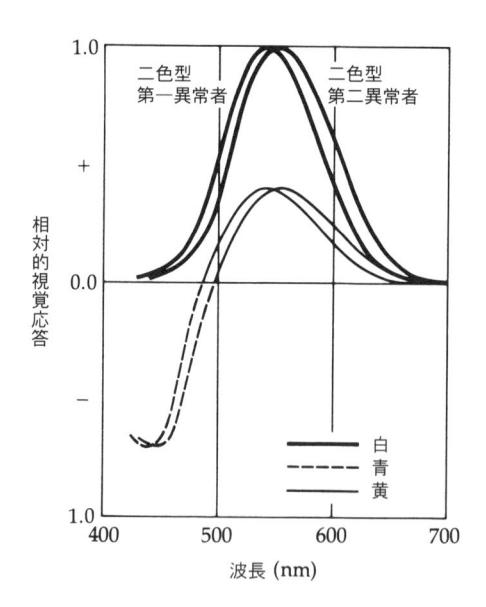

図6　二色型第一異常者および二色型第二異常者の反対色応答関数の**分光分布**。二色型第二異常者に比べ，二色型第一異常者の黄/青の反対色応答関数と白黒応答関数は両者とも短波長方向に移動している。

---

[*]　波長弁別および飽和度弁別の両関数である。

正常者はそのような長波長光が赤（やや黄色みがかった）に見えるので，二色型第一異常者は長いあいだ，不適切にも「赤色盲」（red-blind）と呼ばれてきた。二色型第一異常者は赤が分からないという点では一致している。しかし，もっと重要なのは，二色型第一異常者は二色型第二異常者と同様に，緑も分からないということである。したがって，二色型第一異常者と二色型第二異常者は赤と緑の両方の体験が欠如しているのである。もし「盲」（blind）という用語を維持することに固執するなら，二色型第二異常者と二色型第一異常者の両者は，より適切には「赤緑色盲」（red *and* green blind）と呼べるであろう。

混色に関しても二色型第一異常者は二色型第二異常者と同様である（すなわち，彼らは二色型である）。スペクトルの短波長側から選んだある波長と長波長側からのもう一つの波長を適切に混色すれば，すべてのスペクトル刺激と等色し得るのである。しかし，反対色応答と白黒応答関数が短波長方向に移動しているので，二色型第一異常者が一連のスペクトル光に等色するのに用いる二つの刺激の混色比率は二色型第二異常者のものとは同じではない。二色型第一異常者の視感度関数が二色型第二異常者とは異なるということも，ナーゲル型アノマロスコープでの等色に反映されている。二色型第二異常者と同様に，二色型第一異常者も535 nm あるいは 670 nm の刺激だけでも 589 nm に等色するが，その二つの刺激（あるいはその二つをさまざまな比率で混色したもの）に等色するときの 589 nm 刺激のエネルギー値は，二色型第二異常者のそれとは異なるのである。そのような等色のデータをまとめたものが図 7 に示されて

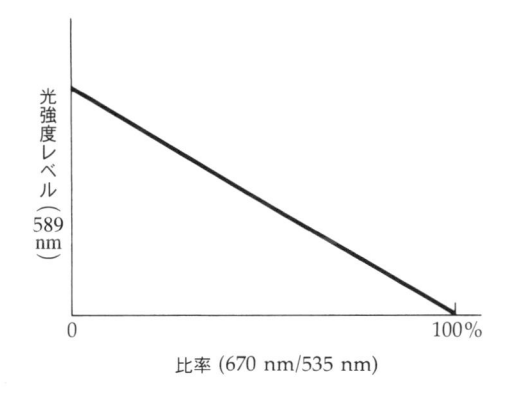

図 7　平均的二色型第一異常者のレイリー均等比率（670 nm/535 nm）における 589 nm 刺激の光強度レベル（図 5 と比較せよ）。

いる。この関数は図5と対照してほしい。

　正常者（および二色型第二異常者）と同様に，二色型第一異常者は三種の感光色素をもつと仮定してよいであろう。しかし，二色型第一異常者の感光色素関数は短波長方向に移動していると仮定せねばならない。前記の通り，感光色素の吸収のピークの位置によって，スペクトル中での応答関数の分布が変化するのである。短波長方向への二色型第一異常者の応答関数の移動の原因が，その感光色素の移行なのである。

　正常者の場合と同様に，周囲をとりまく明りが，たとえば日光から白熱電球に変わると，中波長および短波長にピークのある色素よりもはるかに長波長にピークのある色素を興奮させるようになるので，長波長色素における相対的な感度低下が起こる。それは，興奮の程度は直接的に感度に関連するからである。このような変化は，次には，反対色応答および白黒応答関数曲線の形を変化させるのである。白熱電球やろうそくの光に曝されると，長波長光による刺激に対する感度が低くなり，短波長光による刺激に対する感度が高くなる。しかし，正常者の場合と同様に，そのような相対的な感度低下が起こっても，必ずしも刺激自体の変化を補正するわけではない。ある一定の分光反射率の物体でも，照明に応じて，眼に対して異なった刺激となるのである。

　したがって，日光の照明条件では，ある赤の物体と緑の物体を混同する二色型の人たちが，黄色みがかった白熱電球やガス灯の光の照明下では，その二つの物体の相違に気づくということがあっても，驚くには当たらないのである。それで，日光の下では深紅のゼラニウムの花と葉を混同しても，白熱電球の光の下では異なって見えるのである。日光の下で正常者の眼には異なって見えるが，二色型には互いに区別できないような深紅と緑あるいは青と紫も，分光分布がもっと長波長に重みのある照明下では，著しく異なって見えるのである。

　色覚異常を検出するためには，どのような手続きあるいは検査が用いられるのであろうか。ナーゲル型アノマロスコープは，これまで記述してきたさまざまな種類の赤/緑の色覚異常を検出して分析するのにきわめて優れた器具である。図8は，等色の中心点とその領域を，平均的な色覚正常者，典型的な二色型第一異常者と二色型第二異常者，色弁別能力の高い第一色弱者と第二色弱者および低い第一色弱者と第二色弱者についてまとめて示したものである。ナーゲル型アノマロスコープは高価な光学機器なので，主に研究施設でしか用いら

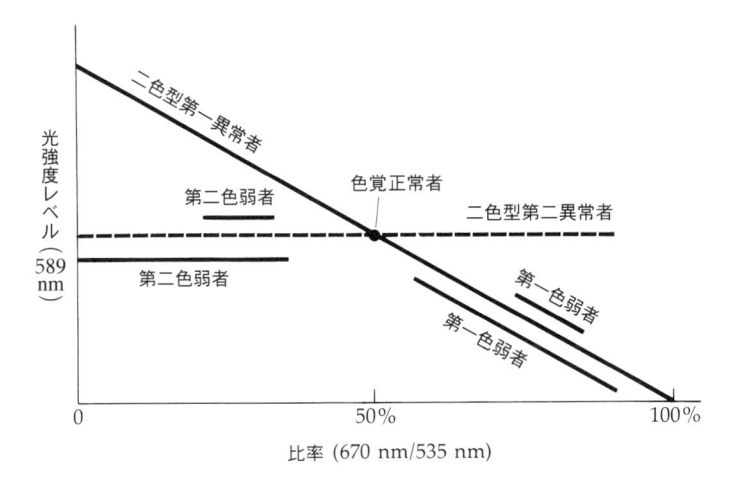

図 8　平均的な正常者，平均的な二色型第一異常者と二色型第二異常者，そして第一色弱者と第二色弱者の各々の二つのタイプの例についてのレイリー均等比率 (670 nm/535 nm)。後者の二つのタイプについては二つの等色領域しか図示していない。実際に測定されたさまざまな等色領域については 16 章の図 12 を参照せよ。

れないが，ときには臨床眼科医の診療所やオフィスで見かけることもある。

　しかし，他の方法を用いて，何十万もの人が色覚異常の検査を受けてきた。たとえば，ある最近の研究では，29,985 人の若いギリシャ人中の色覚異常に関するデータが報告されている。このような大きな集団では伝統的に，いわゆる「色覚検査表」(pseudoisochromatic plate，仮性同色表) を用いて検査が行われてきた。このような検査は普通小冊子の形になっており，光学機器と比べて比較的安価であり，しかも簡単に実施しうるのである。この種の検査には多くの版があるが，もっともよく知られたもののひとつが石原式色覚検査表である。この検査表では，さまざまな大きさや色の小点から成る数字が同様な小点から成る背景に重ね合わせられているのである。その数字を形成するさまざまな小点は背景を形成する小点と同じ明るさで，大まかに言うと，その数字が黄色みがかった赤で背景が黄色みがかった緑であるか，その反対である。正常者は色相の相違により，その数字と背景を区別するのである。色覚異常者，たとえば赤と緑の弁別ができない二色型第二異常者には，等しい明るさの小点は区別する手掛りとなり得ないので，その数字は背景に融合してしまうのである。診断は，読めた表と読めなかった表の数がどれだけあったかという便宜的

な規準に基づいて行われる。二色型第一異常者と二色型第二異常者の反応システムは異なっているので，二色型第一異常者と二色型第二異常者を区別するために，検査表にはふつう幾分異なった刺激の組合せのものが含まれている。

　この種の検査表で最近よく使われるのは，American Optical Company Hardy-Rand-Ritter（AO H-R-R）式の仮性同色表である。この色表では数字ではなく，三つの異なった図形（円，三角形，および×印）が使われ，また「補色」から成る背景ではなく，さまざまな明るさの灰色の小点が背景となっているのである。前述の通り，赤/緑の次元を欠く二色型には，黄と青が均衡するスペクトル上の位置が白あるいは灰に見える。そのような色覚異常者には，適当な照明下で固有色緑および赤に見えるような適切に選択した広帯域刺激が灰色に見えると予測しうるので，背景を成す灰色の小点と弁別できないのである。互いの色反応関数の移動に応じて（図6参照），その二つのタイプの異常者が灰と混同する赤と緑の刺激は幾分異なっている。AO H-R-R式検査の二つの表が色図版17-1に示されている。二色型第一異常者には色図版17-1aの三角形も色図版17-1bの円もともに見えないと予測されるが，二色型第二異常者にはこれらの色図版の円と×印とが見えないと予想されるのである。この特殊な検査表では，さまざまな程度の色弁別能力をもつ色弱者を弁別するために異なった飽和度の刺激も用いられている。

　もう一つの非常に広く用いられている検査が色図版17-2に示されている。これはFarnsworth dichotomous test（あるいはパネルD-15検査）である。この検査は15種の小さな色の着いたチップ（および参照用のチップの計16種）から成り，観察者の課題はそのチップが類似性の点で連続するようにそのチップを順番に並べることである。正常者の眼では，赤みがかった青のチップから始まり，大まかに言って，青，青緑，緑青，緑，黄色みがかった緑，黄，黄赤，そして青みがかった赤に戻るというような色相の順序になっている。正常者はこのチップを1，2分で適切な順序に並べることができる。赤/緑感覚を欠く二色型はそのチップを異なった順序に並べる。「赤」も「緑」も区別の手掛かりとならないので，まず青みと緑みを含むチップと青みと赤みを含むチップを置き違えるのである。順番が進むにつれて，そこでも赤も緑も検出できないので，正常者にとっての緑黄と赤黄のチップを置き違えるのである。端的に言えば，チップの選択の順序が正常者では色図版1-2の色相環のような円形で図示

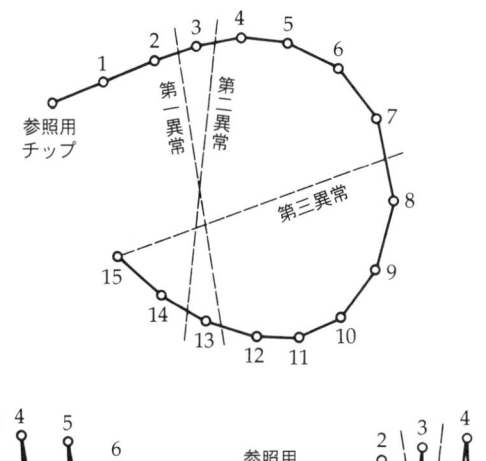

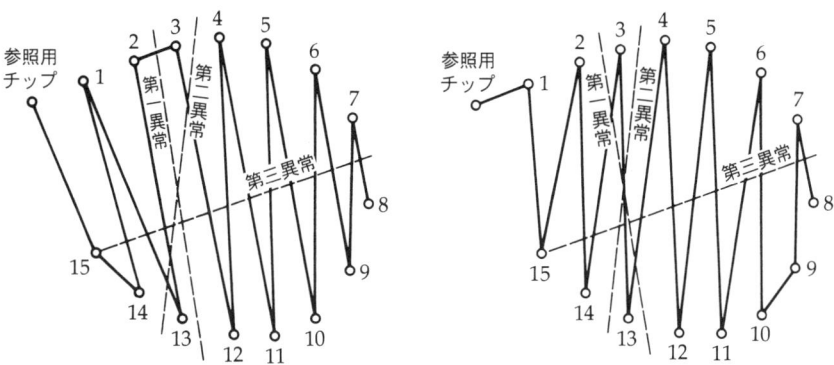

図 9 Farnsworth dichotomous test（色覚異常判別のための二分検査）用のフォーマット（New York, The Psychological Corporation 製）。上側の図は正常三色型にとっての類似性の順序を示す。破線は第一異常（protan），第二異常（deutan），および第三異常（tritan）の混同軸を示す。下側左の図は二色型第一異常，下側右の図は二色型第二異常の順番を示す。

できるのに，二色型ではチップの類似性が青および黄の点だけなので，チップの選択の順序は図中でジグザグになるのである。ここでも，二色型第一異常者と二色型第二異常者では異なったパターンで刺激を並べるので，そのチップの順番の相違がその二種の異常を区別するのに利用されるのである。典型的な色覚正常者，二色型第一異常者，および二色型第二異常者のチップの配列順序が図 9 に示されている。このような典型的な順番からやや逸脱することがあっても，それで診断に差し支えることはほとんどない。

　照明の変化にともなって色の見えに変化が生ずること，および日光から白熱

電球の照明に変化すると二色型第二異常者や二色型第一異常者の眼にはある刺激が青から黄に変わることもあるということについては詳細に述べた。したがって，意味のあるデータを得たいなら，日光照明で使用するように設計されたさまざまな色覚検査表やパネル D-15 検査を標準光源でない照明下（特に蛍光灯）で用いるようなことは絶対にしてはいけないのは明らかであろう。

　上述のような色覚検査には多くのものがある。その設計は完全なものではないし，また色の印刷は変化しやすいので，検査表の製造の際に設計規準が正確に守られないかもしれないのである。その上，染料の色は時がたつとあせるのである。したがって，ほんのわずかの割合ではあるが，色覚異常者が正常者であると，また正常者が色覚異常であると診断されることもあるのは驚くに当たらない。しかし，そのような欠点を認識し，設計者の意図のとおりにその検査を行えば，それはきわめて有用な道具となるのである。

　二色型第一異常（protanopia）および二色型第二異常（deuteranopia）に加えて，もう一つの二色型色覚が知られている。それが二色型第三異常（tritanopia）である。この非常に希な二色型異常は，16 章で述べたのと同じ語源の三色型色覚異常（trichromatic anomaly）に対応している。しかし，黄/青の反応システムが低下している第三色弱とは異なり，二色型第三異常者は黄/青の感覚が完全に欠如しているのである。このような人びとは緑，赤，および白と黒しか知覚しないのである。

　この種の人びとの分光視感度関数は正常者のものとほぼ同じで，ほぼ正常者の黄に当たる 580 nm に中性点をもつように思われる。この種の二色型では正常者の黄/青の反対色応答関数が欠如していると仮定すれば，約 475 nm に第二の短波長側の中性点が予想されるが，それは存在しないようであり，また 400 nm から 475 nm の赤の領域もないのである。短波長のスペクトル領域で生ずる赤は比較的弱く，しかもスペクトルの極度に短波長側の 400 nm あるいは 410 nm 付近の領域だけに現れるのである。

　この種の人の反応関数が図 10 に示されている。二色型第三異常者の反対色応答および白黒応答関数を感光色素関数と関連づけるのに用いうる等式は次の

＊　15 章で述べた正常者における条件等色（metamer）を参照せよ。
†　二つの中性点を報告している文献も散見される。この種の人びとは「二色型第四異常者」（tetartanope）と名付けられている。

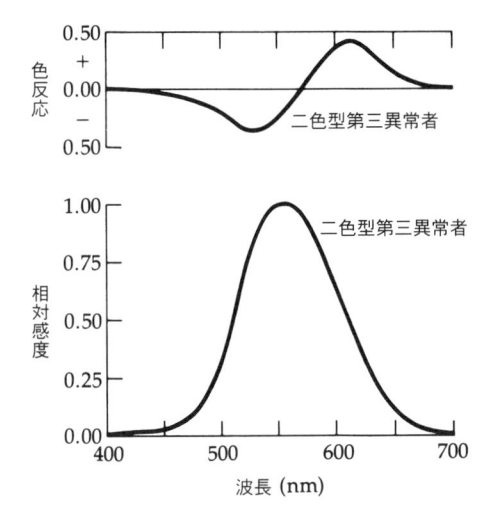

図 10　二色型第三異常者の反対色応答関数の**分光分布**。赤/緑の反対色応答関数が 0.0 の反応レベルと交叉するスペクトル上の位置は中性点を示す。

とおりである。

$$R\text{-}G = \gamma - \beta$$
$$Wh\text{-}(Bk) = \beta + \gamma$$

　ここでは，黄/青の神経的応答関数の欠如（あるいは不活動）だけではなく，短波長吸収感光色素の欠如も仮定されている。実験的に測定されたさまざまな弁別能力の関数をその理論的な応答関数と比較すると，その二つはかなりよく一致するのである。このような希な先天的色覚異常を測定し，診断するための単純な光学装置はないので，上述の色覚検査表とパネル D-15 検査の両者がそのような目的に用いられる。*

　もっと一般的な種類の二色型，すなわち二色型第一異常および二色型第二異常について述べたときに，α，β，および γ の感光色素はすべて存在し，その色覚異常はもっぱら赤/緑の神経的応答メカニズムの欠如によるものであると仮定した。二色型第三異常では一方の色応答システムが神経レベルで欠如すると同時に，α 感光色素も欠如していると仮定することが可能であることも今述べた。

＊　Farnsworth によって設計された特殊な検査表も用いられる。

まさにそれと同様に，二色型第一異常者には長波長感光色素 γ が欠けていると仮定することもできる。この感光色素が欠如しているとすれば，二色型第一異常者の分光視感度関数のピークが正常者よりも短波長側にあることや長波長のスペクトル領域が暗く見えることの説明がつくのである。
　一般の色覚正常者の反対色応答関数を表すと，

$$R\text{-}G = \alpha + \gamma - \beta$$
$$Y\text{-}B = \beta + \gamma - \alpha$$
$$Wh\text{-}(Bk) = \alpha + \beta + \gamma$$

であるから，長波長感光色素を消去すると，結果的には，

$$R\text{-}G = \alpha - \beta$$
$$Y\text{-}B = \beta - \alpha$$
$$Wh\text{-}(Bk) = \alpha + \beta$$

となる。
　この R-G と Y-B の関数は同一の形をした単純な鏡映像になるので，このような人びとでは白（黒）の応答関数と一つだけの反対色応答関数となるのである。
　二色型第二異常では中波長の β 感光色素が欠如すると仮定する場合も，原理的には同じである。つまり，

$$R\text{-}G = \alpha + \gamma$$
$$Y\text{-}B = \gamma - \alpha$$
$$Wh\text{-}(Bk) = \alpha + \gamma$$

二色型第一異常者の場合と同様に，反対色応答関数が一つと白黒応答関数になるのである。R-G と Wh-(Bk) の関数は同一のものとなるのである。
　赤/緑の応答関数が欠如するのは感光色素の一つが欠如した直接的な結果であるという見解は，実際，もっとも広く受け入れられている見解である。しかし，赤/緑異常が，高次の神経中枢の損傷によって生ずる場合には，感光色素レベルに異常があるとは，もちろん思えないのである。
　上述のようなさまざまな色覚異常の内の一つをもった人は「治癒」すること

ができるのであろうか。よくこの質問が出るが，その異常が後天的な（毒物や病気に起因する）ものでなければ，答えはいつも同じで，不可能である。毒物に由来する後天的色覚異常のなかにはときに元に戻る場合もある。色覚異常に関する古い文献では，「充血，肝臓障害，および消化不良の結果生じた一時的な色盲は，適切な治療の下で消失する」と記している。しかし，16 章および本章で述べたような先天的な色覚異常や 18 章で扱う一色型などは特殊な形で遺伝するものであり，治癒することはできないのである。生まれつき赤／緑の感覚の欠如した人は，何か奇跡でもない限り，そのような神経的能力あるいは感光色素の欠如を回復させることはできないのであり，それはどのような既知の薬あるいは療法を用いても，正常者のように究極的に赤，青，緑，青緑，黄，およびオレンジなどを体験させることは不可能なのである。

　しかし，色覚異常者に，他の場合には混同するような色を弁別できるようにさせる方法は多数存在する。日光では区別できないような緑の物体と赤の物体が，照明を白熱電球あるいはろうそくの光に替えると，異なって見えるということはすでに述べた。照明が変化すると，その物体は赤や緑には見えず，おそらく異なった明るさ，あるいは二種の灰色ではなく黄と灰色にさえ見えるのであろう。これは確かに有益な方法である。

　さらにもう一つの方法は，色付きのフィルターを使うことである。この方法は最初に 1817 年に用いられたもので，その後，他にも多くの人びとによって用いられた。したがって色図版 17-1 の灰色の背景上の緑の図形の内の一つが見えない赤／緑異常者も，赤いフィルターを通して見ると，明るい背景上にある暗い図形として両方とも見えるのである。あるいは，緑のフィルターを用いると，その赤い図形が両方とも明るい背景上に見えるのである。背景と混じり合うように，あるいは融合するように，見えが似た塗料でカモフラージュされた物体を正常者が見破ることができる本質的理由もこれと同じなのである。*

　1854〜55 年頃 James Clerk Maxwell は，一方の眼は常に赤いガラス，そしてもう一方の眼は緑のガラスを通して見るようになっている「眼鏡フレーム」

---

* 当該の物体をカモフラージュするのに用いられる材料は，塗料，葉飾り，その物体と見えが同じものなどである。ほとんどいつも，われわれが扱っているのは条件等色（メタメリック・マッチ）である。その物体とカモフラージュ用の材料は異なった分光分布なので，選択的な透過率のフィルターを通して見ると，その物体と隠ぺい用の材料の相違が即座に明らかになるのである。

を提案した。赤いガラスを通して見ると赤い物体は緑の物体よりも明るく見え，緑のガラスを通して見ると緑の物体は赤い物体よりも明るく見えるわけである。「それを使う色盲の人びとは，どちらの眼に赤いガラスあるいは緑のガラスをするかを，公平な権威者に尋ねなければならない」と George Wilson は記しているが，これはやはり信頼し得るアドバイスと言えよう。(訳注)

　この種の装置も特殊な場合には役に立つこともあるので，コンタクト・レンズの発達とともに，そのような装置も商業的に売買されている（Linksz, 1965）。しかし，そのようにして弁別能力が促進されても，色覚正常者の体験する完全な色世界は決してもたらされないという事実を見失ってはいけないのである。脳障害を被るまでは正常な視覚であった男性「B 氏には，自分が色盲になったことで失ったものが分かっており，……以前に見えた色が消し去られただけでなく，以前とはまったく違った色合いに取って代わられているのである」（Wilson, 1855, 40 ページ）。

基礎文献

Ahlenstiel, H. 1951. *Rotgrünblinheit als Erlebnis*. Musterschmidt Wissenshaft, Göttingen.

Cameron, R. G. 1967. Rational approach to color vision testing. *Aerosp. Med. 38*: 51–59.

Dalton, J. 1798. Extraordinary facts relating to the vision of colours. *Mem. Lit. Phil. Soc.* (Manchester) 5: 28–45.

Farnsworth, D. 1943. The Farnsworth-Munsell 100-hue and dichotomous tests for color vision. *J. Opt. Soc. Amer. 33*: 568–578.

Graham, C. H., and Hsia, Y. 1958. Color defect and color theory. *Science* 157: 675–682.

Hardy, L. M., Rand, G., and Rittler, M. C. 1954. H-R-R polychromatic plates. *J. Opt. Soc. Amer. 44*: 509–523.

Hecht, S. and Shlaer, S. 1936–1937. The color vision of dichromats. II. Saturation as the basis for wavelength discrimination and color mixture. *J. Gen. Physiol. 20*: 83–93.

Hurvich, L. M. 1972. Color Vision Deficiencies. In D. Jameson and L. M. Hurvich (eds.), *Handbook of Sensory Physiology*, Vol. 7/4, *Visual Psychophysics*, Chap. 23, pp. 582–624. Springer-Verlag, Berlin.

Hurvich, L. M., and Jameson, D. 1955. Some quantitative aspects of an

---

訳注：これはもちろん Hurvich の冗談である。

opponent-colors theory. II. Brightness, saturation, and hue in normal and dichromatic vision. *J. Opt. Soc. Amer.* 45: 602–616.

Hurvich, L. M., and Jameson, D. 1974–1975. On the measurement of dichromatic neutral points. *Acta Chromat.* 2: 207–216.

Judd, D. B. 1945. Standard response functions for protanopic and deuteranopic vision. *J. Opt. Soc. Amer.* 35: 199–221.

Linksz, A. 1964. *An Essay on Color Vision and Clinical Color-Vision Tests.* Grune & Stratton, New York.

Linksz, A. 1965. Colored lenses and color vision. *Amer. J. Ophthalmol.* 60: 1135–1136.

Maxwell, J. C. 1855. Experiments on colour, as perceived by the eye, with remarks on colour-blindness. *Trans. R. Soc. Edinb.* 21: 275–298.

Murray, E. 1943. Evolution of color vision tests. *J. Opt. Soc. Amer.* 33: 316–334.

Murray, E. 1945. Alleged cures of color blindness. *Amer. J. Psychol.* 58: 253–261.

Pitt, F. H. G. 1935. *Characteristics of Dichromatic Vision,* Gt. Br. Med. Res. Counc. Rep. 200. His Majesty's Stationery Office, London.

Pole, W. 1893. On the present state of knowledge and opinion in regard to colour-blindness. *Trans. R. Soc. Edinb.* 37: 441–479.

Wilson, G. 1855. *Researches on Colour-Blindness.* Sutherland and Knox, Edinburgh.

Wright, W. D. 1947. *Researches on Normal and Defective Colour Vision.* Mosby, St. Louis, Mo.

上級文献

Verriest, G. (ed.). 1972. *Modern Problems in Ophthalmology,* Vol. 11, *Acquired Colour Vision Deficiencies.* S. Karger, Basel.

Verriest, G. (ed.). 1974. *Modern Problems in Ophthalmology,* Vol. 13, *Colour Vision Deficiencies II.* S. Karger, Basel.

Verriest, G. (ed.). 1976. *Modern Problems in Ophthalmology,* Vol. 17, *Colour Vision Deficiencies III.* S. Karger, Basel.

Verriest, G. (ed.). 1978. *Modern Problems in Ophthalmology,* Vol. 19, *Colour Vision Deficiencies IV.* S. Karger, Basel.

18 章
色覚異常：一色型

　異常三色型について述べたときに，赤/緑や黄/青の反対色応答システムの神経的応答効率は，100%から最低の値，たとえば3%までのさまざまな程度差を示しうるということを見た．二色型について述べたときには，ある場合には一方の色反応が完全に欠如するので，赤/緑型または黄/青型の「色盲」(color blindness) を生じることがあるということを見た．単純に敷衍すれば，赤/緑と黄/青の両方の応答メカニズムが同時に欠けると，それはいわゆる「全色盲」(total color blindness)，すなわち**一色型** (monochromacy) となるわけである．

　この種の色覚異常についての文献には，全部でおよそ500ほどの症例の報告がある．多くの場合，他の視覚上の症候や合併症（下記参照）があるので，さまざまな異なった異常に分類されてきたのである．しかし，本書で用いた色覚モデルとの関連で容易に理解されるような，合併症のない単純なタイプの一色型色覚の人も存在するように思われる．

　それでは，そのような人びとには物がどのように見えるのであろうか．彼らは，私たちの見る白や灰色や黒のように，ただ明るさによってのみ区別されるような物体の世界を見るのである．彼らに見えるのは，色覚正常な人びとが普通の白黒写真や白黒テレビを見るときのような世界に限られている．

　実験室で，特定の比較刺激とさまざまなスペクトル光との等色を検査してみると，彼らは容易に，たった一種のスペクトル光を使うだけで，他のすべてのスペクトル刺激と等色できることが分かる．彼らには，その単一のスペクトル刺激の相対エネルギーを調整することだけしか必要ないのである．しかも，そのような人びとはまったく色の違いを区別できない，つまり個々のスペクトル

検査刺激も比較刺激もすべて無彩色に見えるので，スペクトルのどの部分からスペクトル刺激をとっても，等色することができるのである。

　中心視が優れ，中心窩付近に盲点や暗点などがなく，正常視力で，眼球振盪*(nystagmus)や羞明(photophobia)†もないこのような人びとには，明所視での視感度関数が存在するのである。さらにまた，さまざまな異常三色型や二色型について述べてきたのと同様に，「錐体一色型」(cone monochromat)と呼ばれる人の視感度関数を測定すると，二色型第一異常者，正常者，あるいは二色型第二異常者の分光視感度関数に近い関数が得られることが予想されるのである。正確に測定された関数は比較的少ないが，文献には各々のタイプの例が報告されている。このような応答関数が図1に示されている。このような人びとの場合には，反対色応答関数がないので，再三言っているように，スペクトル上での正常な位置にある錐体感光色素関数が，何らかの理由で各々の場合において短波長または長波長方向に移動すると仮定すればよいのである。その感光色素吸収関数によって白/黒の神経的応答が決定されるので，それに応じて視感度関数は移動するのである。このような人びとの眼における，調節(accommodation)，選択的順応，および電気的応答などのさまざまな測定の結果は，彼らの錐体メカニズムには異常がなく，色が失われた原因は受容器以後にある（すなわち，神経的なものである）という見解を支持するものである。

　しかし，まさに二色型色覚の場合と同様に，錐体一色型のもう一つの説明もある。二色型に関する限り，もっとも広く受け入れられている見解は，各タイプではある受容器およびその感光色素が欠如しているというものである。二色型第一異常者にはおそらくγ感光色素がなく，二色型第二異常者にはβ感光色素がなく，そして二色型第三異常者にはα感光色素がないのであろう。受容器-感光色素の観点から錐体一色型を説明するためには，錐体一色型には錐体視は可能であるが，正常者の三種の感光色素の内の二種が欠如していると仮定することだけが必要なのである。単一の感光色素が単独で活動しても，反対色タイプの神経的信号を生成することはできないのである。さらに，どの種の

---

* 眼球振盪とは不随意的な非常に速い眼球運動である。
† 羞明とは，光に対する感度が異常に高いために，苦痛をともなうことさえある人びとの症状のことである。

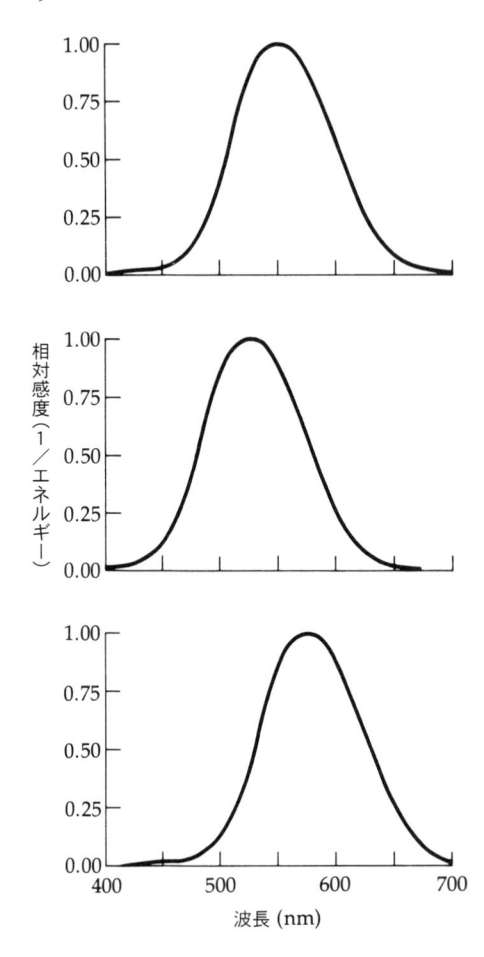

図 1 錐体一色型の白黒応答関数の**分光分布**。これらの錐体一色型の関数はスペクトル上の異なる位置でピークを示す。このような人びとでは反対色応答関数は測定できない。

感光色素が残っているかによって，これまでに報告されているようなその色素に応じた輝度関数の移動が起こると予想されるのである。

　ほんの希にしか錐体一色型は起こらないので，それぞれの症例について異なったメカニズムがその原因として指摘されている。「疑似一色型」(pseudomonochromacy) という名称が当てられている症例もいくつかある。実際上は，そのような人びとも一色型であり，白，灰，および黒以外は何も分からないのである。しかし，注意深く分析すると，ほんのわずかの色反応，たとえばほんのわずかの黄/青反応が存在することが明らかになるのである。よ

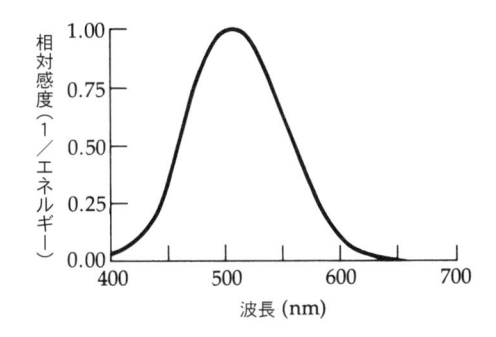

図2 典型的な桿体一色型の白黒応答関数の**分光分布**。

り適切には，そのような人びとは二色型と呼んでよいであろう。

　上記のものとは異なった種類の一色型もある。そのより発生頻度の高い一色型が，桿体一色型である（図2参照）。そのような人びとは「桿体一色型」(rod monochromat) あるいは「典型的無色覚者」(typical achromat) と呼ばれるが，これらの異常はさらに理解し難いものである。研究者によって意見が異なり，今もこのような人びと（その症状は，ときに「先天的無色覚症」congenital achromatopsia と呼ばれることもある）についてはきわめて鋭い意見の対立が続いている。

　このような人びとでは，低視力，瞳孔運動不全症，中心窩付近の盲点，眼球振盪，および羞明をともなうことが多いのである。誰もがこのような症状のすべてを示すわけではないが，たいていの場合にそのような症状の多くがある。このような人びとすべてを特徴づけるのは，彼らの分光視感度関数は 505 nm にピークをもつ暗所視でのものであり，したがって日光下では視覚が弱いのである。このような人びとが，やはり白，灰，および黒しか分からないのに，「桿体一色型」と呼ばれるのは，そのような理由による。しかし，このような人びとには錐体がないのか，つまり，桿体受容器しか存在しないのかどうかについては，大いに論争のある問題点である。錐体も存在するが，錐体の感光色素が，桿体の感光色素と同じ，ロドプシン（普通は桿体だけにあって夜間の視覚に関連する色素）になっていると考える研究者もいる。

基礎文献

Alpern, M. 1974. What is it that confines in a world without color? *Invest. Ophthalmol.* 13: 648–674.

Alpern, M., Falls, H. G., and Lee, G. B. 1960. The enigma of typical total monochromacy. *Amer. J. Ophthalmol.* 56: 996–1011.

Blackwell, H. R., and Blackwell, O. M. 1961. Rod and cone receptor mechanisms in typical and atypical congenital achromatopsia. *Vision Res.* 1: 62–107.

Fincham, E. F. 1953. Defects of the colour sense mechanisms as indicated by the accommodation reflex. *J. Physiol. Lond.* 121: 570–580.

Francois, J., Verriest, G., and De Rouck, A. 1955. L'Acromatopsie congénitale. *Doc. Ophthalmol.* 9: 338–424.

Gibson, I. M. 1962. Visual mechanisms in a cone-monochromat. *J. Physiol. Lond.* 161: 10–11.

Glickstein, M., and Heath, G. G. 1975. Receptors in the monochromat eye. *Vision Res.* 15: 633–636.

Hurvich, L. M. 1972. Color Vision Deficiencies. In D. Jameson and L. M. Hurvich (eds.), *Handbook of Sensory Physiology*, Vol. 7/4, *Visual Psychophysics*, Chap. 23, pp. 582–624. Springer-Verlag, Berlin.

Ikeda, H., and Ripps, H. 1966. The electroretinogram of a cone-monochromat. *Arch. Ophthalmol.* 75: 513–517.

Jaeger, W. 1951. Angeborene totale Farbenblindheit mit Resten von Farbempfindung. *Klin. Monatsbl. Augenheilkd.* 118: 282–288.

Sloan, L. L. 1946. A case of atypical achromatopsia. *Amer. J. Ophthalmol.* 29: 290–294.

Sloan, L. L. 1954. Congenital achromatopsia: A report of 19 cases. *J. Opt. Soc. Amer.* 44: 117–128.

Weale, R. A. 1953. Cone-monochromatism. *J. Physiol. Lond.* 121: 548–569.

19 章
色覚異常：遺伝と発生率

　色覚異常が家族の間で伝わっていくということは，少なくとも200年前から知られていた。たとえば，1777年に作成された，7人の子どもがいる家族についての報告がある。2人の男の子と1人の女の子は，両親と同じように，色覚が正常であったが，他の4人の男の子は黄と青の区別しかできなかった。それから数年後，3世代にわたる赤緑色覚異常の家系図が報告された。また，前述のJohn Daltonにも色覚異常の男の兄弟と色覚正常な同胞（男性および女性）がいたのである。

　その後，公表され始めた多くの家系図のなかに，スイス人の眼科医Hornerのものがある。その家系図には，図1に示すように，1642年に生まれた色覚正常な女性の子孫が8世代にわたって記されている。赤緑色覚異常の男性が一世代おきに出現するというパターンが，はっきりと現れている。色覚異常の祖父から，色覚正常な娘をはさんで，孫へと色覚異常が受け継がれるように見える。言い換えれば，色覚異常は，色覚異常の父親をもった色覚正常な娘の息子に受け継がれるわけである。

　このような継承のパターンの遺伝的基礎は，遺伝学者や視覚研究者にとって大きな関心の対象となっている。遺伝学者にとっては，その継承のパターンによって，世代間の遺伝子の伝達についての多くの未解決の問題を解く究極の手がかりとなりうるデータが提供されるわけであり，視覚研究者にとっては，その継承のパターンによって，色覚異常のメカニズムだけではなく正常色覚のメ

＊　一つの例外がある。なかの一人の色覚異常の男性には，色覚異常の息子が一人いたが，その人は遠縁の従姉妹と結婚していたのである。

□ ─┐
   ├ 正常三色型
○ ─┘

■ 赤/緑異常の二色型

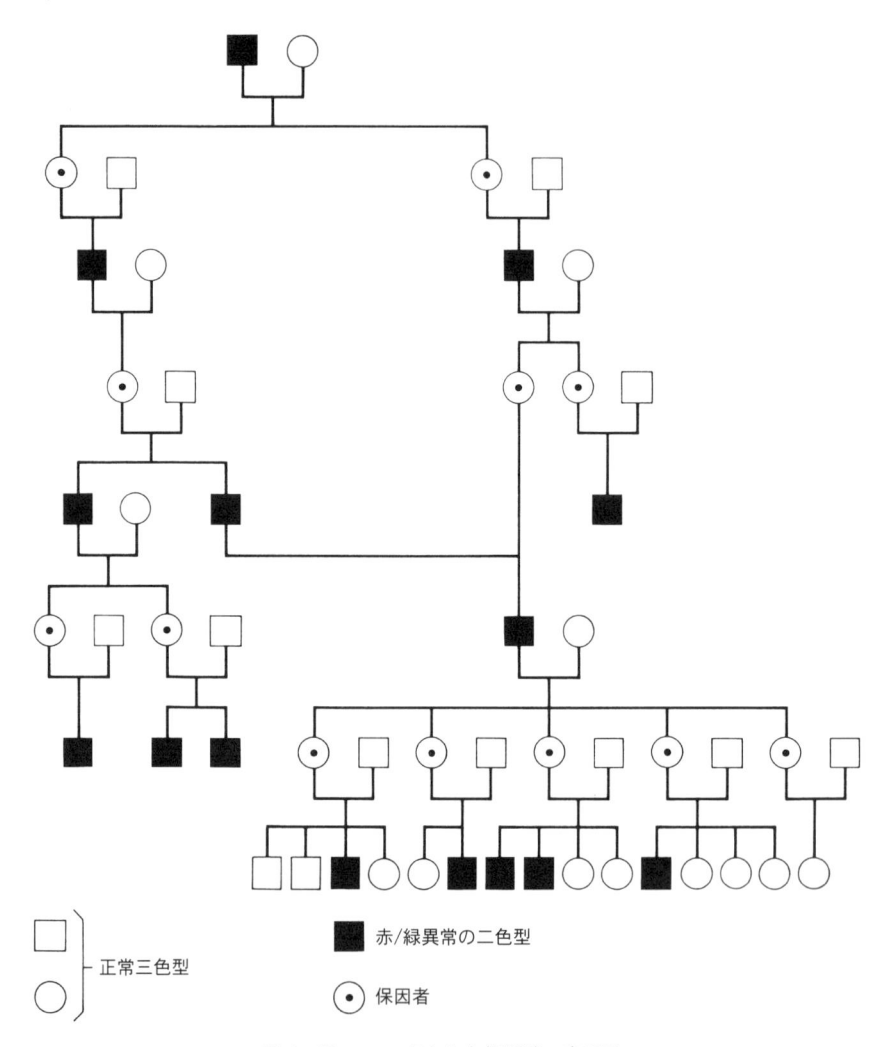

⊙ 保因者

図1　Hornerの示した赤/緑異常の家系図。

カニズムも明らかになるかもしれないからである。

　多くの家系図が蓄積されたにもかかわらず，上述のような伝達の形態（それは血友病の特性でもある）が，遺伝についての当時の新発見と関係づけられたのは，ようやく1911年になってからであった。そのとき，赤緑異常の伝達は，メンデル型の劣性伴性遺伝であると分析され，それまで不明であった謎が解明

されたのである。その謎とは，色覚異常が一世代あるいは二世代の間は現れないということ，色覚異常の男性の子どもはほとんどが色覚異常ではないということ，色覚異常の女性よりも色覚異常の男性の方がはるかに多いということ，などであった。

　世代から世代へと伝達される特性や性質を司る遺伝子は，人体の細胞の核のなかにある染色体上に含まれているのである。23対の染色体があり，その内の1対が性染色体である。

　人体にある女性を特徴づける二つの性染色体はまったく同一で，XXとして知られている。他方，男性の二つの性染色体は異なっている。一つは女性のものと同様で，X染色体と呼ばれる。もう一つはそれよりも小さく形も異なっていて，Y染色体と呼ばれる。したがって，男性の性染色体は，XYの対になっているのである。その他の22対の染色体は，男性と女性とで構造的に同様であり，常染色体と呼ばれる。

　男性のX染色体上にある多くの遺伝子の要素は，Y染色体のほうが小さいので，Y染色体上には現れない。したがって，X染色体上にある多くの遺伝子は，Y染色体上には見られない。そのような遺伝子は伴性であるといわれるが，それは，女性はそのような遺伝子を二重にもっている（各染色体上に一組ずつ）のに，男性はただ一組だけしかもたない（単一のX染色体上に）からである。

　色覚を司る遺伝子がX染色体上に位置すると仮定してみよう。この遺伝子には，対立遺伝子と呼ばれるもう一つの遺伝子型がある。それが正常な場合には，正常色覚となるが，そうでない場合には異常色覚となる可能性がある。正常色覚（対立遺伝子）が優性であり，赤/緑異常の遺伝子は劣性なのである。したがって，色覚においては，正常な遺伝子と異常な遺伝子が一つずつある場合には，色覚はやはり正常となるのである。男性はXYという形の染色体をもっているので，Xにある色覚の遺伝子が正常なら，その男性は正常となる。しかし，その遺伝子が異常なら，男性はX染色体を一つしかもっていないので，その人は色覚異常となるのである。

　女性は，上述の通り，XXという形の染色体をもっている。したがって，両方のXの染色体が赤/緑異常の遺伝子をもつ場合にのみ，女性は色覚異常になるのである。これは，非常に希にしか発生しない。一方のX染色体だけが異

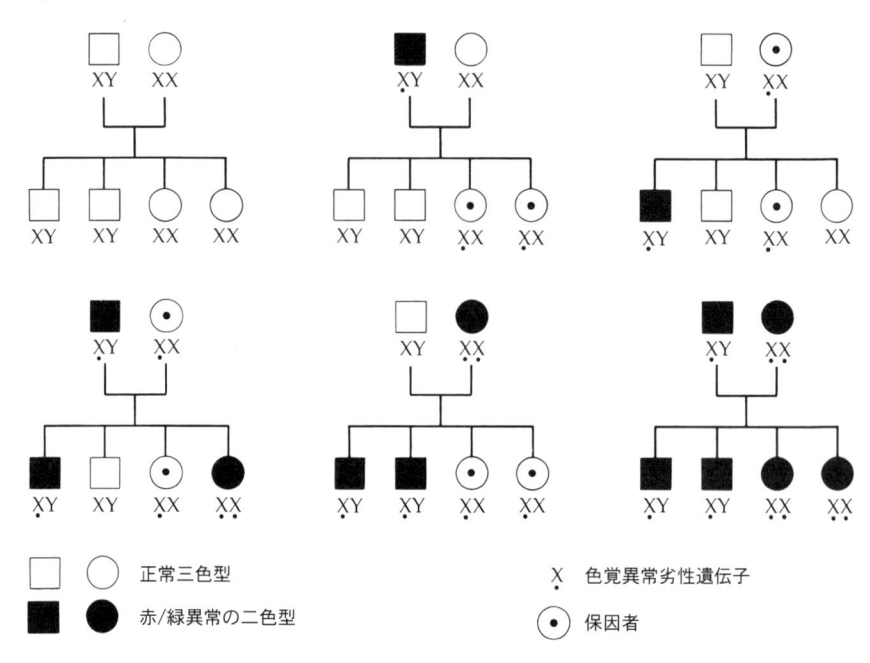

図 2 赤/緑異常の X-染色体劣性遺伝。

常で，もう一方の X 染色体は正常色覚の優性な遺伝子をもっている場合には，そのような女性は，この特性の発現（表現型）においては正常となるが，異常な遺伝子をもっていることになる。このような女性が，保因者である。

図 2 は，父親が正常者で母親が保因者または色覚異常者の場合，あるいは父親が色覚異常者で母親が正常者，保因者，または色覚異常者の場合に，赤/緑異常がどのように伝達されるかを，まとめて示したものである。

もう一つの規則も働いているように思われる。すなわち，正常色覚の遺伝子が色覚異常の遺伝子よりも優性であるのと同様に，軽度の異常の遺伝子のほうがより程度の重い異常の遺伝子よりも優性であるという意味で，異なったタイプの色覚異常の間で優性関係があるように思われるのである。したがって，異常三色型のほうが，赤/緑の感覚の完全な欠如よりも，おそらくは程度が軽いのであるから，異常三色型色覚のほうが赤/緑の二色型異常よりも頻度が高いわけである。異常三色型の X 遺伝子と完全な赤/緑異常の X 遺伝子をもっていると推定される女性は，表現型的には異常三色型になるのである（すなわ

表 I　色覚異常の発生率

	男性の発生率	女性の発生率
白人種		
北部ヨーロッパ人		
アメリカ人	8.08±0.26%	0.74±0.11%
オーストラリア人		
アジア人種		
日本人		
中国人	4.90±0.18%	0.64±0.08%
その他（韓国人，フィリピン人等）		
その他の人種		
アメリカ・インディアン		
メキシコ人		
アメリカ黒人	3.12±0.40%	0.69±0.07%
イヌイット		

ち，異常三色型の遺伝子のほうが完全な二色型の遺伝子よりも優性なのである）。

　色覚異常の遺伝が伴性であるということから，女性よりも男性のなかにより多くの色覚異常者がいるという事実が説明できる。異常の遺伝子が対になって生ずることのほうが，そのような遺伝子が一つ生ずることよりも明らかに起こりにくいのである。色覚異常に関してまったく選択的な婚姻が起こらない（つまり，遺伝子的に決定される特性が配偶者の選択にまったく影響しない）と仮定すれば，白人の男性のなかには約8%の色覚異常者が存在し（表I参照），8%の女性は保因者であると推定されるので，色覚異常となる女性の比率は$0.08 \times 0.08 = 0.0064$，すなわち0.64%であると推定してよいであろう。色覚異常の女性の比率は，色覚異常の男性の比率の平方であると予想されるわけである。

　女性の赤/緑異常者の実際の発生率は，0.64%よりも0.40%に近いということが分かっている。逆にこのことから，第一異常（異常三色型第一と二色型第一異常）と第二異常（異常三色型第二と二色型第二異常）の対立遺伝子はX染色体上の異なった位置にあるという考えが出てきた。男性の第一異常と第二異常を別々に扱った計算によると，0.40%の実測値に非常に近い女性の色覚異常の生起率の値が出てくることが見いだされたのである。

　とはいえ，この問題は解決されたと言うにはほど遠い。その異なった位置に

あるという理論の妥当性を疑問視する人びともいる。実際,表Iに示すように,男性における色覚異常者の生起率は,研究されたあらゆる人種について同一ではないのにもかかわらず,女性における生起率はすべての群に関して実質的には同一のように思われるのである。

このようなデータは,50ほどの異なった研究に基づくもので,60万人以上の人びとにおける測定を含んでいる。そのデータは,ほとんど赤/緑異常だけのものである。異なった測定方法(アノマロスコープと色覚検査表)も一つの因子であろうが,白人種の男性は,アジア人や他の人種の男性よりも色覚異常の発生率が有意に高いのである。

また,さまざまなタイプの赤/緑異常の分布の仕方についても不明な点がいくつかある。ほとんどすべての統計的分析において,赤/緑異常の男性の50%が異常三色型第二なのである。相対的に言えば,少数の赤/緑異常の女性においては異常三色型第二の割合はさらに大きいのである。

白人種における特定の異常の比率は表IIに示されている。

赤/緑異常以外の色覚異常のタイプについての情報は,はるかに乏しい。赤/緑異常よりは少数ながらも,黄/青異常や一色型異常には多くの症例があるが,表IIの数値は現在における最善の近似値に過ぎない。また,家系図も少数で,しかも不完全なものが多いのである。しかし,このような状況も近年改善されてきている (Cole et al., 1965 ; Schmidt, 1970)。

黄/青色覚異常の遺伝は,まったく未解決の論争点である。これまでに報告された黄/青異常はすべて,先天的なものではなく,後天的なものであろうと考える研究者もいる。また,第三異常の遺伝子は,X染色体の第三の部位にあると考える研究者もいる。さらに,二色型第三異常は完全に優性ではない常

表 II 白人における色覚異常

	男　　性	女　　性
二色型第一異常	1.0	0.02
異常三色型第一 (第一色弱)	1.0	0.02
二色型第二異常	1.1	0.01
異常三色型第二 (第二色弱)	4.9	0.38
二色型第三異常	0.0001	0.001
	(0.002?)	
全　色　盲	0.003	0.002

染色体の遺伝子によるものであるという見解もある。これは，その遺伝子が性染色体ではない染色体にあるということである（前述のとおり）。一方，二色型第三異常よりも軽度の異常三色型第三は，伴性の劣性の遺伝子に関係している可能性があると考える研究者もいる。この考えに反対している研究者もいる (Schmidt, 1970)。とにかく，発生率を考慮すれば，赤/緑異常と黄/青異常の遺伝的なメカニズムは異なっていると考えられるのである。

遺伝子に関するかぎり，桿体一色型と錐体一色型は，互いに相関がないように思われる。詳細な遺伝的な家系研究 (Crone, 1956) によると，錐体一色型は，二色型第一あるいは第二異常が二色型第三異常と組み合わさったものであるという考えが支持されている。第一あるいは第二異常はX染色体に関係しているように思われるが，第三異常は常染色体に関連しているように見えるのである。

桿体一色型すなわち先天的無色覚症のデータによると，全症例の70%が遺伝的なものであることが示されている。研究された症例の30%は，親もそうであり，女性も男性と同じくらい発症していた。先天的無色覚症は，赤/緑異常とは異なった遺伝の仕方をするに違いないのである。常染色体的劣性遺伝によって伝達されるので，最も発症する家系は近親婚姻の場合である。

このようなさまざまな遺伝子的な問題にはより多くの情報が必要である。たとえば，「異常三色型」(anomalous) というカテゴリーは単一のものとして扱うことはできないのである。感光色素のピークの移行，ある場合には感光色素の欠損，あるいは他の場合には神経的な欠損などが，別々の遺伝子によって統制されているということが将来示されることもあり得るのである。特定の性質の遺伝に関する堅固なデータベースを確立する必要がある。

基礎文献

Cole, B. L., Henry, G. H., and Nathan, J. 1965. Phenotypical variations of tritanopia. *Vision Res. 6*: 301–313.

Crone, R. A. 1956. Combined forms of congenital colour defects. A pedigree with atypical colour blindness. *Br. J. Ophthalmol. 40*: 462–472.

Gray, R. D. 1943. Incidence of green-red blindness. *Arch. Ophthalmol. 28*: 446–448.

Grutzner, P. 1972. Acquired Color Vision Defects. In D. Jameson and

L. M. Hurvich (eds.), *Handbook of Sensory Physiology*, Vol. 7/4, *Visual Psychophysics*, Chap. 25, pp. 643–659. Springer-Verlag, Berlin.

Horner, J. F. 1876. Die Erblichkeit des Daltonismus. Ein Beitrag zum Vererbungsgesetz. *Amtlicher Bericht über die Verwaltung des Medizinalwesens des Kantons Zürich vom Jahr 1876*, pp. 208–211.

Iinuma, I., and Handa, Y. 1976. A consideration of the racial evidence of congenital dyschromats in males and females. In G. Verriest (ed.), *Modern Problems in Ophthalmology*, Vol. 17, *Colour Vision Deficiencies III*, pp. 151–157. S. Karger, Basel.

Jaeger, W. 1972. Genetics of Congenital Colour Deficiencies. In D. Jameson and L. M. Hurvich (eds.), *Handbook of Sensory Physiology*, Vol. 7/4, *Visual Psychophysics*, Chap. 24, pp. 625–642. Springer-Verlag, Berlin.

Kalmus, H. 1955–1956. The familial distribution of congenital tritanopia. With some remarks on some similar conditions. *Ann. Hum. Genet.* 26: 39–56.

Kherumian, R., and Pickford, R. W. 1959. *Hérédité et fréquence des anomalies congénitales du sens chromatique* (dyschromatopsies). Vigot Frères, Paris.

Linksz, A. 1964. *An Essay on Color Vision and Clinical Color-Vision Tests*. Grune & Stratton, New York.

Schmidt, I. 1970. On congenital tritanomaly. *Vision Res.* 10: 717–743.

Scott, J. 1778. An account of a remarkable imperfection of sight. In a letter from J. Scott to Mr. Whisson of Trinity College, Cambridge. *Phil. Trans. R. Lond.*, 68: 611–614.

Wilson, E. B. 1911. The sex chromosomes. *Arch. Mikrobiol. Anat.* 77: 249–271.

上級文献

Waardenburg, P. J., Franceschetti, A., and Klein, D. 1961. *Genetics and Ophthalmology*. Royal van Gorcum, Assen, Netherlands.

20 章
色の表示

　上の最後の四つの章における色覚異常の話はそれがいかに多岐にわたっているかを強く示している。そうした正常からの大きな逸脱は多くの事態で重要な結果をもたらすと思われる。とりわけ高度な産業社会および技術指向の社会においてはそうである。たとえば私たちの大部分が黄色と呼ぶ色が赤に見えるような飛行パイロットを許容できるであろうか。あるいはその同じ色を緑に見える人間に対してはどうだろうか。これまでの色覚異常の話からこれが本当に厳しい選別になりうるということを思い出していただきたい。エレクトロニクスの分野で，もしその人の色覚が正常から著しく逸脱していたら，色で分類される抵抗器や蓄電器を任せることができるだろうか。全世界が「生活にかかわる色」で満ちている以上，色覚異常が重大なハンディキャップとなりうるような職業は，無数にある。しかし，正常な色覚でも個人によってまちまちであり（16章の図12を参照），しばしば色相の特定にわずかながらも不一致があることを心にとめておくべきである。とは言うものの，正常者の場合には色についてのやりとりで，多くは好運にもあまり困難なく互いにコミュニケーションをすることができる。しかし，もし「赤」，「青」，「紫」，「エメラルド」または「ターコイズ」などの言葉で表される色以上に微妙な色の違いを伝えたいときにはどうすればいいのであろうか。
　Robert Louis Stevenson は1890年代初期にサモア諸島に住んでいたとき，部屋を飾るためにある特別な壁紙が欲しくなった。彼は英国の友人に手紙を書き，そのなかで自分の欲しい色について述べた，いや正確には述べようと努力

訳注：ターコイズブルーはトルコ石のような色。

した。以下は彼が書いたことである。「奥にある私の小さな仕事部屋を飾るために，いくつかのパターンを見てみたい，それは光沢がなく，いやあ，この赤をうまく言えたら死んでもいいくらいだ，トルコ風でもなく，ローマ風でも，インド風でもない，でも後の二つをともにもっているようには見える，しかしそれらのどちらか一方ではない，と言うのはそれはバーミリオンとよく釣り合うはずだから。ああ，なんと混み入った織物を織っていることだろう。とにかく君が思いつくものを選んで，私にいくつか，いや，たくさん，これと同じ色合いのパターンを送ってくれ」。Stevenson が自分の欲しい色を表そうとした方法は，英国にいる相手 Sidney Colvin がおそらく知っていると思われる他の既知の色に関連づけるやり方であった。

　もし私たちが色の「定義」を求めて辞書に向かうなら，色の定義というものは主に言い代え，すなわち他の既知の有色物体や刺激を示すことになることがますますよく分かってくる。たとえば，青は「青空の色，またはスペクトルで緑と紫の間にある色」；緑は「成長しつつある若草またはエメラルドの色よりやや黄色みの薄い色，あるいはスペクトルで青と黄色の間にある色」；赤は「血またはルビーと似た色相をもつ色，あるいは可視スペクトルの長波長端の色」；黄色は「熟したレモンまたはひまわりと似た色相の色，あるいはスペクトルで緑とオレンジの間にある色」である。もし青，緑，黄あるいは赤の「意味」（それはもちろんイメージするのはむずかしい）をそうした言葉を知らない人に伝えようと思うなら，青空，若草，エメラルド，血，レモンあるいはひまわりを手元に用意するか，もしそれらが何もなければ，スペクトルをつくる物理学的手段を用意した方がよい。

　小説のなかである物体の色は「セラドン」（Celadon）であると読んだとしよう。セラドン？　あらゆる知的な読者と同様に，普通は辞書にあたることになる。それによると「セラドン」は「平均的な青磁グリーンよりもうすくやや黄色みがかった灰色っぽい黄緑色，あるいはしゅろより黄色みがかり，また明るく，マーメイドよりも緑っぽくまた明るい」とある。もし手元に青磁グリーン，しゅろあるいはマーメイドがなければ，辞書を順々にめくっていくことになる。「青磁グリーン」とは「さまざまあるが，平均してマーメイドより緑みがかっており，また濃い灰色がかった黄緑色，しゅろよりも強く，ほんのわずか黄色っぽい，そしてセラドンよりも濃く，少し緑がかっている」色であるこ

とが分かる。論理的にマーメイドとしゅろがセラドンを記述するのに必要であるように見える。マーメイドはこうである，「平均的な青磁グリーンやしゅろよりも黄色みがかり，かつうすい灰色がかった黄緑色，またはセラドンよりも黄色っぽく暗い」。一方，しゅろは「平均的な青磁グリーンよりも弱く，またほんのわずかに緑っぽく暗い灰色がかった黄緑色，あるいはマーメイドより緑っぽくまた濃く，セラドンより緑っぽく暗い」。

これは四つの色を互いに色相，明るさ/暗さ，飽和度の次元上で位置付ける内的に整合性をもった記述である。しかし，もし手元に言い代えられる物体がなければ，上に挙げた四つの色のどれ一つとしてその見え方が分からないままである。驚くべきことに，色の定義に関して同様の連関的記述が *Webster's Third New International Dictionary* の全ページを通して用いられているのである。

Stevenson が直面した困難から抜け出すことのできる明らかな方法は小さな紙片または厚紙に自分が考えている色を塗料，パステル，またはクレヨンを混ぜて塗り，英国に送ることであったであろう。そうすればそこで直接色合わせができたであろう。しかしながら，そのときの色合わせは疑いなく条件等色であったことであろう（すなわち，Stevenson お手製のサンプルと彼に送られてきた壁紙の分光反射率は異なっていたことであろう）。もしこのとき条件等色は照明によって変化しうることを思い起こせば，彼が帰りの汽船から受け取った壁紙は自分が期待していたものと厳密には同じものでなかった可能性があるが，とにかく Stevenson が訴えようとしていたことは**物体標準**（material standard）を用いる方法である。

物体標準は塗料店が，私たちがたいていはあいまいな言葉で欲しい塗料を尋ねるときに見せてくれるものである。カラーチャートから欲しい色のサンプルを選ぶと，店員が私たちがチャートから選んだサンプルとマッチした一つまたはいくつかのカンを持ってきてくれる。あるいは彼/彼女はさらに私たちが選んだ物体標準と出来上がりとが合うように塗料メーカーの指定した方法に従って塗料をいくつか混合してくれるかもしれない。

芸術，商業，工業あるいはどのような特殊な目的の研究の分野においても，あらゆる物体色の集合体をユーザーが心に描いているサンプルを指定または選定する補助のための物体標準として用いることができる。「織物，プラスチッ

ク，繊維，塗料，印刷インキ，建築素材，土壌，陶器，果実，花，野菜，電線，鉛管，石油，果実油，動物油脂，草」の標準となるコレクションがある。さらに文化人類学者が用いるような眼あるいは皮膚の色の標準さえある。これらの標準は，もちろん，どれほど有用であろうと，その適用においては制限を受ける。

物体標準は系統的に体系化することで幅広い色の範囲をカバーすることができ，それらは便利で，扱いやすく，持ち運びやすいため（多くはルーズリーフのバインダーになっている），広く出回っている。たいていの場合は全色相域だけでなく，幅広い範囲の明度/暗度と飽和度をカバーしている。

異なった原理を用いて物体標準をつくることもできる。したがって異なった標準ではサンプル数も異なるし，サンプルも同じでなく，サンプル間の見えの違いも同じではない。

物体標準を作るには大別して三つの方法がある。色料（着色材）の混合，加法混色および見えの基準がそれである。上に述べた塗料標準は色料混合アプローチの一方法である。この種類のシステムの一つでは（Nu-Hue Custom System），八つの基本塗料，六つの有色塗料と，一つずつの近黒色塗料および白色塗料の混合割合を系統的に変えて1000の塗料カードが作られる。標準的なセットの各サンプルは八つの基本塗料をある決まった重さと量で混合して作られているので，客が使うときには基本塗料をそれと同じ割合で混合することによって標準のどんなサンプルとも満足のいく色合わせが可能である。図1はこのシステムの構造の基本有色塗料の一例を模式的に示したものである。これはそうした塗料混合システムのほんの一例である。他にはピッツバーグ塗料会社（Pittsburgh Paint Company）のDesigna Color Systemがある。

加法混色標準は限られた数の光（またはMaxwellの回転盤用の色紙）を選び，それを系統的に変えた割合で組み合わせることによって得られる。こうして作られた色は紙またはプラスチックベースの基礎チップに塗ったり，印刷することによって複製される。印刷過程では，有色インキと黒インキと印刷される紙の白色の色が小さな，点状パターンを形成し，観察者の網膜上で点描画式に混合される。オストワルト表色系（Ostwald Color System）はこの種の混色システムの古典的な例であり，何年か前にこのアプローチに基づいた943の色票から成るカラーマニュアルが発行された。これは『カラー ハーモニー マ

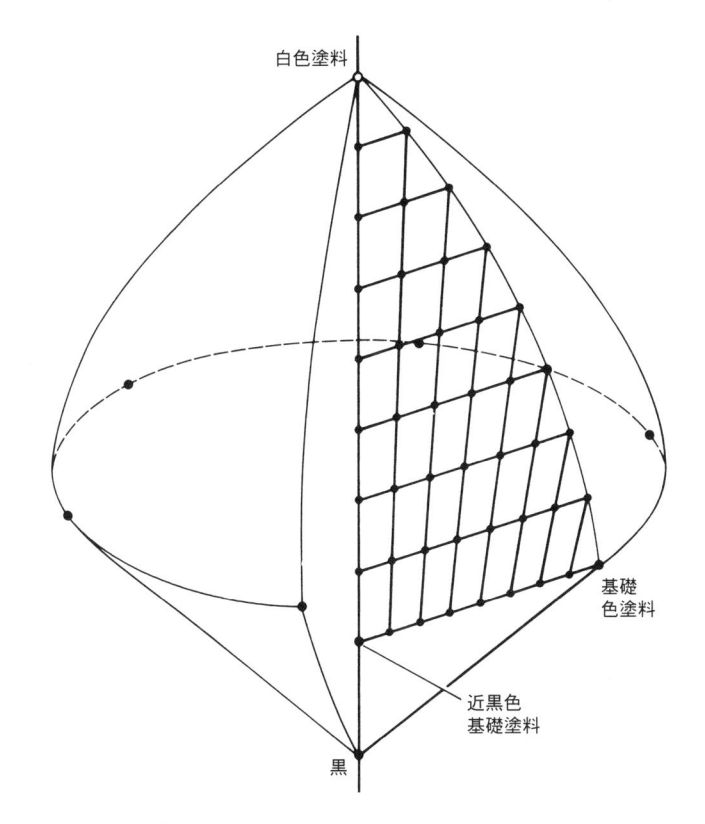

図 1 白と黒の塗料の混合による Nu-Hue カスタム表色系の 6 基本色塗料の一つの体系を模式的に示した**色立体**。これは塗料混合のシステムの一例である。

ニュアル』（*Color Harmony Manual*）と呼ばれ，「デザインにおける色彩調和および色彩計画の知識および研究を促進するために」発行された。色は混色によって作られるため，システムは測色学関連の変数，すなわち主波長，刺激純度および色度座標を中心に体系化されるにいたった。

　物体標準の 3 番目の種類はある視覚的な見えの基準を基礎にして作られるものである。他と同様，この種の物体チャート（material chart）も幅広い色域をカバーしているが，これらのチャートでは個々の色票またはサンプルはある特定の知覚的な次元に沿って配列される。それらはまたある一定の知覚的な基準を満たすように選ばれる。このように，1 章で概説した原理に従う多くのサ

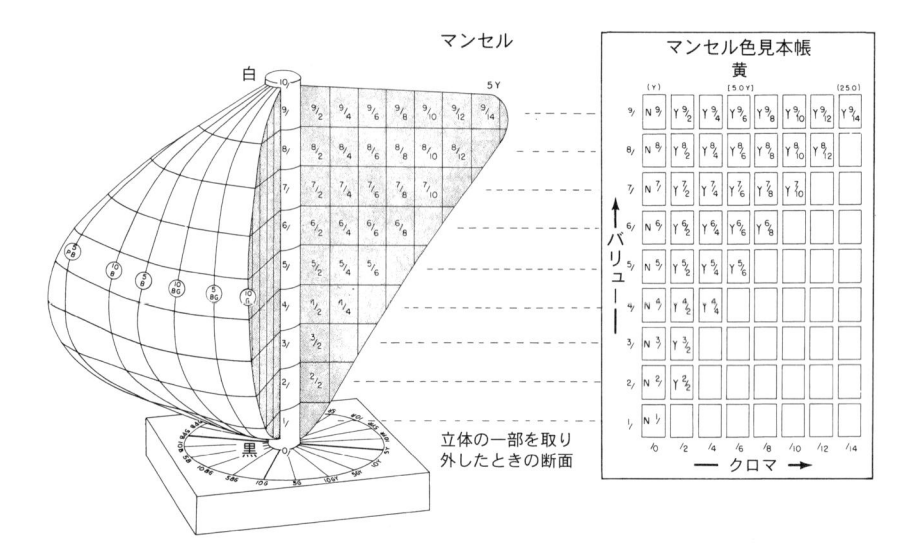

図 2 マンセル表色系。これはヒュー，バリュー，クロマの各スケールによる顕色系の表色系である。ヒューは中心軸を中心に等間隔角で配列され，立体の一断面を取り出すと（右），等マンセル・ヒュー（黄，5Y）の面になる。クロマは中心軸からの距離であり，等バリュー面がこの軸と直交する。

ンプルを集めることによって1セットの物体という形で，一つの顕色システムを作ることができるのである。その知覚的な次元とは，色相，白色度/灰色度/黒色度および飽和度である。ここでさらにもう一つ制限が課される。すなわち個々の色票の間の知覚的な間隔を等しくすることである。

1905年に画家兼教師であった A. Munsell によって最初に構築されたマンセル表色系は，全般的な点でそうした顕色システムに近づいたものである。個々の色票は垂直の白黒軸を中心に3次元の色立体を成すように配列される。**ヒュー**（hue，色相）は中心軸の回りに等しい角度で配置され，**クロマ**（chroma，彩度）はいずれの**バリュー**（value，明度）段階においても中心軸から色票までの距離となる（図2）。その座標系は図3に示されている。(訳注)

現在の形態では，サンプルは『マンセル色見本帳』(*Munsell Book of Color*) のなかに収められ，等ヒュー，等バリュー，等クロマに基づいて配列

訳注：マンセルの三層性を表す用語は独特のもので，色相は通常通りヒュー（hue）というが，明度にはバリュー（value），飽和度を表す彩度にはクロマ（chroma）という用語があてられている。

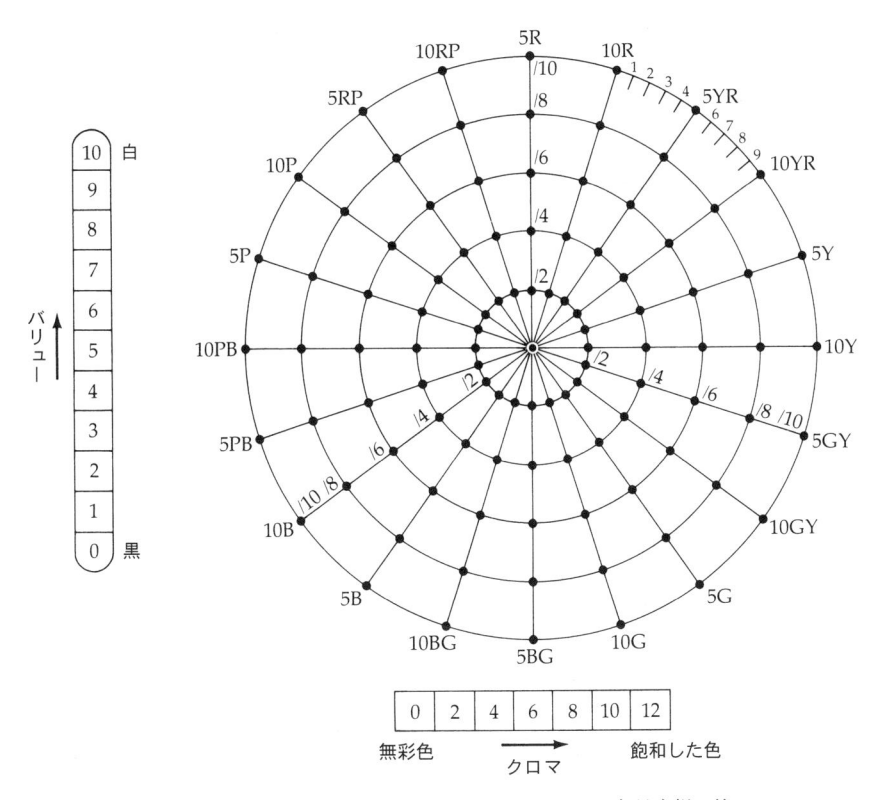

図 3 マンセル表色系の**ヒュー**，**バリュー**，**クロマ**座標。マンセル色見本帳の等マンセル・バリューの色は円グラフで示される。

されている．最近の2巻版では，1600の光沢の色票がある．それらは40の等色相チャートから成り，各チャートでは10の等明るさ間隔のバリュー・スケールがある（図2，図4）．また各バリュー・レベルにおいて等しい間隔のクロマの系列が出ている．クロマのステップ数は色相および各バリュー・スケール・レベルによって異なる．ある品物をマンセル用語（term）で指定するには，単に手元にあるサンプルにもっとも近いマンセル色票を見つければよい．各マンセル色票は色相（たとえば5R，2.5YR），明度（黒は0/，白は10/），クロマ（/2，/4のように2ずつふえる）の3記号表示なので，サンプル表記は5R 6/4，10PB 8/2のようになされる．最初の数字は色相を，他の二つはマンセルのバリューとマンセルのクロマを示す．

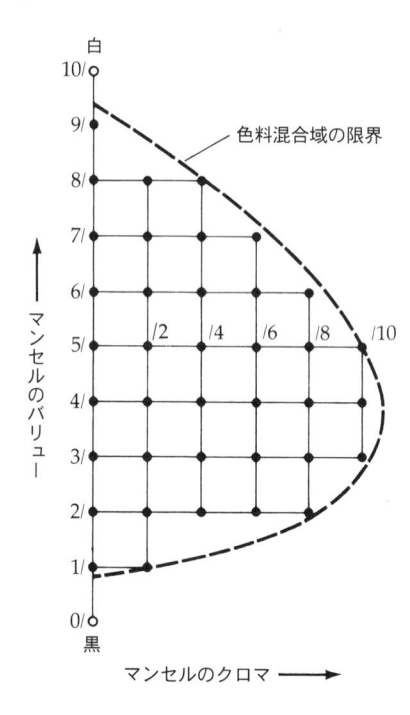

図 4 マンセル色見本帳の等マンセル・ヒューの色の構造。

（図中ラベル：白 10/、9/、8/、7/、6/、5/、4/、3/、2/、1/、0/ 黒、色料混合域の限界、マンセルのバリュー、マンセルのクロマ、/2 /4 /6 /8 /10）

　他にも数多くの顕色系の色票集（color atlas）がある。それらは異なった国々で生まれたもので，フランス，ドイツ，スウェーデン，アルゼンチンあるいは英国版の物体標準はアメリカ版と同様に，それぞれ生まれた国でもっともよく使用される傾向にある。

　ここで注意すべきことは，物体色標準（object-color standard）は必ずしも一つの原理，たとえば色料混合や見えの基準，に基づいて作られる必要はないということである。たとえば *Maerz and Paul Dictionary of Color* や *Methuen Handbook of Color*（1章で簡単に触れた）はスクリーンプレート印刷処理（screen-plate printing process）によって生産される。そうした方法による色の系列は一つは眼では解像できないぐらい小さな点を併置して作られるし（点描法による混色；8章参照），またもう一つは印刷インキを重ね合わせることで作られる（色料混合）。このようにこれらのシステムは一つのカラーシステムを作る別々な二つの方法を示している。*Maerz and Paul Dictionary of Color* は 7056 のサンプルとアルファベット順の 4000 の色名リストおよび印刷

表 I　ISCC-NBS システムで用いられている色相名とその略号

色　名	略　号	色　名	略　号
赤	R	青紫	V
赤みのだいだい	rO	紫	P
だいだい	O	赤みの紫	rP
黄だいだい	OY	紫みの赤	pR
黄	Y	紫みのピンク	pPK
緑みの黄	gY	ピンク	PK
黄緑	YG	黄色みのピンク	yPK
黄色みの緑	yG	赤みの茶	rBr
緑	G	茶	Br
青みの緑	bG	黄色みの茶	yBr
緑みの青	gB	オリーブ茶	OlBr
青	B	オリーブ	Ol
紫みの青	pB	オリーブ緑	OlG

チャートのなかのそれらの位置を示す索引から成っている。Methuen Handbook of Color は約 600 の色名をもち，また色名指定の 30 枚の色チャートがある。

さらに触れておかなければならないのは全米色彩協議会-米国国立標準局 (Inter-Society Color Council-National Bureau of Standards)（ISCC-NBS）の Method of Designating Colors and a Dictionary of Color Names（国立標準局会報 553，1955 年）である[*]。これは上で述べられた意味での表色系ではなく，色の異なった分野で働く人びとおよび異なった色名を用いる人びととがより効率的にコミュニケーションできるようにという目的で作られたものである。

この独特の体系法では，色名法に基づき，ほぼ 7500 の色名を整理し，それらは単純な記述的な色相指定法によって ISCC-NBS システムに翻訳される。その際の色相名とその略号は表 I に示されている。明るさと飽和度の違いを示すために適当な修飾語が色相名に冠せられる。それらの修飾語は，うすい，くすんだ，強い，さえた，濃い，中間の，暗いおよび「非常に」という言葉である。二つの修飾語を結び付けた用語も用いられる。たとえばうすい（明るく弱い），さえた（明るく強い），濃い（暗くて強い），あざやかな（非常に強い）という言葉がそうである。図 5 a はこの原理をマンセルのクロマとバリューとに関連づけて示したものである。

---

[*]　現在は国立標準局特別刊行物 440，1976 に代わっている。

あざやかな	さえた	ごく明るい	ごくうすい	〜みの白	白	マンセル・バリュー
		明るい	うすい	明るい〜みの灰色	明るい灰色	
			明るい灰みの			
	強い	くすんだ	灰みの	〜みの灰色	灰色	
	濃い	暗い	暗い灰みの	暗い〜みの灰色	暗い灰色	
	ごく濃い	ごく暗い	黒みの	〜みの黒	黒	

(a) マンセル・クロマ

図 5 マンセル表記法と併用して使用するよう勧告されている**修飾語**。

　この論理的色命名システムでは色立体は 267 の区分に分けられる（図 5 b）。それぞれの区分は一つの**代表色**（centroid color）によって代表され，現在そのうちの 250 が印刷チャートで光沢着色サンプルという形で利用できる。このシステムは一つの色語彙を他へ翻訳することを可能とし，物体代表色チャート

20章 色の表示 317

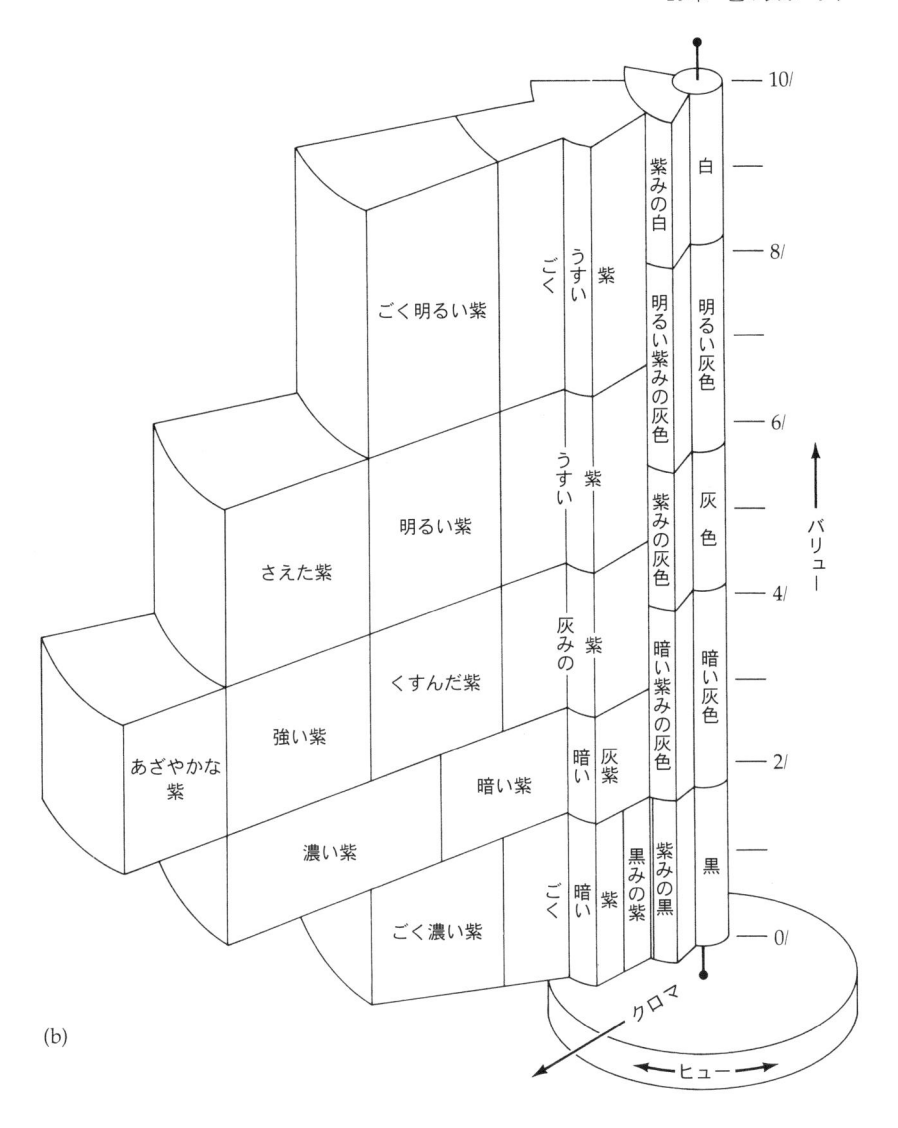

(b)

ごく明るい紫 / ごく うすい 紫 / 紫みの白 / 白 / 明るい灰色
明るい紫みの灰色 / 明るい灰色
さえた紫 / 明るい紫 / うすい 紫 / 紫みの灰色 / 灰色
強い紫 / くすんだ紫 / 灰みの 紫 / 暗い紫みの灰色 / 暗い灰色
あざやかな紫 / 暗い紫 / 暗い 灰紫 /
濃い紫 / ごく 暗い 紫 / 紫みの黒 / 黒みの紫 / 黒
ごく濃い紫

バリュー
10/
8/
6/
4/
2/
0/
クロマ
ヒュー

(material centroid charts) が利用できることもあって，そのシステムの価値は増している。
　一見したところ逆説的に思えるかもしれないが，多くの異なった種類の物体標準が利用できるという事実は，どのような原理がその構造の基礎となってい

ようとも（色料，加法，等々），それらは基本的にはきわめて似ていることを意味している。標準は色全体の領域を異なる間隔でサンプリングし，当セットの各色票にある種の対応した記号が付けられる。顧客はたとえばある一つのサンプルを選び，その指定記号を業者またはメーカーに告げれば，その製品が手に入るし，あるいは望んだ色で生産してくれると期待できる。それはなぜか。それはシステムが色の厳密なコミュニケーションの方法を提供しているからである。もし Stevenson が手紙を書いたとき，サモアと英国でマンセル色見本帳のコピーが手に入れば，彼は見本帳から一つのマンセル色票，たとえば 6R 5/10，を選び，彼の相手がロンドンの業者の棚から選んだ，この色票と似ている壁紙を受け取ることを期待したことであろう。

1 章で述べたように，識別できる色はおそらく何百万にも上るであろう。したがってどんな物体標準も，たとえ 800 から 1000 またはそれ以上の色票から成っていようとも，あるサンプルと物体システムのなかの色票とが厳密に一致することはほとんどない。しかし一方，物体標準では許容される以上に厳密な色の指定が要求される場合も多い。たとえば，道路信号灯に用いられるガラスは特に国内的な，さらには国際的な一致が必要であるし，また多くの製品が質の違いによって等級をつける必要があるが，質の評価では色はしばしば重要な役割を果たしているのである。工業用標準が，最終的には一つの製品となるもの（たとえば自動車や冷蔵庫）の部品用に適用されなければならない。光は非常に高い精度で記述する必要があり，科学者はさまざまな実験でしばしば厳密な刺激の記述を必要とする。

これまで概説してきた色の表示法を改良し，物体システム以上に厳密な一致を保証することは可能だろうか。答えは「イエス」であり，なしうる方法についてはすでに 9 章で予告してある。三つの適切に選ばれた刺激を用いるとどのような色刺激とも完全に等色させることができる。スペクトル混色曲線は三つの任意に選ばれた原色で表された色の表示法である。サンプルと等色するのに用いられた三つの混色刺激の割合は特定の照明光源および個人，つまり等色を行う人，にとっては厳密な表示となる。

等色の手続きを用いた色の表示のための装置は**視感色彩計**（visual colorimeter）と呼ばれている。その装置では表示したい色サンプルが視野の半分に提示され，隣接する領域にサンプルと等色させるためにその比率を変えられ

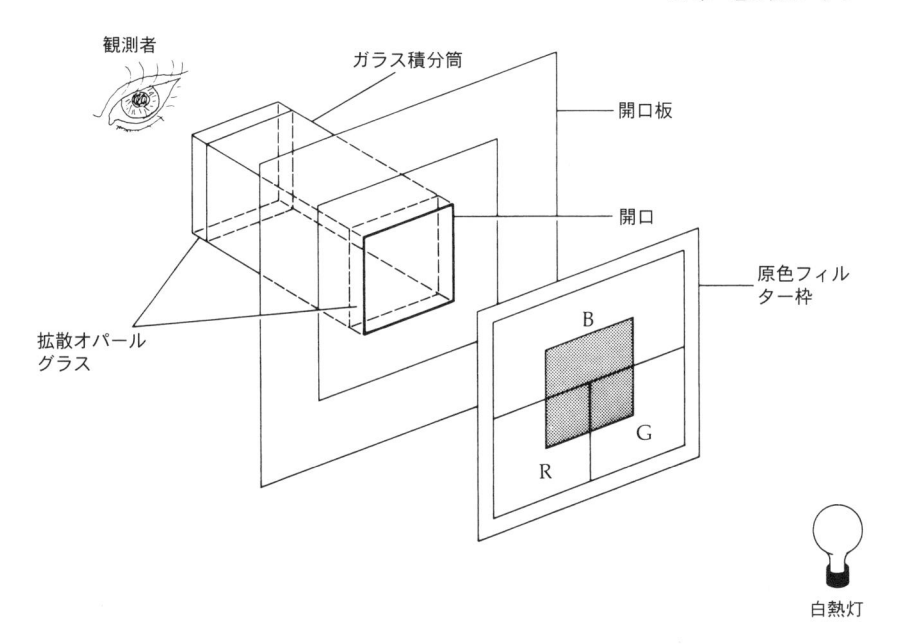

図6 表色のための3フィルター色彩計。装置は白熱灯，3色フィルターの組合せ，開口板と拡散オパールグラスをもつガラス積分筒から成っている。積分筒の背面は原色の混合光によって均一に照明されているように見える。原色の比率は開口板の後ろのフィルター枠を上下左右に動かすことによって調節する。通常はもう一台，同じような色彩計を用いて最初のフィールドとちょうど隣接するもう一つのフィールドを提示する。

る三つの刺激から成る比較フィールドが提示される。*9章の等色との関連で考察した装置は視感色彩計としても利用できる。しかしながら，それらは比較的高価な装置であり，主な使い途は研究用である。色の表示のためには，比較フィールドに3枚の色フィルターを備えた，もっと安価な装置を使ってもよい。図6はそうした簡単な装置の一例である。そうした装置では検査刺激の飽和度を下げるための設備がないので，等色できる刺激の色域には限界がある。この限界をなくす一つの方法は等色を行うとき比較刺激をいくつも用いることである。この種の装置のなかには六つの原刺激を用いているものもある。

　視感色彩計はサンプル同士を直接視感的に比較したときに比べ感度が劣る傾

＊　減法色彩計も商業的に利用可能である。

向にあり，近年はエレクトロニクスやフィルターデザインの発達にともない，人間の「眼」の性能を代替しようとする電子記録装置の利用が増えている。この種の装置は**光電色彩計**（photoelectric colorimeter）と呼ばれ，三つの光電管と適当なフィルターを組み合わせて用いる。その組合せの「感度」は，概して（色覚）正常な観測者の視物質について仮定されている三つの感度曲線およびその線形変換に対応している。この装置のメーターに記録される値は概して人間の観測者が標準的な視感色彩計を用いて得る値に直接対応するものである。

しかしここで重要なことは，人間による視感色彩計を使う場合にせよ，光電色彩計を使う場合にせよ，数値によって表示されるサンプルの色の見え自体については何も語ってくれないということである。光電色彩計は三つのメーターの値しか教えてくれない電気的記録装置なので，そうした装置によってはサンプルが人間にどのように見えているかについては何一つ語ってはくれないことは明らかである。視感色彩計についても同様である。視感色彩計は無表情な(null) 装置であることを思い起こすべきである。そこには比較のための混色フィールドとその隣接したフィールドに提示されるサンプルと等色するように三つの刺激の割合を変えるための三つのノブがある。二つのフィールドが等色したように見えたとき，それはいわば一つのサンプルによって生み出された眼の三つの異なる視物質の感度の総和値と三つの別々な刺激の混色によって生み出された総和値とが厳密に一致したということである。最終的な神経の信号がどのようなものであるか，つまり検査刺激と比較フィールドがどのように見えるかということとはある意味で無関係なのである。それは等色しているということ，およびサンプルをある決まった（ユニークな）方法によって表示するのに必要な三つの数値が得られただけであるということを知っておくべきである。

視感色彩計が有用だったのはある限られた範囲内のことである。*それらはかつては一つの工場またはプラントで何人かの個人によってある製品，たとえば「白い」紙が，ロールごとにまたは日によって変動しないことを（あるいはより適切に言えば，生じ得る誤差がある一定の範囲内に収まることを）確かめる

---

* 光電色彩計は，正確とはいえ，現在の開発段階では厳密ではない。その表示結果は計算によって得られるものと異なる。以下参照。

ために用いられていた。染料，印刷インキ，加工食品（たとえばバター），または塗料や包装用の色顔料についても同様である。イーストマンコダック（Eastman Kodak）社は「コダックイエロー」（Kodak Yellow）による包装の色について，どのくらいの誤差まで許容し，棚の上の色ですぐさまそれと分かると主張するのであろうか。

　しかし一国内ならまだしも今や世界中に散らばっている工場をもつ企業や会社はどうするのであろうか。一つのプラントで，ある1台の色彩計を使って，ある一人の観測者によって得られた色の表示が，2番目のプラントで，異なる色彩計を用いて，しかも異なる観測者によって得られた表示とそもそも比較できるのであろうか。色の表示はおそらくは近似的には同じになろう。しかし経験によると有意に大きな誤差を生じる装置および人間側の変数がきわめて多く存在するのである。通常，色彩計による測定誤差は数多くの個人によって等色していると感じられる商品の色の誤差よりも大きい。

　こうした事情から，商業的にもまた科学の分野でも3変数の混色原理に基づいてはいるが，国際的な取り決めによって，ある**標準観測者**（standard observer）の視感特性を用いた色の表示方法が採用されるにいたった。

　標準観測者の色覚を決めるために，ある一群の観測者の，ある厳密に決められた観測条件（2度視野，暗黒背景）における混色データの平均を求め，さらにそれが平滑化されて，1931年にCIE（国際照明委員会）によって平均的な人間の眼の等色特性の代表として採用されたのである。*

　すでに見てきたように，得られた等色関数には負の値があり，これはどのような二つの刺激によっても第3の刺激の色相と等色させる場合，等色される方の単一刺激に比べ混色した色の飽和度が低下することを示している。したがって完全な等色ができるためには後者の刺激を「うすめ」なければならない。混色を表す代数方程式では，この「希釈」は負の値となって表れる。しかしこれまで見てきたように，等色関数は単純線形代数によって一組の原刺激から他のものへと変換することができるのである。

　色の表示を計算するとき正と負の両方の値があると単純に計算エラーを起こしやすいという理由から，等色関数を用いるときの負の値を避けるために，

＊　後に，新たにCIE 1964補助標準観測者が視角4°以上の視野をもつ色の表示用に導入された。

表 II　CIE (1931) のスペクトル三刺激値 $\bar{x}$, $\bar{y}$, $\bar{z}$

波長 (nm)	等色関数			波長 (nm)	等色関数		
	$\bar{x}_\lambda$	$\bar{y}_\lambda$	$\bar{z}_\lambda$		$\bar{x}_\lambda$	$\bar{y}_\lambda$	$\bar{z}_\lambda$
400	0.0143	0.0004	0.0679	560	0.5945	0.9950	0.0039
410	0.0435	0.0012	0.2074	570	0.7621	0.9520	0.0021
420	0.1344	0.0040	0.6456	580	0.9163	0.8700	0.0017
430	0.2839	0.0116	1.3856	590	1.0263	0.7570	0.0011
440	0.3483	0.0230	1.7471	600	1.0622	0.6310	0.0008
450	0.3362	0.0380	1.7721	610	1.0026	0.5030	0.0003
460	0.2908	0.0600	1.6692	620	0.8544	0.3810	0.0002
470	0.1954	0.0910	1.2876	630	0.6424	0.2650	0.0000
480	0.0956	0.1390	0.8130	640	0.4479	0.1750	0.0000
490	0.0320	0.2080	0.4652	650	0.2835	0.1070	0.0000
500	0.0049	0.3230	0.2720	660	0.1649	0.0610	0.0000
510	0.0093	0.5030	0.1582	670	0.0874	0.0320	0.0000
520	0.0633	0.7100	0.0782	680	0.0468	0.0170	0.0000
530	0.1655	0.8620	0.0422	690	0.0227	0.0082	0.0000
540	0.2904	0.9540	0.0203	700	0.0114	0.0041	0.0000
550	0.4334	0.9950	0.0087				

CIE は等色関数としてすべて正のスペクトル三刺激値 $\bar{x}$, $\bar{y}$, $\bar{z}$ から成る関数を採用した。これらの三つの曲線はあらためて図 7 に示されている。これらの曲線は「標準観測者」が単位エネルギーの，ある波長の色と等色するのに必要な CIE の X, Y, Z 原刺激の相対的な割合である。三刺激値は表 II に 10 nm ごとに示されている。

これらの関数が国際条約によって認められたときに採用されたもう一つの任意な，しかし完全に妥当な数学上の手続きは，等色関数の一つ，$\bar{y}$ 関数を視感度曲線 V_λ と同じ形にした点である。$\bar{y}$ 関数と特定のサンプルの分光分布の積を全スペクトル領域にわたって加えるなら，積分された総 Y 値が得られ，それはそのサンプルの明るさのレベルの測度となるのである。

さらに等エネルギー光源に対して 3 原刺激が，等色するとき，等量混色になるように任意に調整された。したがって図 7 の三つの関数の面積は等しく，また等エネルギー刺激に対する各スペクトル三刺激値 $\bar{x}$, $\bar{y}$, $\bar{z}$ を全スペクトルにわたって和を求め（それぞれ一定の係数をかける），X, Y, Z を得るとき，その値は等しくなるのである。

照明を受けている物体あるいは表面を測色学的に表示するためには，物体ま

20章 色の表示 323

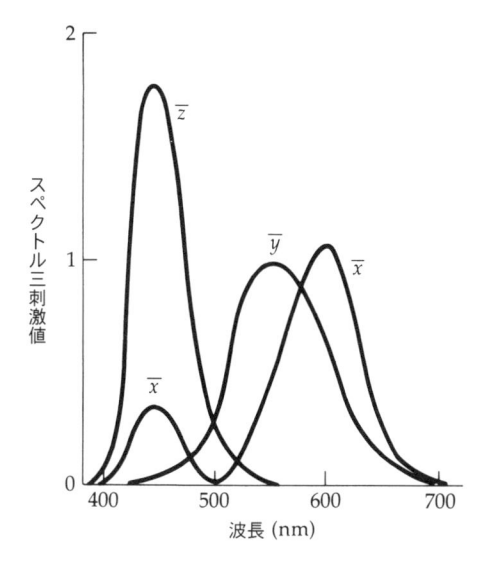

図7 CIE 1931 標準測色観測者の**等色関数**。異なる波長の等放射輝度刺激に対するスペクトル三刺激値は $\bar{x}, \bar{y}, \bar{z}$ で表される。

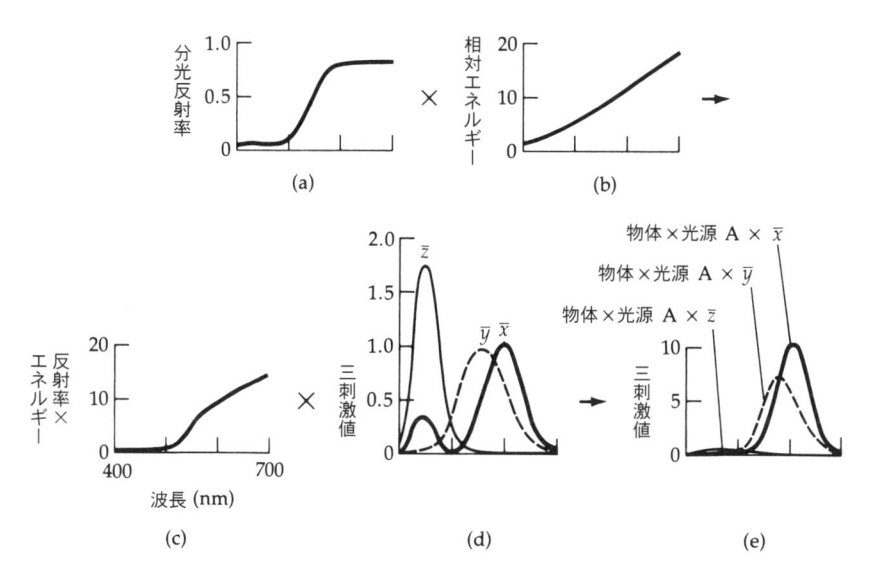

図8 色面の**三刺激値表示の計算法**をグラフ表示したもの。(a) 物体の分光反射率，(b) 光源Aの相対エネルギー分布，(c) (a)×(b) の積，(d) CIE スペクトル三刺激値，(e) (c)×(d) の積。これらの曲線に囲まれた面積が当該色面の X, Y, Z 三刺激値である。

表 III　CIE 標準観測者値

波 長	物 体 (4章の図5c)	光源 A (正規化されている)*	CIE 1931 標準観測者スペクトル三刺激値		
			$\bar{x}$	$\bar{y}$	$\bar{z}$
400	0.05	1.3651	0.0143	0.0004	0.0679
410	0.06	1.6407	0.0435	0.0012	0.2074
420	0.06	1.9488	0.1344	0.0040	0.6456
430	0.06	2.2894	0.2839	0.0116	1.3856
440	0.06	2.6634	0.3483	0.0230	1.7471
450	0.06	3.0708	0.3362	0.0380	1.7721
460	0.05	3.4633	0.2908	0.0600	1.6692
470	0.05	3.9783	0.1954	0.0910	1.2876
480	0.06	4.4776	0.0956	0.1390	0.8130
490	0.07	5.0028	0.0320	0.2080	0.4622
500	0.10	5.5550	0.0049	0.3230	0.2720
510	0.15	6.1304	0.0093	0.5030	0.1582
520	0.22	6.7280	0.0633	0.7100	0.0782
530	0.32	7.3433	0.1655	0.8620	0.0422
540	0.43	7.9762	0.2904	0.9540	0.0203
550	0.53	8.6220	0.4334	0.9950	0.0087
560	0.69	9.2800	0.5945	0.9950	0.0039
570	0.76	9.9463	0.7621	0.9520	0.0021
580	0.79	10.6200	0.9163	0.8700	0.0017
590	0.80	11.2965	1.0263	0.7570	0.0011
600	0.80	11.9749	1.0622	0.6310	0.0008
610	0.81	12.6524	1.0026	0.5030	0.0003
620	0.81	13.3279	0.8544	0.3810	0.0002
630	0.81	13.9970	0.6424	0.2650	0.0000
640	0.81	14.6605	0.4479	0.1750	0.0000
650	0.81	15.3148	0.2835	0.1070	0.0000
660	0.81	15.9579	0.1649	0.0610	0.0000
670	0.81	16.5899	0.0874	0.0320	0.0000
680	0.81	17.1151	0.0468	0.0170	0.0000
690	0.81	17.8111	0.0227	0.0082	0.0000
700	0.81	18.3985	0.0114	0.0041	0.0000

CIE 1931 三刺激値：$X=7.4750$，$Y=5.8235$，$Z=0.2339$。

CIE 1931 色度座標：$x=\dfrac{X}{X+Y+Z}=0.5524$，$y=\dfrac{Y}{X+Y+Z}=0.4303$。

20章 色の表示

とクロス積

	クロス積		
物体×光源× $\bar{x}=$	物体×光源× $\bar{y}=$	物体×光源× $\bar{z}=$
0.0010	0.0000	0.0046
0.0043	0.0001	0.0204
0.0157	0.0005	0.0755
0.0390	0.0016	0.1903
0.0557	0.0037	0.2792
0.0619	0.0070	0.3265
0.0504	0.0104	0.2890
0.0389	0.0181	0.2561
0.0257	0.0373	0.2184
0.0112	0.0728	0.1619
0.0027	0.1794	0.1511
0.0086	0.4625	0.1455
0.0937	1.0509	0.1157
0.3889	2.0256	0.0992
0.9960	3.2720	0.0696
1.9805	4.5468	0.0398
3.8067	6.3712	0.0250
5.7609	7.1963	0.0159
7.6876	7.2991	0.0143
9.2749	6.8412	0.0099
10.1758	6.0449	0.0077
10.2751	5.1550	0.0031
9.2238	4.1131	0.0022
7.2833	3.0045	—
5.3188	2.0781	—
3.5168	1.3273	—
2.1315	0.7885	—
1.1745	0.4300	—
0.6488	0.2357	—
0.3275	0.1183	—
0.1699	0.0611	—
$\sum_\lambda$ 80.5501	62.7530	2.5209

---

* ここでいう正規化は相対エネルギー分布曲線が光源×$\bar{y}$のクロス積のスペクトル和が100になるように調整されていることを意味する。

たは表面の分光反射率または透過率と照明光の分光エネルギー分布（相対値）が分かればよい。これらの二つの分布曲線の各波長ごとの積に，同じく各波長ごとに三つの「標準観測者」のスペクトル三刺激値をかけ合わせ，全波長にわたって別々にたし合わせると，色を表示するのに必要な三つの数字が得られる（表IIIおよび図8）。これら三つの総和値は X, Y, Z 三刺激値と呼ばれる。どのような物体でもその分光分布曲線（たとえば反射率×光源）と1931年CIE標準観測者の標準化された等色関数があれば，手続きは単純な数的計算のみであるから誰でも厳密に同じ三つの刺激表示値を得ることができる。実際の場面で，生じ得る誤差は分光分布の物理的な測定時での機械のエラーだけである。

　いくつか強調しておかなければならない点がある。このシステムでは，色のサンプルの一つの決まった（ユニークな）表示が得られるが，もし誰か他の人が，あるサンプルについてまったく同一の数的表示を得たとすれば，それら二つの検査サンプルは「標準観測者」に対して，および一定の観測および照明条件において厳密に一致するであろうと確信できる。しかし実際には色覚正常な個人に対して同じ X, Y, Z 値をもつ二つのサンプルが一定の条件において併置されたときでも厳密には同じに見えないかもしれない。なぜか。それは観測者個々人の等色関数が大部分「標準観測者」の関数とは異なるからである。後者は多くの個人の等色の平均に基づいて得られたものなのである。

　ここで重要なことは，混色実験において等色を生ずるのに刺激が同じ分光分布をもつ必要がないのと同様に，同じ X, Y, Z 三刺激値を得るのに刺激が同じ分光分布である必要はないということである。たとえば，今レイリー等色刺激を構成する単色光刺激のことを考えてみると，589 nm を中心とする波長幅は適当な割合の 670 と 535 nm から成る組合せの刺激あるいは同様に 589 nm の波長幅と等色する他の組合せの刺激，たとえば 650 と 550 nm，とも同じ X, Y, Z 値をもつであろう。たとえば15章の図8に示されているような，ある一定の照明条件で等色する異なった分光分布の対，メタマーは厳密に同じ三つの数的表示をもつ。それらは同じ X, Y, Z 値となるのである。

　考えうるあらゆる色に対して，重みづけされた $\bar{x}$, $\bar{y}$, $\bar{z}$ のスペクトル三刺激値の総和である X, Y, Z の三刺激値という3数値を与えることができる。しかし他の数的な表示も可能である。たとえば，三刺激値全体に占めるそれぞ

20章 色の表示 327

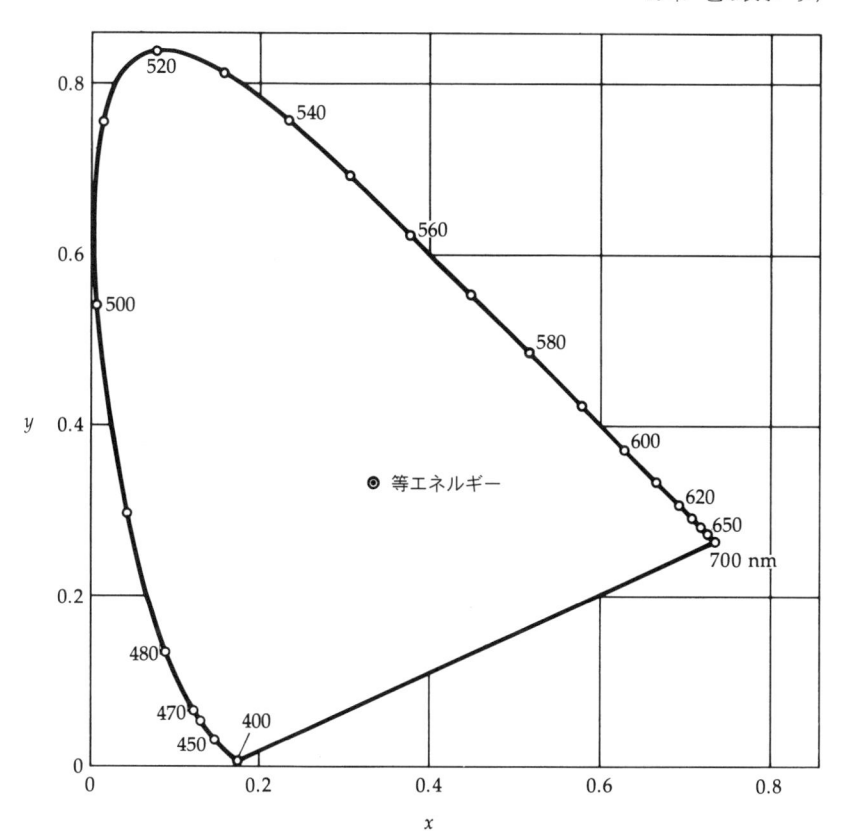

図9 2次元色度図。この図では，刺激を直交座標軸のなかの二つの数字によって表示することができる。等エネルギー刺激は $x=0.333$, $y=0.333$ の点にプロットされる。

れの三刺激値の割合または百分率を求め，それを刺激の記述に用いることである。すなわち，

$$x = \frac{X}{X+Y+Z}$$

$$y = \frac{Y}{X+Y+Z}$$

$$z = \frac{Z}{X+Y+Z}$$

となる。ここで x, y, z はその色の**色度座標**（chromaticity coordinates）と

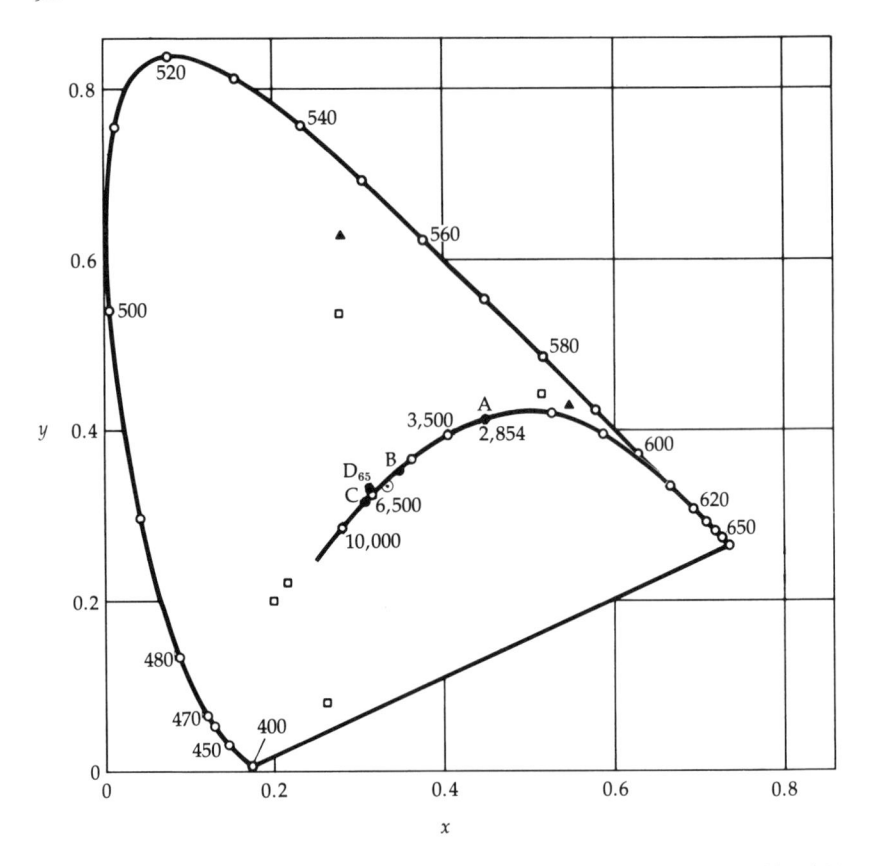

図 10 この本の以前の箇所で触れたさまざまな刺激の**色度座標**：等エネルギー光源 E（◉）；表記の色温度をもつさまざまな光源（○●）；4章の図 5 に示されている五つの刺激分布（□）。4章の図 5 c の分光反射曲線をもつ物体の光源 A のもとにおける x, y 色度座標は $x=0.55$, $y=0.43$ である（▲）。4章の図 7 の狭い分光反射曲線をもつ物体の等エネルギー光源のもとにおける x, y 色度座標は $x=0.27$, $y=0.62$ である（▲）。

呼ばれる。

　CIE の色度座標は百分率であり，それらの和は 100%（すなわち，$x+y+z=100\%$）になるので，どれか二つの値さえ分かれば第 3 の値は自動的に決まる（つまりそれを得るには，どれか二つの値の和を求め 1 から引けばよい）。したがって CIE 特性を X, Y, Z 三刺激値で言う代わりに，二つだけの色度座標，たとえば x と y, だけで記述することができる。3 変数表示をすれば，

それらの値と光の強度レベルを記述する Y 三刺激値を用いることもできる。もし x, y, Y の値が同じであれば，それらの刺激はまったく同一に見えるであろう（「標準観測者」に対して）。

2数値による色度表示は，x と y を二つの軸とする直交座標の上に2次元の座標図として表すことができる（図9）。この2次元の色度図は長いあいだ色およびその混色を示すのに用いられてきた単純な幾何学的な図を発展または精緻化したものである。等エネルギー光源は，上に見たように，等しい X, Y, Z の量を表しているので，等エネルギー刺激は $0.333x$, $0.333y$ の値にプロットされる。CIE の等色関数にあたれば，どのようなスペクトル刺激の色度座標も計算することができ，それらは図9に示されている x と y の点でプロットされる。表IIを見ればこれらのスペクトル軌跡のいくつかを確かめることができる。すべてのスペクトル波長は図に示されているような「馬蹄形」の軌跡に沿って位置する。二つのスペクトル端（400 と 700 nm）を結ぶ直線はこれら二つの両端の刺激のさまざまな混色によって得られる軌跡である。もっとも重要なことは，あらゆる現実の物体の色（不透明色，透過色，等々）の x, y で算出された色度値はこの馬蹄形の図のなかにはいることである。

図10は，本書の別の箇所で触れたさまざまな刺激の色度の座標である。等エネルギー光Eとともに，さまざまな光源および異なった色温度をもつ刺激の座標がプロットされている。4章の図5cに反射率曲線が示されている物体の座標（標準光源A）および4章の図5と図7に示されている刺激の座標も図10にプロットされている。

CIEのものも含め色度図の基本的な特徴は，図のどこか二つの点で示される刺激の加法混色は常にそれらを結ぶ直線の上にくるということである（上のスペクトル以外の直線部を見よ）。これらの直線は常にスペクトル軌跡の上またはそのなかに位置するので，ある点と等色するあらゆる種類の加法的な混色の結果を決定することができる。たとえば，図11aの点AとBは三つの混色原刺激 X, Y, Z の既知の割合による混色点を表している。このAとBの混色からできる刺激はそれらを結ぶ直線上の点Dにくる。Dの厳密な位置は二つの刺激AとBの量の比に依存し，その位置は混色を成すAとBの相対的な量に反比例する（よく言われるように「直線ルール」は基本的には重心分析法である）。

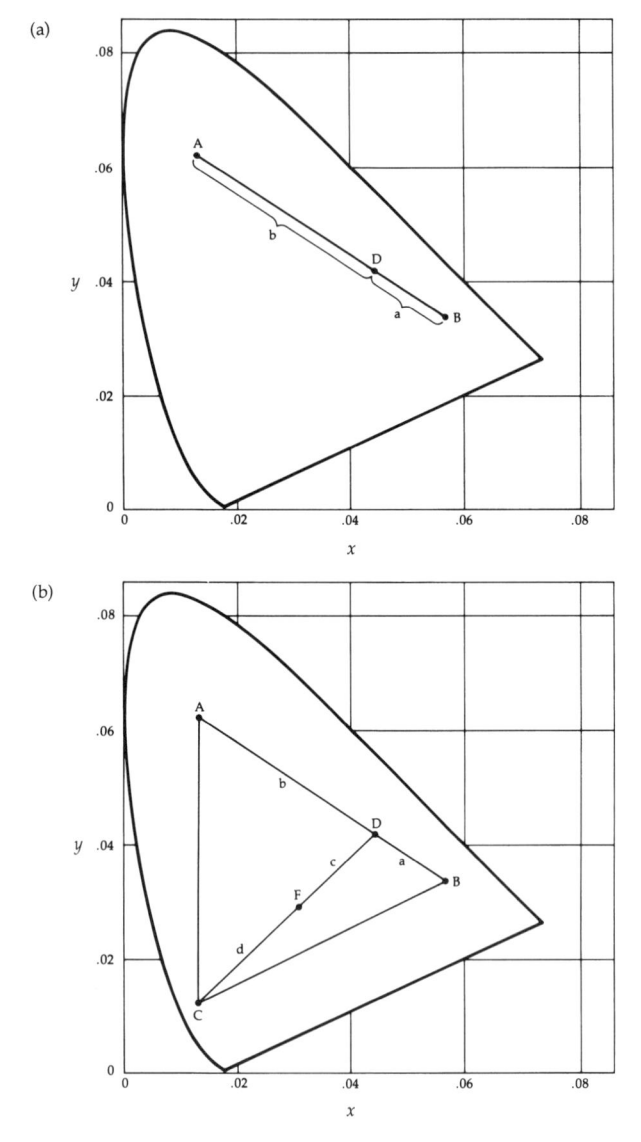

図 11 色度図。(a) 加法混色は二つの混色刺激を結ぶ直線上に位置づけられる。(b) 三つの刺激の混色によって得られる刺激範囲はその三つの混色刺激の色度座標によって区切られる三角形の領域内に位置する。

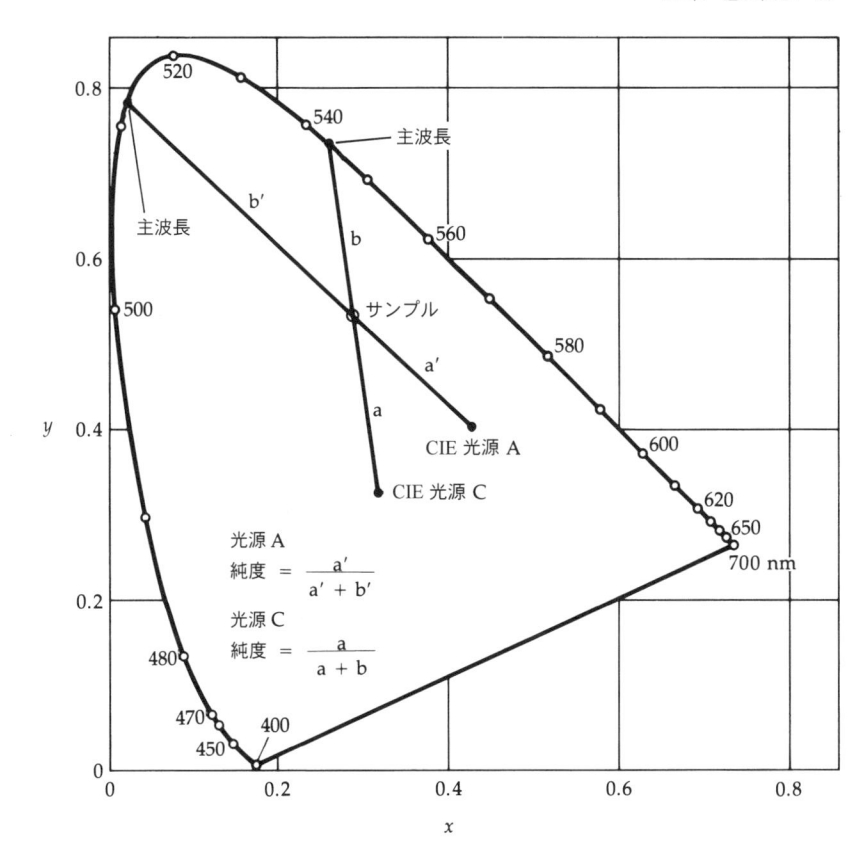

図 12 主波長 (λ_d) と刺激純度 (p_e) をグラフ表示したもの。同一のサンプルであっても用いられた光源によって主波長と刺激純度のどちらも異なってくることに注意。

この特性があるので，色度図は刺激範囲を定義するとき極めて有用になる。たとえば，もし直線上にないどれか3点を選ぶなら（図11b参照），3点を結んで得られる三角形の領域は実際にそれら三つの刺激の混色によって等色するすべての色度を含むことになる。三つの成分の混色は，まず二つの刺激によって生ずる混色点の位置を決め，次いでこの点と3番目の刺激とを用いることによってその位置を決めることができる。

あらゆる色度はまたその主波長 (λ_d) と刺激純度 (p_e) によっても表示することができる（図12参照）。もしある光源，たとえばCIEの標準光源Cの色

度点と刺激のそれを直線で結び，その直線をスペクトル軌跡と交わるまで延ばしたとき，その交点の波長がその刺激の主波長である。＊そのように指定された刺激は当該のスペクトル刺激とその光源との混色によって等色できる。その線上の刺激の位置は光源とスペクトル軌跡との間の距離全体に対する光源からの距離で表示される。これはその刺激の**刺激純度**（excitation purity）と呼ばれ，刺激純度は参照光源における 0 からスペクトル軌跡における 1.0 までの値を取る。もし代わりに参照光源が CIE の標準光源 A であれば，その刺激の主波長も刺激純度の値も同じではなくなってしまう。

　上の話から CIE の表色系は，等エネルギー光源あるいは標準光源 C のような広帯域の参照光に等色する補色の新たな表示方法を示していることが分かる（知覚的な基準に基づいた補色の決め方については 4 章を参照）。もしあるスペクトル軌跡から参照光源の点まで直線を引き，その直線を光源の反対側のスペクトル軌跡と交わらせたとき，求められた主波長をもつ二つのスペクトル刺激は，もし適当な比率で混色するなら，厳密に参照光源の点の上にプロットされ，したがってそれと一致することになる。このように，たとえば，670 nm と 492 nm は等エネルギー刺激に対してそのような等色が生じる。実際には，この条件を満たす刺激対は無数にある。これら一群の直線は刺激の等色という方式によって補色波長を表示する，もう一つの方法を示している。それらの補色波長は 4 章で触れたように直角の双曲線によって表されるものである。

　CIE の色度図はときには主要な色覚異常を特徴づけるために用いられることもある。この目的で使われる方法は，ある型の異常をもつ観測者が混同する刺激の色度を CIE の図にプロットし，それらの色度を直線で結ぶという方法である。これらの直線は**混同色線**（confusion lines）あるいは混同色軌跡と呼ばれている。図 13 a は二色型第一異常の混同色軌跡である。

　色覚異常の型が異なれば異なったパターンの混同色線が得られる。図 13 b は二色型第二異常の混同色軌跡である。二色型第三異常の混同色軌跡は図 13 c に示されている。これらの混同色度は異なった種類の二色型色覚の特徴と完全に一致する。たとえば 17 章で二色型第二異常はスペクトルのほぼ 500 nm の

＊　もし非スペクトル部直線と交わるのであれば，その非スペクトル部軌跡と参照光源とを結ぶ直線をスペクトル軌跡と交わるまで反対方向に延ばす。この点はいわゆる補色主波長（λ_{dc}）と呼ばれるものである。

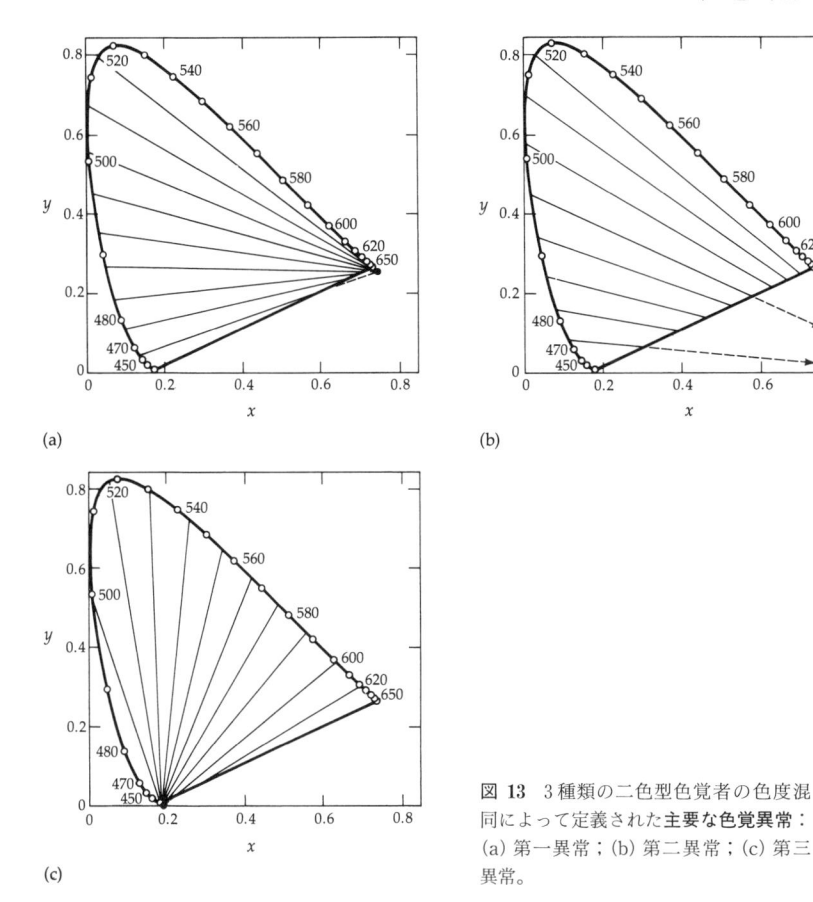

図 13 3種類の二色型色覚者の色度混同によって定義された**主要な色覚異常**：(a) 第一異常；(b) 第二異常；(c) 第三異常。

あたりに中性点をもつことをみた。またたとえば，440 と 650 nm の混色から成る正常者の固有色赤は二色型第二異常にとっては 500 nm と同じく色みのない感覚を呼び起こすこともみた。これらの 2 点を結ぶなら，その混同色線は広帯域の参照光源がプロットされている図の領域を通る。このように混同色線は互いに弁別できない一連の刺激をつなぐのである（他の情報源 —— たとえば片眼色覚異常 —— からこれらすべての刺激は色みのないものとして見えることが分かる）。この中央の線の上下のすべての混同色線もまた二色型第二異常が相互に区別できない刺激の色度を結んでいるのである。

スペクトル上における二色型第一異常の中性点は平均して 495 nm に位置

し，またこの型の色度の混同を詳細に検討してみると，この型の異常でも個人によって異なった系列の色度を混同していることが分かる。これらの平均的な結果は，これら二つの種類の二色型色覚の観察者における反対色応答および白黒応答曲線と一致し，またパネル D-15 検査の分類結果とも合致している。

図 13 の各グラフのなかのすべての直線は一群を成しており，各群のなかで直線は実際の刺激を示す「馬蹄形」図の外側のある共通な点と交わる。この交点は各種類の二色型システムで欠如している原色を表すと解釈されてきたが，これは解決にはまだほど遠い問題であり，ここで検討するにはあまりにも複雑な問題である。

これらのさまざまな種類の二色型色覚の色度混同色軌跡は，互いに混同される刺激の見えについては何も語ってくれない。それらは単にそれぞれの二色型色覚の人びとにとって似たように見える刺激を特定しているだけである。

このように CIE の X, Y, Z 値による色刺激の測色学的表示は，正常者の場合においても，それがどれほど厳密であろうとも，それらが上記の観測条件において同一であるという情報以上に色の見えについては何の情報ももたらさないのである。このことに関しては色図版 2-2 の 2 本の帯を思い起こすだけでよいだろう。もし図版にある狭い帯のそれぞれの分光光度計による反射率曲線を得たとすれば，それらはまったく同じになろう。さらにもしある光源，たとえば D_{65} のもとで CIE「標準観測者」の $\bar{x}, \bar{y}, \bar{z}$ スペクトル三刺激値を用いて X, Y, Z 値を計算したとしたら，その二つの場合でまったく同じになるはずである。それにもかかわらず，実際のどんな観測者にも，たとえその人の等色関数がまったく偶然に平均的な「標準観測者」のものと厳密に同じだったとしても，その狭い帯が色図版 2-2 のなかでその背景によって黄色っぽく見えたり，赤っぽく見えたりするであろう。すでに見たように，知覚される色は観察条件の順応および誘導的な側面を無視しては定義できないのである（15 章）。

もちろん色のついた背景を提示することによって，CIE の方法による等色の表示の第一の段階で示された条件をこわしてしまう。しかし色の見えに関して異なった背景を提示しないもう一つの手続き差止め通告（caveat）はスペクトル刺激に関連している。これにはどんなスペクトル刺激も決まった色度座標をもっていることを思い起こせばよい。それにもかかわらず，6 章で見たように，スペクトル刺激の明度レベル（CIE の Y 値）が変わればその見えも変

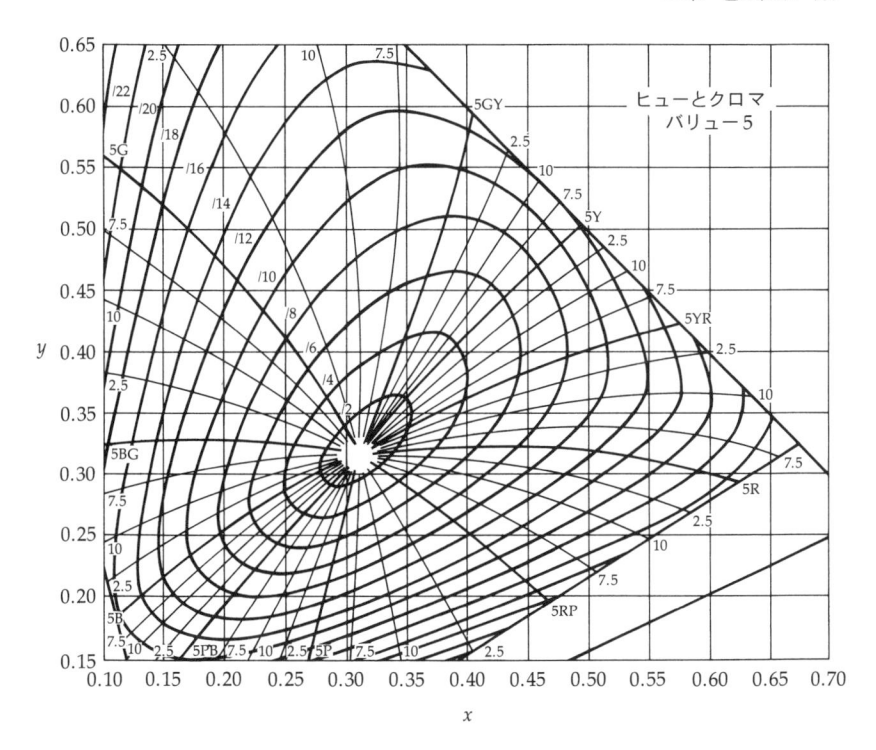

図 14　等ヒュー，等クロマ（および等バリュー5）のマンセル色票の**色度座標**。これらのたぶん等間隔であるはずの知覚的ステップが等しい間隔でないことに注意。

化するのである。それらは高い明度レベルでは青っぽく，または黄色っぽくなり，一方，低いエネルギーレベルでは赤っぽく，または緑っぽく見える。これはベツォルト・ブリュッケ現象と呼ばれている。スペクトル刺激の CIE 色度図上における決まった点からは，これについては他のヒントも与えられない。

　CIE 色度図はまた視感的許容度を表示するためにも用いられる。しかしこれは知覚的な座標図ではないため，図上における刺激の等しい距離は等しい知覚的な差には対応していない。このことは図 14 に示されている異なるヒューとクロマのマンセル色票を見れば分かる。マンセルのステップはおそらく等しいと思われるが，見て分かるように等しいヒューとクロマのステップを分ける線の長さが図の場所によって大きく異なっている。CIE 色度上の距離は，色弁別に必要な刺激差の指標としては性能が悪い。そこで必要な「均等空間」が

得られるように CIE 色度図をその投射を変えることによって（すなわちさまざまな方法で傾ける），変換しようという多くの試みがこれまでなされてきた。これらの試みは完全に成功しているとは言えない。そしてこれこそが CIE が知覚的な色差を扱う**改良測色学**（advanced colorimetry）にますます強い関心をいだきつつある理由なのである。

刺激値をわれわれの色相，飽和度，明度の変化と一致するように配置されたサンプルと直接比較できる「知覚値」に変換するだけで，「均等空間」を得ることができる。1956 年の Dorothea Jameson と私の研究に基づいたそうした知覚的なチャートの例が 7 章に示されている。CIE は最近，表面色のための均等色空間を示すものとして CIELAB システムを勧告した（1978 年）。それもまた刺激値を知覚的尺度に変換して求められたものである。

物体標準に関する話のなかでそれらが利用されうる多くの方法について簡単に触れた。この本を仕上げるためにさらにさまざまな事態で色が再現される方法，たとえば，カラー写真，カラー印刷，カラーテレビジョン，塗料について多少詳細に考えてみよう。

基礎文献

Billmeyer, F. W., Jr., and Saltzman, M. 1966. *Principles of Color Technology.* Wiley, New York.

Birren, F. 1979. Color identification and nomenclature: A history. *Color Res. Appl. 4*: 14–18.

Burnham, R. W. 1952. A colorimeter for research in color perception. *Amer. J. Psychol. 65*: 603–608.

CIE (Commission International de l'Éclairage). 1971. *Colorimetry; Official Recommendations of the International Commission on Illumination.* Pub. CIE 15 (E-1.3.1) (Suppl. 2, 1978). Bureau Central de la CIE, Paris.

Committee on Colorimetry, Optical Society of America. 1953. *The Science of Color.* Crowell, New York.

Donaldson, R. 1947. A colorimeter with six matching stimuli. *Proc. Phys. Soc. Lond. 59*: 554–560.

Foss, C. E., Nickerson, D., and Granville, W. C. 1944. Analysis of the Ostwald Color System. *J. Opt. Soc. Amer. 34*: 361–381.

Hardy, A. C. 1936. *Handbook of Colorimetry.* MIT Press, Cambridge, Mass.

Hurvich, L. M., and Jameson, D. 1956. Some quantitative aspects of an opponent-colors theory. IV. A psychological color specification system. *J. Opt. Soc. Amer.* **46**: 416–421.

ISCC-NBS Centroid Color Charts. [1958] Standard Sample 2106. Office of Standard Reference Materials. National Bureau of Standards, Washington, D.C.

Jacobsen, E., Granville, W. C., and Foss, C. E. 1948. *Color Harmony Manual*, 3rd ed. Container Corporation of America, Chicago.

Judd, D. B., and Wyszecki, G. 1975. *Color in Business, Science and Industry*, 3rd ed. Wiley, New York.

Kelly, K. L., and Judd, D. B. 1955. *The ISCC-NBS Method of Designating Colors and a Dictionary of Color Names.* National Bureau of Standards, Circ. 553. Washington, D.C.

Kelly, K. L., and Judd, D. B. 1976. *Color. Universal Language and Dictionary of Names.* Nat. Bur. Stand. (U.S.) Spec. Publ. 440. Washington, D.C.

Kornerup, A., and Wanscher, J. H. 1967. *Methuen Handbook of Colour*, 2nd ed. Methuen, London.

MacAdam, D. L. 1971. Geodesic chromaticity diagram based on variances of color matching by 14 normal observers. *Appl. Opt.* **10**: 1–7.

Maerz, A., and Paul, M. R. 1950. *A Dictionary of Color.* McGraw-Hill, New York.

Munsell, A. H. 1905. *A Color Notation*, 1st ed. Ellis, Boston. (2nd ed., 1971. Munsell Color Co., Baltimore, Md.)

Munsell Color Company. 1976. *Munsell Book of Color*, Glossy ed. Munsell Color Co., Baltimore, Md.

Nickerson, D. 1961. *Munsell Color System.* Newsletter 156, Nov.-Dec. Inter-Society Color Council, Rochester, N.Y.

Ostwald, W. 1931. *Colour Science.* Translated by J. S. Taylor. Winsor and Newton, London.

Webster's Third New International Dictionary. 1965. Unabridged. Merriam, Springfield, Mass.

The Works of Robert Louis Stevenson. Vailima ed., Vol. 23. Letters, IV, 1891–1894, pp. 151–152. AMS Press, New York, reprinted 1974. [*The Letters of Robert Louis Stevenson*, Sidney Colvin, (ed.), Scribner, New York, 1923.]

21章
色の再現：写真，印刷，テレビ，絵画

　この本の書き出しで，私は海辺の書斎の窓から見える色とりどりの対象について記述した。そのときにふれたように，われわれの視覚世界はさまざまな形をした色からできあがっており，われわれの見る対象は種類と形の異なる色である。このことを出発点として，視覚系の構造と神経系について説明をして，われわれの多種多様な色経験の基礎には何があるのかを理解しようとした。どのように視覚系が機能するのか，そして，健常な視覚をもつ人が大幅な，しかもさまざまな光の変化にもかかわらず，対比や順応のメカニズムを通して，色の恒常性がほぼ保たれている世界を見ているさまを説明しようとしてきた。そのために，光の物理学，さまざまな対象の反射率と透過率，光と生体との相互作用をすべて考慮してきた。色の打ち消しと混色に関する実験データが詳細に分析され，眼の視物質とそれに関連する電気生理学の既知の事実も分析された。そのうえで対比と順応についても概観した。また，見ることのできる色が限られているさまざまな色覚異常の視覚系についても論じ，これらの種々の異常の理由と原因を説明してきた。そして，20章では，色の表示についても論じた。
　しかし，これらはわれわれの色の世界についての多少限定的な概観ではないだろうか。私が書斎の窓から外を眺めるのをやめて机に眼を戻したり，あるいは本棚に歩み寄ったり，机の引出しを開けたり，書斎の壁を見たりすると，まったく異なった色の世界を見ることになる。そこには，色覚の教科書や生物学の本の色つきの図版，有名な絵画の複製，地方の画家の実物の絵，雑誌の色つき広告，人物や美しい風景のカラースライドやカラープリント，スーパーエイト（カラーの8ミリ）で撮った2，3巻のカラー映画などがある。完全を期

するなら，私が夕方に見るカラーテレビも忘れてはいけない。

　これらのさまざまな種類の2次元のものへの再現は，どの程度，もとの情景，対象，人びとに近いのであろうか（実物の絵画は除くことにする。というのはトロンプ・ルイユ派の技法を除けば，芸術家はめったに正確な再現に関心をもたないからである）。カラースライドやカラー映画に出てくるバーミューダの空，海，砂浜は，実際にあのように青く，あのように緑色で，あのようにピンク色だったのであろうか。Matisse の『エジプトカーテンの室内』(1948)の複製は，ワシントンにあるフィリップス・コレクションの彼のオリジナルを忠実に再現しているのであろうか。おびただしい数の雑誌広告や通信販売のカタログは興味の対象としてはつまらないものであろうが，そこに出てくるように，顔がピンクや緑，または青白いといったような人が実際にいるだろうか。実際にあのように黄色のジンがあるのだろうか。つまり，色再現はオリジナルを忠実に真似ているのだろうか。もしそうでないなら，どうしてだろうか。この種の問題に答えるため，まず別の問題を提起しなければならない。つまり，色再現はどのように行われているのであろうか。いったん，この基本的な問題に答えてしまえば，色再現の限界を研究し始めることができる。視覚メカニズムがどのように機能するかを前に学んだが，その知識を使うと，どんなにすばらしくとも，色再現は決して完全なものになり得ないことが分かり始めるだろう。

　9章では，適切に選ばれた三つのスペクトル刺激を適当に組み合わせることによって，どんな色も実験室で完全等色することができるという事実を詳細に調べた。刺激混合が加法的であれ，減法的であれ，三つのスペクトル変数のある組合せによって神経系に引き起こされる反対色と白黒の活動が，たとえば一つの広帯域刺激によって引き起こされる活動と同じである限り，混合刺激と広帯域刺激の見えは同じである。そして，この混色の原理が，それがカラー写真やカラー印刷またはカラーテレビの色再現であれ，すべての色再現の核心である。

　測色の箇所で見たように，視感色彩計や光電色彩計を用いれば，あらゆる色刺激を三つの値で表すことができる。必要が生じれば，産業や商業分野におい

訳注：実物と見間違うほどに精密に描写する画法。

ては，個々の検査・サンプルや検査刺激をこれらの計器で評定している。しかし，サンプルが多くの色を含んでいる場合，たとえば緑のセーターと白いブラウスを着て，赤いハンカチを髪に結びつけた女性が青い空を「背景」にして麦畑に立っている場面を考えてみよう。とびとびにスキャンしながら測色すれば，この場面の関心あるすべての領域，つまり衣類，女性の顔，背景などを，三つの測定値で記録できる。どんなに細かくスキャンしようとも，今述べたような場面の各点において，三つの測度からなる記録，つまり三つの等色刺激から成る測定記録が出てくる。

　これが，まさに色再現において起きることなのである。三刺激値の記録が場面の各点でなされるが，それは数値（すなわち等色刺激の量）ではない。三つの別個の色の記録なのである。まず，カラー写真について考えてみる。

　ほとんど誰もが知っているように，白黒写真の処理過程では**ネガ**（negative）ができあがる。それはその場面の相対的な光量の記録である。光の量が多いと現像後のネガのその部分では銀の粒子の密度が高くなるため，黒く濃い部分になる。光が少ないところでは，フィルムでの反応が比較的少ないため，銀の粒子が少なく，ネガのその部分は明るく透明である。光量が中程度である部分では，両極端での反応から予想されるような反応が起こる。つまり，銀の付着粒子は光の量に比例して変化する。このネガからポジをプリントすると，暗い部分は明るい部分に，明るい部分は暗い部分になる。このように，もとの情景は明暗に関しては適切に再現される。

　もし，同じ場面を色フィルターを通して見ると，異なる表面の相対的明度は変化する。同じことはカメラのレンズの前に同じ色フィルターを置いても生ずる。そこで，カメラを動かすことなく，しかもその場面のなかのものを何も動かさないで，麦畑の女性の黒白写真を三枚連続して撮影したとする。ここで順番に三つの異なった色フィルターをカメラのレンズの前に置くとする。最初のショットで，短波長と中波長をカットオフするフィルターを使うと，長波長の光のみが白黒フィルムに届き，場面のなかで黄色，オレンジ色，赤に見える部分のみがこの白黒のネガに記録される。もとの場面のなかで青や緑に見える部分はカットオフ・フィルターで排除され，フィルムの上には記録されない。したがって，ネガの上では透明になる。二番目と三番目のショットでは，それぞれ別々の白黒フィルムが使われ，一方では短波長と長波長をカットオフする

フィルターが使われると，中波長の光のみが記録される。他方では中波長と長波長をカットオフするフィルターが使われると，短波長のみが記録されることになる。

　これらの三つのネガのそれぞれから，三つの**ポジ**（positive）の白黒のスライドができる。これらのポジのスライドを別々のプロジェクターに入れ，各プロジェクターの前面に，そのスライドを作るときに使ったものと同じフィルターを置き，これらのスライドの三つの像をスクリーン上で重ね合わせれば，もとの場面はかなりうまく再現される。もとの場面における各刺激要素の三つの記録は写真を撮ることによってなされ，各要素の三つの刺激の加法混色はそれらの投射でなされて，もとの場面の色が再現される。もとの場面の各要素に対して，原理的には，条件等色が生じる。

　いったん3枚のいわゆる白黒の分離ネガができあがると，投射して重ね合わせるという方法に頼らずに，カラー**プリント**（print）という形で，もとの場面の写真再現ができる。このためには，まず三つのネガのそれぞれが異なる色素溶液につけられる。短波長光のみに曝されたネガは黄色の色素を吸収する色素液にひたされ，スペクトルの中波長の光のみを透過するフィルターを使って撮影されたネガは青赤（マゼンタ）の色素の液にひたされ，長波長を透過するフィルターを使って撮影されたネガは青緑（シアン）の色素の液にひたされる。光の露出が少なく，したがって，銀の沈着粒子が少ないフィルム上の部分は，銀の粒子が多い部分より，色素をより多く吸収する。もし，これらの色づけされたネガが特別な白いコピー用紙にきちんと重ね合わされると，いわゆる「延べ棒」方式で，それぞれの色素が一つずつ，ネガからその白い紙に転写され，**色素転写プリント**（dye transfer print）ができあがる。

　上で記述されたもとの場面に再び言及すると，緑のセーターから一番多くの光を受けたネガは，この部分が一番黒く，したがって，マゼンタの色素をほとんど吸収しない。他方，緑のセーターの部分でスペクトルの中波長の光をほとんど吸収しない他の二つのネガは，それぞれ多量の黄色と青緑（シアン）の色素を吸収する。「白色」光のもとで見ると，三つの重ね合わされた色素の層は，セーターの部分で緑に見えるであろう。どうしてであろうか。理由は減法混色

＊　これらのネガは，特別の「マトリックス」（基盤）タイプである。

がここで扱われているからである。黄色とシアンの色素はスペクトルの中波長以外のすべての波長を吸収し，それ故，スペクトルの真ん中の波長は反射される。そして，周知のように，スペクトルの真ん中の光は緑に見える。似たような分析をもとの場面の他の要素に対しても行うことができる。ただ，われわれが覚えておく必要があることは，シアン色素は，写真から反射されたり透過されたりする長波長の光の量をコントロールし，マゼンタ色素は，反射されたり透過されたりする中波長の光の量をコントロールし，黄色の色素は，反射されたり透過されたりした短波長の光の量をコントロールする，ということである（8章参照）。

手間のかかる加法投射技法や色素転写プリント方法は高度のプロの技術を必要とするが，これらの方法の代わりに，現代のカラー写真は，**統合的トライパック**（integral tripack）と呼ばれるものにまとめられた減法混色に主に依拠している。統合的トライパックの本質は三つのフィルム層があることであり，それらの層は，フィルターを組み合わせて別個のネガを得ることについて述べたように，スペクトルの異なった部分から三つの別個のイメージを記録する。一番上の層は短波長の光に，二番目は中波長の光に，一番下の層は長波長の光に対してそれぞれ感度がよい。これがわれわれの大部分のカメラで使っている種類のカラーフィルムである。一度の露出で三つの異なる像がフィルムの三つの層に焼き付けられる。このフィルムが現像されると，色素カプラーと呼ばれる色素を作る化学物質が三つの層のそれぞれで放出され，もともと記録されてはいたが潜在していた像は，黄色，マゼンタ，シアンに変化する（ある多層のフィルムでは，色素カプラーはフィルムの感光乳剤そのものに結合されている）。フィルム上の色がもとの場面の色のように適切に色づけられて見える理由の分析は，色素転写プリントの場合とまったく同じである。

カラー写真はしばしば色付きの対象をうまく再現する（大変悪いときもある）。しかし，カラー写真の目標がフィルムの上に対象の色と正確に一致する色を再現することだとすると，これは成し遂げられることではない。というのは，まず，三つの感光乳剤層の感度が平均的な人間の眼の感度と正確に同じものでなければならないだろうし，人間の眼と同じような応答比ですべてのエネルギー分布に応答しなければならないであろう。さらに，事態を複雑にすることは，感光乳剤の感度が色素濃度に変換されねばならず，そのときの色素濃度

の変化は，理論的に理想的なフィルムの感光乳剤の変化と，人間にとっては同じでなければならないだろう，という点である．

カラーフィルムによる色再現で見られる困難な点を理解するためには，正常色覚者と色弁別のすぐれた異常三色型色覚者との前述の比較を考えてみるだけでよい．異常三色型色覚者は，色覚正常者とは異なる視覚受容器感度をもっているので，正常な人が見る色を「再現」しない．正常者が見る黄色は，「色弁別のすぐれた」第二色弱者には緑色がかって見え，色弁別のよい第一色弱者には赤みがかって見えるであろう．もし人間の正常な視物質とは異なるフィルム感度で，ある場面が記録されると（フィルムの色素変換は適切であると仮定して），正常な観察者はもとの場面の色と再現された色とが一致しないと報告するだろう．

厳密な分析によると，一般的に見事に色を再現しているように見える場合でも，そこにはいろいろな問題がある．平均的な眼には異なって見えるいくつかの広帯域分布は，カラーフィルム上ではしばしば同じに見える．人間の眼には明らかないくつかの色の違いをカラーフィルムでは区別できない．さらに前にふれたように，ある光分布は必ずしも現実の場面とフィルム上で同じに見えない．インスタントフィルム出現以前には，この種の比較は難しかった．来客はすでにだいぶ前に帰ってしまっており，休暇でおとずれた土地ははるかかなたであった．しかし，今ではインスタントカメラからできあがった写真を取り出し，眼の前の被写体と比較することができるので，両者の食い違いを簡単に判断することができる．さらに，われわれは記憶に頼らなくとも，昼間光のもとでは視覚的には同じように見えても，分光反射率の異なる対象が（昼間光のもとでの条件等色）フィルムの上では等しく見えないことを確認することができる．

さらに，いくつかの問題に言及しなければいけない．一つには人間の眼とは異なり，フィルムは一定の固定された感度をもつという事実である．さまざまなタイプの照明に順応する（15章参照）人間の視覚系とは異なり，フィルムの感光乳剤の感度のバランスは一種類の照明用に調整されている．たとえば，昼光と白熱電球のような異なる照明についてフィルムメーカーが推薦する適切なフィルターを使わないと，1日のそれぞれの時刻で，異なった照明のあてられた情景は大変違ったものとしてフィルムに写し取られてしまうだろう．これ

は，眼や視覚系が調整・補正されて近似的な色の恒常性が維持されるのと対照的である。

　ある場面を小さく再生したものを見るときは，たとえ，もとと再現されたものの個々の要素が測色的に正確に一致していても，異なった大きさの同じ対象を扱っていることを忘れてはならない。大きさの違いによる色相差と飽和度差がある（13章）だけでなく，対比効果を生みだす神経系における空間的相互作用も，もとの場面を見たときとその再現されたものを見たときでは異なる。以上のことは，色の恒常性が成り立つための重要な変数である。

　われわれが無視することができないもう一つの事実は，どんな場面や人物が写真に撮られたときでも，カメラに投影されて，フィルム上に記録された領域は写真を撮る人が見た視領域のほんの一部分であるということである。したがって，現実の世界の興味の対象物は，比較的大きな領域に囲まれているが，カラープリントやスライドの上では，周辺領域は比較的小さい。さらに，プリントの周辺は元の場面の周辺とは大きく違っていて，広がった空の代わりにテーブルの表面などを見ることになる。

　実際の場面と写真に撮った場面の相違は，プロの写真家や注意深いアマチュアにはよく知られている。影をつけたり消したりするための2次光源の操作に主に関連したさまざまな「トリック」があり，自然と写真の間の相違を相殺するのに使われるが，それらを論ずるのは，この本の範囲を越えている。

　写真製版による再現についての最良の参考書の一つには，カラー印刷の利用法が以下のようにまとめられている。「広告や包装では色再現が一番よく使われている。広告はさまざまな形をとり，それらは雑誌や新聞，ダイレクトメール，カタログ，カレンダー，ショーウィンドウ，広告の立看板などである。包装された品物，特に食品では，通常は色再現されたものが包装やラベルの上にかかれている。雑誌や本の図が2番目に多い。グリーティング・カードがその次で，最後に比較的量が少ないが，美術における色再現が来る」。これらの目的から明らかなように，カラー印刷では通常，同じオリジナルからたくさんのコピーを作っている。

　印刷を用いて，色付きのオリジナルを再現するのは，カラー写真と同じ原理に基づいている。三つの異なった種類の写真製版が一般に使われる。これらの製版は，(1)浮き彫りまたは凸版印刷，(2)平板印刷またはリトグラフ，

(3) 凹版印刷またはグラビア印刷である。技術的な詳細と手続きはこれら3種で異なるが，共通している面は，再現されるべき元の場面や素材が，通常，写真のカラースライド（または絵）になっているという点である。このカラースライド自体が写真に撮られ，その印刷版は適宜インクを塗られ，そのインクが印刷用紙に転写されるのである。

　カラー印刷をカラー写真から区別するもう一つの点は，**ハーフトーン版** (half tone screens)（網版）を使用することである。白黒印刷では，この技法で黒い部分，白い部分，さまざまの中間の灰色を記録し，印刷できる。元の写真フィルムそれ自体が写真に撮られて，ハーフトーン（網版）のネガが作られるときは，細かな網目のスクリーンがカメラにはさまれ，そのために，元のイメージが小さな点に分けられる。最終的な印刷物は小点からでき上がっており，その点はもとのイメージの黒さ，灰色，白さの程度に応じて変わる。もとが黒いところでは点は大きく，白いところでは点はなく，灰色のところでは中間の大きさである。普通に眺めると，点は区別できないほどに小さく，本質的には点描法の混色事態におけるのと同様に（8章参照），白に対する黒の比が再現における見えを決める。大きな黒点が優勢であると黒く見え，黒点が皆小さいと明るい灰色や白が見える。新聞，雑誌，または本の写真を虫メガネで見ると，この小点構造がよくわかる。

　色を再現するときにも，ハーフトーン（網版）のネガが作られるが，今度はその過程が三度繰り返される。3個の異なった色選択フィルターがその都度カメラに挿入されるが，一つは主に長波長を，次は中波長の光を，3番目は短波長を透過する。もとのスライドはハーフトーン（網版）の格子スクリーンを通して撮影され，三つの写真用の版ができ上がり，一つはシアンのインクで，2番目はマゼンタのインクで，3番目は黄色のインクで彩色される。写真の場合の色素転写法と同様に，これらの三つのインクが紙，つまり印刷のためのページに転写される。

　われわれが眼にする色は主に三つの色が重なり合ったところで生じる減法混色の結果である。しかし，点描法的な加法混色の面も少しある。

　この極端に短い要約では，カラー印刷の複雑な面や，ここ数十年になされてきたすばらしい技術的進歩をとても伝えることはできない。多くの進歩は経験的なものであり，たとえば，シアン，黄，マゼンタの版に黒インクの版を加え

ることによってカラー印刷は改良され，高度の忠実性を得るために四色刷法が使われているということは周知の事実である。科学技術と工学技術が色再現についての写真製版法の改良に駆使された理由は，この改良が商業や事業において大変重要な役割を果たしているためである。こうした改良は，3色の色別のネガの性質，色付きのネガを修正し改良する方法，コンピュータ制御を用いたカラーインクのバランスの調整などに関するものであり，これらはすべてわれわれの眼に提示される刺激を操作することに関連している。いかに際立っていて巧妙であっても，これらの方法から眼の働きについて学ぶべきことは何もない。

カラーテレビジョンは空間的そして時間的に行われる加法混色に基づいている。空間的側面とは点描法的またはモザイク状混色のことである（8章）。カラーテレビのCRT（ブラウン管）の表面は，無数のクラスターから成り，一つのクラスターは蛍光体の三つのドットから構成されている。テレビがついているとき，虫メガネでこのカラーテレビの画面を見ると，これらの小さな蛍光体のドットは赤，緑，青の蛍光体であることが分かる。ドットは，非常に小さくしかも密集しているので，眼の網膜の上に投影されたとき，一点一点として分かれない。空間的に分離されてはいるが，これらのドットは事実上，網膜の同じ部分に投影され，混合される。カラーテレビにおける混色の時間的側面とは，網膜の同じ位置で色の異なる蛍光ドットが発色しながら非常に速く交代しており，実際にはあまりにも速いので，融合が生じているという事実に由来する。

テレビ画面上の色を元の場面の色にそっくり似たものにしようとするなら，その元の場面を撮影するテレビカメラがすべての色を適切に記録し，その結果を長距離にわたって伝送するということが必要である。われわれは，今述べたことを可能にする技術的そして電気的「魔術」に，カラー写真やカラー印刷の技術的な詳細に払った以上の関心を払う必要はない。予測しうることは，原理は同じであろうということであるが，実際に，原理は同じである。

元の場面は基本的には3個のテレビカメラで撮影される。一つは長波長光に敏感であり，次のものは中波長光に敏感であり，3番目のものは短波長光に敏感である。実際には，1台のカメラがあるだけだが，ビーム・スプリッティング・ミラーを用いて，入射光は，三つのスペクトル的に選択的なフィルターを

通して3個のカメラ・チューブ（撮影管）に投影される。テレビ局から発信された個々の信号は受信地で受けとられ、そこで信号は3組の小さな電圧に変換される。これらの電圧が、3個の個々の電子「銃」からの電子発射をコントロールする。それぞれの電子銃は、もともとの3個のフィルターの一つに対応している。電子銃は正確に方向づけられ、かつ走査するように調整され、その結果、受像機の表面上にある赤、緑、青の蛍光体のクラスターが適切な電子銃からの電子によって励起される。蛍光体の励起の程度は、電圧信号の強さに関連し、そして信号の強さは異なる波長選択性をもった3個のカメラが元の色つきの場面に応答する程度によって決まるので、結局、この色再現では、3変数の点描法的な混色が扱われていることになる。

効率を良くするために、カラーテレビの伝送工学では、1個のカメラからの信号を明度もしくは明るさを記録するのに使用し、二つの差信号を最終的な色記録をコントロールする電圧を変化させるのに使用する。この信号伝送は、したがって、人間の視覚系における光化学的吸収の後で、神経信号がコントロールされる様子に類似している。その設計上の類似性は、視覚理論がテレビの設計に影響したためではなく、その逆でもない。一つの無彩色信号と二つの有彩色の差信号に基づく視覚系の理論的なモデルは、技術者がこのモデルの電子工学的信号化を採用するだいぶ前に提唱されていた。これらの信号化の様式を採用した理由は、信号の帯域という技術的な問題と、情報を電子工学的に伝送する効率に完全に関連している。それは、われわれの視覚のメカニズムがどのように働いているかという知識とは関係ない。

カラーテレビの加法混色システムによって、もとの場面が測色的観点からみて完全に再現されるだろうか。答えは「いいえ」であり、それは、われわれが今混色について知っていること（9章、20章参照）から出てくる。

カラーテレビで使われる三つの異なった蛍光体は、それぞれ青、緑、赤に見えるスペクトル領域に発光ピークをもつ。もっと正確に言うと、それらは、少し飽和度がおちた青、少し飽和度がおちた黄緑、黄赤の蛍光体である。20章で述べたように、三つの原刺激によって囲まれた三角形のなかには、今使われている蛍光体で等色されうる、すべての色度が含まれる。注意してほしいのは、カラーテレビのシステムは、スペクトル色やこの混色三角形の境界外にある色を再現できないということである。

なぜ，緑と青に見え，スペクトル軌跡に近い蛍光体を探すべきではないのかという問いに答えるのが適切なようだ。その答は，そうすることによって原刺激に囲まれる刺激全領域は増えるであろうが，蛍光体がスペクトル軌跡に近付くほど，そのスペクトル発光曲線は狭くなるので，明るさレベルでの欠如という犠牲を払わなければならない（このことは色度の図からは明らかでない）からである。光強度のレベルを上げるためには，放射エネルギーがもっと必要となり，出費がかかりすぎる。それゆえ比較的広い帯域の蛍光体が使われているのである。

2番目の問いは，色三角形内の色の再現がどれだけ忠実か，である。ここで，蛍光体の最終的な出力をコントロールする，テレビカメラの三つの分光感度の特性が，根本的に考えられねばならぬこととして介入してくる。われわれが知っていることは，正確な等色のためには，三つのカメラの感度がマイナスの量をもつ必要があるだろう，ということである（9章での完全等色事態の考察を参照のこと）。このことは，さらに三つのカメラを使わずには，電子工学的には不可能である。この難点は，追加のカメラを使わず，賢明な電子工学的回路を用いて，ある程度解決されている。しかし，依然として，現在達成されている色全域の周辺部では，再現されている色は，正確には，もとの色には一致しえない。

カラー写真とカラーテレビでは，それを知覚する際に順応がどのように色再現に影響するかという問題もある。カラー写真の最終的なプリントを眺めるのとは異なり，テレビの画面上の絵は，室内光の反射によって見えるのではなく，むしろ室内光から遮断されている。テレビを眺めるときの主要な順応は，むろん，テレビ画面それ自体を通して伝えられる光と使われている室内照明との間の組合せによって決定される。この室内照明は，自然に近いものであれ，スタジオのセットであれ，もとの場面での照明とは必ずしも一致しない。もし，テレビを見ている場の照明が主に黄色っぽく，スタジオでの照明も黄色っぽいなら，テレビ画面に再現されたスタジオ場面の白は満足がいくものであろう。他方，もしテレビを眺めている部屋の照明が主に青っぽいと，もとのスタジオ場面の白は過度に黄色がかって見えるかもしれない。

もう一つの要因は，テレビ画面の明るさレベルに対する室内照明による周辺照明の全体的レベルである。たとえば，部屋の全体の明るさを上げると，暗い

部屋にテレビセットを置いた場合と比べて，テレビの画面が暗く見える。したがって，周囲の照明が明るいところでテレビ画面の暗い画像を見ている人が，画面の輝度を上げようとするのは，驚くべきことではない。最近の，いくつかの新しいテレビセットでは，異なる周辺照明条件に応じて，テレビの画面の輝度レベルが自動的に補正される。

　カラーテレビの大きさの問題は，カラー写真のときと似ている。相対的な大きさは，観察距離が変わっても同じであろうが，ある場面での刺激要素間の対比的相互作用は明らかに大きさに依存する。

　これらすべての問題点にもかかわらず，ほとんどすべての野球ファンまたはフットボールファンは白黒テレビよりカラーテレビを好む。カラー画面が与えてくれる識別の良さは，色の再現の忠実性よりも重要である。テレビを見ている人は，特に酒場などで見ている人は，時折テレビ画面の野球のダイヤモンドやフットボール競技場が本当の，または人工芝の草のような緑色でなく赤であっても気にせず見ているようである。

　忠実な色再現は，主な関心事が「トロンプ・ルイユ」タイプの画法である芸術家や，伝統的な肖像画の仕事をする人の主要な目標の一つであろう。しかし，たいていのプロの画家は，芸術家でない人が見る「実際の」対象，人物，場面と少ししか似ていない，特異的で個性的な表現をする。事実，現代の抽象表現主義者，ハードエッジの画家 (hard-edge painters)，ポップアーティストは，必ずしも，素人が「本当の」対象とみなすような「主題」に関心がなかったり，それを制作したりすることがないのは明らかである。ここ百年の画家の絵を取り上げ分類するさまざまのカテゴリーを考えると，それらは印象主義，後期印象主義，点描主義，表現主義，野獣主義，立体派，純粋抽象主義，超現実主義，ドイツ表現主義，ダダイズム，アクションペインティング，ミニマルアート，ポップアートなどが挙げられる。以上のグループの芸術家の作品では多くの色再現が行われているが，表現的で忠実な色再現はほとんどない。抽象的な作品には，「神話に合わせられたイメージや独特の個人的な具体化に合わせられたイメージ」が表れているといわれている。Emil Nolde は次のように書いている。「色は画家の素材であり，色はそれ自体の命をもち，泣き，笑い，夢であり，至福であり，熱く，神聖で，恋歌や恋愛詩のようであり，歌，神々しい聖歌のごとくである。ゆれ動いている色であり，銀の鈴のように

鳴り響き，銅の鐘のように鳴り渡り，幸福，情熱と愛，魂，血，死をはっきりと示している」。

しかし，ここに「芸術家はどのようにして色を作り出しているのか」という散文的な問いがある。この問いを検討するには，さまざまな媒体を考慮する必要がある。たとえば，われわれは，白い背景の上に透明な淡彩で描く水彩画を扱っているのか，それとも油絵を扱っているのか，という問題がある。媒体は重要である，というのは同じ色素の混合でも，それらが塗られたときの「厚さ」が異なると，別の結果が出てくるからである。これらの二つの媒体が唯一の例でもない。別の描画法では，テンペラというエマルジョンペイントを使う。乾いた顔料が，水と卵黄または蠟と混合される。フレスコ画法では，粉末の顔料が水と混合され，塗りたての漆喰壁面に塗り込まれる。エンカウスティーク塗料は，蜜蠟を顔料と混ぜて作られ，それを温めて液体化したあと，熱いうちにパレットナイフで塗られる。さらに，グワッシュ絵の具とパステル（または色チョーク）があり，それらを使うときは，顔料が水とアラビヤゴム溶液と混合される。さらに合成アクリル塗料もある。

利用できるさまざまの媒体を考慮に入れたり，顔料は条件によって異なった「振舞い」をするということを考えると，一人の芸術家が，さまざまな色を生み出す方法を一般化できるのだろうか。簡単には一般化できない。新しい色を生み出すための絵の具の混合は非常に複雑である。その結果は，絵の具の分光吸収，使われる絵の具の種類とその絵の具が光をどのように吸収するか，絵の具の相対的透明度または不透明度，その絵の具が塗られる表面の種類に依存する。さらに，芸術家が絵の具を塗る特定の手法も重要である。もし，画家が「ブロークン・カラー」（色を細かい点にして塗る）として知られている方法，つまり，異なる色の絵の具の小さな一塗り一塗りによって，「さまざまの色付きドット（小点）のコンフェッティ（confetti）〔訳注〕」を生み出す方法で絵の具を使うと，その画家は点描法と呼ばれる方法を使っていることになり，そこでの混色は加法混色である。

パステル・チョークの性質と，それが使われる表面の肌理のため，パステルも加法混色を生み出す。たとえば，黄色と青のパステルをざらざらした紙の上

訳注：紙ふぶき状の色の集まり。

に塗ると，二つの色相は別々の色の点となり，点描法での絵の具と同様に働く傾向がある．この場合の色の印象は，たいていの場合の加法混色のように，ほぼ灰色であり，減法混色のときのような緑になることはない．もちろん，パステルを指先でぬりつけたり，混ぜたりすれば，減法混色が生じる．

　油絵やアクリル画を描く画家には膨大な数の絵の具が用意されている．その絵の具の名前や数は非常に多いが，普通の画家は12から20種類の絵の具に落ち着く．しかし，その数には人によって大きな差があり，Gilbert Stuart は，自画像をたった7色で描きあげたが，Ingres のパレットには27色あった．いずれにせよ，画家は，絵の具を混ぜて自分が望むいくつかの色相，明るさ，飽和度を作り出す．そこでの一般的な原理は，カラー写真とカラー印刷のときとちょうど同じように，減法混色である．減法混色の簡単な例は，8章で詳細に論じられた．黄色の絵の具は中波長光と長波長光を反射し，青やすみれに見える短波長光を吸収する．青く見える絵の具は，短波長光と中波長光を反射し，黄色，オレンジ，赤と関連する長波長光を吸収する．したがって，混合されたとき，黄色と青の絵の具のどちらにも吸収されない光は中波長光であるので，この混合は緑に見える．

　以上の論議は，画家が数個の適切に見える絵の具を選べば，それですべてがうまく行く，ということを意味しているのではない．たとえ，減法規則により，黄色と青の絵の具を混合すれば緑が生ずるとしても，黄色または青に見えるすべての絵の具でこれができるというわけではない．黄色に見える絵の具と青に見える絵の具は，また同時に緑を引き起こすのに必要な中波長光を反射しなければならない．したがって，レモン・イエローの絵の具をプロシアン・ブルーと混合すると，両者はスペクトルの全域の光を反射するので，さえた緑ができるが，群青色とクロム・イエローを混合すると，鈍い緑ができる．また，カドミウム・イエローをコバルト・ブルーと混合すると緑ができるが，それはカドミウム・イエローをビリジアンという青味がかった緑の絵の具と混ぜたときにできる色と比較して見劣りがする．

　一般的にいって，分光吸収が異なる非常に多くの絵の具があるので，ある一つの色をつくり出すためには，多くの方法がある．さらに，絵の具によっては混合が有用な結果とならないものがある．初心者のために，文字どおり数百冊もの本と多くの理論があるが，多くは理解しにくく，すぐさま利用できるわけ

ではない*。色の異なる絵の具が無数に利用できるのを考えると，以上のことは驚くべきことではないが，これによって，ある望ましい結果を得るためには，絵の具をどのように混合すればよいかに関する数個の単純な原理を明確化するのが難しくなっている。おのおのの画家は，自分の経験と試行錯誤によって，特定の絵の具を混合し，調整する方法をあらためて学ばねばならない。

何年も前に彩色の問題に取り組んだ，数少ない視覚科学者のひとりに，H. E. Ives がいる。彼は減法混色の場合のパレットを加法混色の結果と比較することによって，有用な分析を行った。Ives は絵の具に関する広範囲なスペクトル分析に基づいて，基本的な黄，シアン，マゼンタの絵の具として使えるであろう，三つの耐久性の良い絵の具を示唆することさえ行った。彼が選んだ三つの色素は，非常に薄いカドミウムイエロー，中国青，ローダミン6Gのリンモリブデンタングステン酸の深紅色であった。亜鉛白と一緒に使うことによって，Ives は非常に多くの鮮やかな色を生みだし，「自然主義の」画法に必要な膨大な数の色を適切に使うことができることを示した。アメリカの画家，Maurice Grosser は，彼の楽しくかつすばらしい *Painter's Progress* という本のなかで，Ives が推薦するパレットを大いに賞賛している。しかし，画家として Grosser は，Ives の四つの色素のパレットに改良を加えるため，ちょっとした「細工」と彼自身が呼ぶものを使う方法を提案している。Grosser が行ったことは，赤やオレンジを良く見せるために，カドミウム赤を加えるということであった。

色よりも描き方が重要である，ということは言い古されたことであろう。芸術は私の専門ではないので，この点について長々と論じることはしないが，Grosser の簡潔な言葉を引用すると以下のようになる。「色についての唯一の指針は色を使うことである。そして，熟練した人にのみ分かる細かい差と相互関係を区別できるようになるまで，そして，画家が心に抱くまさにその色調を，瞬間的に，どのようにしたのかを意識することなしに絵筆の先に再現できるようになるまで絵の具に取り組むことである。これには，時間がかかり，習練が必要である。たとえ，どんなにすぐれた色感覚が若い画家に賦与されてい

---

*　ここでは Kandinsky のような画家の意見は考慮していない。彼らは音楽と色との間の類似に注目し，画家は色を用いて「内なる必然性」を解き放ち，「精神の振動」を引き起こすことができると信じている。

ても，その正確な表現力は，彼が身につける最後の技術の一つである」．

画家は，色パレットの適切な選択，そして絵の具の適切な混合法といったことの外に多くの問題に直面する．そのいくつかを簡単に振り返ってみよう．

色の恒常性の問題は，重要な問題の一つである．現実の世界では，色の恒常性がほぼ成立することをすでに見てきた．広範囲の異なった照明に対して，視覚系が十分な補正を行うので，われわれは，大部分の色付きの対象は，本質的には，色の同一性を保っていると認識する傾向がある．しかし，たとえば，何人かの印象派画家の戸外主義の絵を考えてみると，彼らがキャンバスの上に表現しているものは，彼らの瞬間的な印象であり，このことは，陸の風景，海の風景，物体の表面における光と色の微妙な変化が，異なる絵に捕らえられているということを意味する．これらの変化は，朝から晩まで，一日中起きているが，物体の色のおおよその恒常性を強調する際に，多くの人はその変化を無視する傾向がある．絵への照明が，もとの場面での光からあまりにもかけ離れていると，画家がキャンバスの上に描こうとゆず努めた微妙な変化は，もちろん（ときには大きく）変わってしまう．印象派であれ，具象派であれ，戸外主義の画家は，ある場面を描いている間，その場での照明と完成後に予期されるギャラリーや家庭での照明との違いを調整するために，適切に色を扱うことができなければならない．

周知のように，色相は照明レベルによってある程度変化し，色対比効果はいつも働いている．一つの絵画が含む反射率の全範囲は，屋外のもとの場面に存在する範囲のほんの一部であるので，画家は描いているときに，望んだ視覚効果がキャンバスからの制限された反射率の範囲のなかでも生じ，家庭やギャラリーといった観賞状況での制限された照明範囲のなかでも生ずるように，知覚的な巧みさと画法上の巧みさを駆使しなければならない．

画家が描くどの絵画においても，「対比問題」に直面する．どんな絵の具がキャンバスに塗られるときでも，隣接して塗られた色に応じてその絵の具は「調整」されねばならない．一つのことが確かであり，それはパレットの上と，キャンバスの上では色が異なって見えやすいということである．13章でみたように，対比的相互作用は複雑であり，その効果は視覚系における相互の空間的相互作用で決まる．したがって，キャンバス上のすべての色の付いている要素の間で相互作用が生ずる．同化効果は絵画においてしばしば意図的に使われ

るが，それは，また，画家の意図に関係なく生ずることもある。知覚的には一様に見える，色が付いた領域を作り出すために，画家は非常にしばしば意図的に不均一を取り入れるし，また，ときどきは，色付けられた表面を鮮やかにするために対比の影を取り入れたりする。

対比効果は，ギャラリーの壁に絵を並べてかけるときにも考慮されなければならない。それぞれの絵の色が隣の絵の色の見えに影響を及ぼすかもしれず，その逆も同様である。絵自体の明るさと暗さに対するギャラリーの壁の明るさや暗さを考慮することも重要である。明るい壁は絵の色を暗くし（もっとも色の飽和度は高められるだろうが），暗い壁は絵の色を明るくする傾向がある。

二次元の再現において三次元という錯覚を画家が作りだそうとする方法に関連する問題は，色がどのように使われるか，特に表象的・具象的な絵の場合にどのように使われるか，という問題をさらに複雑にする。たとえば，画家は，風景の距離の錯覚を引き起こすために，飽和度の低い青をよく使う。遠くの景色は，大気によって光線が物理的に散乱されるので，しばしば青くかすんで見える。透視画法と細部の消失とともに，このかすみを表すために青を適切に使って遠方の対象を描くと，画家は二次元の壁に掛けられた平らな二次元のキャンバスの上にはっきりした三次元の世界を作り出すことができる。

視覚科学者が美術について言わなければならないことは，一方では，いくつかの技術的な問題にのみ関係があるが，他方では，視覚芸術家がわれわれの視知覚をコントロールするために成し遂げたものに関して，視覚系の理解に基づいた分析を提供する。芸術ならびに芸術家たちが，われわれの世界について，またそれに対するわれわれの経験の仕方 —— それらがわれわれに告示しようとしている方式 —— について，是非伝えなければならないとしている事柄は，大方の価値体系において，究極的にはきわめて重要である。

基礎文献

Albers, J. 1963. *Interactions of Color*. Yale University Press, New Haven, Conn.

Arnheim, R. 1974. *Art and Visual Perception*. A Psychology of the Creative Eye (new version). University of California Press, Berkeley, Calif.

Evans, R. M. 1948. *An Introduction to Color*. Wiley, New York.

Evans, R. M. 1959. *Eye, Film and Camera in Color Photography.* Wiley, New York.

Grosser, M. 1971. *Painter's Progress.* Potter, New York.

Hunt, R. W. G. 1975. *The Reproduction of Colour.* Photography, Printing and Television, 3rd. ed. Wiley, New York.

Ives, H. E. 1934. Thomas Young and the simplification of the artist's palette. *Proc. Phys. Soc. Lond.* 46: 16–34.

Jameson, D., and Hurvich, L. M. 1975. From contrast to assimilation: In art and in the eye. *Leonardo 8*: 125–131.

Judd, D. B., and Wyszecki, G. 1975. *Color In Business, Science and Industry,* 3rd ed. Wiley, New York.

Kowaliski, P. 1977. The Spectral Sensitivities of Color-Reproduction Systems. In F. W. Billmeyer, Jr., and G. Wyszecki (eds.), *AIC Color 77.* Hilger, Bristol.

MacAdam, D. L. 1951. Quality of color reproduction. *J. Soc. Mot. Pict. Telev. Eng.* 56: 487–512.

Maxwell, J. C. 1855. Experiments on colour, as perceived by the eye. With remarks on colour-blindness. *Trans. Roy. Soc. Edinb.* 41: 275–298.

Printing Color Negatives. 1978. Pamphlet No. E-66. Eastman Kodak Co., Rochester, N.Y.

Protter, E. 1971. *Painters on Painting.* Grosset & Dunlap, New York.

Yule, J. A. C. 1967. *Principles of Color Reproduction.* Wiley, New York.

図版出典一覧（謝辞）

2章
1 F. L. Dimmick, 1948. In *Foundations of Psychology*, E. G. Boring, H. S. Langfeld, and H. P. Weld (eds.), Wiley, New York. による.

3章
1 C. Rainwater, 1971. *Light and Color*, Golden Press, New York. Copyright © 1971 by Western Publishing Company, Inc. による.
2 J. E. Kaufman, 1972. In *IES Lighting Handbook*, 5 th Ed., J. E. Kaufman (ed.), Illuminating Engineering Society, New York. による.
4a D. B. Judd, 1952. *Color in Business, Science and Industry*, Wiley, New York. による.
4b J. A. C. Yule, 1967. *Principles of Color Reproduction*, Wiley, New York. による.
11 C. Rainwater, 1971. *Light and Color*, Golden Press, New York. Copyright © 1971 by Western Publishing Company, In. による.
13 G. Wyszecki and W. S. Stiles, 1967. *Color Science*, Wiley, New York. による.

4章
14 L. T. Troland, 1930. In *The Principles of Psychophysiology*, Vol. 2, D. Van Nostrand, New York. による.

5章
2 D. Jameson and L. M. Hurvich, 1955. *Journal of the Optical Society of America* 45 : 546–552. から引用.
3-11 D. Jameson and L. M. Hurvich, 1955. *Journal of the Optical Society of America* 45 : 546–552. による.
12 L. M. Hurvich and D. Jameson, 1953. *Journal of the Optical Society of America* 43 : 485–494. による.
13 G. Wagner and R. M. Boynton, 1972. *Journal of the Optical Society of America* 62 : 1508–1515. による.
14, 15 L. M. Hurvich and D. Jameson, 1957. *Psychological Review* 64 : 384–404. による.

6章
2 L. M. Hurvich and D. Jameson, 1955. *Journal of the Optical Society of America* 45 : 602–616. による.
3 D. McL. Purdy, 1937. *American Journal of Psychology* 49 : 313–315. による.
4 L. M. Hurvich and D. Jameson, 1958. *In Visual Problems of Colour*, Vol. II, Chapter 22, pp. 691–723. Her Majesty's Stationery Office, London. から引用.

7章

2a L. M. Hurvich and D. Jameson, 1955. *Journal of the Optical Society of America* *45* : 602-616. による.
2b L. A. Jones and E. M. Lowry, 1926. *Journal of the Optical Society of America 13* : 25-34. による.
2c D. Jameson and L. M. Hurvich, 1959. *Journal of the Optical Society of America 13* : 25-34. による.
3 L. M. Hurvich and D. Jameson, 1956. *Journal of the Optical Society of America* *46* : 416-421. による.

8章

2 J. C. Maxwell, 1960. *Philosophical Transactions of the Royal Society of London* *150* : 57-84. による.
4 D. Jameson and L. M. Hurvich, 1955. *Journal of the Optical Society of America* *45* : 546-552. による.

9章

1 L. M. Hurvich and D. Jameson, 1957. *Psychological Review 64* : 384-404. から引用.
2 J. C. Maxwell, 1860. *Philosophical Transactions of the Royal Society of London* *150* : 57-84. による.
3 G. Wyszecki and W. S. Stiles, 1967. *Color Science*, Wiley, New York. から引用.
4 D. B. Judd, 1966. *Proceedings of the National Academy of Sciences USA 55* : 1313-1330. による.
5 W. D. Wright and F. H. G. Pitt, 1935. *Proceedings of the Physical Society (London) 47* : 205-217. による.
6 W. D. Wright, 1972. In *Handbook of Sensory Physiology*, Vol. 7/4, D. Jameson and L. M. Hurvich (eds.), Springer-Verlag, Berlin. による.

10章

3 S. L. Polyak, 1941. *The Retina*, University of Chicago Press, Chicago. から引用.
6 W. H. Miller, 1979. In *Handbook of Sensory Physiology*, Vol. 7/6 A, H. Autrum (ed.), Springer-Verlag, Berlin. から引用.
8 D. Jameson, 1972. In *Handbook of Sensory Physiology*, Vol. 7/4, D. Jameson and L. M. Hurvich (eds.), Springer-Verlag, Berlin. から引用.
10 P. K. Brown and G. Wald, 1964. *Science 144* : 45-52. による.
12 J. E. Dowling and B. B. Boycott, 1966. *Proceedings of the Royal Society (London) B 166* : 80-111. による.
14 S. W. Kuffler and J. G. Nicholls, 1976. *From Neuron to Brain*, Sinauer, Sunderland, Mass. から引用.

11章

2 D. Jameson and L. M. Hurvich, 1968. *Journal of the Optical Society of America* *58* : 429-430. による.

12章

1 H. K. Hartline, 1938. *American Journal of Physiology 121*: 400-415. による.
2 E. F. MacNichol Jr., and G. Svaetichin, 1958. *American Journal of Ophthalmology 46*: 26-40. による.
3 G. Svaetichin et al., 1963. *Acta Cientifica Venezuela Suppl. 1*, 135-153. から引用.
4 E. F. MacNichol Jr. et al., 1973. In *Colour 73*, The Second Congress of the International Color Association, Hilger, London. から引用.
5 R. L. De Valois et al., 1966. *Journal of the Optical Society of America 56*: 966-977. から引用.
7, 8 R. L. De Valois and K. K. De Valois, 1975. In *Handbook of Perception*, Vol. 5, E. C. Carterette and M. P. Friedman (eds.), Academic Press, New York. による.

13章

6, 7b L. M. Hurvich and D. Jameson, 1960. *Journal of General Physiology 43(6)* (Suppl.): 63-80. による.
8-11 D. Jameson and L. M. Hurvich, 1961. *Journal of the Optical Society of America 51*: 46-53. から引用.
15a J. E. Dowling and F. S. Werblin, 1969. *Journal of Neurophysiology 32*: 315-338. による.
16 L. M. Hurvich and D. Jameson, 1974. *American Psychologist 29*: 88-102. による.
17 P. H. Lindsay and D. A. Norman, 1977. *Human Information Processing*, 2nd ed., Academic Press, New York. による.
18 S. W. Kuffler, 1953. *Journal of Neurophysiology 16*: 37-68. による.
19 L. M. Hurvich and D. Jameson, 1974. *American Psychologist 29*: 88-102. による.
20 D. Jameson, 1975. *Color Vision*, John F. Shepard Memorial Lecture, University of Michigan. による.
21 I. Abramov, 1972. In *Handbook of Sensory Physiology*, Vol. 7/2, M. G. F. Fuortes (ed.), Springer-Verlag, Berlin. による.
22 D. H. Hubel and T. N. Wiesel, 1960. *Journal of Physiology (London) 154*: 572-580. から引用.

14章

6 R. L. De Valois and K. K. De Valois, 1975. In *Handbook of Perception*, Vol. 5, E. C. Carterette and M. P. Friedman (eds.), Academic Press, New York. による.
9 C. von Campenhausen, 1968. *Zeitschrift für Vergleichende Physiologie 60*: 351-374. による.

15章

1, 2 D. Jameson, 1972. In *Handbook of Sensory Physiology*, Vol. 7/4, D. Jameson and L. M. Hurvich (eds.), Springer-Verlag, Berlin. による.
3-7 D. Jameson and L. M. Hurvitch, 1956. *Journal of the Optical Society of America 46*: 405-415. による.
8 W. D. Wright, 1969. *The Measurement of Colour*, Van Nostrand Reinhold, New York. から引用.
10a R. A. Weale, 1951. *Journal of Physiology 113*: 115-122. から引用.

13a　L. A. Riggs et al., 1953. *Journal of the Optical Society of America 43* : 495-501. による.
13b　R. M. Pritchard et al., 1960. *Canadian Journal of Psychology 14* : 67-77. による.
14　S. L. Polyak, 1941. *The Retina*, University of Chicago Press, Chicago. による.

16章

1　L. M. Hurvich et al., 1968. *Perception and Psychophysics 4* : 65-68. による.
2, 3　D. Jameson and L. M. Hurvich, 1956. *Journal of the Optical Society of America 46* : 1075-1089. による.
4　I. Schmidt, 1955. *Journal of the Optical Society of America 45* : 514-522. による.
5, 7, 9-11　D. Jameson and L. M. Hurvich, 1956. *Journal of the Optical Society of America 46* : 1075-1089. から引用.
12　M. P. Willis and D. Farnsworth, 1952. Medical Research Laboratory Report, Bureau of Medical Surgery, U.S. Navy Department, Washington, D.C. による.
13, 14　D. Jameson and L. M. Hurvich, 1956. *Journal of the Optical Society of America 46* : 1075-1089. から引用.

17章

2　C. H. Graham and Y. Hsia, 1958. *Science 157* : 675-682. による.
3　C. H. Graham and Y. Hsia, 1958. *Science 157* : 675-682. による. 二色型第二異常色覚のデータは, F. H. G. Pitt, 1935. *Characteristics of Dichromatic Vision*, Her Majesty's Stationery Office, London. から引用.
6　L. M. Hurvich and D. Jameson, 1955. *Journal of the Optical Society of America 45* : 602-616. による.
8　R. G. Cameron, 1967. *Aerospace Medicine 38* : 51-59. による.
10　L. M. Hurvich and D. Jameson, 1955. *Journal of the Optical Society of America 45* : 602-616. による.

19章

1　J. F. Horner, 1876. *Amtlicher Bericht über die Verwaltung des Medizinalwesens des Kantons Zürich vom Jahr 1876*, 208-211. による.

20章

1　D. B. Judd and G. Wyszecki, 1975. *Color in Business, Science and Industry*, 3rd ed., Wiley, New York. による.
2　D. Nickerson, 1961. *Munsell Color System*, Intersociety Color Council. Rochester, N.Y. から引用.
3, 4　D. B. Judd and G. Wyszecki, 1975. *Color in Business, Science and Industry*, 3rd ed., Wiley, New York. による.
5　R. L. Kelly and D. B. Judd, 1976. *Color : Universal Language and Dictionary of Names*, National Bureau of Standard (U.S.), Washington, D.C. による.
6　R. W. Burnham, 1952. *American Journal of Psychology 15* : 603-608. による.
13　D. B. Judd and G. Wyszecki, 1975. *Color in Business, Science and Industry*, 3rd ed., Wiley, New York. による.
14　D. Nickerson, 1979. 私信. による.

色図版

- 1-1 E. S. Ross. 撮影.
- 1-5 The Inmont Corporation, Clifton, N.J. の好意による.
- 2-3 G. Braque, "Poster with Red Birds." © by ADAGP, Paris, 1981.
- 8-2 T. N. Cornsweet, 1970. *Visual Perception*, Academic Press, New York. から引用.
- 13-2 V. Vasarely, "Arcturus." © by ADAGP, Paris, 1981 および the Hirshhorn Museum and Sculpture Garden, Smithsonian Institution. の許可を得た.
- 13-3 C. L. Musatti, 1957. *Problèmes de la Couleur*, Service d'Edition et de Vente des Publications de l'Education Nationale, Paris. から引用.

監訳者解説

　本書は1981年に出版されたハーヴィッチ（Hurvich）博士による *Color Vision* の全訳である。本書の特徴はハーヴィッチ博士と彼の夫人であるジェイムソン博士との共同研究を中心とする反対色説の解説とそれに密接に関係する色覚ならびに色知覚の記述にある。なかでも色対比や同化のデモンストレーションは大変すばらしい。原著の表紙にも使用されている色の同化の図版は多くの色彩の本にも紹介されている。その他，本書では印刷をはじめとして色彩に関係する事柄が平明に記述されている。

　1990年にこの本の翻訳に着手し，翌年には原著者から日本語版への序文が寄せられた。そこには原著出版後10年間の色覚研究の進展・蓄積の一端が書き加えられている。その後訳者の方々の協力を得て，一応の下訳が比較的早く終了したものの，訳文の相互点検や監訳者による編集作業・記述内容の確認などに思いのほか時間を要する結果となった。

　この間にはわが国においても色彩研究に関わる出来事に多くの変化をみた。たとえば，カラー・フォーラム・ジャパンが光学4学会主催で毎年開催されるようになり，色彩の研究もかなり実用場面に応用されるようになってきた。色彩に関心をもつ人びとも増え，いくつかの入門書あるいは概論書も出版されるようになったし，カラーコーディネイターや色彩検定など色彩に関する資格検定も行われるようになってきた。カラー・フォーラム・ジャパンの講演のなかにハーヴィッチ博士の名前が挙げられたり，色彩の書籍や資格検定の講習会にも必ずといってよいくらいハーヴィッチ博士の反対色の研究が紹介される。このようにハーヴィッチ博士は現代色彩学に大きな足跡を残した。

　御存じの方も多いと思われるが，色覚理論としては，ヤング（Young）やヘルムホルツ（Helmholtz）の3色説，ヘリング（Hering）の反対色説，あるいは段階説と呼ばれるいくつかのモデルが提唱されてきて，多くの研究を導

いてきた。ハーヴィッチ博士はヘリングの反対色説をさらに押し進め，波長領域によっては正または負の信号を出すという拮抗的（対立的）なメカニズムを仮定して，それを支持する資料を打ち消し法によって導いた。その知見をきっかけにして多くの生理学や精神（心理）物理学の研究がなされてきた。現在では，網膜の視細胞レベルでは，3色説が成立し，水平細胞以降では，反対色応答をするとみなされている。つまり，錐体からの色情報は色と明るさが別個に処理されるとして，色チャンネルと明るさチャンネルとに区別される。色チャンネルには，r-g（赤-緑）チャンネルとy-b（黄-青）チャンネルの二つがある。r-gチャンネルはL錐体とM錐体からの出力に基づき，赤はr-gチャンネルの電気活動の増加，緑は反対に電気的活動の低下というかたちで符号化される。y-bチャンネルはL錐体とM錐体からの信号が合わさって作られた黄と，S錐体からの出力とに基づく。明るさチャンネルはL錐体とM錐体の出力信号の合わさったもので，暗い照明のもとでは桿体系の経路も関係すると考えられている。

　他方，この11年間に生理学ではどのようなことが判ってきたのであろうか。視細胞から神経節細胞への研究，神経節細胞の情報処理，膝状体と非膝状体，大脳における視覚情報処理に関する研究が数多くなされ，次のような知見に集約される。視覚情報は神経節細胞に起源をもつ大細胞系（magnocellular system）と小細胞系（parvocellular system）を経てV1に入力される。前者は動きや立体視に関係し，後者は色や形態に関係する。その後，V2，V3，V4，MT野に伝わる。前者はMST経路から頭頂連合野（7a野）に繋がり，後者はV4から下側頭連合野（IT野）に繋がる。

　他方，ネーサンス（Nathans）ら（1986 a, b）によって正常色覚と色覚異常の遺伝子を解析する研究が始められた（北原，1998）。視物質のオプシンを規定する遺伝子の解明に向けて幕が開かれたのである。ドルトン（Dalton）が先天性色覚異常の色の見えを講演したのが1794年のことであった。そのなかで自らの色体験について述べているが，その内容から彼は第一色盲とみなされてきた。だが，保存されていたドルトンの眼球組織がハント（Hunt）ら（1995）によって分子生物学的に解析され，実は二色型第二異常（第二色盲）であることが判明した。また，従来三色型色覚と認められてきたマカク属のカニクイサルのなかに二色型色覚を有するものがいることも指摘されている。一

方，ゼキ（Zeki）の著書 A Vision of the Brain（1993）は視覚系の高次の情報処理系について論じたものであり，多くの研究者を魅惑した。わが国でも河内十郎氏がそれを翻訳している。色情報にはＶ２とＶ４が関与するといわれているが，なかでもＶ４は色に対して反応選択性を備えた細胞がほとんどで，色覚中枢ともいえる領域である。その特徴は個々の細胞がある特定の波長にのみ高い感度をもつことであろう。また，ゼキによれば，Ｖ４の細胞は色の恒常性にも深くかかわっているようである。ゼキの紹介した大脳性色覚異常は大脳の色知覚領域の一側（通常，右半球）または両側の障害により生じた後天性色覚異常であり，色覚の研究に関する新しい展開を示唆している。

　心理物理学的な最近の研究のトピックスはボイントン（Boynton）のカテゴリカル色知覚の研究と視覚的注意の研究における色の役割に関する研究であろう。カテゴリカル色知覚の研究では色片を種々の照明光で照明して，その色の見えを所定の色名で答えるという方法を採用する。ところで，われわれの見る色は照明光の分光エネルギーと物体表面の分光反射率を積分したもの，つまり反射光である。照明光が変われば，反射光も変わるから，色の見えも変わるはずである。だが，実際には変わって見えることは少ない。変わるか変わらないかは色の見えのモードに依存する。面色（開口色）であれば変わるが，表面色（物体色）では変わらない。照明光が変わっても，変わって見えないことを恒常性と呼んでいる。この恒常性をカテゴリカル色知覚で測定する研究がかなり認められる。わが国でのカテゴリカル色知覚の研究は照明学会でまとめられている。

　また，視覚探索や二重課題下で色の役割を扱った研究も数多く認められる。視覚探索の研究は形や方向の異なるものを妨害刺激のなかから見つけだす課題を設定し，その反応時間を測定するものである。ナギー（Nagy）は妨害刺激とテスト刺激との色差を変えると，色差が大きくなれば反応時間は短くなることを見いだした。その後の研究は色差の効果が現れるか否かの臨界色差の存在を示唆している。その他，高齢者の色知覚に関する研究も提出され始めているようである。

　最近出版された，K. R. Gegenfurtner と L. T. Sharpe（共編）の Color Vision: From Genes to Perception（1999）では，第１部は Photoreceptors であり，視物質と色盲，スペクトル感度や等色，光受容器の電気生理学などに

ついて書かれている。第2部は Retinal Circuitry であり，網膜の各種細胞とその連絡が，第3部では Cortical Processing という題目で外側膝状体の2種の経路，V2とV3における色信号，視覚系における色と運動などが紹介されている。第4部が Perception という題目で，高次の色メカニズム，色と明るさの誘導，色の検出と弁別などが述べられている。これらの内容は上記の事柄を裏づけるものであろう。第3部には，機能的核磁気共鳴画像法（functional MRI, fMRI）の研究も紹介されている。fMRI に関する研究はゼキをはじめとして近年急速に積み重ねられつつある。

以上のように1991年以降の研究をおおまかにまとめてみたが，重要な研究であるにもかかわらず取り上げなかった研究も多い。そこで，解説を書くにあたり参考とした文献や1991年以降で目についた文献を列挙しておく。何かの折に参考となれば幸いである。

和 氣 典 二

参考文献

江島義道 1995. 色知覚の形成過程と階層的神経回路——視覚系のなかの色覚. 科学 *65*, 7：446-453.

Gegenfurtner, K. R. and Sharpe, L. T. (eds.) 1999. *Color Vision : From Genes to Perception*. Cambridge University Press, Cambridge.

Gregory, R., Harris, J., Heard, P., and Rose, D. (eds.) 1995. *The Artful Eye*. Oxford University Press, Oxford.

Hunt, D. M., Kanwaljit, S. D., Bowmaker, J. K., and Mollon, J. D. 1995. The chemistry of John Dalton's color blindness. *Science 267* : 984-988.

河内十郎 1995. 中枢性色覚障害——とくに大脳性色盲について. 科学 *65*, 7：465-468.

北原健二 1995. 色覚の分子生物学. 科学 *65*, 7：481-484.

北原健二 1998. 第102回日本眼科学会総会 宿題報告II 視覚における情報処理機構 色覚の個人差と分子生物学. 日本眼科学会誌 *102*, 12：837-849.

小松英彦 1995. 色覚をつかさどる神経細胞. 科学 *65*, 7：454-460.

仲泊 聡 1997. 大脳性色覚異常の臨床症状と病巣. 神経眼科 *14*：237-245.

仲泊 聡 1998. 色の視覚情報処理. 日本の眼科 *69*：123-127.

仲泊 聡 1999. fMRIによる視覚研究. 眼科 *41*：1547-1561.

Nathans, J., Thomas, D. and Hogness, D. S. 1986a. Molecular genetics of human color vision : The genes encoding blue, green, and red pigments. *Science*

232 : 193-202.

Nathans, J., Piantanida, T. P., Eddy, R. L., Shows, T. B. and Hogness, D. S. 1986b. Molecular genetics of inherited variation in human color vision. *Science 232* : 203-210.
〔ネーサンス，J.（神山暢夫・神田尚俊訳）　1989．色を判別する色素遺伝子の発見．サイエンス，4月号，24-33．〕

Onishi, A., Koike, S., Ida, M., Imai, H., Shichida, Y., Takenaka, O., Hanazawa, A., Komatsu, H., Mikami, A., Goto, S., Suryobroto, B., Kitahara, K., and Yamamori, T. 1999. Dichromatism in macaque monkeys. *Nature 402*, 6758 : 139-140.

Onishi, A., Koike, S., Ida-Hosonuma, M., Imai, H., Shichida, Y., Takenaka, O., Hanazawa, A., Komatsu, H., Mikami, A., Goto, S., Suryobroto, B., Kitahara, K., and Yamamori, T. 2002. Variations in long-and middle-wavelength-sensitive opsin gene loci in crab-eating monkey. *Vision Research 42* : 281-292.

臼井支朗・中内茂樹　1995．色覚の計算論――ニューラルネットワークによる色覚モデル．科学 *65*，7 : 469-476．

照明学会　2001．照明環境とカテゴリカル色認識――基礎から応用．種々の照明環境における色の認識特性研究調査委員会報告書．

德永史生　1995．動物の色覚――ヒトの色覚の起源を探る．科学 *65*，7 : 485-492．

鳥居修晃　1995．開眼手術と色覚．科学 *65*，7 : 477-480．

内川惠二　1995．色の見えのモード，恒常性，カテゴリー，記憶――脳の高次レベルにおける色覚の心理物理学．科学 *65*，7 : 429-437．

若倉雅登（編）　1994．眼科 New Insight 第1巻　視覚情報処理．メジカルビュー社．

和氣典二　1995．色と形のあらわれ方と視認性．科学 *65*，7 : 440-445．

Zeki, S. 1993. *A Vision of the Brain*. Blackwell Scientific Publications, Oxford. 河内十郎（訳）　1995．脳のヴィジョン．医学書院．

Zeki. S. 1999. *Inner Vision : An Exploration of Art and the Brain*. Oxford University Press, Oxford. 河内十郎（監訳）　2002．脳は美をいかに感じるか．日本経済新聞社．

監訳者あとがき

　本書の原著者ハーヴィッチ教授は Hering の反対色説を実証可能な理論に整え，それを精神物理学的な方法で検証する仕事に長く携わってきた視覚研究者として，広く内外に知られている。1936 年にハーバード大学で Ph.D. を取得し，現在は，原書の著者紹介欄によれば，ペンシルベニア大学名誉教授で，アメリカ科学アカデミーおよびアメリカ芸術科学アカデミー会員である。Jameson 博士との卓抜な共同研究の成果に対して，各種の賞が授けられている。主な著書として，*The Perception of Brightness and Darkness*（共著，1966）が，また訳業としては Hering の *Grundzüge der Lehre vom Lichtsinn*（1920）の英訳書 *Outlines of a Theory of the Light Sense*（共訳，1964）がある。

　原書の表題 *Color Vision* を訳出するにあたり，いくつかの候補をめぐって議論を交わしたが，結局『カラー・ヴィジョン』とすることに落ち着いた。しかし，これではいささか芸が無く，原著の独自の内容も伝わりにくいと考え，出版を引き受けてくれた誠信書房・編集担当の児島雅弘氏と二人の監訳者との合議のうえ，「色の知覚と反対色説」という副題（原著にはない）を付加することにした。

　本書が立脚する反対色説（opponent-colors theory/opponent-process theory）はその源流を辿ると，Hering（1878）を越えて，Goethe の『色彩論』（1810）に行き着くが，これに対立する理論として立ちはだかったのが，周知のように，3 色説（trichromatic theory）である。それは Newton の『光学』（1704）に端を発し，Young（1802）によってきわめて簡潔な（「最も美しい」とさえ言われる）体系に整えられたあと，Helmholtz（1860 年代後半）の手を経て拡張された色覚理論である。

　近年の色覚研究の流れを瞥見すると，3 色説の立証を究極の目標とする多数

の精神物理学的あるいは生理学的な研究の成果，さらには錐体視物質の分光吸収特性に関する測定結果などが，相次いで提出された時期がある。20世紀におけるその華々しい一時期には，反対色説は（私見ではあるが）いわば舞台の陰で，じっと出を待っているような存在であった——本書で扱われている残像，同時的・継時的対比等々の諸現象に関しては，3色説を凌ぐ理論であると言われながらも。

　しかし20世紀後半にはいると間もなく，反対色説が脚光を浴びる一つの転機が訪れる。その扉を押し開くにあたって重要な一翼を担ったのが，Hurvich-Jamesonの打ち消し法による一連の精神物理学的研究であった。ほぼ同じ時期に，S電位や網膜神経節細胞の活動電位の各種波長光に対する応答が記録され始めたことと相俟って，それらの研究成果は反対色説を前面に押し出したのである。

　3色説と反対色説とは，網膜のそれぞれ異なる細胞レベルでともに成り立つのではないか，という展望が開けたことによって，また新たな課題が浮上してきた。すなわち，3色説に対応する過程から反対色応答への変換のメカニズムを解く仕事が，色覚研究者にあらためて課せられることとなった。

　本書でハーヴィッチ教授は，上述の「変換」の仕組みについて具体的に説くとともに，各章のトピックに関する懇切かつ明快な詳説を，相互間の緊密な連携を図りつつ展開している。ただ，「日本語版への序文」では自らこれを色覚への「入門書」と位置づけているが，実際にはそれ相当の専門知識を不可欠の前提として記述されているところが，少なからずある。そのため，用語・実験方法などに関わる説明・解説が簡にすぎる箇所が散在しているように見受けられる。必要に応じて簡単な訳注を加えてはあるが，おそらく未だ十分とは言えないであろう。

　上掲の「解説」でも触れられているように，「日本語版への序文」がわれわれのもとに寄せられたのは，1991年のことであった。それ以降の色覚研究の進展にも目ざましいものがあり，その点に関する補足事項・参考文献を本書に加えてはどうかと考えた。しかし，それをハーヴィッチ教授に再度依頼して余分の負担をかけるのはわれわれの本意ではないと翻意し，その旨を（訳者の一人・日比野治雄氏を煩わして）ハーヴィッチ教授に伝えて，諒承を得た。上掲の「解説」と参考文献を監訳者の一人（和氣）が用意し，本稿「あとがき」を

筆者が担当して末尾に参考文献を（日比野氏と木村英司氏が挙げてくれた1990年以降の関連研究・専門書に，色覚の型に関する内外の概説・専門書を若干加えて）補ったのは，以上のような事情による。

　本書の訳出を手分けして，概ねその研究領域に応じた分担で進めたのは，嶋崎裕志，木村英司，伊東三四，日比野治雄，三星宗雄の諸氏である。いずれも，色覚や色彩知覚に年来関心をもち，それらの実験的・理論的研究に携わってきた研究者である。作業を進める手順として，まず各訳者がそれぞれの分担箇所の下訳を作成し，次いでそれらを回読して相互に疑問点を出し合い，適切と思われる修正と訳文の改変を加えた。全体を通しての訳語・用語の統一には二人の監訳者が木村氏の助けを借りつつ引き受けることにした。ただし，「photopigment」の訳語に関する限り，いずれを採るかは各訳者の選択に任せ，「視物質」と「感光色素」とを併用している。因みに，「psychophysics」に対しては本書では「精神物理学」と訳したが，昨今では「心理物理学」をあてる人も少なくない。

　「入門書」とはいえ，高度の専門性をも兼ね備えた原書の訳出に何とか漕ぎつけることができたのは，言うまでもなく上掲5氏から成る強力な訳者の布陣の賜物である。また，木村・日比野の両氏には，着手から完成までのさまざまな局面で厄介な，煩雑な仕事を依頼してきた。訳者たちに，この場を借りて，監訳者としての感謝の意を表しておきたい。

　末筆ながら，本書の上梓にあたっては誠信書房の柴田淑子社長と同編集部の児島雅弘氏のご尽力に負うところがきわめて大である。校正段階での疑問点の修正や用語の統一などに関する児島氏からのご助言・ご協力なしには，ここまで辿りつくことは難しかったであろう。訳者および監訳者一同，心から感謝の辞を呈する次第である。

鳥 居 修 晃

参考文献

Abramov, I. and Gordon, J. 1994. Color appearance: On seeing red − or yellow, or green, or blue. *Annual Review of Psychology* 45: 451-485.

Backhaus, W. G. K., Kliegl, R. and Werner, J. S. (eds.) 1998. *Color Vision: Perspectives from Different Disciplines*. Walter de Gruyter, New York.

De Valois, R. L. and De Valois, K. K. 1993. A multi-stage color model. *Vision Research 33* : 1053-1065.

深見嘉一郎　1987, 1995（改訂第3版）. 色覚異常. 金原出版.

Gegenfurtner, K. R. and Sharpe, L. T. (eds.) 1999. *Color Vision : From Genes to Perception*. Cambridge University Press, Cambridge.

Guth, S. L. 1991. Model for color vision and light adaptation. *Journal of the Optical Society of America A 8* : 976-993.

Hardin, C. L. and Maffi, L. (eds.) 1997. *Color Categories in Thought and Language*. Cambridge University Press, Cambridge.

Hess, R. F., Sharpe, L. T. and Nordby, K. (eds.) 1990. *Night Vision : Basic, Clinical and Applied Aspects*. Cambridge University Press, Cambridge.

Hibino, H. 1990. To what extent is the zone theory of color vision substantiated? *The Japanese Journal of Psychonomic Science 9* : 27-49.

Hibino, H. 1991. Peripheral vision : Its photopic aspects of recent developments. *The Japanese Journal of Psychonomic Science 10* : 33-49.

Hibino, H. 1992 a. Counterbalancing mechanism of yellow-blue opponent-color system against macular pigment. *Japanese Psychological Research 34* : 93-99.

Hibino, H. 1992 b. Red-green and yellow-blue opponent-color responses as a function of retinal eccentricity. *Vision Research 32* : 1955-1964.

日比野治雄　1997. 2°視野と10°視野の標準観測者の橋渡し──周辺視色覚のモデル. デザイン研究　44 : 1-8.

市川　宏（編集企画）　1982. 色覚異常（眼科MOOK, No. 16）. 金原出版.

Lamb, T. and Bourriau, J. (eds.) 1995. *Colour : Art & Science*. Cambridge University Press, Cambridge.

Lee, B. B. 1996. Receptive field structure in the primate retina. *Vision Research 36* : 631-644.

Lennie, P., Pokorny, J. and Smith, V. C. 1993. Luminance. *Journal of the Optical Society of America A 10* : 1283-1293.

Marmore, M. F. and Rabin, J. G. (eds.) 1997. *The Eye of the Artist*. Mosby-Year Book, St. Louis.

大山　正・今井省吾・和気典二（編）　1994. 新編 感覚・知覚心理学ハンドブック. 誠信書房.

Palmer, S. E. 1999. Color, consciousness, and the isomorphism constraint. *Behavioral and Brain Sciences 22* : 923-989.

Palmer, S. E. 1999. *Vision Science : Photons to Phenomenology*. The MIT Press, Cambridge, Mass.

Saunders, B. A. C. and van Brakel, J. 1997. Are there nontrivial constraints on colour categorization? *Behavioral and Brain Sciences* 20 : 167-228.
鳥居修晃・立花政夫（編著）　1993．　知覚の機序（知覚と認知の心理学4）．培風館．
Valberg, A. 2001. Unique hues : An old problem for a new generation. *Vision Research 41* : 1645-1657.
Webster, M. A. 1996. Human colour perception and its adaptation. *Network: Computation in Neural Systems 7* : 587-634.

人名索引

各人名に付記されている数字のうち，太字は章末文献内で当該人名が出現するページを，また細字は本文内で引用されている箇所のページを示す．

Abramov, I., **170, 203**
Ahlenstiel, H., 278, **292**
Albers, J., **354**
Allen, D. M., **271**
Alpern, M., **298**
Arnheim, R., **354**
Asher, H., 28

Bailey, J. V., 29
Baird, J. W., 28
Barlow, H. B., 28
Bartleson, C. J., **14,** 29
Békésy, G. von, 30
Benham, C. E., **220**
Berlin, B., 15
Bidwell, S., **220**
Billmeyer, F. W., Jr., **336**
Birren, F., **336**
Blackwell, H. R., **298**
Blackwell, O. M., **298**
Blough, D. S., **147**
Bond, V. P., 29
Boothe, R., **147**
Boring, E. G., 28
Bouma, H., 15
Bowmaker, J. K., **271**
Boycott, B. B., **146**
Boynton, R. M., 15, 59, 77, 89
Bragg, W. H., 45
Braque, G., 27, 色図版 2-3
Broca, A., 208, **220**
Brown, J. L., **146,** 221
Brown, K. T., **171**
Brown, P. K., **146**
Bullock, T. H., 30
Burnham, R. W., **29, 203, 249, 336**
Burch, J. M., 129

Cameron, R. G., **292**
Campenhausen, C. von, **220**
Chapanis, A., 14, **271**
Chevreul, M. E., 174, **203**
Cicerone, C. M., **89, 251**
Cohen, J., **220**
Cohen, J. D., **89, 271**
Cole, B. L., 304, **305**
Colvin, S., **308**
Cornsweet, J. C., **251**
Cornsweet, T. N., **251**
Crone, R. A., 305, **305**
Crescitelli, F., **272**

Dalton, J., 278, **292,** 299
Dartnall, H. J. A., **271, 272**
De Rouck, A., **298**
De Testa, A. S., **171**
De Valois, K. K., **155, 170**
De Valois, R. L., **155,** 165, **170, 171, 220**
Dimmick, F. L., 29, 89
Dobelle, W. H., 29, **147**
Donaldson, R., **336**
Donnell, M. L., **77**
Dowling, J. E., **146,** 191, **203**
Drujan, B. D., **171**
Duke-Elder, S., 29, **146**

Eichengreen, J. M., **220, 251**
Engelking, E., **271**
Evans, R. M., 15, 45, 102, 177, **203, 249, 354, 355**

Falls, H. G., **298**
Farnsworth, D., **203, 272, 289, 292**
Fatehchand, R., **171**
Feinberg, R., **170**
Fernberger, S. W., 29

Fincham, E. F., 298
Fiorentini, A., 203
Foss, C. E., **336, 337**
Franceschetti, A., 306
Francois, J., 298
Franklin, B., 221
Frumkes, T. E., 147

Galileo G., 217
Galochkina, L. P., 29
Gibson, I. M., 298
Girvin, J. P., 29
Glickstein, M., 298
Goethe, J. W. von, 79
Gordon, D. A., 220
Gouras, P., **170, 171**
Graham, C. H., 292
Granit, R., 159, **162, 170**
Granville, W. C., **336, 337**
Grassmann, H., 125, **129**
Gray, R. D., 305
Green, D. G., 205
Grosser, M., 352, **355**
Grutzner, P., 305
Guth, S. L., 155

Halsey, R. M., 14
Handa, Y., 306
Hanes, R. M., 29
Hardy, A. C., 336
Hardy, L. M., 292
Harosi, F. I., 170
Hartline, H. K., 158, **162, 170**
Heath, G. G., 298
Hebb, D. O., 251
Hecht, S., 140, **146,** 292
Helmholtz, H. von, 89, 150, **155**
Helson, H., 203, 250, 251
Henderson, S. T., 45
Henry, G. H., 305
Hering, E., 4, 9, 10, 11, **14,** 29, 59, 129, **194, 204,** 220, 250
Heron, W., 251
Hess, C., 250
Hochberg, J. E., 250

Hofmann, A., 18, **29**
Hoffman, R. A., 29
Horner, J. F., 299, 300, **306**
Hsia, Y., 292
Hubbard, J. I., 30
Hubbard, M. R., 89
Hubel, D. H., **171, 204**
Hull, E. M., 171
Hunt, R. W. G., 355
Hurvich, L. M., 15, 29, 30, 59, 77, 89, 102, 114, 129, **155,** 204, 250, 251, 271, 272, 292, 293, 298, 336, **355**

Iinuma, I., 305
Ikeda, H., 298
Indow, T., 15, **89**
Ingres, J. D., 351
Ishak, I. G. H., 15, **129**
Ives, H. E., 77, 352, **355**

Jacobs, G. H., 102, **170, 171**
Jacobsen, E., 337
Jaeger, W., 298, **306**
Jameson, D., 15, 29, 59, 77, 89, 102, 114, 129, 146, **155,** 180, 199, 201, **204,** 250, 251, 272, 292, 293, 336, **336, 355**
Jones, L. A., 102
Judd, D. B., 15, **45,** 129, **155,** 204, 250, 293, 337, **355**

Kalmus, H., 306
Kandinsky, W., 352
Kaufman, J. E., 45
Kay, P., 15
Kelly, D. H., 221
Kelly, K. L., 15, **337**
Kherumian, R., 306
Klein, D., 306
Kohn, H. I., 28
Kornerup, A., 15, **337**
Kowaliski, P., 355
Krantz, D. H., 89, 129, 130, **251**
Krauskopf, J., 250
Kravkov, S. V., 29
Kuffler, S. W., **146, 170, 204**

Ladd, G. T., 250
Lakowski, R., 272
Land, E., 177
Lander, M. R., 271
Larimer, J., 89, 251
Laufer, M., 171
Lee, G. B., 298
Liebman, P. A., 271
Linksz, A., 204, 292, 293, 306
Loew, E. R., 271
Loomis, J. M., 251
Lowry, E. M., 102

MacAdam, D. L., 337, 355
Mach, E., 187, 194, 205
MacNichol, E. F., Jr., 146, 170, 171
Maerz, A., 337
Makous, W., 147
Mansfield, R. J. W., 221
Marks, L. E., 15
Marks, W. B., 146, 147
Marsden, A. M., 205
Martin, L. C., 102
Matisse, H., 339
Maxwell, J. C., 104, 105, 119, 121, 129, 291, 293, 355
McCann, J. J., 147
McCollough, C., 221
McCree, K. J., 250
McFarland, W. N., 271
McNulty, P. J., 29
Mead, W. R., 171
Michael, C. R., 205
Miller, W. H., 147
Minnaert, M., 45
Mladejovsky, M. G., 29
Mollon, J. D., 251
Moreland, J. D., 29
Morgan, H. C., 171
Morgan, W. J., 102
Mountcastle, V. B., 30
Munsell, A. H., 312, 337
Munz, F. W., 271
Murray, E., 293
Musatti, C. L., 204

Nathan, J., 305
Nayatani, Y., 171
Negishi, K., 171
Newhall, S. M., 15, 249
Newton, I., 36, 46, 48, 58, 60, 79, 120
Nicholls, J. G., 146, 170
Nickerson, D., 15, 336, 337
Nolde, E., 349

Osborne, W. Z., 29
Ostwald, W., 337

Palmer, G., 139, 147, 150, 155
Parsons, J. H. P., 221
Paul, M. R., 337
Pavlov, I. P., 220
Pease, V. P., 29
Peeples, D. R., 15
Pickford, R. W., 272, 306
Pinsky, L. S., 29
Pitt, F. H. G., 129, 293
Plateau, J., 205, 221
Pokorny, J., 130, 272
Pole, W., 278, 293
Polson, M. C., 171
Polyak, S. L., 147, 251
Poston, H. A., 271
Pritchard, R. M., 251
Protter, E., 355
Pugh, E. N., Jr., 251
Purdy, D. McL., 60, 89

Rainwater, C., 45
Rand, G., 292
Ratliff, F., 205, 251
Rayleigh 卿 → Strutt, J. W.
Riggs, L. A., 45, 251
Ripps, H., 171, 298
Rittler, M. C., 292
Rohles, F. H., Jr., 203
Romeskie, M., 77, 272
Rood, O. N., 114

Saltzman, M., 336
Schmidt, I., 272, 304, 305, 306

Schober, H., 29
Scina, R., 175, 176
Scott, J., 306
Seaman, G., 250
Sekel, M., 15
Shlaer, S., 292
Sloan, L. L., 77, 298
Smith, V. C., 130, 272
Sobagaki, H., 171
Southall, J. P. C., 114
Stabell, B., 147
Stabell, V., 147
Starr, S. J., 130
Sternheim, C., 89
Stevens, C. F., 171
Stevens, S. S., 15
Stevenson, R. L., 307, 308, 309, 318, 337
Stiles, W. S., 43, 45, 120, 121, 129, 130, 147, 248, 249, 251
Stromeyer, C. F., 221
Strutt, J. W., 257, 272
Stuart, G., 351
Sulzer, D., 208, 220
Svaetichin, G., 159, 160, 161, 162, 170, 171

Takagi, C., 89
Teller, D. Y., 15
Temme, L. A., 147
Thompson, B., 204
Thomson, L. C., 121, 140, 147
Thorpe, S., 171
Trendelenburg, W., 114
Triebel, W., 250
Troland, L. T., 15, 30, 60
Tschermak, A., 204

Uttal, W. R., 29, 30

Varner, F. D., 251
Vasarely, V., 197, 205, 色図版 13-2
van Bussell, H. J. J., 15
Verriest, G., 293, 298
von Kries, J., 225, 228, 234, 237, 251, 274

Waardenburg, P. J., 306
Wade, N. J., 221
Wagner, G., 77
Wald, G., 146, 251
Walls, G. L., 147
Walraven, P. L., 156
Walsh, E. S., 28
Wanscher, J. H., 15, 337
Warburton, F. N., 102
Weale, R. A., 251, 298
Werblin, F. S., 191, 203
Werner, J. S., 77
Wiesel, T. N., 171, 204
Willis, M. P., 272
Wilson, E. B., 306
Wilson, G., 274, 277, 292, 293
Witkovsky, P., 171
Wooten, B. R., 77
Wright, W. D., 121, 129, 140, 147, 155, 251, 272, 293
Wybar, K. C., 146
Wyszecki, G., 43, 45, 129, 130, 147, 337, 355

Yager, D., 147, 171
Yamanaka, T., 171
Yarbus, A. L., 251
Young, T., 139, 147, 150, 155
Yule, J. A. C., 45, 355

Zeki, S. M., 171

光線　33
広帯域刺激　51, 90, 92, 115
光電色彩計　320
後天的色覚異常　291
興奮-抑制　164
光量子　36, 137
黒体　38
固有色相　254
固有色　5, 79, 81, 86, 110
　──青　4, 64, 80, 229, 254, 256
　──赤　5, 81, 332
　──黄　4, 67, 80, 228, 230, 231, 254, 256
　──緑　5, 80, 90, 229, 254, 256
混合刺激　103
混色　80, 139
　加法──　80, 103, 104, 310, 329, 350, 352
　減法──　112, 341, 351, 352
　──関数　118, 119, 121, 140
　──曲線　117
　──刺激　108, 110, 111
　──方程式　119, 127
混色実験でのマイナスの値　123
混同色線　332
コントラスト閾　248

サ 行

最小明確度境界法　75
差動式混色器　105
差分方程式　230
三原色　2
残効　214
　随伴性の──　220
三色型　257
残像　22, 209
　Bidwell パルス──　218
CIE（国際照明委員会）　127
　──1931 色度座標（CIE の色度座標）324(327)
　──標準（平均）観察者（標準観測者）121(321)
　──標準混色曲線　154
　──表色系　181
視蓋　163
紫外線　33
視覚野　163

視覚誘発皮質電位（VECP）　169
時間依存　107
視感色彩計　318
時間加重平均化　104
視感度関数（曲線）　75, 282, 283, 295
　分光──　75, 254, 256, 275
　明所視──　97, 295
色覚異常（者）　252, 274(26, 28)
　移行型の──　254
　──の発生率　303
色覚検査表　285, 289
色弱の型　274
　第一色弱　257, 274
　第二色弱　257, 274
　第三色弱　271
色相　117
色相環　4, 6
　──の固有の点　4
色相係数　84, 92, 98, 267
　──関数　83, 86, 87, 231
色相反応　62
色素転写プリント　341
色度座標　327, 328, 329
色度図　329
色票集　314
色名　254
色料（着色材）の混合　310
刺激純度　331, 332
視紅　137　→　ロドプシン
視交叉　146
視神経　144
視物質（感光色素）　137, 140, 148, 150, 275(144, 260)
　──吸収の等価性　141
視物質-受容器システム　148
視野　25
視野計　24
収差（色収差，球面収差）　202
羞明　295, 297
主観色　209, 215, 216
主波長　331
受容野　194
　──の大きさ　201
順応光　249
条件等色（メタメリックな等色）　128, 234, 309

事項索引

ア行

青く見える刺激　57
明るさ　117
明るさ誘導　172
アマクリン細胞　143
暗順応　222
暗所視　138
閾の測定法　248
石原式色覚検査表　285
異常三色型（色覚）　27, 257
異色明るさマッチング　74
イーストマン・コダック社　177, 321
一色型　294
　　桿体——　297
　　錐体——　295
色応答（システム）　150
色三角形　12
色視野　24
色収差　→　収差
色順応　128, 223
色の恒常性　353
　　近似的な——　226, 238
色の算術法則　125
色フィルター　→　フィルター
色弁別　168
色方程式　123
印刷　344
Vasarely 構図　198
Weber の法則　248
打ち消しの原理　108
打ち消し法　63
宇宙線　18, 32
S-電位　160, 161
X線　18, 32
応答関数
　　赤/緑——　79
　　黄/青——　79
　　白黒——　76, 153
黄斑色素　133, 247, 271
　　——の透過率　134

オン-オフ型細胞　159
オン型細胞　159

カ行

外側膝状体（核）　146, 163, 231
改良測色学　336
角膜　131
仮性同色表　285
活動電位　158
過分極　159
　　——応答　160
過飽和効果　214
カモフラージュ　1, 291
カラー写真　340
カラーテレビジョン　346
眼球運動　243
眼球振盪　295, 297
感光色素　→　視物質
完全な等色　115-129
桿体　136, 137
桿体と錐体の分布　136
眼底反射法　141
眼内現象　247
黄　56
黄色に見える刺激　56
記憶色　238
疑似一色型　296
輝度単位　75
吸収スペクトル　137
球面収差　→　収差
狭帯域刺激　115
局所電位　159
空間依存　107
屈折装置　131
Grassmann の混色法則　125
黒　8
クロマ　312
顕色系　314
光覚閾　73
虹彩　131, 132

事項索引 377

小領域第三色盲　186
白応答曲線　74
白黒応答　93
　——関数　→　応答関数
白黒過程　62
神経応答　153
神経コード，神経事象　20
神経節細胞　144, 162
神経単位　196
振動周波数　33
水晶体　131, 132
　——の相対透過率　132
錐体　136, 139
　——吸収関数　140
　——視物質　141
水平細胞　144, 161
Stilesの混色装置　120
スペクトル（刺激）　51, 93
　狭帯域——　51, 93
スペクトル三刺激値　154, 322
静止網膜像　245
赤外線　33
絶対温度　39
ゼロ-平衡の状態　243
全か無かの法則　158
線形変換　127
閃光現象　17
線スペクトル　42
選択的色順応　249
先天的無色覚症　297
相関色温度　40
双極細胞　144
相対透過率曲線　132
相対分光エネルギー分布　54, 55
増分閾　248

タ　行

第一異常　274
第三色盲　→　二色型第三異常
退色光　249
第二異常　274
対比
　境界——　188
　空間的——　172
　継時的——　22, 212

　同時的——　23, 173
　二つの影の色——　175
　辺縁——　188
　面——　186
代表色　315
太陽光　46, 113
脱分極　159
　——応答　160
単位色相　3
逐次比較法　75
茶色　7, 11
中心窩　21, 136, 144
中心小窩　139
中性色弱　263
中性的な順応状態　223
中性点　275, 276, 282, 288, 333
丁度可知差異　93
電磁エネルギー，電磁振動，電磁スペクトル，電磁波　32
点描派　107, 201
点描法　345, 346, 347, 350
等エネルギー光源　329
同化現象　201
瞳孔　132
統合的トライパック　342
等色相線　86
等色　110, 115, 124, 140, 294
　完全な——　115-129
　——関数　323, 326
　——比率　258
特殊神経エネルギー説　19
トロンプ・ルイユ　339, 349

ナ　行

ナーゲル（型）・アノマロスコープ　108, 258, 283
「2過程」説　242
二重対立型の細胞　199
2色閾法　248
二色型　274
　——第一異常（第一色盲）　274, 281, 332
　——第二異常（第二色盲）　274, 332
　——第三異常（者）（第三色盲）　186, 274, 288, 332
　——第四異常者　288
　——と照明の変化　284, 287

——の反対色応答関数 275, 282
二成分色相 5, 88
二分視野 85, 104, 115
Newtonの実験 46
ニューロン 158
ネガ 340
脳 146

ハ 行

π（パイ）機構体（πメカニズム）249
波長 35
　——対立型細胞 214
　——対立型の応答 163, 164
　——弁別 238
Hardy-Rand-Ritter（AO H-R-R）式の仮性同色表 286
パネル D-15 検査 286, 289
ハーフトーン版 345
バリュー 312
反対色
　——応答 92, 93
反対色応答関数 67, 75, 79, 153
反対色過程 22, 62
反対色的神経反応 148
光 32
微小分光光度計法（顕微分光測光法）141
非選択的表面 44
ヒュー 312
表色系
　ISCC-NBS—— 315
　オストワルト—— 310
　カラー ハーモニー マニュアル 310
　CIE—— 181
　Designa Color System 310
　マンセル—— 312
　Nu-Hue Custom System 310
標準観察者 127
Farnsworth dichotomous test
　→ パネル D-15 検査
フィルター 53, 105
　色—— 105
　短波長透過—— 113
　長波長透過—— 113
　——の種類 42
　——の透過率 53

Fechner 色 216
von Kries の係数則 225, 228
物体色 97
物体標準 309, 318
不適刺激 17, 131
不変色相 86
フーリエ（波形）解析 202, 209
フリッカー 209
　——現象 215
　——法 75
　——融合 209
プリント 341
分光エネルギー分布 52, 53
　広帯域の—— 51
分光吸収率曲線 150
分光混色曲線 279
分光透過率曲線 43
分光反射率曲線 44, 236
分光プロジェクター 38
分光放射輝度計 36, 42
米国国立標準局 2, 315
ベツォルト拡散効果 201
ベツォルト・ブリュッケ現象 85, 335
片眼色覚異常者 277
Benham の円盤 217
保因者 302
飽和度 26, 52, 115, 117, 174, 185, 206, 217
　——係数 92, 97, 98, 234, 267
　——係数関数 232
　——低下 10, 11
　——の変化 174
補完 144
ぼけた円 202
ポジ 341
補色 82
　——主波長 332
　——のペア 84
　——波長 58

マ 行

マッカロー効果 219
Maxwell 円盤 174, 215
Maxwell の混色装置 119
マッハ・バンド 199
　——効果 188

マッハ・リング　190
マンセル色見本帳　312
マンセル色票　179
マンセル表色系　312
見えの基準　310, 311
緑　57, 113
緑色に見える刺激　57
無彩色系列　8
眼　131
迷光　202
明順応　222
明所視　136
メタメリックな等色　→　条件等色
Methuen Handbook of Color　314
盲点　144, 145
網膜　133
　　──血管像　247
　　──固有光　223
網膜電位図　169
モノクロメーター　103

ヤ　行

夜間視　276
薬物　18
有彩色　11

ラ　行

両眼間等色実験　278
ルミネセンス（の種類）　36
零位法　63
レイリー均等　257, 261, 278
レイリー等色　262
ロドプシン（視紅）　137

訳者紹介〔訳出順〕

嶋崎裕志（しまざき　ひろし）〔序文，日本語版への序文，7−12 章，21 章〕
　1972 年　名古屋大学大学院文学研究科心理学専攻博士課程単位取得退学
　1983 年　ジョージア大学大学院博士課程修了（Ph.D.）
　現　在　信州大学人文学部教授
　専　攻　実験心理学，視覚心理学

木村英司（きむら　えいじ）〔1−6 章〕
　1989 年　東京大学大学院人文科学研究科心理学専攻博士課程中退
　1999 年　博士（心理学），東京大学
　現　在　大阪府立大学総合科学部人間科学科助教授
　専　攻　知覚心理学

伊東三四（いとう　みつよ）〔13−15 章〕
　1961 年　名古屋大学大学院博士課程単位取得退学
　1976 年　文学博士
　現　在　徳島大学名誉教授
　専　攻　知覚心理学

日比野治雄（ひびの　はるお）〔16−19 章〕
　1990 年　ヨーク大学大学院実験心理学専攻博士課程修了（Ph.D.）
　現　在　千葉大学工学部教授
　専　攻　デザイン心理学，色彩科学，心理工学

三星宗雄（みつぼし　むねお）〔20 章〕
　1981 年　東京大学大学院人文科学研究科心理学専攻博士課程単位取得退学
　1992 年　博士（心理学）
　現　在　神奈川大学外国語学部教授
　専　攻　実験心理学，環境色彩学

監訳者紹介

鳥居修晃（とりい　しゅうこう）
1959 年　東京大学大学院人文科学研究科心理学専攻博士課程
　　　　　単位取得退学
1964 年　文学博士
現　在　東京大学名誉教授
専　攻　知覚心理学（色覚，空間知覚）
主著訳書
　『視知覚の形成 1・2』（共著）培風館　1992，1997
　『先天盲開眼者の視覚世界』（共著）東京大学出版会　2000
　グレゴリー『鏡という謎』（共訳）新曜社　2001

和氣典二（わけ　てんじ）
1967 年　東京都立大学大学院心理学専攻博士課程単位取得退学
1971 年　文学博士（東京都立大学）
現　在　中京大学心理学部教授
専　攻　感覚・知覚心理学，色彩心理学，人間工学
主著訳書
　『新編 感覚・知覚心理学ハンドブック』（共編）誠信書房　1994
　『新編 色彩科学ハンドブック』（共著）東京大学出版会　1998

　　　レオ M. ハーヴィッチ
　　カラー・ヴィジョン──色の知覚と反対色説

2002 年 9 月 5 日　第 1 刷発行　　　　　定価はカバーに
　　　　　　　　　　　　　　　　　　　　表示してあります

　　　　　　　　　　　　　監訳者　　鳥　居　修　晃
　　　　　　　　　　　　　　　　　　和　氣　典　二
　　　　　　　　　　　　　発行者　　柴　田　淑　子
　　　　　　　　　　　　　印刷者　　日　岐　弘　登
　　　　　　　　　　　　　発行所　株式会社　誠　信　書　房
　　　　　　　　　　　　　〒112-0012　東京都文京区大塚 3-20-6
　　　　　　　　　　　　　　　　電話　03（3946）5666
　　　　　　　　　　　　　http://www.seishinshobo.co.jp/

中央印刷　協栄製本所　　　落丁・乱丁本はお取り替えいたします
検印省略　　　　　　　無断で本書の一部または全部の複写・複製を禁じます
Ⓒ Seishin Shobo, 2002　　　　　　　　　Printed in Japan
　　　　　　　　　　　　　ISBN4-414-30293-5 C3011

新編 感覚・知覚心理学ハンドブック

大山　正・今井省吾・和気典二＝編

執筆陣は学際的な研究状況を反映して心理学・医学・生理学・工学・化学・音響学など，多方面で活躍中の 101 名に及ぶ第一線の研究者

菊判上製 1782 頁＋挿図 888 葉　本体 50000 円（税抜）

目次抜萃

Ⅰ部　総論　感覚・知覚研究の歴史／感覚・知覚測定法／感覚間の相互関連と情報処理／感覚・知覚の発達／知覚-運動協応／動物の感覚・知覚／知覚障害／知覚と認知

Ⅱ部　視覚　視覚刺激とその測定法／視覚系の構造と機能／視感覚／明るさ知覚／色覚／色の知覚／表色系／色彩の応用／空間・時間周波数特性／形の知覚／視覚マスキング／幾何学的錯視と残効／空間知覚／視野

Ⅲ部　聴覚　聴覚刺激とその測定法／聴覚系の構造と機能／聴覚モデル／音の知覚／両耳による知覚／音楽の知覚／音声の知覚／音質評価／騒音

Ⅳ部　皮膚感覚・自己受容感覚　皮膚感覚刺激とその測定法／皮膚の構造／皮膚感覚の理論／触覚の種々相／触感覚／触覚の時間・空間特性／温度感覚／痛み感覚

Ⅴ部　前庭機能（平衡感覚）　受容器の構造と機能／前庭核ニューロンの構成と機能／平衡感覚／身体の運動と傾斜の知覚／動揺病

Ⅵ部　嗅覚　ニオイ物質と化学構造／嗅覚系の構造と機能／嗅覚の受容機構と嗅覚説／ニオイの分類／嗅覚の精神物理学／ニオイの嗜好および効用

Ⅶ部　味覚　味物質の化学的性質と味溶液の調整方法／味覚系の構造と機能／味覚の受容機構／味の分類／味覚の精神物理学／味の相互作用

Ⅷ部　時間知覚　時間知覚研究の問題点と課題／時間知覚の生物学的基礎／時間知覚の感覚的過程と認知的過程

誠信書房